신아지역문학연구총서 7

부안문학론

최명표

신아출판사

『부안문학론』을 펴내며

　부안은 예로부터 살기 좋은 고을로 소문났다. 들판과 바다와 산을 고루 갖고 있어서 뭇 사람들에게 부러움의 대상이었다. 그에 못지않게 부안은 문학적 자산이 풍부한 곳으로도 유명하였다. 선조들이 조선시대에 결성한 시회는 부안문단의 뿌리로서, 전국 어디에 내놓아도 자랑할 만한 유산이다. 이에 소략하나마 부안의 문학현상들을 고구한 소출로 작가들의 노고를 선양하여 군민들의 자긍심을 제고하기로 한다.
　제1부는 비평가론이다. 논의 대상으로 삼은 이는 김철수, 신일용, 김태수 그리고 김아이다. 이 중에서 김태수만 변변한 평론을 발표했다. 셋은 비평가로 가르기가 곤란한 게 사실이지만, 일찍이 모아 놓고도 논의할 자리가 마땅치 않던 차에 부안이라는 지역을 핑계 삼아 문학장에서 유용히 쓰라고 밀어 넣었다. 속으로는 평문을 빌미로 네 사람의 발자취를 찾아내고 현창하는 사업이 벌어지기를 기대하는 마음이 크다.
　제2부는 시인론이다. 신석정, 김민성, 김형영, 김영훈, 김석철, 김영석, 백송, 강민숙, 최기종, 박형진, 고성만, 김동필, 김찬옥, 김기찬, 박철영, 김월숙, 고찬규, 조재형 등이 발표한 시의 특질을 규명한 결과를 묶었다. 이들은 부안 지역을 대표하는 시인들이다. 그 중에는 부안에 살면서 시작에 몰두한 이도 있고, 타관에서 고향의 명예를 드높인 이도 있다. 잘 나고 못 나고를 떠나 죄다 소중한 부안 시인들이므로 합당한 대

접을 받기 바란다.

제3부는 시집평이다. 송희철, 김선, 최광임, 배귀선, 이은송, 고선 등이 펴낸 시집의 평을 다루었다. 시인론이나 시집평이나 대상의 폭과 취급량의 차이에 의하여 갈라지지만, 애초 출발점은 크게 다르지 않다. 논의의 대상으로 골라진 시인들은 앞 다퉈 시집을 상재하여 부안시단을 더욱 풍요롭게 일구어 줄 터이다.

제4부는 아동문학가론이다. 백양촌, 김용재, 최균희, 이준섭 등의 작품을 거론한지 솔찬히 되었다. 그들의 공통점은 순수한 동심을 옹호하고, 원시적 질서가 온전했던 옛날을 추억한다는 점이다. 물질문명의 발달로 말미암아 훼손된 공동체의 모습을 작품으로 되살림으로써, 오늘을 살아가는 아이들에게 조상들의 문화를 전승하려는 그들의 노력이 고상하고 가상하다.

『정읍시인론』(2021), 『무주문학론』(2023)에 이어 소지역의 문학현상을 검토한 세번째 연구서를 펴낸다. 감히 '불타는 녹두벌판에 새벽빛이 흔들린다 해도' 지역문학을 향한 애정이 불변할 것은 '녹두벌판'에서 태어난 줄 익히 알고 있는 덕이다. 공구 옹의 푸념을 빌려 자위하자면, 비록 알아주는 이 없을지라도 성내지 않으면 군자가 아니겠는가. 끝으로 못난 선배의 책이 빛나도록 귀한 표지사진을 선뜻 내준 전주대학교 이정욱 교수와 발간비를 지원해 준 전라북도문화관광재단에게 사의를 표한다.

2025년 10월
최명표

차 례

『부안문학론』을 펴내며/2

제1부 비평가론
변혁운동의 논리적 거점 만들기/김철수론 ·· 8
비극적 혁명가의 진혼을 위하여 /신일용론 ··· 24
방향전환론자의 '민중의 문학'론/김태수론 ··· 71
앎과 삶의 일치를 지향한 지식인/김아론 ·· 97

제2부 시인론
해방, 방황의 시작과 이념의 누출—신석정론 ·· 114
'담을 못 넘은 굼벵이'의 외로움—김민성론 ··· 139
'낫지 않는 병'의 고통—김형영론 ·· 148
'통인시'와 사향심의 조우—김영훈론 ·· 161
'순수로움'으로의 회항—김석철론 ··· 169
은자의 시학—김영석론 ··· 179
동굴의 자아 혹은 자아의 동굴—백송론 ··· 202
'노을'에서 '백산'까지—강민숙론 ··· 214
'가시거리'의 시적 성취—최기종론 ·· 228
'콩밭에서' 쓴 시 혹은 시의 '콩밭'—박형진론 ····································· 237

‘숙성된 슬픔'의 편린들—고성만론 ································· 247
외로움, 그리움, 고향 사랑—김동필론 ····························· 268
탈향과 귀향의 변증법—김찬옥론 ··································· 276
'울지 못하는 것'을 찾아가는 여정—김기찬론 ················· 288
'풍경'의 쓸쓸함 혹은 추억의 소환—박철영론 ················· 299
그리움의 안과 밖—김월숙론 ··· 304
'진펄밭'에서 들려오는 '방울소리'—고찬규론 ················· 317
'고독'과 '슬픔'의 근원을 찾아가는 길—조재형론 ············ 326
'카렌시아'에서 '적요'로—최준렬론 ································ 334

제3부 시집평

송사리 시집 『지리산에 무릎 꿇고 머리 수그리고』평 ········ 344
김선 시집 『숲으로 간 아이에게』평 ································ 352
최광임 시집 『내 몸에 바다를 들이고』평 ······················· 361
배귀선 시집 『점멸과 침묵 사이』평 ································ 369
이은송 시집 『웃음이 하나 지나가는 밤』평 ···················· 376
고선 시집 『내 처음의 딸이 라색을 하는 동안』평 ············ 386

제4부 아동문학가론

5월의 시인, 시의 5월—백양촌론 ·································· 400
꿈, 동화를 구성하는 방식—김용재론 ···························· 418
불구한 가족의 행복 찾기—최균희론 ····························· 439
원, 공동체적 삶의 세계—이준섭론 ································ 460

제1부 비평가론

변혁운동의 논리적 거점 만들기
— 김철수론

1. 서언

　　김철수(金錣洙, 1893~1986)는 부안 백산 백산에서 김영구(金永九)의 장남으로 태어났다. 그의 호는 지운(芝雲)·지운(遲耘)·동재(銅再)·초봉(初峰)이고, 이명은 김창률(金昌律)·김창근(金昌根)·김상근(金相根)이다. 알다시피, 그는 대일항쟁기에 조선공산당 책임비서를 지냈다. 그 통에 장기간 일제의 감옥에서 영어생활을 하지 않으면 안 되었다. 그의 행장이 비교적 단출해진 결정적 계기이다. 해방 후 그는 서울에 올라가 당대의 현안으로 대두되었던 민족국가 건설 사업에 관심을 표했으나, 좌우간의 대립과 정치배들의 권력욕에 실망하여 고향으로 돌아오고 말았다. 그는 향리에 움막을 짓고 조촐하게 생활하면서 조국의 통일을 염원하다가 하직했다. 그에 관하여 소략하게 언급하는 까닭은 지금까지 제출된 사학계의 연구로 갈음하여도 무방하리라고 판단하기 때문이다. 물론 그것이 성에 차는 것은 아니나, 훗날 상론할 것을 약속하고 논의의 효율성을 제고할 양으로 그만 멈추고 논제에 집중하기로 한다.

김철수가 남겨준 기록물은 많지 않다. 그가 운동전선에 복무하느라고 바빴던 탓이다. 그는 분망한 가운데에서도 항일 중의 투쟁 상황을 수기로 기록하여 소지하고 있던 중, 남북 사이에 전쟁이 벌어지자 극우주의자들이 집을 불태우는 등 난동을 부리는 바람에 없어져버렸다. 그것이 남아 있다면 조선공산당사를 위시하여 해내외 항일운동의 서술에 긴요한 자료로 활용되었을 텐데, 연기 속으로 사라져버렸으니 몹시 안타까운 일이다. 다행히 그는 생전에 기억을 떠올려 적으나마 「본대로 드른 대로 생각난 대로 지어 만든 대로」를 써서 『지운 김철수』(한국정신문화연구원, 1999)라는 기록물에 남겨 놓았다.

본고에서는 위의 회고담 말고, 김철수가 일본 유학 시절 『학지광』에 발표한 2편의 글을 자세히 읽고자 한다. 현단계에서 수습할 수 있는 그의 유이한 발표작이다. 한 편은 「新 衝突과 新 打破」(『학지광』 제5호, 1916. 5)이고, 다른 한 편은 「勞働者에 關하야」(『학지광』 제10호, 1917. 5)이다. 그의 공산주의 사상이 형성된 시기가 일본 유학 시절이었으므로, 그때 발표된 두 글을 통해서 식민지 해방투쟁에 뛰어들게 된 단서를 찾아볼 수 있으리라고 기대한다. 비록 2편에 불과하지만, 덤으로 얻어지기를 희망하는 것은 그것을 통해서 부안과 전라북도의 사상사적 흐름을 포착하는 것이다. 전라북도는 어느 곳 못지않게 사상운동을 비롯하여 농민운동, 노동운동, 청년운동, 여성운동, 소년운동 등의 갖가지 변혁운동이 활발하게 벌어졌던 곳이다. 이 중에서 신간회운동만 보더라도, 지회가 전주에 맨 처음 결성되었고, 식민지에서 "전북은 최전성(最全盛)"[1]이라고 인정할 정도였다. 그러나 관련 연구는 미흡하여 종사하

---

1) 김항규, 「신간운동」, 『삼천리』 제9호, 1930. 10. 1, 30쪽.

느라 고생한 인물들을 내외에 자랑하는 사업도 거의 이루어지지 않고 있는 실정이다. 이에 두 편을 통해서 김철수의 사상적 단초를 찾아내고 사상운동의 방향을 시사받는 한편, 연구자들의 학문적 조명과 지역민들의 관심을 최촉하고자 한다.

2. 항일투쟁의식의 발아

김철수가 항일운동에 투신하게 된 배경으로는 여러 가지를 들 수 있다. 그 중에서도 그의 고향이 갑오동학농민전쟁 당시에 인구에 회자되었던 '앉으면 죽산, 서면 백산'의 백산이라는 것이 으뜸일 터이다. 조선왕조 오백년 동안 계속되었던 고부 지역의 수탈이 곪아 터진 게 갑오년 봉기였다. 그것이 갑오개혁을 가져오고 청일 간의 전쟁으로 확산되면서 동북아시아의 질서가 재편되는 계기로 작용하였다. 이처럼 격변기에 소년 김철수는 향리에서 멀지 않은 이평면 말목장터의 서당을 오갔다. 그 서당은 구례군수를 지낸 서택환이 개설하였다. 그의 문하에서 한학을 익히던 김철수는 독립운동에 나서야 될 이유를 체득하였다. 그가 훗날 재판정에서 스승의 은혜를 기리고, 스승을 추모하는 비석을 세운 것을 보면 그 정도를 짐작하기에 어렵지 않다. 김철수가 1907년 강 건너 화호리에 있는 사립용문학교를 거쳐 1908년 군산항에 소재한 사립금호학교(私立今湖學校, 군산항민단강습소 후신)를 졸업한 뒤, 1912년 일본 와세다대학 전문부 정치학과에 입학하여 단지동맹, 신아동맹단 등을 결성하고 항일운동에 본격적으로 투신한 것은 전적으로 소년기에 스승으로부터 받은 감화의 영향이었다.

김철수의 「신 충돌과 신 타파」는 처음으로 발표된 글이다. 요즘에 쓰지 않는 한자의 돌출과 마침표조차 찍지 않은 당시의 표기법 등이 읽기 사나운 걸림돌인 것을 부인하기 힘들다. 하지만 어의를 파악하기에는 무리 없다. 글의 제목에서 당시 김철수의 고민하던 바를 추출할 수 있다. 그것은 '충돌'과 '타파'로, 한창 때의 그가 무엇인가에 대한 '충돌'과 그것의 '타파'를 목적하고 집필에 나선 줄 짐작케 한다. 식민지 청년이 식민지 종주국에 유학하지 않으면 안 되는 상황에 노출된 그는 학교에서 배운 바와 독서로 익힌 바를 식민지의 현실에 대입하면서 번뇌의 깊이가 더해졌다. 대학에 다니는 동안에 그가 도서관에서 사회주의 서적을 열심히 읽었다는 일화를 떠올리면, 두 편의 글이 산출된 배경을 얼추 짐작할 수 있다. 논의를 전개하기 위해 글의 전량을 인용하기로 한다.

 歐洲 天地의 震砲雷彈은 隱隱한 哀聲이 數十萬里를 通하야 我의 夢을 驚케 하며 新春이 八來하미 萬樹는 芽를 吐하고 百鳥는 情을 爭하야 歌之舞之에 我의 耳目을 喧囂케 한다 嗚呼라 우리는 엇지 이갓치 寂寞하며 苦痛하며 孤獨하며 陷穽한가 諸君이여 自覺하라 이것이 모도 다 우리의 罪가 아닌가 即 우리가 過去에 動이 無하고 作이 無함에 對한 天의 罰이 是也인가 하노라 그러면 우리는 남보다 倍나 動하며 俳나 作하지 아니 하면 아니 될지니 諸君이여 雙手에는 衝突을 擧하고 胸腹에는 打破를 抱치 아니 하면 不能할지로다
 一. 衝突 宇宙의 本心은 眞이며 愛이며 명이어늘 우리의 世界는 僞하며 憎하며 迷하니 衝突치 아니 하고 엇지 本의 字에 還할가 나라의 本義는 治이며 護이어늘 우리의 나라는 亂하며 壓하니 衝突치 아니 하고 엇지 本의 國에 還할가 家庭의 本味는 甘이며 和어늘 우리의 家庭은 苦하며 怨하니 衝突치 아니 하고 엇지 本의 家에 還할가 我의 本質은 活이며 展이어늘 우리의 我는 亡하며 退하니 엇지 衝突치 아니 하고 本의 我에 還할가 아々 우리는 衝突치 아니 하고는 世界던지 國家던지 家庭이던지 我이던지 眞의 本에 還치 못하나니 力을 竭하며 血을 盡하야 衝突할지로다 秋의 穀은 春의 生을 意味함이오 花의 落은 實의 結을 意味함이 아닌가 衝突하라

우리의 衝突은 裡面에 入하야 和合을 意味함이니

二. 打破 打破하라 우리 世界는 惡魔의 窟이로다 强者는 暴侮하고 弱者는 憎辱하야 서로 猜忌하며 僞欺하며 迷惑한다 打破하라 우리의 나라는 暗濁의 井이로다 上者는 壓迫하고 下者는 叫痛하야 서로 嫉妬하며 哀怨하며 暴逆한다 打破하라 우리의 家庭은 腐荒의 田이로다 父兄은 願하고 子弟는 沛하야 서로 怒責하며 呼怨하며 反爭한다 打破하라 우리의 我는 醜偶의 形이로다 日이면 變하고 夜이면 暗하야 卑弱하며 欺侮하며 暴棄한다 아아 이 惡魔의 世界와 暗濁의 나라와 腐荒의 家庭과 醜偶의 我를 엇지 할가 打破가 아니면 별 수가 업다 鐵을 打함은 聲의 生을 意味함이오 石을 破함은 玉의 出을 意味함이 아닌가 우리의 打破는 裡面에 入하야 創立을 意味함이니

아아 諸君이여 淚를 積하며 血을 賜하라 骨을 磨하며 肉을 獻하라 衝突과 打破를 爲하여 衝突을 越치 아니 하고는 和合의 果를 得치 못할지며 打破를 踏치 아니 하고는 創立의 實을 拾치 못할지로다 아아 諸君이여 現狀에 囚滯한 바 되지 마라 卽 平和 忠愛 孝悌 喜樂의게 우리는 屈服者가 되지 말고 支配者가 될지로다 過의 非가 現의 是오 現의 是가 將의 非가 아닌가 諸君이여 不幸 不忠 不孝 不樂의게 畏恐者가 되지 말고 大膽者가 될지어다

就하라 衝突! 來하라 打破! 永遠한 生命도 이곳이며 無窮한 自由도 이곳이오 偉大한 藝術 宗敎 科學 哲學도 모두 다 이곳이로다 아아 우리는 現狀에 固定치 말지며 寸陰에 休滯치 말지로다 固定과 休滯 이곳에서 死가 有함이오 活動과 進展 이곳에 生이 有함이 아닌가 消極(固守)은 靜이니 故로 東洋은 鎖國鎖家鎖我이오 積極(漸進)은 動이니 故로 西洋은 開國開家開我이로다 亞米利加를 發見 喜望峰을 廻週하야 印度 航路를 發見 蘇士運河를 鑿하야 地中海와 紅海를 巴奈馬運河를 鑿하야 大西洋과 太平洋을 通 이것이 모두 다 積極이 아닌가 兵法에도 謂하기를 『守者는 一 城의 內에 廢하고 功者는 千里의 外에 伸한다』 함이 업는가 참이로다 우리의 靈은 劍戟에도 死치 아니 하며 大砲에도 滅치 아니 할 거시오 다맛 固定하고 休滯하면 곳 死滅이로다 우리의 靈은 依賴에 活치 못할 거시오 自主에 活하며 展할 거시로다

아아 諸君이여 衝突하라 打破하라 眞을 見하며 新을 知하는가 衝突은 衝突이나 和合은 和合이오 打破는 打破이나 創立은 創立이니 이것이 참 新이 아닌가 諸君! 鮮明한 日光에 浴하기 爲하랴 新天地에 自己解放하기

爲하야 참으로 自己의 生活에 還하기 爲하야 참으로 生命의 自由를 得하기 爲하야 自我를 獨立하기 爲하야 新을 創造하기 爲하야 固定에서 衝突로 休滯에서 進就로 打破로 速히 速히2)

김철수는 구라파의 변화하는 진동음과 무변화하여 적막한 식민지의 현실을 대조하면서 글의 실마리를 풀어간다. 그것은 두 손에는 충돌을 들고, 가슴에는 타파를 품으라는 요구로 이어진다. 계속하여 그는 충돌과 타파를 구분하였다. 먼저 충돌에서 그는 우주와 나라, 가정, 개인으로 논의의 폭을 좁히고 각각에 의미를 부여한다. 예를 들자면, '우주의 본심은 眞이며 愛이며 明'인데, '세계는 僞하며 憎하며 迷하니 충돌치' 않고 엇지 '本의 宇에 還'할 수 있느냐고 묻는 식이다. 그는 이런 틀에 따라 논의를 좁혀가며 '나라의 본의는 治이며 護이어늘 우리의 나라는 亂하며 壓하니 충돌치 아니 하고 엇지 本의 國에 還할가', '가정의 本味는 甘이며 和이어늘 우리의 가정은 苦하며 怨하니 충돌치 아니 하고 엇지 本의 家에 還할가', '我의 본질은 活이며 展이어늘 우리의 我는 亡하며 退하니 엇지 충돌치 아니 하고 本의 我에 還할가'고 계속하여 반문한다. 이와 같이 묻는 방식으로 본심을 드러낸 김철수는 '충돌치 아니 하고는 세계던지 국가던지 가정이던지 我이던지 眞의 本에 還치 못하나니 力을 竭하며 血을 盡하야 충돌'하여야 한다는 당위성을 설파하며 소결부를 마무리짓고 있다.

이어 김철수는 '타파'에서 '세계는 악마의 굴'이라고 단정한다. 이 부분에서도 그는 이분하여 논하고자 하는 바가 돋보이도록 만든다. 즉, 그는 '강자는 暴侮하고 약자는 憎辱하야 서로 시기하며 僞欺하며 미혹'하므로 '타파'라고 주장한다. 그는 앞에서와 같이 나라, 가정, 나로 논의

---

2) 김철수, 「新 衝突과 新 打破」, 『학지광』 제5호, 1916. 5, 156-158쪽.

의 범위를 좁혀 간다. 예컨대, '우리의 나라는 暗濁의 井이로다 上者는 壓迫하고 下者는 叫痛하야 서로 질투하며 哀怨하며 暴逆한다', '우리의 가정은 腐荒의 田이로다 부형은 願하고 자제는 沛하야 서로 怒責하며 呼怨하며 反爭한다', '우리의 我는 醜偶의 形이로다 日이면 變하고 夜이면 暗하야 卑弱하며 欺侮하며 暴棄한다', 따라서 '타파'해야 한다. 김철수에 의하면, '악마의 세계와 暗濁의 나라와 腐荒의 가정과 醜偶의 我'를 청산하는 방법은 '타파'밖에 없다. 그의 논리는 철저히 이분법적 대비로 전개된다. 그의 의중에 따르지 않으면 안 될 정도로 둘은 명확하다. 가령, '平和 忠愛 孝悌 喜樂'의 '굴복자/지배자'와 '不幸 不忠 不孝 不樂'의 '畏恐者/대담자'로 제시될 때, 선택의 기회는 더 이상 주어지지 않는 줄 절로 알 수 있다.

결부에 이르러 김철수의 주장은 더욱 선명해진다. 충돌하고 타파한 '이곳'이야말로 '영원한 생명'과 '무궁한 자유'가 보장되는 곳이며, '위대한 예술 종교 과학 철학'도 '이곳'에 있다. 그가 말하는 '이곳'을 찾기 위해서는 '現狀에 固定치 말'고 '寸陰에 休滯치 말'아야 한다. 곧, '固定과 休滯'는 죽음이요, '活動과 進展'은 생명이다. 전자는 '消極(固守)'으로, '靜'이며 '鎖國鎖家鎖我'의 동양이고, '積極(漸進)' '動'이며 '開國開家開我'의 서양이다. 서양의 적극적 점진, 환언하여 도전의식은 아메리카를 발견하였고, 희망봉을 돌아 인도 항로를 개발하였으며, 수웨즈운하를 뚫어 지중해와 홍해를 연결하였고, 파나마운하를 뚫어서 대서양과 태평양을 이었다. 이것을 보면, '固定하고 休滯하면 곳 사멸'이다. 일련의 발언은 적극적으로 변화를 선도한 서양에 비하여 나라의 문을 걸어 잠그고 정적인 움직임으로 일관한 식민지의 행보가 작금의 현실을 초래한 원인이라는 그의 진단을 보여준다.

김철수는 자신의 주장을 한층 개진할 요량으로 끝부분에 병서의 '守

者는 一 城의 內에 廓하고 功者는 千里의 外에 伸한다'를 인용하였다. 그 뜻이 '(소극적으로) 성을 지키는 자는 성 하나를 지키지만, (적극적으로) 공격하는 자는 천리 밖까지 나아가 공격한다'로 번역될 수 있다면, 김철수가 「신 충돌과 신 타파」에서 주장하고 싶었던 바는 맨 뒤에 나오는 '신천지에 자기해방하기 위하야 참으로 자기의 생활에 還하기 위하야 참으로 생명의 자유를 得하기 위하야 자아를 독립하기 위하야 新을 창조하기 위하야 고정에서 충돌로 休滯에서 진취로 타파'라고 요약할 수 있다. 이와 같은 적극적인 도전의식은 김철수로 하여금 '고정과 휴체' 상태의 식민지를 비판적으로 성찰하고, '이곳'을 '생명'의 땅으로 만들기 위하여 '활동과 진전'에 나서야겠다는 결의를 다지도록 이끌었다. 그런 점에서 윗글은 그의 전도를 예상하기에 충분한 근거를 제공하고 있다.

3. 노동자에 대한 관심

이제 어렴풋이나마 자신의 논리를 다진 김철수는 앞으로 '활동'하게 될 과제를 설정하고, 주장의 '진전'을 위한 모색에 나설 시점에 당도하였다. 그것을 소략하게나마 살필 수 있는 글이 「노동자에 관하야」이다. 이 글에 주목할 이유는 김철수가 공산주의운동에 뛰어들기 전, 당대의 현안으로 대두된 노동문제의 본질을 탐색하고 있는 점에 있다. 당시 식민지는 농업이 산업의 주종을 이루고 있었다. 지주계급에서 태어난 그였으므로, 당연히 그런 줄 알고 있었을 텐데도 불구하고 노동에 관심을 쏟았다는 점은 대단히 유의미하다. 외세의 지배에 놓인 식민지에서는 농업을 위시한 산업의 전 부면에 걸쳐 투쟁 국면의 활성화가 시급하였고, 일제에 의한 식민자본주의가 이식되기 시작하던 때였다. 이 말인즉, 노동투쟁이 식민지 변혁운동의 주요 과제로 부상할 즈음이었다는 것과 다르지 않다. 즉, 노동은 농업 부문과 공업 부문으로 하위 영역을 확장하며 식민지 변혁운동의 현안과제로 인식될 필요가 제기되던 찰나였다. 아래와 같이, 김철수는 이 점을 놓치지 않고 '노동자에 관하야' 의견을 제출한 것이다. 앞과 마찬가지로 그에 관한 연구자료로 활용되기를 바라며 전량 인용한다.

  大概 勞働問題라 하는 것은 十八世紀 末葉에 英國에서 일어느 産業革命의 結果 第一은 勞働者와 資本家 間의 不平 第二느 勞働者의 自覺 이 두 가지가 幷存하야 비로소 생기엿는 것이로다 故로 此에 依한즉 朝鮮에느 아직 勞働問題가 都無할 理致라 그러나 나는 성각하기를 朝鮮에는 朝鮮 勞働問題가 짜로 잇다 하노라
  大凡 勞働이라 하는 二字를 三으로 分하야 定義할 수 잇스니 第一은 最廣義, 卽 精神의 勞働과 身體의 勞働을 倂合하여 云함이니 此에 依하면 天下 萬人이 다 勞働者라 할 수 잇고
  第二는 廣義, 卽 身體의 勞働만 謂함이니 此에 依하면 直接으로 身體를 働하야 力役을 賣하는 者를 勞働者라 할 수 잇고
  第三은 俠義, 卽 勞働 中에도 特別히 工場勞働을 하는 者라 함이로다
  以上 三個 義 中에 文明帝國의 勞働問題로 말하면 學皆 大體는 第三義의 勞働者와 資本家의 間에 不平이 잇스며 勞働者의 自覺이 잇슨 然後에 비로소 眞實한 勞働問題라 하는지라 그러한 디 朝鮮半島에는 勞働者의 自覺은 姑捨하고 資本家도 업스며 짜라서 工場도 稀少하니 故로 文明帝國의 勞働問題로 解釋하면 朝鮮에는 勞働問題가 아즉 업슬 터이며 우리는 和議時代 太平時代에 잇다 할 것이라 그러나 나는 勞働이라 하는 것을 第二義에 從하야 解釋코자 하노니 故로 朝鮮에는 勞働者가 아닌 者 적으며 朝鮮은 勞働問題 나기 前 太平時代에 잇는 것이 아니라 勞働問題는 已存하엿스나 未覺混同 中에 잇다 生覺하노라
  何如間 勞働問題의 大意로 말하면 資本家와 勞働者의 衝突을 如何히

調和식히며 勞働者를 如何히 保護 救濟할가 함에 잇나니 文明帝國의 勞働者는 諸種의 保護機關이 有하야 窮한 곳으로부터 足한 곳으로 就하거늘 此와 反對로 朝鮮 勞働者는 窮한 곳으로부터 죽는 짜에 들어가니 이 엇지 寒心한 일이 안이뇨
　卽 朝鮮 勞働者는 自己의 手足으로 製造하는 것 업고 外部로부터 오는 高價의 物品을 賣用하며 內部로는 新機械入用處에 賃金은 도리여 低落한 傾向이 잇고 保護機關은 都無하니 할 수 업시 窮巷에 싸질 수 밧게 업도다 只今 特別히 朝鮮 勞働者의 불상한 것을 몃 가지 들고자 하노니
　一. 生計의 困難과 不安
　엇더한 時代와 엇더한 짜를 勿論하고 勞働者階級에 生計 困難함이 잇는 것은 免치 못할 일이나 그러나 特別히 朝鮮 勞働者는 保護機關은 一個가 업슨 故로 自己의 手中에 財物이 絶乏하면 다시 救援 밧기 어려우며 兼하야 朝鮮人은 大槪 一人이 働하야 五, 六人의 一家族을 救護 維持하는 故로 僅々히 生來하면 그 한 家族은 할 수 업시 四方에 流離하야 단니다가 相失相死하는 者 그 얼마이뇨 아—
　二. 衛生의 不可能
　糊口가 不足커늘 衛生을 엇지 하리요 三年 묵은 검은 종희는 窓을 개루어 잇고 日光을 보지 못하난 치운 房에 불을 넛치 못하니 濕氣는 가득하고 頹壁寒風에 쩌적자리를 依賴하야 잇스니 病이 엇지 아니 날가 그뿐 아니라 너가 일즉 언의 精米所에 가서 본즉 太陽은 조금도 不射하고 씌쓸은 가득하야 눈을 쓰지 못할 곳에 向壁에는 썰근한 點이 만히 잇슴으로 물어본즉 某某의 코피라 하기에 暫間 大驚하엿다가 다시 生覺하니 如斯한 塵裡에 長時間을 쉬지 못하고 勞働하느니 鼻血을 흘니는 것도 無理가 아니러라 富貴한 者도 사람이며 勞働하는 者도 사람이어늘 貴重한 生命에야 무슨 差異가 잇스리오 아—
　三. 求職의 困難과 賃金의 低廉
　經濟社會가 頹廢됨에 짤아서 勞働者의 數가 만아지고 勞働者의 數가 만아짐에 따라서 勞働 供給이 만할 것은 定則이며 一面으로는 運送 等에는 汽車 馬車 牛車 等이 新出하고 製造場에는 新機械가 使用되는 故로 勞働者側에서는 職業의 分量을 일케 되며 賃金을 低落케 되난지라 勞働者는 職業이 잇슬지라도 勞働紹介所 一個가 업는 故로 지게를 등에 지고 終日을 돌다가 할 수 업스면 夕陽에는 五錢이라도 밧고 十里를 갈 수밧게 업게 되며 간신히 工場에 들어가면 午前 六時 頃부터 午後 七, 八時頃까지

點心時間 一時間 外에는 主人의 命令에 짜라 쉴 수도 업스며 코피를 흘니면서 終日 勞働하면 所得은 約四, 五十錢 內外에 不過하니 이 아니 불상한가

四. 疾病과 失業으로 由하야 苦痛을 밧는 것은 部分的에 不過하나 特別히 朝鮮 勞働者의 一般的으로 밧는 苦痛이 잇스니 卽 子女敎育의 不可能이로다 文明帝國에는 大槪 義務敎育이 잇슴으로 或은 六年 或은 八年間은 반다시 敎育을 밧는 故로 勞働者의 子女라도 多少間 敎育이 잇거늘 朝鮮의 勞働者는 그 子女의게 諺文 一字 가릇칠 餘力이 업스니 父母된 者의 가삼이 果然 엇더할가 엇더한 사람을 勿論하고 勞働을 질겨하여 勞働하는 者는 업슬 줄 아노라 누구던지 倒産 또는 生活 困難의 所致나 或은 無意識的 或은 실허하면서 勞働하는 것이라 故로 自己 一代는 自身의 薄倖不幸을 歎息하면서 지닌다 할지라도 自己의 最愛하는 子女까지도 無敎育으로 由하야 한 가지로 下等社會라 하는 勞働者가 되게 할 理致는 업는 것이로다 代々를 繼承할 永遠無窮한 生命을 가진 그 子女를 사랑함에 들어서야 貧富의 差가 엇지 잇스며 貴賤의 違가 엇지 잇스리요 卽 子女의게 對한 『愛』와 『情』은 貧者나 富者나 豪傑이나 勞働者나 다 一般이로다 子女敎育의 不可能 슬푸다

勞働者를 輕視하지 말지어다 大槪 文明한 나라에서는 勞働者 保護가 漸々 着實히 되며 勞働者 待遇가 次々로 正重하여 가거늘 朝鮮에 들어가 보면 只今도 오히려 太古의 狀態를 쯰여 勞働者라 하면 발서 一層 低級으로 아는 習慣이 잇도다 勿論 逆諫의 理由는 잇슬지라 그러나 엇지 그와 갓치 甚하뇨 社會의 進化가 勞働者가 업고 엇지 되리오 우리의 不可避할 衣食을 供給하는 者는 누구며 우리의 居巢하는 집을 建築하는 者 누구며 우리의 日用物品을 供給하는 者는 누구인가 現今에 勞働者를 侮辱하며 輕視하는 것도 若干의 理由가 잇다 할지나 勞働者는 何時卬지던지 愚昧하란 것이 아니라 社會가 進化함을 짜라 勞働者 亦是 進化를 맛볼지로다 朝鮮 半島에 閑談碁博으로 公演히 노는 者들아 어서々々 反省하야 勞働者를 誹笑하지 말고 眞實한 勞働者가 될지어다

救濟 方針에 對하야는 여러 種類가 잇스나 爲先 簡單히 分類하여 말하면 두 가지가 잇스니 卽 精神的 救濟와 物質的 救濟가 是라

一. 精神的 救濟 大槪 사람이 되고서는 적드리도 常識과 德性은 가추어 자기々 아니하면 아니 될지니 故로 簡單히 말하면 朝鮮 勞働者界에는 『簡易夜學校』 가튼 것을 設置하야 虛談雜技할 時間에 學校에 와서 或 諺文도

배워 冊도 보게 하며 識見을 놉혀주며 品性을 向上케 하며 衛生을 重히 하게 하며 勤勉心을 돗게 하며 貯蓄心을 일으키게 할 것이오
 二. 物質的 救濟 勞働者의 生活과 地位를 改善할랴면 먼저 經濟上으로 救濟치 아니 하면 아니 될지로다 實로 勞働者의 一切 禍災의 根源은 貧弱함에 잇느니 根本的으로 救濟하랴면 勞働紹介所를 두어서 失業者가 업게 하며 信用組合을 지어서 金錢의 貸借를 便利케 하며 購買組合, 販賣組合 等을 지어서 組合員의 需要供給을 便利케 하며 共同寄宿部를 設置하야 飮食과 居宿을 任意로 하며 淸潔하게 하며 節用케 할지로다
 以上 記述한 바와 갓치 精神的 救濟와 物質的 救濟라 하엿스나 그러케 複雜한 것이 업눈 故로 朝鮮 勞働者界에 實行하면 다 應用이 될 줄로 아노라3)

 김철수는 논리를 전개하기 위한 전단계로 18세기 영국에서 일어난 산업혁명의 여파로 노동문제가 발생한 사실을 전제한다. 물론 노동은 인류가 지구상에 발을 딛고 나서부터 생겨난 활동이다. 그것은 생존의 차원에서 본능적으로 행동하기를 인류에게 강요했다. 그러나 인류 사이에 투쟁이 벌어지면서 승리를 빌미로 일하지 않는 자들이 생겨났고, 반대로 일하지 않으면 생존을 위협받는 무리들이 생겨났다. 영어 '노동(labour)'의 원어에 해당하는 로마어 'laborare'가 노예들이 짐을 지고 뒤뚱거리는 모습을 가리키는 것이었다는 사실은 계급의 차이가 오래전에 발생한 사실과 노동자에 대한 차별의 기원을 알려준다. 그런 연유로 노동은 동서양을 막론하고 천대받았고, 지금도 놀고먹으려는 이들이 상당수인 줄 부인하기 힘들다.
 김철수는 노동자의 출현 배경을 역사적으로 살펴본 뒤, 노동의 범주를 세 가지로 구분한다. 첫째의 노동은 제일 광의로 정신적 노동과 신체적 노동으로 이분할 수 있으니 천하 만인이 다 노동자라고 할 수 있

---

3) 김철수, 「勞働者에 關하야」, 『학지광』 제10호, 1917. 5, 298-301쪽.

다. 둘째의 노동은 광의의 노동으로 신체적 노동을 가리키며, 셋째의 노동은 협의의 노동으로, 노동 중에서도 공장노동에 국한한다. 김철수는 셋 중에서 둘째의 노동을 노동문제의 과제로 삼는다.

　서론부에서 경청할 대목은 김철수가 식민지에는 노동문제가 아직 본격적으로 돌출하지 않았으나, 식민지만의 고유한 노동문제가 따로 있다고 본 점이다. 곧, 그는 서양에서 먼저 대두된 노동문제를 기계적으로 수용하는 자세를 지양하고 있다. 이러한 인식은 그가 노동에 관한 이론적 학습을 결행한 결과를 식민지 현실과 연관시킴으로써 이론과 실제 간의 괴리를 미연에 방지하도록 도와준다. 김철수가 투쟁 현장에서 공소한 논리와 이념 중심의 허담(虛談)을 경계하고, 지위의 독점에 욕심을 내지 않은 것도 죄다 일본 유학 시절부터 형성한 철저한 인식안에서 우러난 것이다.

　그런 측면에서 이 글이 함의하고 있는 의미역은 만만치 않다. 김철수가 직파(直把)한 식민지 상황은 노동자의 지각이 없을뿐더러, 자본가도 없고 공장도 희유하여 노동문제가 아직 대두되지 못했다. 그는 이에 식민지에서의 노동문제를 앞의 둘째치로 파악한다. 그가 보기에 식민지에는 노동문제가 없는 게 아니라, 이미 있었으나 노동자들의 각성이 이루어지지 않아서 전면으로 부상하지 못한 상태였다. 그는 식민지 노동자들이 처한 '불상한 것'으로 '1. 생계의 곤란과 불안', '2. 위생의 불가능', '3. 구직의 곤란과 임금의 저렴' 그리고 '4. 질병과 실업으로 由하야 고통을 밧는 것'을 꼽았다.

　이런 환경에 처하다 보니 노동자들은 자녀교육이 불가능하다. 김철수는 이 점을 지적하면서 문명국에서는 6년 이상의 의무교육을 실시하는 데 반하여 식민지의 노동자들은 언문조차 가르칠 여력이 없다고 개탄한다. 그는 자녀를 사랑하는데 빈부의 차와 귀천이 어디 있느냐고 묻는 한편, 노동자를 경시해 온 식민지의 풍토에 반성을 촉구하면서 노동자를 구제하는 방침으로 두 가지를 든다. 하나는 정신적 구제로, 노동자를 위하여 '간이야학교'와 같은 시설을 설치하여 교육 기회를 제공하고 품성을 향상시키는 방법이다. 다른 하나는 물질적 구제로, '노동소개소'와 '신용조합', '구매조합', '판매조합' 그리고 기숙사 등을 설치하여 현실적으로 지원하는 방법을 모색하자고 제안한다. 두 가지 방법은 별로 복잡하지 않으므로, 그는 식민지 노동자들을 위하여 속히 실행할 수 있으리라고 기대하였다. 이런 점에서 김철수의 「노동자에 관하야」는 식민지 현실에 대한 진단과 함께 앞으로 전개할 투쟁의 방향을 시사하고 있어서 주목할 만하다.

4. 결언

위에서 살펴본 것처럼, 김철수는 일본 유학 중에 두 편의 글을 발표하였다. 둘 다 그가 사상적 형성기에 관심한 것이 무엇이었는지 알아차리기에는 부족하지 않다. 그의 「신 충돌과 신 타파」가 계몽에 초점을 두었다면, 「노동자에 관하야」는 식민지 노동운동이 처한 조건을 직시하고 개선책을 강구한 것이라 볼 수 있다. 당시 동경에서 학습한 바를 토대로 장차 나아가게 될 운동 분야를 공부한 흔적이라고도 봐도 무방하다. 그는 소지주계급에서 태어난 한계를 노동자에 대한 애정으로 극복하는 글을 통해서 앞으로 식민지 변혁운동에 복무할 논리적 발판을 마련해 가고 있었던 줄 알려주고 있다.

김철수는 보기 드물게 권력에 욕심내지 않은 사상가였다. 남들이 운동의 주도권을 쥐고자 내부투쟁을 자행하던 와중에도 그는 운동가들의 단결을 고무하였다. 그 단적인 예가 해방 후에 그가 보여준 언행이다. 당시 박헌영을 중심으로 조선공산당 내에 권력싸움이 가열되자, 그는 종파적 행동으로 운동의 성격을 오염시키거나 전선의 분열을 야기하는 언행을 삼가고 해방 조국의 건설에 헌신할 것을 추구하면서 그들을 꾸짖었다. 그로서 그는 권력다툼에서 밀려났고, 변변한 추종자도 없이 낙향하지 않으면 안 되었다. 귀향한 후에도 그는 움막을 짓고 '이안실(易安室)'이라는 택호에 걸맞은 행실로 안팎에 귀감이 되었다. 오로지 분단 상황의 타파를 염원하던 그는 말년까지도 경찰의 감시선에서 자유롭지 못했다.

김철수는 넉넉한 가정에서 태어났으므로 편안한 장래가 보장되었었다. 그러나 그는 스승의 가르침을 가슴에 새기고 도일한 뒤로 식민지 민중들의 비참한 현실을 타개할 수 있는 방안을 모색하느라 공산주의 공부에 열심이었다. 주위의 뜻 맞는 동지들을 규합하여 항일단체를 만들고 상해로 건너간 그는 운동가들의 단합에 힘을 쏟았다. 장형의 영향을 받은 형제들도 변혁운동에 기꺼이 동참하여 지도급 인사로 활약했다가, 가족들은 해내외로 뿔뿔이 흩어지고 말았다. 이제부터라도 김철수의 사상과 행적을 조명하고, 그의 동생들을 포함한 부안 출신 운동가들을 호명하는 작업에 착수할 즈음이다. 인물을 현양하지도 못하면서 고장에 자부심을 가지라고 권할 수 없다. 모름지기 고장의 발전은 사람을 알아보는 일부터 시작되어야 한다. 김철수는 한적한 도로에 '지운로'라고 이름하고 말 정도로 작은 인물이 아니다. 아무나 그를 아는 척하나, 누구도 그를 현양하지 않는 '易安'한 현실이다. 끝으로, 해방기의 김철수에 관한 신문기사 「感激의 그날 그때!」(『독립신보』, 1946. 8. 16)을 덧붙여 기록으로 남긴다.

감격의 그때 그날!

상해 해삼위 모스코를 무대로 민족 해방을 위하여 지하에서 영웅적 투쟁을 전개타가 1931년에 관헌에 붙들여 징역 10년을 받고 다시 예방구금(豫防 拘禁)에 넘어가 함흥형무소에서 8·15해방을 맞이한 조선공산당 중앙위원 김철수(51) 씨는 그날의 감격을 다음과 같이 말한다. 씨는 전북 출생으로 1914년 약관 20 때부터 국제도시 상해로 나가 민족혁명운동에 참가하여 20년대에는 조선 최초의 사회주의 사상가로 등장 고 이동휘 선생의 맹우의 한 사람으로서 이때부터 상해, 해삼위, 모스코 등지에 출몰하면서 국내와의 연락과 국제공산당의 지시 전달 등 지하운동에 활약 혁명가로서의 역량과 인격을 국내외에 높였다. 제1차 공산당이 조직되자 과거의 파적 관계를 단연 일축하고 여기에 입당하여 제2차 공산당시에는 국제당 대표요 당 중앙위원으로서 진영 수습에 탁발한 수완을 보였을 뿐 아니라 그 후 피검될 때까지 국경을 넘어 온 것이 수십 회의 기록을 갖었든 것이다.(『독립신보』, 1946. 8. 15)

비극적 혁명가의 진혼을 위하여
—신일용론

Ⅰ. 서론

한국근대사에 관한 연구가 양에 찰만큼 진척되었는지는 회의적이다. 여전히 연구자들의 발길이 닿지 않은 영역도 남아 있고, 손길이 미치지 못한 곳도 흔하다. 그 중에서도 대일항쟁기에 식민지 상태를 벗어나고자 온몸으로 항거했던 이들의 발자취를 찾아내어 현양하는 일은 불만족스러운 편이다. 더 깊이 들어가 보면, 지역에서 대일 투쟁에 나섰던 이들의 족적을 찾아내려는 연구는 더욱 부족하다. 지역사를 연구하는 이들의 숫자가 적은 것이 가장 큰 요인일 테지만, 그보다는 지역민들이 그 지역의 역사나 인물에 대한 관심이 모자라다고 봐야 맞을 터이다. 한국사의 첫째가는 문제점은 지역사를 반영하지 않은 채 기술되었다는 데 있다. 표준어가 지역어를 말살시키고 하대하여 제자리를 공고히 다지느라고 용을 쓰듯이, 한국사도 지역사를 천대하고 업신여기기는 마찬가지이다. 그러다 보니 지역사는 소위 지역사학자들의 몫으로 돌려진 채 지금까지도 무시당하고 있다.

　전북의 지역사라고 예외가 아니다. 지역을 연구하는 사람들은 설자리를 차지하지 못하고 주변부에 머문 채 소외당하고 있는 게 현실이다. 정식으로 체계적인 연구 방법론을 수련받은 연구자들이 지역사의 연구판에 들어오려고 앞을 다투어야 할 텐데, 지역에 거점을 둔 대학에서조차 연구 범위를 흘러간 왕조시대나 제도에 초점을 맞추라고 강권한다. 겉으로는 사람의 발자취를 좇는 학문이 역사라고 떠벌이면서도, 정작 이곳이 아닌 저곳에 살았던 사람들을 따라가라고 등 떠미는 것이다. 이런 판국에서는 전북 지역의 인물들이 제대로 현창될 리 만무하다. 배웠다는 이유 하나만으로 못 배운 이들을 위하여 변혁운동에 뛰어들었다가 가문이 쑥대밭이 되고, 자신이 영어의 몸이 될 줄 번연히 알면서도 기꺼이 해방운동에 종사한 이들에 주목하지 않는 근대사 연구란 허적(虛跡)이다. 지역에 거주하는 연구자라면 미시사, 즉 지역의 역사와 인물에 관심을 두고 연구 영역을 확장하려는 의지를 가져야 한다. 그렇다고 관심한 미시사가 거시사의 범주에서 벗어나거나 괴리되어서는 안 될 것이다. 모름지기 바람직한 연구의 방향은 양쪽을 견주면서 지역의 특장을 드러내는 데 맞추어져야 한다.

　이런 부류에 적합한 인물로 신일용을 들 수 있다. 그는 의사로서의 편안한 삶을 마다하고 전주의 청년운동권에 가담하기 시작한 후, 서울로 진출하여 언론 활동, 사회단체, 사상운동 등으로 권역을 확장하였다. 나중에 그는 중국으로 가서 청년운동을 지도하기도 하였다. 이처럼 그의 보폭은 역사나 인물 연구에서 미시사와 거시사의 조화가 필요한 이유를 입증한다. 그는 학업을 위하여 일찍 출향한 탓에 고향에는 형적을 남기지 않았다. 그가 해방 후 국회의원 선거에서 낙선하게 된 이유도 지역 내 기반이 약해서 벌어진 사태였다. 신일용은 활약상이 공간적으로 넓어서 여럿이 경쟁적으로 관심할 줄 알지만, 실상은 전혀 그렇지 못하다. 이것만 봐도 지역사 연구가 중요한 점을 알 수 있다. 이제라도 그에 관한 연구가 본격적으로 이루어져서 공과를 엄정히 판별하고 시비를 가려서 업적을 기릴 찰나이다. 그 동안 필자는 신일용에게 합당한 자리를 찾아주기 위하여 글을 수집하여 한데 모으고[1], 길지 않은 검토를 통해서 연구를 촉구해 왔다.[2] 얼마 전에 한국사 연구자들이 그의 행적을 간략하게나마 집약했으나[3], 불충분하고 세심하지 못하여 앞으로 갈 길이 멀다

II. 전기적 생애와 친일 시비

1. 전기적 생애

신일용(辛日鎔, 1894~1950)은 부안군 행안면 진동리에서 신기수(辛基洙)의 장남으로 태어난 의사이자 언론인이고 사회운동가로, 김영혜(金令惠)의 남편이며 신호영(辛昊永)의 아버지이다. 그의 자는 명항(明恒)이고, 호는 혜성(彗星), 이명은 장일성(張日星)이었다. 그는 필명으로 적소(赤笑)와 미성생(尾星生)을 주로 썼고, 식민지 바깥에서는 김준(金俊)과 김원(金元)을 사용하기도 했다. 혜성의 우리말이 꼬리별이니, 미성생은 같은 뜻을 지녔다. 혜성은 화살처럼 빨라서 살별이라고 부르거나, 나그네처럼 일정한 곳에 있지 않고 홀쩍 나타났다가 사라진다고 해

---
[1] 최명표 편,『전북근대문학자료』제3권, 신아출판사, 2014, 171-431쪽.
[2] 최명표,『전북작가열전』, 신아출판사, 2018, 44-49쪽.
[3] 강만길·성대경 편,『한국사회주의운동인명사전』, 창작과비평사, 1996, 256쪽.

서 조상들은 객성(客星)이라고도 불렀다. 이만하면 신일용이 자호한 의도를 얼핏 짐작할 만하다. 아마 그는 민족해방운동전선에서 신명을 도하다가 사라지는 혜성의 발자취를 숙명으로 받아들였을 성싶다.

신일용은 1910년 4월 부안 사립영명학교4)와 1916년 4월 조선총독부의원 부속 의학강습소를 졸업하고5), 10월 의사 면허를 받았다.6) 1916년 4월부터 12월까지 목포야소교병원, 1917년 6월까지 제주도야소교병원에 근무하던 때만 해도 그는 평범한 의사였다. 그러나 1918년 9월 전주 대정정에 완산의원을 개업7)하고 나서부터 그는 식민지의 변혁운동에 발을 들여놓기 시작했다. 1919년 3월 그는 전주청년구락부 총무8)로 있으면서 전주의 기미독립만세운동을 주도하는 한편, 만세운동으로 구속되거나 취조를 받고 풀려난 이들을 정성껏 치료해주었다. 그때 신일용은 전주기독고등여학교(현 전주 기전여자고등학교)에서 '결사대'를 조직하여 독립운동을 주도한 금산 출신의 임영신(任永信)을 뒷바라지하면서 치료해 주다가 정이 들고 말았다. 이미 혼인하였던 신일용은 임영신과 결혼을 약속했다. 그러나 기독교를 독실하게 신봉하던 임영신 집안의 반대로 혼인은 이루어지지 못했고, 그녀는 첫사랑이었던 신일용과의 애틋한 로맨스를 기록으로 남겼다.9) 1926년 조선공산당 책임비서가 된 안광천(安光泉)의 처 이현경10)이 동경 유학 중 신일용을 면회한 얘기도

---

4) 『대한매일신보』, 1910. 4. 8
5) 『朝鮮總督府 官報』, 1916. 4. 7
6) 『朝鮮總督府 官報』, 1916. 10. 12
7) 『매일신보』, 1918. 9. 28; 『매일신보』, 1919. 10. 1
8) 『동아일보』, 1920. 5. 28
9) 손충무, 『한강은 흐른다―승당 임영신의 생애』, 동아출판사, 1972, 184-227쪽.
10) 이현경(李賢卿, 1899~?)은 이선경(李善卿), 1902~1921)의 언니로, 경기도 수원에서 태어났다. 그녀는 1914년 진명여학교, 1917년 경성여자고등보통학교를 졸업하고 1918년 니혼여자대학 사회학부에 들어갔다. 1926년 『동아일보』 기자로

운동권에서는 유명했다. 안광천의 도일 후 행적은 신재용(辛載鎔)과 상당 부분 겹친다.

신일용은 전주에서 의사로 근무하는 동안에 서울을 오르내리며 식민지의 변혁운동에 투신할 기반을 닦았다. 그는 1920년 4월 한국 최초의 대중노동운동단체인 조선노동공제회의 설립을 주도하고11), 7월에는 전주청년구락부의 후신 완산청년회 평의원을 지내다가12), 9월에는 아예 본거지를 서울로 옮기고 필운동에서 개업하였다. 그는 전주의 만세운동에 참여한 댓가로 뒤늦게 1921년 4월 9일 전주지방법원에서 약품 및 약품영업취체규칙 위반으로 금고 2개월형을 받았고, 9월 1일부터 6개월간의 영업정지를 받았다.13)

아직 신일용이 공산주의운동에 가담하게 된 경위는 알려지지 않았다. 다만 당시의 식민지 사정과 국제 정세가 복합적으로 작용하여 그를 운동전선으로 불러냈으리라고 추정한다. 1917년 11월 러시아에서 일어난 10월혁명(일명 볼세비키혁명)은 전세계에 공산주의 선풍을 일으켰다. 나라마다 공산당이 창당되어 난립하자, 1919년 3월 지도 조직으로 국제공산당 코민테른이 창설되었다. 식민지 조선에서도 기미독립만세운동 이후 공산주의가 민족해방의 수단으로 채택되었고, 다수의 청년들이 동조하였다. 1919년 10월 서울공산단체를 시작으로 1920년 3월 조선공산당, 5월 김약수(金若水)와 정태신(鄭泰信) 등의 마르크스주의 크루조크, 6월 부안 태생의 김철수(金錣洙)와 장덕수(張德洙) 등의 사회혁명당 등이 연달아 결성되었다. 이 중에서 서울공산단체와 마르크스주의 크루조

활동하다가, 1928년 안광천과 중국으로 망명하였다.
11) 조선일보사사료연구실, 『조선일보 사람들: 일제편』, 랜덤하우스중앙, 2004, 195쪽.
12) 『조선일보』, 1920. 7. 8
13) 『朝鮮總督府 官報』, 1921. 9. 1

크는 1920년 4월 조직된 조선노동공제회에서 조직한 비밀결사였다. 신일용이 이 회의 설립을 주도했다는 점으로 미루건대, 공산주의운동에 가담한 시기는 상당히 빨라진다. 그와 함께 두 단체의 조직에 앞장선 김약수·정태신 등은 1921년 5월 일본으로 건너가 재일본공산주의자단체를 조직하였는 바, 훗날 북풍파의 모체가 되었다. 1921년 1월 서울청년회를 주도한 김사국(金思國) 등에 의하여 10월 조직된 사회혁명당은 후일 고려공산동맹으로 이어지면서 서울파의 모체가 되었다. 김철수 등의 사회혁명당은 1915년 재일 유학생을 중심으로 결성되었던 신아동맹단이 1920년 이름을 바꾼 것으로, 상해파 고려공산당의 식민지지부에 해당된다. 조선공산당은 김사국 등의 사회혁명당 세력과 결합하여 중립당을 결성하였다.

   식민지 밖에서는 1921년 5월 상해와 이르쿠츠크에 고려공산당이 조직되었다. 코민테른의 지시에도 불구하고 두 단체가 통합은커녕 대립하자, 1922년 12월 두 단체를 해산하고 대신 코민테른 집행위원회 원동부 산하에 꼬르뷰로를 설치하였다. 꼬르뷰로는 식민지 내에 공산당을 조직할 임무를 김재봉(金在鳳)에게 부여하였고, 1923년 5월 북풍파와 상해파를 포함한 5개파를 망라하여 꼬르뷰로 내지부를 조직하고 책임비서로 김재봉을 선출하였다. 그러나 화요파와 북풍파가 계속하여 대립하자, 1924년 꼬르뷰로 내지부와 꼬르뷰로가 해체되었다.

   1924년 5월 블라디보스토크에서는 꼬르뷰로를 대신할 고려공산당창립대표회준비위원회가 열렸다. 위원회는 식민지 안의 세력들과 연대를 시도했으나, 식민지의 공산주의운동자들은 위원회에 불참하고 독자적인 당을 조직하기로 결정하였다. 같은 달 화요파, 서울파, 북풍파 등의 대표자들은 소위 13인회를 결성하고 통일된 조직을 논의하였다. 1924년 4월 『신생활』지 필화 사건으로 영어생활을 마치고 출옥한 신일용은 조선공산당창립대표회준비위원회로 명칭한 13인회에 신생활사 대표로 참가하였다. 그러나 각 파의 의견차를 해소하지 못한 채 13인회는 결렬되었다. 신일용은 1922년 3월에 결성된 김사국이 주도한 조선공산당(중립당)의 무산자동맹회에도 깊숙이 관여하였다. 무산자동맹회는 1922년 1월 조선공산당의 합법단체로 조직된 무산자동지회14)와 1922년 2월 신일용이 이영(李英) 등과 만든 사회혁명당의 합법적 외곽단체 신인동맹회가 1922년 3월 31일 통합한 단체이다.15) 1923년 2월 신일용은 김사국 중심의 서울파 고려공산동맹의 중앙위원에 선임됐다.

고려공청 중앙총국이 1922년 10월 무산자청년회를 조직하고16), 동 국과 고려공산동맹이 서울청년회를 앞세워 1923년 3월 전조선청년당대회17)를 연 뒤에 1924년 4월 서울파와 고려공청 중앙총국이 서울청년회를 앞세워 조선청년총동맹18)을 출범시키자 식민지 전역의 청년단체들이 연대할 움직임을 보였다. 동 동맹의 결성을 계기로 청년들은 더욱 사회주의 노선에 기울어지게 되었고, 서울에서 활동하던 운동가들이 전역을 순회하며 강연을 통해 세력을 넓히려고 노력하였다. 이때 신일용도 각종 강연회에 불려다니며 청중들을 계몽하느라 바빴다. 그는 1922년 2월 신인동맹회를 결성하고19), 동 회에서 주최한 노동문제 강연회에서 '시대인의 미신'20)을 강연한 것을 비롯하여, 동 회 주최 메이데이 기념 강연회에서 '메이데이의 사적 고찰'21)을 주제로 강연하였다. 신인동

---

14) 1925년 1월 28일 서울 서대문에서 이인영(李寅榮)이 주도하여 창립된 무산자동지회와는 다른 사상단체이다.
15) 『동아일보』, 1922. 4. 2
16) 『동아일보』, 1922. 11. 1
17) 『동아일보』, 1923. 1. 30
18) 『동아일보』, 1924. 3. 2
19) 이현주, 『한국 사회주의 세력의 형성』, 일조각, 2003, 219쪽.
20) 『매일신보』, 1922. 2. 22

맹회는 1922년 3월 무산자동지회와 무산자동맹회로 통합되었다. 신일용은 1922년 당시 식민지 사회에 큰 문젯거리로 대두되었던 고 김윤식(金允植) 사회장 반대회의 제2회 강연회에서 강연하였다.22) 그가 『동아일보』와 서울청년회 중 상해파 국내부가 주동한 김윤식의 사회장을 반대하게 된 이유는 앞서 살펴봤듯이 김사국 계열에 선 탓이다.

1922년 2월 신일용은 조선노동공제회 노동문제 강연회에서 '시대인의 미신'을 주제로 강연하였고23), 2월 하순에는 인천기근구제회 주최 강연회에 연사로 나갔다.24) 그는 같은 해 3월 신생활사에서 주최한 신생활 강연회에서 '신생활의 윤리적 기초'를 강연하였고25), 경기도 이천청년회 주최 강연회에 초청받아 '현대 청년의 번민'을 강연하였다.26) 이어서 그는 4월에 경성인쇄직공친목회에서 '시로운 인생관'을 주제로 강연하였으며27), 전조선노동대회장(金光濟) 추도회에서 '인간 생활과 자유 본능'을 강연한 뒤28), 조선노동공제회에서 주최한 노동제일 기념 강연회에서 '메데이의 사적 고찰'이란 제하로 강연에 나섰다.29) 5월에는 금강산 건봉사에서 주최한 강연회에 나가서 '인간 생활의 암흑과 광명'이란 제하로 강연한30) 그는 6월 『신생활』 경기 개성지사 주최 강연회에서 '현대문화의 특징'31)과 조선여자청년회 주최 강연회에서 '자각흔 녀자의 사

---

21) 『동아일보』, 1922. 4. 29
22) 『매일신보』, 1922. 2. 3
23) 『매일신보』, 1922. 2. 22
24) 『매일신보』, 1922. 2. 24
25) 『동아일보』, 1922. 3. 17
26) 『동아일보』, 1922. 3. 30
27) 『동아일보』, 1922. 4. 23
28) 『매일신보』, 1922. 4. 27
29) 『매일신보』, 1922. 4. 29
30) 『동아일보』, 1922. 5. 4
31) 『매일신보』, 1922. 6. 10

명'의 연사로 강연단에 섰다.32) 7월에 그는 진명친목회 주최 강연회에서는 전공을 살려 '하일(夏日)의 위생'을 강연하였고33), 조선여자청년회 간친회에 참석하여 감상담을 들려주었다.34) 9월에 그는 강원도 횡성청년회에서 주최한 강연회에 초청을 받고 가서 '호상부조의 정신'을 강연하였고35), 고학생 갈돕회 주최 강연회에서는 '조선 청년의 번민과 이상'을 강연하였으며36), 11월에는 조선노동공제회 대구지회에서 주최한 초청강연회에서 '현대 문화와 미신 생활'이란 제목으로 강연을 해주었다.37)

이처럼 분망하게 살던 신일용은 『신생활』지 필화 사건에 연루되었다. 신일용이 1923년 1월 『신생활』 기자로 재직하면서 한국 최초의 필화사건에 연루된 것이다. 신일용이 『신생활』 기자로 들어가게 된 배경에는 제주도 출신 김명식(金明植)과의 친분이 작용하고 있다. 1915년에 도일하여 1918년까지 와세다대학 전문부 정치경제과를 수학한 김명식은 재동경조선유학생학우회원으로 기관지 『학지광』에 시와 논문을 발표하면서 1917년에는 동 회 회장으로 선출되었다. 김명식과 신일용의 인연은 조선노동공제회, 김윤식 사회장 반대운동 등에서 자주 조우하며 깊어졌다. 둘은 1922년 1월 장덕수가 『동아일보』 등과 김윤식의 사회장을 주도하자 반대편에 섰다. 김명식은 아예 『동아일보』에서 나와 박희도(朴熙道)의 힘을 빌려 신생활사를 창립하고, 잡지 『신생활』을 간행하며 사회주의 사상의 선전에 나섰다.

---

32) 『동아일보』, 1922. 6. 15
33) 『동아일보』, 1922. 7. 10
34) 『매일신보』, 1922. 7. 29
35) 『동아일보』, 1922. 9. 9
36) 『동아일보』, 1922. 9. 16
37) 『동아일보』, 1922. 11. 7

『신생활』은 1922년 1월 15일 김명식, 박희도 등이 무산대중의 개조를 목표로, 미국인 선교사 베커(A. L. Becker)를 편집인 겸 발행인으로 삼아 신생활사에서 발행한 잡지이다. 발기인들은 창간사에 '신생활을 제창함', '평민 문화의 건설을 제창함', '자유사상을 고취함'을 내걸었다. 『신생활』은 5호까지 순간으로 발간하다가 1922년 6호부터 월간으로 바꾼 『신생활』은 1923년 1월에 발행된 16호를 끝으로 1923년 1월 8일 폐간되었다. 『신생활』은 주필 김명식을 중심으로 신일용, 이성태(李星泰), 정백(鄭栢), 유진희(兪鎭熙) 등이 기자로 포진했다.38) 잡지의 논지는 사회주의 선전과 자본주의 비판에 집중되어 창간호부터 발매 금지를 당할 정도였다. 잡지의 성격에서 신일용이 상경 후 가담하게 된 사상운동의 노선이 분명해진 줄 헤아릴 수 있다.

신생활사 사건 데일회 공판은 이십륙일 오후 두시에도 역시 야촌(野村) 판사와 대원(大原) 검사가 렬석하고 개뎡하야 먼저 신일용(辛日鎔) 씨에게 대하야 주소 씨명 직업을 뭇다가
『피고는 안해가 잇느냐.』
는 무름에 대하야 피고는 텬연스럽게 우스며
『안해는 어덧다가 실킬내 내여버리엿소.』
이때 방텽석에서 우슴소래가 새여나오고 법관까지 그윽히 우슴을 띄이엇다. 그 다음에는 김명식 씨의 소개로 신생활사에 드러온 말을 하고
『김명식이가 공산 선전을 하는데 피고와는 상관이 업는가.』
『관계업소.』
『신싱활에 긔재하든 글에 대하야 사원들이 상의하고 긔재하는가.』
『각々 칙임을 지고 자유로 긔재하오.』
『십일호에 쓰인 로서아혁명 긔념의 글을 긔재할 째에 피고도 아랏는가.』
이때 피고는 릉소하는 태도로
『글세 앗가부터 서로 상의하지 아니 하고 자유로 쓰는 것이라 하닛가

---

38) 조연현, 「한국역대잡지개관」, 『조선일보』, 1958. 6. 24

웨 쏘 그런 말을 두 번식 무르시오.』
　재판장은 잠시 침묵하고 조금 긴댱한 얼골로
『피고가 대답 아니 한다면 구태여 무르려는 것은 아니라 재판소에서는 아못조록 피고의 리익을 위하야 변해할 길을 주는데 웨 그럿케 말하는가. 쏘 이번에 무른 말은 글을 각々 쓰는 것은 긔자의 자유로 할지라도 로서아혁명호 가튼 호를 내일 째에 그 전톄에 대하야 상의한 일이 잇는가 하는 말이다.』
『나도 깁흔 사정으로 론징하려는 것이 아니라 반복하는 폐단이 업게 하느라고 그럿소.』
『그런 일의 상의는 업섯소.』
『『오년 전의 회고』라는 글도 그러한가.』
『그럿소.』
『글은 엇더케 하야 긔재하게 되는 것인가.』
『긔자가 각々 면(面)을 맛타 가지고 인쇄소로 보내고 그 후 교정은 글 쓴 사람이 보오.』
『배렬은 면々히 칙임을 마트닛가 특별히 배렬하는 사람이 싸로 업소.』
『자유로동취지서는 누가 특별히 긔재하얏는가.』
『누가 특별히 긔재한 것이 아니라 인쇄소로 가저왓는대 백인지 삼주일이나 지난 것이오. 쏘 원고 검열을 마튼 것으로 알고 긔재한 것이오.』
『십이호에 민족운동과 무산계급의 전술이라는 글을 긔재할 째에 대하야 모르는가.』
『모르오.』39)

위에서 재판에 임하는 신일용의 당당한 태도를 엿볼 수 있다. 재판장의 물음에서 알아차릴 수 있듯이,『신생활』의 필화 사건은 1922년 11월 발행한 11호의 특집 '노국(露國)혁명 5주년 기념호'가 발단이었다. 판매가 금지된 이 특집은 김명식의 「러시아혁명 5주년 기념」, 신일용의 「5년 전 회고」, 유진희의 「민족운동과 무산계급의 전술」, 이항발(李恒發)의 「자유노동조합 결성의 취지」 등으로 이루어졌다. 12월 26일부터 시

---

39)『동아일보』, 1922. 12. 28

작된 재판은 '최초의 사회주의 재판'40)이기도 하다. 이 사건으로 신일용은 징역 1년 6개월을 구형받고41), 공판에서 그대로 징역 1년 6개월 형을 선고받아42) 복역하였다. 당시 판결문에 나온 신일용의 거주지는 경기도 고양군 연희면 상암리였다. 이 사건에서 그는 김사국의 동생 김사민(金思民)과 함께 재판에 넘겨졌다. 김사민은 1922년 10월 29일 자유노동조합을 결성하고43), 그 취지서를 『신생활』에 게재한 혐의로 징역 2년형에 처해졌다.44) 형제와의 인연이 신일용의 운동선상에 일정한 영향을 끼친 현장이다. 1924년 4월 29일 함흥형무소에서 만기출옥45)한 신일용은 감옥 생활에 대한 소감을 아래와 같이 남겼다.

"감상이야 잇지마는 이러타 하고 말할 필요도 업거니와 무엇이라 말할 수도 업습니다. 감옥이라는 곳은 결국 인간 생활의 축도(縮圖)이닛가 그곳에서도 살겟다는 문뎨가 그 중 큰 문뎨입니다. 그리고 감옥생활과 자긔의 주의주장은 별문뎨이닛가 결국 전과 다름업시 자긔의 올흔 주의대로 나아갓지오."46)

출옥 후에도 신일용의 강연 활동은 계속되었다. 1924년 7월 그는 황해 해주청년회 주최 강연회에서 '조선 청년의 장래'를 강연하였고47), 전남 암태도 소작쟁의 동정 연설회에서도 연설하였다.48) 그해 9월 그는

---
40) 최준, 『한국신문사』, 일조각, 1960; 1993, 208쪽.
41) 『동아일보』, 1923. 1. 9
42) 『동아일보』, 1923. 1. 17
43) 『동아일보』, 1922. 10. 31
44) 『조선일보』, 1923. 1. 17
45) 『동아일보』, 1924. 5. 1
46) 『동아일보』, 1924. 5. 2
47) 『동아일보』, 1924. 7. 2
48) 『동아일보』, 1924. 7. 13

보천교 성토회49), 서울청년회 주최 산아제한 가부 토론회50), 기근대책 연설회에 강사로 연단에 섰다.51) 1925년 2월 그는 조선기근대책강구회 주최 강연회에 강사52)로 나간 그는 3월 경룡신문배달조합에서는 '산업조합운동에 대하야'를 강연했으며53), 전라북도기자단 주최 이리 강연회에서 '신문과 사회생활'을 강연하러 오랜만에 낙향한 바 있다.54)

이처럼 식민지 사회에 이름이 알려지면서 신일용은 강연 말고도 여러 단체의 간부로 적을 두고 활동하였다. 대표적으로 그는 고 김윤식 사회장반대회 실행위원55), 입학난구제기성회 발기인과 동 실행위원56) 등을 맡았다. 그는 조선기근대책강구회 선전부 위원57)과 동 회 청산위원58) 등을 맡아 바삐 움직이다가, 같은 회에서 1924년 10월 식민지 전역의 기근 피해를 조사하고자 파견한 조사대의 제1반으로 전라북도를 순회하고 참상을 「조선기근구제회 파견 기근 조사 제1반 보고 (1-6)」로 송고하였다.59)

1924년 식민지 사회에는 보천교가 『시대일보』를 인수를 시도하여 큰 파동이 일었다. 이 사태는 최남선이 『시대일보』를 창간할 당시에 계획했던 후원자들의 지원금이 제때 납입되지 않으면서 벌어졌다. 그가 신

---

49) 『동아일보』, 1924. 9. 1
50) 『동아일보』, 1924. 9. 14
51) 『동아일보』, 1924. 9. 22
52) 『동아일보』, 1925. 2. 26
53) 『동아일보』, 1925. 3. 27
54) 『동아일보』, 1925. 8. 28
55) 『매일신보』, 1922. 2. 6
56) 『동아일보』, 1922. 4. 15
57) 『동아일보』, 1924. 10. 2
58) 『동아일보』, 1925. 8. 2
59) 『조선일보』, 1924. 10. 17-24; 최명표 편, 『신문으로 읽는 식민지 전북』 제5권, 신아출판사, 2025, 144-152쪽.

문사의 경영난을 타개할 묘책을 강구하던 차에 보천교에서 재정 지원을 약속하며 전도금으로 30,000원을 차입하였다. 그리하여 『시대일보』의 발행인이 보천교측의 이성영(李成英)으로 변경되었고, 그것을 나중에 알게 된 사우들이 모임을 조직하여 조직적으로 시비하였다. 사태가 악화되자 보천교는 분쟁의 수습을 핑계로 1924년 7월 10일부터 10일간 신문의 휴간을 조선총독부 경무국에 신청하였다. 각 언론사의 기자들도 벌떼같이 들고 일어나 『시대일보』의 판권 이양을 비난하는 대열에 동참하며 세를 불렸다. 1924년 7월 15일 서울에서는 『시대일보』 사건을 규명하기 위하여 유지 60여명이 조선교육협회에서 『시대일보』 사건토의회를 결성한 뒤에 이헌60), 신일용 등을 위원으로 선출하고 다음 사항을 결의하였다.

　一. 우리는 사회의 공기인 신문이 宗門이나 개인의 專有機關이 되는 것이 사회에 해독을 遺함이 다대함을 認하고 금번 『시대일보』가 보천교의 수중에 歸함을 절대로 반대함.
　一. 만일 보천교도가 『시대일보』 경영을 고집할 시는 대중과 차를 분리키 위하여 전조선 각 방면과 련락하여 보천교의 행동과 급 『시대일보』 분규책임자를 성토하여 사회적으로 매장함.
　一. 右 성토는 보천교도가 『시대일보』 편집 겸 발행권을 분규의 책임자를 除한 同社友會와 동사 前 發起人會에 무조건으로 인도하는 여부로 보아서 그 실행방침을 결정함.61)

신일용은 보천교 성토회 실행위원62)으로 추대되어 9월 3일 열린 성토대회에서 연설하였다.63) 『시대일보』 판권 이양 파동은 발행인을 이성

---

60) 이헌(李憲, 1895~?)은 정읍 신태인 출신으로 본명은 이상규(李祥奎)이고, 이명은 이자헌(李子憲)이다. 그에 관해서는 강만길·성대경 편, 앞의 책, 387-388쪽.
61) 『동아일보』 1924. 7. 16
62) 『동아일보』, 1924. 8. 7

영으로 하는 대신, 최남선을 위시한 18인의 위원이 사무를 맡는 조건으로 합의하여 2개월의 휴간을 종료하고 9월 1일부터 속간되면서 마무리되었다. 언론학계에서는 이 사태를 "운영권을 에워싸고 분규를 거듭한 『시대일보』 사건으로 말미암아 민간신문은 어느 종문(宗門) 일파의 기관지가 되거나 혹은 어느 개인의 전용물이 되어서는 아니 된다는 것을 뚜렷이 나타냈다"64)고 평가한다. 그러나 다 알다시피, 예나 지금이나 한국의 신문은 '어느 종문 일파의 기관지가 되거나 혹은 어느 개인의 전용물'이 된 지 오래이다. 또 보천교가 상해 임시정부에 독립운동자금을 비밀리에 대주며 민족종교의 소임을 다하고 있었던 사실에는 입을 다문 채, 일방적으로 비난 대열에 동참한 당시의 언론인과 운동가 그리고 현하의 언론학자들의 견해는 합리적이지 못하다. 비판론자들은 600만명의 신도를 보유한 보천교의 위세를 두려워하면서도 각자 잇속에 따라 보천교를 사이비 종교로 폄하한 종교언론의 주장에 동조했던 것이다.65) 그 통에 경남 진주의 비봉산인처럼 온정적 시선으로 차경석과 보천교를 옹호하는 주장은 대세에 파묻혀버리고 말았다.66)

---

63) 『조선일보』, 1924. 9. 1
64) 최준, 『한국신문사』, 일조각, 1960; 1993, 221쪽.
65) 보천교가 『시대일보』를 인수한 사건의 경과에 관해서는 일 기자, 「문제의 시대일보, 분규의 전말과 사회여론」, 『개벽』 제50호, 1924. 8. 1, 30-38쪽.
66) "현하 일반사회에서는 차씨를 만이 공격 비난한다. 그러나 비난과 공격은 實狀 正面의 것이 업고 다만 그 측면뿐이다. 나는 차 씨에게 대하야 문화사업이나 교육시설 가튼 것을 웨 안이 하느냐고는 말하고 십지 안코 다만 철두철미하게 신시대 新主義에 化하야 개척적 사업을 하라고 권고하고 십다. 인사는 盖棺한 후에야 판단한다 하지만은 차 씨의 인물 여하는 盖棺을 待치 안이하고 금후 활동 여하만 보고도 판단할 수 잇다. 여하간 차 씨는 怪人物이다. 方히 적적한 반도에 그가 잇는 것도 또한 주목할 일이다."(飛鳳山人, 「정읍의 차천자를 방문하고」, 『개벽』 제38호, 1923. 8. 1; 최명표 편, 『신문으로 읽는 식민지 전북』 제5권, 107-111쪽)

1924년 신일용은 『조선지광』 기자로 재직하는 동안에 언론집회압박 탄핵회 전형위원67)과 실행위원68)을 지냈고, 1925년 4월에 열린 전조선 기자대회에 『조선일보』측 준비위원으로 참여하였다.69) 이 대회가 조선 공산당의 창당을 위장하기 위한 것인 줄은 다 아는 바와 같다. 그는 『조선일보』 논설반 기자로 재임 중, 같은 해 9월 8일자 사설 「조선과 노국(露國)의 정치적 관계」70)를 집필한 것이 문제가 되어 필화 사건에 휘말렸다. 그로 인하여 신일용은 『신생활』에 이어 2회의 필화 사건을 일으킨 장본인이 되었다. 논설의 요지는 서울에 소련 영사관이 개설되었으니 소련의 힘을 빌려 독립을 쟁취하자는 것이었다. 이 사건으로 그는 피검71) 후 특사72)로 풀려난 틈을 타서 상해로 피신하였다.73)

1926년 말에 중국으로 건너간 신일용은 상해, 만주, 북경 등지를 오가면서 활동 영역을 넓혔다. 그는 1926년 2월 상해청년동맹회 제2주년 기념 대회에서 연설하고74), 중국유호(留滬)한인유학생회에서 강연하였다.75) 1926년 2월 상해주의자동맹 실행위원을 맡았던76) 그는 그해 말 길림으로 가서 그는 광동의원을 개업하고 민족유일당운동에 참가하였다. 그는 ML파에 대항하는 서울파가 상해파와 연합한 서상파의 핵심 인물로, 북만주에 위치한 신민부의 민정파에 가담하여 민족유일당론을

---

67) 『동아일보』, 1924. 6. 9
68) 『동아일보』, 1924. 6. 30
69) 『동아일보』, 1925. 4. 12
70) 『조선일보』, 1925. 9. 8
71) 『동아일보』, 1925. 9. 13
72) 『朝鮮新聞』, 1925. 10. 16
73) 『동아일보』, 1925. 12. 1
74) 『동아일보』, 1926. 2. 9
75) 『동아일보』, 1926. 2. 20
76) 『동아일보』, 1926. 2. 26

주장하였다. 이때 중학생이던 김일성과도 만났는데, 김일성은 저작물에서 신일용을 이론적 깊이를 갖춘 공산주의운동권의 '일류명사'라고 회상했다고 한다.[77] 그는 1928년 민족유일당운동이 전개되자 전민족유일당 협의회 진영에 참여하였고, 1929년 1월 길림에서 열린 민족유일당조직동맹 제2회 중앙집행위원회에서 선전부 위원으로 선임되었다. 그러나 4월 국민부가 성립되고, 12월 동 동맹이 조선혁명당으로 개편되는 과정에서 신일용은 민족주의 세력으로부터 배제당했다.

  1929년 9월 서상파의 조선공산당재건설준비회의 만주지부가 조직되자, 신일용은 길림에서 김철수(金錣洙), 윤자영(尹滋瑛), 김영만(金榮萬), 김영식(金泳植) 등과 조선공산당재건설준비위원회 만주부를 결성하고 중앙위원이 되었다. 1930년 1월 그는 길림에서 재만한인반제국주의동맹(위원장 金東三)의 결성에 참여하여 정치부원으로 선임되어 활동하였다. 1930년 5월 30일 중국공산당이 리리싼(李立三) 노선에 따라 무장 폭동을 일으키자, 신일용은 중국 관헌에게 5월과 8월 두 차례 체포되었다. 실제 폭동과는 아무 관계가 없는데도 그가 구금된 것은 국민부 중앙집행위원장인 현익철(玄益哲)과의 대립적 관계와 무고 때문이었다. 1930년 9월 그는 길림 감옥에 수감되었다.[78] 그는 1926년 말부터 입감될 때까지 광동의원을 운영했던 것으로 보인다.[79] 이 과정을 신일용은 수기 「길림감옥 탈출기」에 다음과 같이 회상하였다.

    余는 1929년 6월 1일에 北滿 敦化에서 중국 관헌의 손에 체포를 당하엿다. 그 이유는 余를 敦化鐵路爆破事變의 首謀者라고 지목하고 그러함이

---

77) https://ko.wikipedia.org/wiki/신일용; 김일성, 제1부 항일혁명편, 제15장 지하전선의 확대, 『세기와 더불어』, 평양: 조선로동당출판사, 1992.
78) 『동아일보』, 1930. 9. 19
79) 김을한, 「의외 호강하는 길림의 동포들」, 『매일신보』, 1931. 11. 14

엇다.
　아직 세인은 기억하리라. 그 해 5월 31일을 기하야 중국공산당 수령 李立三이 전국에 테로 행동을 起하라고 지령한 결과 간도를 위시하야 북만 기타 각지에서 여러 가지 놀라운 폭파운동이 이러낫고 더구나 그때 내가 잇든 敦化에서도 철도선로와 철로의 폭파작업이 突起하엿든 것이다.
　이것은 순전히 李立三의 정책으로 나는 이것을 일종의 무리한 강간적 행위라고 밧게 더 평가할 수 업섯다. 엇재서 그러냐 하면 그 때 시기는 도저히 이러한 행동을 필요로 하는 계단에 도달치 못하엿는데 객관 정세를 잘못 살핀 李立三 코쓰는 후일 컴인턴의 비판과 如히 중대한 과오를 범하엿든 것이다. 엇쨋든 이리하야 余는 중국 관헌의 포승을 밧게 되여 獄裡에 억매이게 되엿든 것이다. 그러나 余가 관여한 사변이 아니엇다는 점과 또 밧갓헤 잇는 동지들의 주선으로 얼마 잇지 안어서 석방되여 나왓다.
　그때 나는 敦化에 오래 머물너 잇기보담 길림 성내에 들러갈 필요를 늣기고 8월 어느 날이든가 간단한 행장을 차려가지고 길림으로 향하야 떠나오든 도중에서 나는 불문곡직하고 두번재로 중국 관헌에 체포되여 즉시 길림 감옥에 투옥이 되엿다.80)

　신일용의 동정은 중국 관헌에게도 관심사였던 모양이다. 중국인의 입장에서 보면, 명색이 의사이면서도 그가 수상한 여러 인물들과 어울리는 것이 못마땅했을 뿐더러, 병원에 사회주의자들이 들락거리는 것도 눈에 거슬렸을 법하다. 신일용은 감옥에서 독서로 소일81)하는 동안에도

---

80) 신일용, 「길림감옥 탈출기」, 『삼천리』, 1932. 5; 최명표 편, 『전북근대문학자료』 제3권, 신아출판사, 2014, 357-362쪽.
81) "내가 길림의 중국 감옥에 가치어 잇기는 1년 4개월이엇는데 그 때에 읽은 책은 대개가 사상과 문예서류엿고 간간히 중국어를 공부하엿습니다. 그런대 중국 감옥은 이곳과 달너서 밧게서 발매되는 책자면 대개 입수할 수 잇고 나날히 발간되는 신문이나 잡지도 사 볼 수 잇기에 독서하는 사람이면 언으 정도까지는 제 마음대로 욕망을 채울 수 잇습데다. 그때 옥내에서 본 신문은 대개 중국 신문이엇고 각금 엇저다가 『조선일보』 『동아일보』도 어더보게 되엿습니다."(신일용, 「在獄 중 독서의 방향」, 『삼천리』 제4권 제7호, 1932. 6. 15; 최명표 편, 『신문으로 읽는 식민지 전북』 제5권, 143쪽)

중국 형리의 야만적인 고문 등을 외부에 알리기도 하였다. 1년여의 수형 생활 중, 일제가 길림을 점령하자 신일용은 1931년 9월 석방되어 1932년 4월 서울로 돌아왔다. 이후 그는 임경래(林景來)가 잠시 인수한 『조선일보』 주필을 맡았다. 1933년 9월, 신일용은 『조선일보』 필화 사건에 대하여 뒤늦게 징역 1년 6개월, 집행유예 3년형을 언도받았다.[82] 그의 수상한 행보를 짐작하기에 충분한 형량이다.

신일용은 1934년 4월 경성여자의학강습소의 발기인으로 참여하였고[83], 7월에는 과학지식보급회 발기인으로 참가하였다.[84] 다시 길림으로 들어간 신일용은 광동병원에서 독립운동가들을 무료로 치료해주다가, 1938년 8월 북경으로 이주하여 인쇄소 신화사(新華社)를 차리고 매체투쟁에 부심하였다. 이에 관하여 그가 북경에 정착한 것을 가리켜 "신일용처럼 1926년 2월 상해에서 유호한인학우회간장을 기초했던 인물이 후에 변질하고 북경에 정착한 경우도 있었다"[85]고 '변질'이라고 단언한 연구자도 있다. 그런데 그녀가 각주처리하며 근거로 든 아래의 인용문에서 '변질'의 흔적을 찾기 힘들다. 이것을 보면, 직접 보지도 않았으면서 함부로 남 말 할게 아니다.

    기자=어느 대학 교수로 있다는 주요섭 군과 또 예전 『창조』시대의 여인이든 金煥 씨 신일용 씨와 녜전 『조선일보』 정치부장으로 있든 韓普容 씨 등 문화인들이 북경에 많다는데 맛나 보았어요. 다들 어떻게 지내요.
    김동인=신일용 씨는 약 80명의 직공을 부리면서 인쇄소를 한다는데 박영희 군이 우연히 차중에서 맛낫고 김환이는 북경서 약종상을 하더군요. 그 외 사람은 못 맛나서요.[86]

---

82) 『동아일보』, 1933. 9. 7
83) 『동아일보』, 1934. 4. 5; 『동아일보』, 1934. 4. 12; 『동아일보』, 1934. 4. 22
84) 『동아일보』, 1934. 7. 3
85) 손염홍, 『근대 북경의 한인 사회와 민족운동』, 역사공간, 2010, 327쪽.

인용한 좌담회는 박영희, 김동인, 임학수가 문단사절단으로 '황군'을 위문하기 위하여 북지에 다녀온 뒤에 마련된 것이다. 조선총독부의 사절단은 이광수를 비롯한 문인들이 추렴하여 챙겨준 경비로 떠났다. 위의 기사를 보면, 박영희가 신일용을 차중에서 우연히 만난 것으로 확인된다. 차 속의 만남이니 긴 얘기는 못했을 테고, 안부와 근황을 물으며 헤어졌으리라고 짐작해야 그럴 듯해진다. 박영희는 신일용이 경영하던 인쇄소가 80여명의 직원을 둘 정도로 규모가 컸고, 해방 후 평가된 자산 가치가 50,000,000원에 달했다고 전한다.[87] 이로 보건대, 신일용은 예전과 같이 길림과 상해, 북경 등을 분주히 오가며 사업체와 의원의 경영에 매진한 듯하다. 그 바쁜 틈에도 그는 해방 직전 서울로 들어와서 1945년 7월 18일 발회된 대일본흥아회 조선지부장으로 선출되었다.[88] 그는 이 직책으로 씻을 수 없는 과오를 남기고 말았다.

신일용은 해방을 맞아 바로 돌아오지 않았다. 아마 북경의 인쇄소와 길림의 병원 등의 자산 처리에 시간이 걸렸을 테다. 그밖에 하나의 이유가 더 있다. 패전으로 일본군의 기세가 꺾이자, 중국 내 한인 사회에서는 민족국가 건설을 위한 움직임이 일어났다. 그것은 1945년 12월부터 준비하여 1946년 1월 10일 결성된 건국 간부 훈련반이다. 흔히 건반으로 약칭되는 이 단체는 이름에서 바로 짐작할 수 있듯이, 건국에 필요한 인물을 양성할 것을 목적으로 화북선무단이 주도하였다. 신일용은 이 단체의 명예이사로 추대되었다.[89] 당시 그의 북경 주소는 '內六區 妞妞房 14'였다. 그는 곧바로 서울을 향해 발을 옮길 수 없는 처지였던

---

86) 박영희·김동인·임학수, 「문단사절 귀환 보고—황군 위문차 북지에 단여와서」, 『삼천리』제11권 제7호, 1939. 6. 1, 9-10쪽.
87) 손염홍, 앞의 책, 465쪽.
88) 『京城日報』, 1945. 7. 21
89) 손염홍, 앞의 책, 391쪽.

것이다. 그 말고도 교민들의 입성 방법 등을 처리하느라 신일용의 서울행이 늦어졌을 터이다.

1946년 5월 신일용은 해방 후 1년 가까이 머물던 중국을 떠나 귀환선을 타고 인천항으로 들어왔다.[90] 입성 당시 신일용의 직책은 화북 한교(韓僑)자치위원회 위원장이었다.[91] 1945년 8월 조직된 신일용이 맡은 자치위원회는 조선의용군 계열의 공산주의단체(기관지『조선교민보』)로, 광복군에 의해 해산되었으나 비밀 활동을 계속하였다고 한다.[92] 1946년 7월 신일용은 중국전재동포대책위원회 위원장[93], 12월 대한독립촉성전국청년총연맹(독청) 위원장[94] 등에 올랐고, 같은 해 12월에는 인기조선사위원회 주최 개화당 변혁 제62주년 기념 강연회에서 '해외에서 생각하고 드러와서 보고 느낀 조국 독립 노선'을 강연하였다.[95] 그는 1947년 1월에는 김좌진장군추도회에서 추도사를 하고[96], 반탁독립투쟁위원회 중앙위원[97]으로 위촉되었다. 2월에 그는 전 독청 감찰부 차장(姜金福) 애국단체연합회장 사회[98]를 보았고, 3월에는 문화과학연구회에서 주최한 청년문화강좌에서 '토지경제론'을 강의하였으며[99], 10월에는 대한노련과 대한농총이 연합하여 창간한 주간『노동자 농민』편집위원으로 위촉되었다.[100]

---

90)『자유신문』, 1946. 5. 31
91)『한성일보』, 1946. 6. 9
92) 손염홍, 앞의 책, 355쪽.
93)『수산경제신문』, 1946. 7. 26
94)『대한독립신문』, 1946. 12. 31;『민중일보』, 1947. 5. 15
95)『조선일보』, 1946. 12. 6
96)『중외경제신문』, 1947. 1. 18
97)『동아일보』, 1947. 1. 26
98)『조선일보』, 1947. 2. 26
99)『동아일보』, 1947. 3. 11
100)『노동자 농민』의 편집위원은 신일용, 이선근, 오종식, 김광섭, 안석주, 김동리,

신일용은 이듬해 5월에 실시된 제헌의원 선거에 한국민주당 후보로 부안 지역에서 출마했으나 낙선하고 말았다.101) 재경전북부안인회로부터 '전민족을 도탄지고에서 구출할만한 고결한 인격과 고매한 이상과 포부와 강력한 실천력을 가지신 선생'으로 추대되고, 제경부안군신일용선생후원회로부터 '부안군이 나흔 최대의 투사이며 애국자'로 칭송되어 추천된 신일용이 김철수의 지원을 입은 대한독립촉성국민회 소속 조재면(趙在勉)에게 패하고 만 것이다.

『경향신문』, 1948. 4. 18   『동아일보』, 1948. 5. 1

김철수가 대일항쟁기에 백산면협의원을 지낸 조재면을 지원하게 된 이유인즉, 신일용의 의심쩍은 행동과 함께 같은 백산 출신의 조재면이 동생 김복수(金福洙) 등과 청년운동을 일으킨 이력 때문이었을 것이다. 선거가 끝난 뒤 신일용이 민주당을 탈당하고 1949년 7월 조소앙(趙素

김삼규 등이었다.(『민중일보』, 1947. 10. 19)
101) 『조선일보』, 1948. 5. 14

晜)이 창당한 사회당 재정부장으로 임명된 것으로 보면102), 정치 활동에 계속 나설 뜻이 있었던 듯하다. 그가 당을 옮겨 다닌 것이 그 움직일 수 없는 증거이다. 한 번 선거에서 떨어진 그로서는 당을 바꿔서라도 정치판에 뛰어들고 싶은 충동을 이기지 못했다. 한국정치사에서 가장 정당수가 많았던 시절이었으니103), 당명을 바꾸는 것 쯤은 흠이 아니었을 터이다.

신일용은 1950년 5월 제2대 국회의원 선거에 고향에서 무소속으로 출마했다가 거푸 낙선하였다.104) 실의에 빠져 있던 그의 행적은 남북전쟁 중이던 1950년 7월 27일 인민군에게 체포된 뒤로 알 수 없다가, 10월 14일 서대문형무소 근처에서 피살된 채 발견되어 파란만장한 일생을 마쳤다.105) 그의 황망한 소식을 들은 친우들이 힘써 장례를 도왔다. 다행히 신문에 부고장을 내는 통에 신일용의 사망 경위, 일자, 유족들이 알려졌다. 아래의 부고장에 우인대표로 등재된 현정주는 기독교 계열의 중국 호강(滬江)대학을 졸업하고106), 체육계에 종사하다가 대한체육회장107)을 지낸 인물이다. 그가 상해에서 유학 시절을 보낸 것으로 미루건대, 신일용이 상해에 머물 때부터 친교를 이어온 듯하다. 국태일은 신일용과 서울청년회에서 활약하면서 집행위원108)을 지내며 우의를 이어

---

102) 『조선일보』, 1949. 7. 9
103) "해방 이래 우리 민족의 정치적 활동은 남부럽지 안케 활발 복잡을 極하야 정당수에 잇서 최고 이백 이상을 돌파한 일이 잇섯고……."(신일용, 「민주국의 구상과 연구 (1)」, 『중앙신문』, 1947. 9. 26). 이 글은 2회부터 제목이 「민주적 민족국가의 구상과 연구」로 바뀌었다.(『중앙신문』, 1947. 9. 29)
104) 『조선일보』, 1950. 5. 11
105) 『서울신문』, 1950. 10. 18
106) 『동아일보』, 1922. 7. 25
107) 『조선일보』, 1955. 9. 14
108) 『조선일보』, 1925. 1. 14

온 친구로, 26세에 『동아일보』 기자로 입사하여 해방 후 전무이사를 지냈다.109) 호상을 맡은 조의행은 『대한일보』 기자110)로 재직한 언론계 인사이다.

신일용 필적(『조선일보』, 1930. 10. 4)

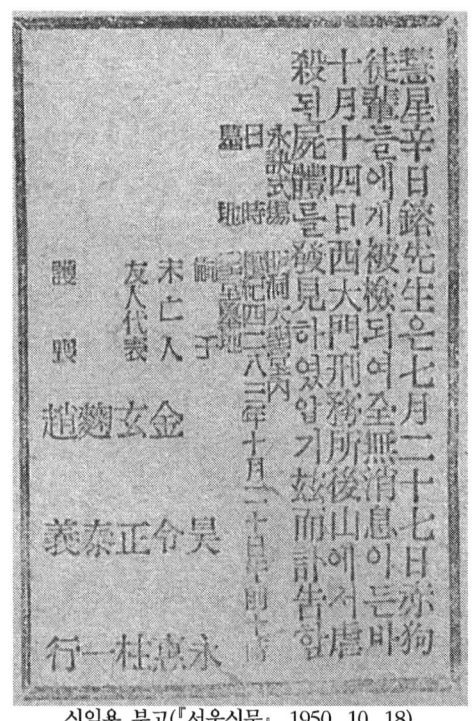

신일용 부고(『서울신문』, 1950. 10. 18)

신일용의 횡사는 해방 후 우익 활동으로 초래된 결과인지도 모른다. 앞서 살펴본 대로, 그는 독청 위원장을 지냈으며 반탁운동에도 가담한

---

109) 『동아일보』, 1969. 12. 18
110) 『동아일보』, 1970. 4. 22

바 있다. 독청이 우익 청년단체란 점에서, 그가 일제 말기에 훼절한 것과 맞물리며 이전의 친사회주의 성향을 청산한 움직임으로 봐도 무방하다. 독청은 1945년 12월 21일 대한민국 임시정부를 지지하는 43개의 청년단체들이 연합하여 출범한 단체이다. 설립을 주동한 이는 윤보선(尹潽善), 전북 금산 출신의 유진산(柳珍山) 등이고, 초대 총재는 이승만이었다. 독청은 독립촉성중앙협의회(독촉)의 산하에 편입되면서 전국적으로 조직을 확대하였다.111) 독청은 전진한(錢鎭漢)이 조직 내에 노동부(부장 홍윤옥)를 설치하여 좌익의 조선노동조합전국평의회(전평)에 대항하였고, 1946년 3월 10일 대한독립촉성노동총연맹(대한노총 전신)을 결성하였다. 그 뒤 이청천(李靑天)이 청년단체의 통합을 기획하면서 1947년 8월 7일 해산되어 9월 21일 대동청년단의 출범으로 이어졌다. 이처럼 급변하는 정국의 속도에 편승하여 신일용의 행로도 해방 이전과 판연히 달라졌고, 그것이 정치적 행보에 영향을 끼쳤을 것이다.

2. 주필, 친일 시비

신일용을 둘러싼 시비거리는 두 가지이다. 하나는 『조선일보』 주필 건이고, 다른 하나는 부일 혐의이다. 둘 다 민감한 주제이나, 속 시원히 밝혀지지 않았다. 그의 행장을 정확히 규명하는 일은 앞으로의 현양이

---

111) 독청 군산시지단은 1947년 3월 12일 조직되었으며, 지단장 이종성(李鍾聲), 부지단장 김훈희(金勳熙), 총무부장 김명근(金明根)이었다. 익산군지단은 1947년 4월 10일 결성되었고, 지단장 김형섭(金炯燮), 부지단장 서종석(徐鍾錫), 총무부장 임수만(林壽萬)이었다. 옥구지단은 1947년 4월 17일 결성되었고, 지단장 김명기(金明基), 부지단장 최선익(崔善益), 총무부장 손병근(孫炳根)이었다(이경남, 「청년운동 반세기 (36)」, 『경향신문』, 1987. 7. 15). 익산군 춘포지단은 1947년 9월 24일 결성되었고, 지단장 김형섭(金炯燮), 부지단장 서종석(徐鍾錫), 장종식(張鍾植)이었다.(이경남, 「청년운동 반세기 (37)」, 『경향신문』, 1987. 7. 22)

나 평가에 중요한 자료를 획정하는 것이라서 필수적으로 수행되어야 한다. 먼저 친일 시비이다. 결론부터 말하자면, 신일용은 분명히 훼절하였다. 1927년을 맞아 조선총독부는 은사령을 내리고 대다수 운동가들을 '은사'하는 조치를 공표하였다. 이때 김약수를 비롯한 사회주의자들이 포함되었고, 신일용도 공소권 소멸 조치를 받았다.112) 일제가 운동가들을 명단에 포함한 속사정은 뻔하다. 그것은 항일투쟁전선의 약화를 노리고 운동가들 사이를 이간질하여 식민 통치의 기반을 견고하게 닦으려는 의도에서 우러났다. 시비의 발단은 신일용이 『조선일보』 필화 사건으로 받은 재판이었다. 그가 사건이 일어난 한참 뒤 1933년 9월에 길림에서 압송되어 징역 1년 6개월, 집행유예 3년형을 언도받은 사실은 앞서 밝혔다. 사건의 연루자 중 도피로 일관한 그가 형의 집행을 유예 받았다는 것은 그 자체로 수상하다.

신일용은 1945년 7월 18일 발족한 대일본흥아회 조선지부장으로 선출되었다. 대일본흥아회는 대정익찬회(大正翼贊會)의 후신으로, 1945년 6월 27일 일본 대동아성 산하에 '흥아 이념의 철저적 삼투와 그 실천화'를 사명으로 출범한 관변단체이다.113) 동 회는 그해 7월 18일 조선지부를 출범시켰다.114) 대일본흥아회는 일본이 패전하자 1945년 8월 23일 해산되었다.115) 신일용이 부일 대열에 들어서 성명을 드러내기 시작한 것이다. 일제의 은사령으로 시작하여 일본의 꼭두각시 단체의 장으로 등재되기까지, 그의 입장은 뒤에서 살펴볼 예정인 『조선일보』의 주필로

---

112) 『중외일보』, 1927. 1. 25
113) 『매일신보』, 1945. 6. 28
114) 대일본흥아회 조선지부 임원진은 고문 이동치호(伊東致昊, 尹致昊), 지부장 신일용, 부지부장 김을한(金乙漢), 총무위원 김촌팔봉(金村八峰, 八峰 金基鎭), 연구조사위원 석전경조(石田耕造, 崔載瑞) 등이다.(『京城日報』, 1945. 7. 21)
115) 『京城日報』, 1945. 8. 26

부임한 뒤에 발표한 일련의 글에서 간파할 수 있다.

신일용의 『조선일보』 주필 경력은 종전의 모습과 달리진 양상을 찾아보기에 적당하다. 그는 소위 '임경래 시대'의 『조선일보』에서 주필을 지냈다. 임경래 시대는 『조선일보』의 흑역사 중 하나이다. 1931년 『조선일보』는 재만동포위호금의 횡령 사건에 휘말렸다. 당시 사장은 안재홍(安在鴻), 영업국장은 이승복(李昇馥)이었다. 해내외의 동포들이 성심껏 희사한 구호금이 조선일보사의 운영자금을 전용되었다는 혐의로 둘이 일경에 구속되었다. 사측으로서는 억울하다고 강변하였으나, 공식적으로 구속되었으니 범죄 혐의를 피할 길이 없다. 안재홍은 신문사의 운영이 어려워질 것을 걱정하여 구속 상태에서 사표를 냈다. 그러나 이사회는 그의 사표를 애매하게 처리하여 사달을 일으켰다. 그를 사장직에서는 해임했으나 발행인으로 남겨둔 채, 1932년 4월 사장으로 조선교육협회장 유진태(兪鎭泰)를 임명한 것이다.

그러나 유진태는 사장에 취임한 지 2개월을 넘기지 못한 채 사퇴하였고, 6월 1일 『조선일보』의 판권이 임경래에게 넘어가고 말았다. 임경래는 일전에 영업국장 이승복에게 『조선일보』의 판권을 담보로 잡고 회사 운영자금을 빌려주었었다. 그런데 이승복과 사장의 구속이 장기화되어 채무를 이행하지 못하고 말았다. 이에 임경래는 조선총독부에 발행인의 변경을 신청하여 법적 효력을 얻었다. 신문사 직원들은 이것을 알면서도 앞서 살폈던 『시대일보』의 판권 이양 사건에서 학습한 바를 활용하여 신문의 제작을 거부하고 사무실에 출근한 임경래를 끌어내었다. 합법적으로 판권을 인수받은 임경래가 사원들의 불법적 행패로 쫓겨나는 말도 안 되는 사태가 벌어진 것이다.

사태가 이 지경에 이르자, 임경래는 명치정에 임시사옥을 마련하고 1932년 6월 15일부터 신문을 발행하였다. 그가 6월 22일자 『조선일보』

에 '조선일보사 부사장 임경래'의 명의로 사고를 냈는데, 이때 '주필 신일용'의 이름이 찍혀 나왔다.

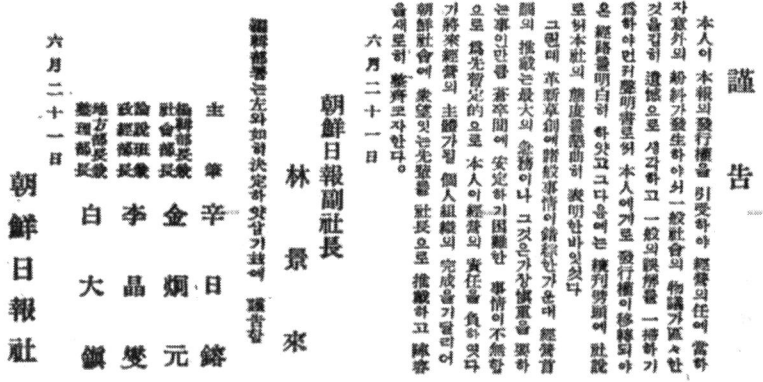

『조선일보』, 1932. 6. 22

그 뒤 7월 4일 '『조선일보』 편집 겸 발행인' 임경래는 주식회사 조선일보사의 창립을 선언하는 '사고'를 실은 다음, 발기인 대표로 임한선(林漢瑄)을 선정하고 7월 15일 주식회사 조선일보사의 주식을 공모한다고 '사고'를 내었다. 이 광고에 '경성부 서대문정 1정목 9 신일용'은 100주를 응모하여 감사역의 자격을 얻었다. 취체역의 주식은 300주 이상이었다. 이로 인하여 『조선일보』는 안재홍과 임경래의 명의로 각각 발행되는 초유의 사태를 겪게 된다. 임경래는 6월 15일부터 7월 29일까지 4면의 신문을 발행하였다.116) 이때 서북 출신 인사들이 앞장서 방응모에게 출자를 권유하였고, 그는 30만원을 완납하여 사장에 취임하고 조만식을 고문으로 추대하여 현재의 『조선일보』 체제를 완성하였다.117) 아

---

116) 『조선일보70년사』 제1권, 1990, 1-235-240쪽; 장신, 『조선·동아일보의 탄생』, 역사비평사, 2021, 104-117쪽.
117) 최준, 『한국신문사』, 269쪽.

무튼 이 사태는 '신문사상에 일대 추태'118)로 기록되었다.

이와 같은 상황을 전제하고 신일용의 입지를 대입해서 그간의 혼란상을 정리하기로 한다. 먼저 그의 『조선일보』 주필 재직기간이 혼선을 빚고 있다. 『조선일보70년사』는 신일용의 주필 재직기간을 '1932. 6. 21 ~1932. 6. 21(임경래 시대)'119)로 적었다. 그러나 『매일신보』가 1932년 7월 21일자에서 조선총독부의 후원을 업고 개최된 만몽박람회의 소감을 묻는 기사에 '『조선일보』 주필 신일용'120)으로 기명되어 있다. 그렇다면 『조선일보70년사』의 서술과 다르게 임경래가 신문을 휴간하기 전, 즉 적어도 7월 29일까지는 신일용이 주필로 재임하고 있었다고 봐야 아귀가 맞아진다.

또 신일용의 논설반 기자 재임기간이 다르다. 『조선일보70년사』는 신일용의 논설위원 재직기간을 '1923. 9. 13~미상'121)으로 적었다. 그러나 『동아일보』는 1925년 10월에도 신일용이 '논설반 기자'122)로 재직 중인 줄 알렸다. 그가 신문의 논설을 작성하는 논설위원의 역할을 수행했으므로 '논설위원'의 범주에 넣어도 그리 흠이 되지 않을 터이나, 정확한 직책명은 '논설반 기자'라야 합당하다. 아울러 『조선일보70년사』의 집필

---

118) 『제일선』, 1932. 11, 31쪽.
119) 『조선일보70년사』 제3권, 1990, 6-89쪽.
120) "조선 사람의 립장으로 보아서 무엇보다도 만주 문제를 먼저 연구하지 아니하면 아니 될 것입니다. 그럼으로써 만주 문제를 조선 사람에게 리해식히는 데는 『만몽박람회』 가튼 모힘이 자조 잇서야 될 것입니다. 자래로 력대적으로도 만주와 조선 사이에는 불가리의 관계가 잇거니와 만주사변이 이러난 후로는 더욱 조선 사람으로서 만주의 문제를 연구할 필요를 절실히 늣기게 되엇습니다. 이러한 여러 가지 점으로 보아 금번 신흥 만몽박람회는 우리에게 무형한 수확이 만흐리라고 확신합니다. 『조선일보』 주필 신일용"(「오히려 늣다」, 『매일신보』, 1932. 7. 21)
121) 『조선일보70년사』 제3권, 1990, 6-91쪽.
122) 『동아일보』, 1925. 10. 9

자가 직원들의 근무 기간조차 확인하지 않은 채 미상으로 처리한 점은 보편적 동의를 구하기 어렵다. 일반인이 궁금하게 여기는 정보까지 일일이 찾아 제공하는 것이 사사 편찬자의 바른 자세일 테다. 그의 나태로 신일용을 포함하여 『조선일보』에 근무하였던 인사들의 행장을 온전히 복원하기 힘들어졌다.

III. 계몽하는 식자, 논설하는 논객

신일용의 글쓰기는 크게 두 가지로 갈래진다.[123] 하나는 기자정신에 입각한 계몽성 산문이고, 다른 하나는 운동가로서 노선 투쟁을 전개하는 과정에서 제출한 사상성을 포함한 논설이다. 그의 글쓰기는 전자에서 후자로 이월하는 경향을 띠었고, 후자도 시일이 결과하면서 논조가 바뀌는 추세를 보였다. 전자에는 여성들에게 씌워진 굴레를 벗겨야 한다거나, 신사의 위선을 성토는 글들이 포함되어 그의 식자적 책임의식을 구경할 수 있다. 후자에는 마르크시즘의 소개나 방향전환을 둘러싼 논쟁에 개입하는 과정에서 제시한 의견을 통해 논객으로서의 입장을 엿볼 수 있는 글들이 다량이다. 특히 논설은 신일용의 사상적 배경과 함께, 당시 식민지에서 전개되었던 운동권의 추이를 살펴보는 데 유효하여 따로 논의될 필요가 있다. 그것은 신일용을 공론장으로 호출하여 마땅한 자리를 마련해주는 기획이기도 하다. 그가 바쁜 중에 동요 1편을 발표한 사실은 이채롭다.[124]

---

[123] 신일용의 글은 최명표 편, 『전북근대문학자료』 제3권, 신아출판사, 2014, 171-431쪽과 최명표 편, 『신문으로 읽는 식민지 전북』 제5권, 143-153쪽에 소수되어 있다.

[124] "압내가의 슈양버들/아버지가 죽엇는지/어머니가 죽엇는지/긴머리 풀고섯네//

1. 계몽적 글쓰기

현재까지 지면에서 확인 가능한 신일용의 계몽적 글쓰기는 아래에 제시한 목록에서 찾아볼 수 있다. 그의 계몽적 글쓰기는 다시 두 종으로 나뉜다. 하나는 수필에 가까운 글이고, 다른 하나는 논설에 흡사한 글이다. 후자는 그가 운동권 인사라는 신분 속에서 행한 글쓰기인 탓에 수필류의 자유한 글쓰기를 시도하지 못하여 쓰였다고 볼만하다. 식민지기에 발행된 인쇄매체의 논설들을 읽는 도중에 누구나 공감하듯이, 필자들은 바쁜 와중에도 필설을 쉬지 않았다. 가히 초인적인 삶을 영위한 그들의 글쓰기를 하나라도 빠뜨리지 않고 죄다 수습하여 논의의 장으로 초대할 일이다. 신일용의 글은 『신생활』 기자로 근무하면서 발표한 작품과 『조선일보』 필화 사건으로 상해와 만주를 전전하다가 발표한 글이 확연히 차이난다. 앞엣글에서 그가 주의주장을 노골적으로 드러냈다면, 뒤엣글에서는 감옥 체험과 연관되어 긴장감이 덜하다. 신일용의 수필 목록은 아래와 같다.

「自由思想과 賢母良妻主義—婦人 問題의 一 考察 (1-속)」(『신생활』 창간호, 1922. 3-4)
「紳士論」(『신생활』, 1922. 4)
「吉林監獄 脫出記」(『삼천리』, 1932. 5)
「오히려 늦다」(『매일신보』, 1932. 7. 21)
「在獄 中 讀書의 方向」(설문), 『삼천리』 제4권 제7호, 1932. 6. 15

신일용은 「자유사상과 현모양처주의」에서 당대 여성들의 억압기제로

압바엄마 죽엇스면/머리풀고 울터인데/철이업서 그러한지/머리풀고 춤만추네//"
(신일용, 「수양버들」, 『매일신보』, 1935. 12. 1)

작동하고 있던 '현모양처주의'를 비판하는 데 초점을 맞추며 논지를 계속하고 있다. 그가 부제로 '부인 문제의 일 고찰'이라고 단 것만 봐도 그 의도를 단박에 알아차릴 수 있다. 현모양처주의는 일본의 양처현모주의의 식민지적 변용이다. 일본에 양처현모주의가 담론으로 형성되기 전, '모성'이라는 번역어가 '애'와 결합하여 유통되기 시작하면서 1910-20년대에 널리 유행하였다.125) 그 시기는 제1차 세계대전 이후 일본의 자본주의화가 급격히 이루어지면서 신흥 부르주아계급이 크게 확장되던 때였다. 다른 편에서는 엘렌 케이 등이 부르짖은 여성해방담론이 일본에 유입되면서 당국을 불안하게 만들었다. 이런 형편에서 모성애론은 언론과 교육 등을 통해서 반담론으로 전파되었다. 그것은 1911년 제1차 교육령의 중등교육의 목적에 '여자고등보통학교는 여자에게 고등의 보통교육을 실시하는 곳으로서 부덕을 기르고 국민된 성격을 도야하고 생활에 유용한 지식 기능을 부여한다'고 규정되면서 뒷받침되었다. 그 무렵 재학했던 여성들이 "학교에서 모성애에 대해서 철저히 배웠고, 아이가 아프면 어떻게 하는가 하는 실제적인 양육 지식을 배웠으며, 아이 낳는 법에 대해서도 일본인 교사로부터 배웠다"126)고 구술한 사례를 보면, 일제가 학교교육을 통해서 현모양처주의를 여학생들에게 내면화한 줄 확인할 수 있다.

　신일용은 여성이 자진하여 정조를 지켜야 하는 유습에 분노하면서 여성의 각성을 촉구하는 기반을 사회주의와 인간의 양심에서 찾았다. 그는 현모양처주의가 여자교육의 이상으로 호도되는 작금의 현실을 비판하기에 앞서 '근대 기독교국에서 경제적 조건과 자선적 도덕을 배경 삼고 기형적으로 발달하여 온 일부일처의 결혼제도가 확립된 이래'로

---

125) 澤山美果子, 이은주 옮김, 『육아의 탄생』, 소명출판, 2014, 141쪽.
126) 안태윤, 『식민정치와 모성』, 한국학술정보, 2006, 94쪽.

'처되는 것은 모되는 선행조건'이 되고 말았다고 진단한다. 그로 인하여 원시시대의 '자유연애 시대'가 '고정된 부부제도'로 완성되었다. 그 과정에서 '일처다부제, 일부다처제, 약탈혼, 매매혼, 족외혼, 단체혼' 등의 갖가지 혼인제도가 횡행하다가, 마침내 남자의 여자 정복과 여자의 남자 예속이 제도화되었다는 것이다. 그 근저에는 여성을 가축이나 잉여의 생산물로 소유하려는 남성 위주의 사유재산제가 원인으로 상정되어 있다.127) 가족이 전통적으로 경제적 가치를 지닌 남성의 소유 개념으로 여겨진 탓이다.128)

사실 사랑과는 무관한 일부일처제는 인류학자가 보기에 다른 사람의 자식에게 재산을 넘겨주지 않으려는 적자 상속 욕구의 산물일 뿐이다. 인간의 물욕이 노동력의 약탈경제를 입안하고, 약한 여성을 가정이라는 감옥에 가두어 놓고서 평생에 걸쳐 노동력의 제공과 자식의 생산을 강요한 것이다. 거기에 종교가 개입하여 일부일처제를 비호하고, 그것에 대한 반대급부로 교단의 존립을 보장받았다. 지금도 종교는 남성에 비해 여성들에게 과도한 계율과 풍습을 강요하는 등, 남성친화적 성질을 포기하지 않고 있는 구제도이다. 일부일처제는 자연스럽게 현모양처 담론을 생산하면서 여성들에게 남성과 자식을 위해 존재할 것을 세습화시켰다. 특히 일제가 군국주의로 치닫게 되면서 현모양처주의는 식민지 여성들에게 '총후국민'을 양성하는 임무를 수행하는 뒷배가 되었다.

신일용은 여성의 일방적 희생 위에 존속하는 '불경제적이요 비문명적'인 현모양처주의를 청산하고, 부부관계를 '평등적이며 자유스러운 시민

---

127) Friedrich Engels, 이현지 옮김, 『가족, 사유재산 그리고 국가의 기원』, 계명대학교출판부, 2008.
128) '가족'을 가리키는 'family'는 라틴어 'famulus'에서 유래하는데, 이 단어는 여성이나 아이 그리고 하인 등의 가족 구성원들이 가장인 남성의 소유물로 간주되는 것을 뜻한다.

의 관계'로 전환할 것을 촉구한다. 그러기 위해 사회가 혼인에 요구되는 '문벌, 지위, 재산, 학벌, 容色, 건강, 결혼상 의식'을 소멸시킨다면, 결국 '양처적 자격은 배우자의 자격을 결정하는 요소가 되지 못할 것'이다. 이것은 "어머니가 되는 일이 사회적 규정과 생물학적 강제에서 벗어나게 된 때에야 비로소 진정한 결정 상황이 생겨난다"129)는 사회학적 정의에 부합한다. 나아가 신일용은 여성의 자립을 위한 교육의 중요성을 강조하는 한편, 오래전부터 여성의 고유한 일인 양 부과된 '不鍊熟 노동 요리 재봉 세탁' 등도 '과학적 방법을 이용하야 전문가의 手에 歸하고 공공적으로 조직적으로 행하게 되는 사회'가 도래하게 되면 '부인생활에 신기원을 作할 것'이라고 공언함으로써, 사회의 발달에 따라 여성의 지위가 개선될 것이라고 전망하고 있다. 그가 말하는 남녀평등한 사회는 시민사회에 해당한다.

이와 갓흔 장래 사회에서는 이상적 부부되는 자격은 선량한 시민되는 데 잇고 그 이상의 요구는 개인이 주관에 의하야 결정될 것이다. 그러나 어느 시기까지 갑의 良配가 을의 안목에 惡配가 되는 일이 업슬 것이라고는 단정할 수 업는 사실이다. 만인 공통의 良配는 인간의 개성이 잇고 취미와 사상이 동일치 아니 한 이상에는 불가능의 사실일까 한다. 오늘날 교육제도가 유형적 인간을 양성코자 하는 것이 도로혀 악의 骨頂이다. 장래 오인 인간의 감정이 某 정도까지 순화하고 사람들은 서로 개성을 존중히 녁이고 이성에 대한 요구가 복잡화함에 따라서 단순하고 비인간적 몰개성적인 유형의 양처는 필요와 수요가 공히 소멸될 것은 당연히 도래할 운명인가 하다.130)

위에서 주목할 부분은 '장래 사회에서는 이상적 부부되는 자격은 선

---

129) Elisabeth Beck-Gernsheim, 이재원 옮김,『모성애의 발명』, 알마, 2014, 159쪽.
130) 신일용,「자유사상과 현모양처주의—부인 문제의 일 고찰」(속),『신생활』, 1922. 4; 최명표 편,『전북근대문학자료』제3권, 180쪽.

량한 시민되는 데 잇고 그 이상의 요구는 개인이 주관에 의하야 결정될 것이다'는 대목이다. 부부관계는 '시민'의 형성 과정이고, 시민으로서의 부부가 되는 관계를 '개인적 주관'에 의하여 결정해야 한다는 당연한 그러나 당시로는 파격적인 신일용의 주장은 놀랍도록 참신하다. 그의 바람은 현재까지도 완수되지 못한 과제이지만, 당시로서는 시대를 뛰어넘는 탁견으로 볼만하다. 이것은 그가 지아비로서 여성의 현실에 대하여 주의깊게 관찰하고 있었다는 증거이면서, 동시에 식자로서 사회의 모순에 대하여 관심을 기울이고 있었다는 물증이다. 전술하였듯이, 그가 여성에게 강요되는 '현모양처주의'를 사회주의 관점에서 접근했다는 점이 중요하다. 신일용은 학습한 마르크스이론을 실생활에 적용하여 사회 제도의 모순을 비판하는 데 적용하고 있었던 것이다. 이러한 기록은 나중에 그가 당대의 논객으로 활약하는 논리적 기반으로 작용하였다.

「신사론」의 앞부분은 1789년 프랑스대혁명이 산출한 신지배계급으로서의 신사를 제대로 파악하기 위해서 인류의 역사가 정복자와 피정복자의 전쟁인 줄 설명하는 내용으로 이루어졌다. 신일용은 이 계급군이 '산업혁명 후에 대두한 자본주의와 불란서혁명에 개화한 자유주의를 기초로 하야 그 우에다 自群의 독특한 문명을 건설하기에 착수'할 요량으로 귀족과 승려를 격파하기까지는 제사계급, 즉 자본주의 사회에서 생산수단을 소유하지 않고 노동력을 판매하여 생활하는 계급에게 동정을 표하며 공동투쟁하였으나, 일단 권력을 획득하고 나서는 제사계급을 살육하고 착취하여 배은한 계급이라고 규정한다. 결국 신사는 봉건시대의 귀족과 기사에게서 지배자의 심술을 상속받아 우국애민한다는 구실로 군주를 농락하고 민중의 혈한을 흡수하는 '황금교도'에 불과하다는 것이 신일용의 주장이다.

이와 같이 중세의 기사들에게 내면화된 위선의식은 마상경기에서 찾아진다. 기사들은 서임식을 마친 신참자들은 2년 정도 여러 곳을 순회하며 마상경기를 가졌다. 11세기 말에 등장한 마상경기는 "일종의 레크리에이션이요 스포츠이며, 동료와 여성의 찬사를 얻고 전투 기술을 녹슬지 않게 유지하는 수단"131)으로, 말 위에서 자웅을 겨루어 자신의 용맹성을 타인에게 과시하고 관찰자들로부터 용맹성을 인정받을 수 있는 절호의 기회였다. 그 결과로 승리자는 명예를 얻어 단박에 유명해졌다. 하지만 그보다도 기사들을 매료시킨 것은 싸움으로 벌어들이는 배상금이었다. 마상경기는 그야말로 돈벌이 수단이었을 뿐이다. 그로 말미암아 "귀족사회에도 상인 집단과 마찬가지로 이윤 추구의 정신이 파고들었고, 실력과 운이 없는 기사들은 '부를 획득할 수 있는 기회' 대신 막대한 채무를 지고서 고향으로 돌아갔다"132)는 사실에서 독일의 괴테가 영국을 가리켜 '장사치들의 나라(a natuon of shopkeepers)'라고 멸칭했던 이유가 소명된다. 거기에다가 "영주가 기사의 충성을 확보하고 그들이 백성을 약탈하고 핍박하지 않고 백성의 보호자가 되도록 하는 방편으로 기사도가 고안되었을 것"133)이란 점을 인용하노라면, 기사들이 구축하여 신사에게 양도한 덕목이나 규범에 침투한 위선의 실체를 목도할 수 있다. 사실 기사나 신사가 제일 중요시했다는 명예심은 기독교적 유산이 아니라 이교도로부터 차입한 것이었다. 이런 것들이 합쳐져 신일용으로 하여금 신사계급을 비판하기에 앞서 발생론을 운운하게 만들었다.

---

131) Constance Brittain Bouchard, 강일휴 옮김, 『중세 프랑스의 귀족과 기사도』, 신서원, 2005, 193쪽.
132) 차용구, 『남자의 품격』, 책세상, 2016, 214쪽.
133) 서지문, 『영국 소설을 통해 본 영국 신사도의 명암』, 세창출판사, 2014, 28쪽.

紳士閥은 근세 문명의 독점자인 지위에 在하야 불로소득을 최고 이상으로 하고 무한 소비를 최고 목표로 하는 생활을 해왔습니다. 그래서 사상에도 개인주의적 자유주의를 遵奉하고 경제에도 생산을 위한 것이 아니라 이윤을 주안으로 하는 자본주의 경제조직을 謳歌하며 愛他에도 救濟的 자선적 박애로써 숭고한 인도 감정으로 신앙하엿습니다. 이러한 의미에서 신사의 운명은 요컨대 개인주의의 논리적 가치를 천명하며 자본주의 경제학을 생산가치 사용가치의 본위에서 엄정한 비판을 下하며 救濟的 자선적 愛他道德이 과연 인도적 감정의 발로이며 애타적 정신에 철저한가 아니한가?를 판정하는 데 짜러서 결정될 문제라 하겟습니다.134)

사실 신사는 중세의 기사를 계승한 계급으로, 11세기 십자군전쟁을 배경으로 강화된 탓에 폭력적 성격이 다분하였다. 이 점을 인지한 성직자들은 기독교도가 기독교도를 살해해서는 안 된다고 말리면서 이교도의 살해로 방향을 돌리도록 독려하기에 이르렀다. 12세기 후반에 들어서 남성성을 상징하는 완력에 못지않게 교양으로서의 지성과 관대함의 덕목을 필요로 하게 된 배경이다. 이에 기사는 관대함을 시혜하기에 소요되는 재정적 기반을 우선적으로 구비하지 않으면 안 되었다. 그런 이유로 신사를 "유산 유한계급, 즉 토지 재산을 기반으로 한 안정된 수입이 있어 일하지 않아도 되는 특정 신분과 계급을 칭하는 용어"135)로 부르기도 한다. 그로 인하여 권력과 부는 위선의식의 기반 위에서 관대함, 베풂과 나눔의 미덕과 떼려야 뗄 수 없는 관계로 굳어졌다. 신일용이 신사계급의 자본주의적 적응 과정에 초점을 맞출 요량으로 시작부터 발생론에 초점을 겨눈 사정이다. 그는 계급투쟁설에 입각하여 신사계급이 지배층으로 편입되는 과정과 그 이후의 반민중적이고 자본주의적이

---

134) 신일용, 「신사론」, 『신생활』, 1922. 4; 최명표 편, 『전북근대문학자료』 제3권, 184-185쪽.
135) 김영주, 『영국문학의 아이콘: 영국 신사와 영국성』, 서강대학교출판부, 2015, 29쪽.

며 개인주의적인 행태를 규탄하였다. 따라서 「신사론」은 신일용의 사상적 기반이 마르크스주의에 확호히 근거한 줄 입증하기에 충분하다.

신일용의 「신사론」은 내용이 많이 훼손된 채 발표되었다. 그의 주장이 검열관에게 거슬렸다는 증거이다. 중간 중간 조금씩 삭제되더니, 말미에 가서는 70여행이 삭제된 채 발표되었다. 그로 인하여 그의 주장하는 바를 온전히 파악하기가 어려워졌다. 그러나 남겨진 글의 논리에 편승하노라면, 그가 사회주의적 논리로 무장한 논객으로 변모되어 가는 과정을 살피기에는 부족하지 않다.

2. 논설적 글쓰기

식민지기에 나타난 글쓰기의 특징은 운동가들이 필봉을 든 예가 많다는 점이다. 그들은 운동권의 앞자리에 자리잡은 이들로서, 영도적 글쓰기로 운동의 방향을 제시하고 이론의 확산을 시도하였다. 신일용이 발표한 글 중의 다수가 이에 속한다. 그의 논설적 글쓰기는 여러 편이다. 그는 유수 신문사의 논설기자답게 각 편에서 자신의 이론적 기반에 터하여 주장을 설파하느라고 부심하였다. 그 중에는 진영의 논리를 옹호하다가 논전에 휩쓸리기도 하였다.[136] 지금까지 발굴한 대일항쟁기에 발표된 신일용의 논설적 글쓰기 목록은 아래와 같다.

「衡平社員 對 農民 問題」,(『신민』, 1925. 9)
「맑쓰 思想의 硏究」,(『신생활』, 1922. 6)

---

[136] 신일용이 「당면의 제 문제」, 「신간회와 그의 임무에 대한 비판―노정환 씨의 이론을 배격함」, 「민족문제」, 「인식 착란자의 당면 제 문제 비판―GH생의 무지를 嘲함」 등을 발표하자, 안광천을 위시한 ML파에서 민족혁명론과 통일전선론을 비판하며 신일용을 '청산론자'로 몰아붙였다.

「春園의 民族改造論을 評함」(『신생활』, 1922. 7)
「資本主義와 哲學 思想」(『신생활』, 1922. 8)
「祝辭를 가름하야」(『갈돕』창간호, 1922. 8)
「社會主義의 思想」(『신생활』, 1922. 9)
「日本 無産政黨의 側面觀」(『조선일보』, 1925. 1. 1)
「農村問題의 硏究 (1-2)」(『개벽』, 1925. 7-8)
「時代의 進步가 이를 解決하라」(『신민』창간호, 1925. 9)
「帝國主義 時代의 民族運動의 進化 (1-11)」(『조선일보』, 1927. 2. 24-3. 11)
「當面의 諸 問題 (1-13)」(『동아일보』, 1927. 11. 7-30)
「新幹會와 그의 任務에 對한 批判 (1-5)」(『조선일보』, 1927. 11. 29-12. 3)
「民族 問題 (1-11)」(『동아일보』, 1927. 12. 6-23)
「認識錯亂者의 當面 諸 問題 批判(이 글의 1-4회는 해당 신문이 없으며, 11회 이후의 내용도 지면으로 찾아볼 수 없어서 전체 분량을 확인하기 곤란함. (5),『조선일보』, 1928. 1. 10—(11),『조선일보』, 1928. 1. 17)
「農民 問題 論綱 序論」(『삼천리』제12호, 1931. 2. 1)
「志士類의 社會觀 批判」(『삼천리』제4권 제1호, 1932. 1. 1)
「中國 政情의 一瞥 (1-3)」(『매일신보』, 1934. 1. 1-5)
「明日의 滿洲 (1-18)」(『매일신보』, 1934. 2. 6-3. 13)
「世界的 危機와 歐洲 政局 (상-하)」(『개벽』, 1934. 11-12)
「世界的 危機의 全面的 意義」(『개벽』, 1935. 1)

위에 적은 신일용의 논설은 별고로 다뤄야 할 정도로 다량이다. 그에 관한 본격적인 연구를 촉구하는 의미에서도 논의는 계속되어야 하겠기에 별고를 기약하고, 여기서는 이 중에서 「춘원의 민족개조론을 평함」에 한하여 논의하기로 한다. 이 글은 속이 다 후련할 정도로 이광수의 궤변을 신랄하게 비판한 그의 명문이다. 이광수는 1922년 5월 문제의 「민족개조론」을 『개벽』에 발표하였다. 그 시기는 기미독립만세운동으로 민족주의와 사회주의 그리고 각 계급별 통합으로 항일 대오를 형성하여야 한다는 인식이 만연되어 갈 즈음이었다. 말하자면, 그의 글은 일제가 만세 운동 이후에 당면한 위기 국면을 타개하고자 소위 '문화통치'의 일환으로 제시한 '참정권 획득 청원', '실력 양성', '민족성 개조'의 세 가지 중에서 맨 뒤의 것을 구체적으로 실현하기 위한 방법론이었다. 일제의 당근은 1920년 4월 1일 『동아일보』의 창간호에서 '문화주의를 제창하노라'로 공식화되었거니와, 민족주의 진영에서는 일제의 정책에 부응하여 '현실적' 대안을 모색하느라 분주했었다. 그렇다고 민족주의자들이 일제의 속뜻을 간파하지도 못할 만큼 어리석었으리라고 판단하는 것은 단견이다. 단지 그들은 항일투쟁노선이 결과할 재산의 파괴, 자신과 가족의 고통, 기득권의 상실 따위를 받아들이지 않으려고 발버둥쳤을 따름이다. 자신들의 앞에 우뚝 선 왜적의 막강한 실체를 목도한 민족주의자들은 그 과정에서 현실을 추수하느라 생각의 실타래가 꼬여버렸다. 이 점이야말로 그들과 사회주의자들의 일제를 바라보는 관점이 달라지고 결과가 판이해지는 요체이다.

 앞의 세 가지를 추종한 무리들이 대부분 친일의 길로 나아간 것만 보더라도, 관점의 차이가 초래한 결과를 능히 짐작할 수 있다. 더욱이 민족주의자들은 자신들의 오판이 개인에 그치는 것이 아니라 민족의 장래를 좌우한다는 점을 논리에서 배제해버렸다. 이런 측면에서 그들을 가리켜 '민족주의자'라고 칭하는 것이 합당한지 의문이다. 이광수의 「민족개조론」은 항일 노선에서 야기할 문제 사태를 충분히 예상할 수 있었음에도 불구하고, 눈앞의 고생보다 현실적 안주를 선택하다가 쓰인 민족주의자들의 변명거리이자 노선 변경의 논리에 불과했다. 설사 그런 약점을 모른 채 글을 발표했다면 이광수의 현실 인식안이 미숙하고 불철저한 것이고, 그렇지 않다면 논리 속의 노림수를 심히 꾸짖지 않을 수 없다.

사실 이광수는 「민족개조론」을 쓰기에 앞서 「중추계급과 사회」(『개벽』, 1921. 7)와 「소년에게」(『개벽』, 1921. 11-1922. 3)를 발표하였다. 두 편은 그가 안창호를 도와 수양동우회에 관여했던 경험에서 우러난 소회를 쓴 것이다. 그가 사회의 중추계급을 양성하자는 주장부터 '현실적'이다. 일제의 식민지로 전락한 마당에서 수양하고 수학하여 중추적인 인물을 기른들, 그 인물이 일제가 공교육을 통해서 길러내는 인물형과 크게 다를 바 없을뿐더러, 교육제도가 생리적으로 국가가 요구하는 인간의 양성을 목적한다는 점에서 이광수의 주장은 물론이고, 수양동우회의 지향하는 바는 애초부터 달걀로 바위를 치는 격이었다. 이 점에서 수양동우회의 소위 '실력양성론'은 태생적으로 일제에게 포섭될 소지를 지니고 있었다. 두 편은 이광수가 「민족개조론」을 내세우기 전에 논단의 간을 본 것에 지나지 않는다. 따라서 그의 「민족개조론」이 발표되자 신일용이 식민지의 청년들을 대신하여 울분에 찬 반론을 제기한 것은 당연한 반응이었다.

  이광수는 '나는 만혼 희망과 끌는 정성으로 이 글을 조선 민족의 장래가 어쩌할가, 어찌하면 이 민족을 현재의 쇠퇴에서 건져 행복과 번영의 장래에 인도할가, 하는 것을 생각하는 형제와 자매에게 들입니다'라는 '변언(弁言)'으로 글을 시작하였다. 그는 '민족 개조를 목적한다면 정치적 색채를 쯰여서는 안 됩니다'라고 전제한다. 이 발언은 식민지 사회에서 벌어지는 모든 운동이 정치적일 수밖에 없는 줄 의도적으로 외면하여 자신의 주장이 현실개량주의적 노선에서 출발하고 있다는 점을 내외에 공표한 것이나 마찬가지이다. 곧, 그의 발언은 민족주의자들이 일제의 문화통치 전략에 뇌동하여 기미독립만세운동 이후의 항일운동 전선에서 투쟁성을 거세하기 위한 진영 논리를 대신한 것에 불과하다. 소위 '민족 개조'를 목적한다는 위인이 '정치적 색채'를 없애자고 주장하는 것을 보노라면, 그가 일제의 이익에 동조하는 추태를 벌이기 위한 사전 정지작업으로 해당 글을 초한 것이 분명해진다.

    더욱이 재작년 삼월 일일 이래로 우리의 정신의 변화는 무섭게 급격하게 되엇습니다. 그리고 이러한 변화는 금후에도 한량업시 계속될 것이외다.
    그러나 이것은 자연의 변화외다. 우연의 변화외다. 마치 자연계에서 행하는 물리학적 변화나 화학적 변화와 가티 자연히 우리 눈으로 보기에는 우연히 행하는 변화외다. 쏘는 무지몽매한 야만인종이 자각업시 추이(推移)하여 가는 변화와 가튼 변화외다.
    문명인의 최대한 특징은 자기가 자기의 목적을 정하고 그 목적을 達하기 위하야 계획된 진로밟아 노력하면서 식가마다 자기의 속도를 측량하는 데 잇습니다. 그는 본능이나 충동을 쌀하 행하지 아니 하고 생활의 목적을 확립합니다. 그리하여 그의 일거수일투족의 모든 행동은 오즉 이 목적을 향하야 통일되는 것이요, 그럼으로 그의 특색은 계획과 노력에 잇습니다. 그와 가티 문명한 민족의 특징도 자기의 목적을 의식적으로 확립하고 그 목적을 달하기 위하야 일정한 조직적이요 통일적인 계획을 세우고 그 계획을 실현하기 위하야 조직적이요 통일적인 노력을 함에 잇습니다. 그럼으로 원시시대의 민족 쏘는 아즉 분명한 자각을 가지지 못한 민족의 역사는 자연현상의 변천의 기록과 가튼 기록이로되 이미 고도의 문명을 가진 민족의 목적의 변천은 의식적 개조의 과정이외다.[137]

문면에 명백히 나타나 있듯이, 이광수는 기미년의 만세 후에 급작이 변모된 식민지의 운동 상황을 '자연의 변화'요 '우연한 변화'이며 '무지몽매한 야만인종이 자각업시 추이하여 가는 변화'라고 규정한다. 그러한 변화는 문명인들이 '자기가 자기의 목적을 정하고 그 목적을 달하기 위하야 계획된 진로'를 모색하는 것과는 상반된다. 이처럼 이광수의 주장하는 바를 세세히 정독하노라면, 당시 유식 청년들이 벌떼처럼 일어나 그를 민족의 변절자로 야유한 까닭을 이해할 수 있다. 더욱이 그는 식

---

[137] 이춘원, 「민족개조론」, 『개벽』, 1922. 5, 20쪽.

민지 청년들에게 절대적 영향력을 끼치고 있던 차라서, 동일 민족을 야만인으로 폄하하고 영미의 논리를 복제한 일본의 행위에 반대자들은 들고 일어날 수밖에 없었다. 이광수는 1921년 4월, 일제의 회유를 견디지 못하고 상해 임시정부 기관지 『독립신문』의 주필직을 내려놓고 서울로 왔다. 그의 귀성은 허영숙과의 사랑 때문이라고 포장되었으니, 부르주아적인 행실에 따른 노선의 변경은 예정된 터였다.

신일용은 이광수를 '근대 사조의 몰이해자'이고, '자유의 의미 부지자(不知者)'이며 '근세 역사에 맹목자'라고 몰아세운다. 특히 그는 이광수가 프랑스혁명을 '공상적 혁명'이라고 망언하고 영문학에 비하여 여타 유럽문학을 하평한 것, 영국이 식민지를 대하여 "자기의 자유를 심히 사랑하는 그네는 참아 남의 자유를 죽이지 못합니다"라고 말한 것 등을 문제삼아 '영광병자(英狂病者)'라고 공격한다. 그와 함께 신일용은 이광수가 영국을 지상천국으로 찬미하느라 영국 사회가 안고 있는 자본주의적 모순, 예컨대 부의 불균형과 노동자의 소외 등을 외면하고 있다고 비난하면서 구체적 수치를 들어 반박하였다. 또 그는 이광수가 "영국인의 근본 성격은 자유, 실제 봉사, 점진성 가튼 것이오 우리 민족의 그것은 허위, 비사회적 이기심, 타태(惰怠), 무신(無信), 겁유(怯懦), 사회성의 결핍으로 대표"한다고 지적한 자학적 소견을 통렬히 꾸짖었다. 이광수의 발언은 누가 봐도 '영광병자'다운 막말이다. 그에게 일반화된 힘센 나라에 굽실거리는 버릇이 여기서도 나타난다.

> 군! 자기의 자유를 사랑하는 대신에 남의 자유를 존중한다는 영국민이 과연 참아 남의 자유를 죽이지 못하야서 몟 백년을 두고 同文同族인 애란인을 압박, 학살, 투옥하엿스며, 애급민을 쏘한 인도 민족을 착취, 억압, 유린하엿는가? 미국의 독립투쟁은 무슨 까닭으로 이러낫는지? 군은 此問에 답하라! 요컨대, 나는 영국인이 세계의 패권을 잡은 만큼 불의와 악덕은 크

다고 생각한다.『식인 야만 종족의 추장이 두개골을 만히 차고 소유하는 것으로 자랑거리를 삼는 것과 갓치 군국주의 국가의 군벌의 훈장도 사람 만히 죽엿다는 자랑이라고』痛言한 피 다 크로포트킨의 말이 얼마나 참된 말인가. 그뿐 아니라 저 가튼 앵글로 색손족인 미국인은 엇더한가? 저 布哇土人의게 대하야 얼마나 殘忍不德하엿스며 체면상으로 해방해 준 흑인의게 오늘날까지 행하는 私刑 학살을 보라! 얼마나 비인도적이엿는가. 쏘 최근에 비율빈 독립 문제에 대한 태도를 보드래도 알 바이 아닌가?138)

이광수가 영국을 칭송하면서 영국민들이 "단체나 국가를 위하야 자기의 자유를 희생"한다는 주장을 늘어놓자, 그것을 논박하기 위해서 신일용이 제시한 인용문이다. 그는 이광수의 견해를 '치론(穉論)', '몰상식한 영광병의 섬어(譫語)', '예어(囈語)'로 단언한다. 도리어 그는 "우리의게서 엇더한 외래의 간섭과 폭력의 강박만 제거한다 하면 자유 발전도 난사(難事)가 아니며 진보 향상도 용이하리라"고 주장하여 이광수의 어깨 너머에서 민족의 분열을 조종하고 있는 일제를 겨냥한 주장을 멈추지 않았다. 그의 견해는 민족반역자에 대한 문자적 응징인 동시에, 앞으로 양인이 걸어갈 길을 선명하게 예시하고 있다. 이 글을 뒤로 하여 신일용이 좀 더 사상운동에 진력하고, 이광수가 「민족의 경륜 (1-5)」(『동아일보』, 1924. 1. 2-6)에서 일제하의 자치제를 요구하여『동아일보』불매운동이 일어난 것을 보면 금세 수긍된다. 두 사람의 논전은 후세를 경계하고 있으니, 식자들이 지켜야 할 입장과 나아갈 방향은 이르지 않아도 뚜렷이 드러난다.

신일용은 1932년『조선일보』주필로 임용된 것을 기점으로 논조가 예전과 달라졌다. 그의 태도 변화를 가리켜 "옛날의 주장하던 바와 정

---

138) 신일용, 「춘원의 민족개조론을 평함」,『신생활』, 1922. 7; 최명표 편,『전북근대문학자료』제3권, 208쪽.

반대되는 비계급적 논문을 써서 자기의 개전하는 뜻과 온순한 태도를 보였다"139)고 비판할 정도이다. 그 예는 「중국 정정의 일별 (1-3)」, 「명일의 만주 (1-18)」, 세계적 위기와 구주 정국」, 「세계적 위기의 전면적 의의」, 「중국 정계의 개관」 등에서 찾아진다. 일련의 논설적 글쓰기는 신일용이 이 무렵에 외부 정세에 관심을 쏟고 있는 줄 예증한다. 그것은 정국의 상황이 심상치 않았다는 증거일 테다. 신일용의 논지가 기울어지게 된 배면에는 객관적 정세의 변화로 인한 신문사 차원의 대응 전략과도 관련되어 있다. 그 무렵 단행된 『조선일보』와 『동아일보』의 논지 변화에는 1931년 만주사변이 발발하면서 강화된 일제의 탄압 국면에서 "'폭력을 통한 강제'뿐만 아니라 경영진의 '현실적인 이익을 고려한 판단'과 언론인들의 '자발적 의식 전환' 등 내부적 요인도 동시에 작용했다"140)는 점이 먼저 지적되어야 한다. 그 점은 신일용의 경우, 1932년 7월 "만주사변이 이러난 후로는 더욱 조선 사람으로서 만주의 문제를 연구할 필요를 절실이 늣기게 되엇습니다"(「오히려 늣다」)라고 주장한 데서 확인할 수 있다. 이로 추측컨대, 신일용은 내외의 여건이 달라지는 추세를 좇아 논지의 변화를 기도한 것으로 보인다.

  신일용은 해방 후에도 「미소 공위 속개의 전망」(『신태평양』, 1947. 5), 「민주국의 구상과 연구」(『민중일보』, 1947. 9. 26), 「국제공산당 재건과 금후의 국제 정국 (상-하)」(『중앙일보』, 1947. 10. 23-30), 「조선 독립 문제의 장래」(『신천지』, 1947. 10)를 발표하는 등, 논설적 글쓰기를 멈추지 않았다. 이 글들은 그가 여전히 논객으로 활약한 줄 알려주는 동시에, 해방 후 정계에 뛰어들 발판을 마련하고 있었던 징후로 파악하게 만든다. 그나저나 그는 해방을 맞아서도 의사직에 연연할 의사가 전

---

139) 박용규, 『한국의 언론인 정체성을 묻다』, 논형, 2015, 116쪽.
140) 박용규, 『언론과 친일』, 도서출판 선인, 2021, 163쪽.

혀 없었던 것이다. 이제 신일용이 발표한 원고들을 찾아내어 논의 범주에 포함시켜서 심화할 일이 남아 있다.

Ⅲ. 결론

위에서 알아본 바에 토대하여 앞으로 신일용에 관한 논의가 꾸준히 심화되어야 한다. 그는 여느 운동가처럼 논의선상의 밖에 방치할 만치 만만한 인물이 아니다. 더욱이 그는 의사로서의 평범하고 평안한 생을 영위할 수 있었음에도 불구하고, 신산어린 변혁운동에 나서 해내외를 오가며 식민지 해방을 위해 분투하였다. 그의 행장을 복원하여 안팎에 광고할 의도로 성가신 각주를 달아가며 노력했으나, 여전히 밝혀지지 않은 항목이 하나둘이 아니다. 그가 다녔다는 부안의 영명학교와 관련된 문건을 포함하여 전주, 서울, 상해, 만주에서의 행적이 더 소상하게 밝혀져야 한다. 아울러 그가 비극적 종말을 맞이하게 된 경위에 대해서도 유족의 증언이 요구된다.

신일용의 글쓰기는 두 종으로 나뉜다. 하나는 계몽적 글쓰기이고, 다른 하나는 논설적 글쓰기이다. 둘은 떼어서 논의할 게 아니다. 애초부터 한몸에서 나온 양 가지인 탓에 따로 논의해서도 상호 견주어야 하고, 같이 논의해서도 나눠 볼 줄 알아야 한다. 대일항쟁기에 소문난 논객이었던 그는 열심히 글을 써서 주의주장을 설파했으므로, 인쇄매체에 투고되었으나 아직 발굴되지 않은 글들이 미구에 유문으로 발견되리라 기대한다. 이에 관해서는 신일용의 유족들을 수소문하여 도움을 요청하는 방안도 강구할 만하다.

아울러 신일용에 관한 학술적 조명이 이루어지기를 희망한다. 한 사람의 업적을 만방에 드러낼 요량이라면, 의당 자료 조사와 함께 학문세계로 불러내는 일이 중요롭다. 더욱이 신일용은 사상운동, 언론운동, 청년운동을 비롯하여 여러 갈래에 종사하며 분주히 살았다. 또 여러 곳을 오가며 운동을 지도하고 연설하느라 바빴던 그이다. 이 점을 감안해 보면, 그의 행적을 재구성하고 다각도로 살펴서 학계와 지역에 보고할 필요성이 제기된다. 그로서 그의 활동에 관하여 시비가 가려지고 후인들의 평가가 엄정해지는 계기가 될 것이다.

방향전환론자의 '민중의 문학'론
—김태수의 생애와 비평 세계

Ⅰ. 서론

전북 지역은 근대의 초입부터 반외세 투쟁의 근거지였다. 갑오년에 고부에서 봉기한 동학농민군은 근대가 외세와의 투쟁 속에서 자주민으로 거듭나는 주체의 탄생 과정에 다름 아니라는 사실을 내외에 천명했다. 그들의 가열찬 투쟁은 안팎으로 청일전쟁과 갑오개혁을 불러일으켰다. 전자는 국가의 무력함으로 말미암아 한반도를 외세의 전쟁터로 둔갑시켜버렸고, 후자는 국가의 무능으로 인하여 타의에 의한 조치를 자의인 양 호도하였다. 두 가지의 사태는 초유의 일이었다. 전자의 승리로 일본은 조선 침략의 야욕을 공공연히 떠벌였고, 한반도는 그들의 놀이터로 전락하고 말았다. 그것은 패잔병으로 전국의 산야를 떠돌던 동학농민군의 의병 전환을 가져왔다. 그들은 국망의 위기를 타개하고자 전력을 다하였으나, 한번도 체계적 군사훈련을 받지 못하고 형편없는 무기를 든 탓에 무기력하게 무너졌다.

그러나 동학농민군의 정신은 전라북도의 전역에 스며들어 항일전선의 구축으로 재현되었다. 일제에 의한 주권침탈기를 피학적 용어인 '일제강점기'가 아니라 주체적인 '대일항쟁기'로 명명해야 할 이유가 여기에 있다. 특히 전라북도의 서부 평야지대는 사회주의의 온상이 되어 청년운동, 농민운동, 노동운동, 소년운동, 야학운동 등의 전 국면에서 일제에 대항하였다. 이러한 움직임을 이끌던 무리는 '유식 좌경 청년'들이었다.1) 고부와 인접한 부안 지역도 항일의 대오에서 이탈하지 않고 투쟁 대열에 동참하였다. 애초 부안의 운동권은 선진적이지 못했다. 앞장서 운동전선을 이끌고 나아갈 인물이 부재한 탓이었다. 부안 출신의 김철수나 신일용은 식민지운동권의 거물답게 고향에 신경 쓸 겨를이 없었다. 김철수는 조선공산당 수뇌부로, 일경의 감시선상에서 벗어나지 못하여 감옥과 중국을 들락거리느라고 대부분의 세월을 투쟁 현장과 강제로 격리되었다. 그의 동생 김복수가 백산과 화호를 근거지로 형을 대신하여 농민운동에 투신하게 된 이면이다. 신일용은 서울에서 활약하느라 고향의 운동 상황까지 챙길 형편이 못 되었다. 그는 일찍 향리를 떠났을 뿐더러, 전주 기미독립만세운동의 주역으로 활동하다가 상경하여 언론인, 운동가로 활약하고 있었다. 이런 상황에서 서울에서 공부하다가 말고 귀향한 김태수가 나타나 부안 운동권의 우이를 거머쥐었다.

김태수(白洲 金泰秀, 1904~1982)는 작가-운동가이다. 그는 부안군 부령면에서 김주욱(惺庵 金周旭)과 신창욱(辛昌旭)의 독자로 태어났다. 부친이 졸서하는 바람에 조부 김방위(金邦煒)의 손에서 자란 그는 정읍 태인 출신의 송한순(宋漢順, 1908~1980)과 혼례를 올렸다. 그는 조부의 엄격한 훈육 지침 속에서 부안공립보통학교를 마치고, 변산에 위치한

---

1) 홍영기, 『1920년대 전북 지역 농민운동』, 한국학술정보, 2006, 92쪽.

청련암에서 공부하였다. 군자금을 내라는 의병들의 성화를 피해서 피난하다시피 하서면 청서리에 집을 마련하고 살았던 조부는 나라가 망해가는 판국에 아비없이 자란 손자가 가업을 이을 정도로 장성할 때까지 안전한 산사에 유숙하며 수신하기를 바랐던 것이다. 하지만 손자는 할아버지의 기대와 달리 신학문에 대한 열망을 뿌리치지 못한 채, 부안을 떠나갈 기회만 엿보고 있었다. 마침 조부가 김제에 자리한 동양척식회사에 토지 상환금을 내고 오라고 심부름을 시키자, 손자는 그 돈을 들고 상경하여 사립중동학교의 수업료로 납부해버렸다. 시골 소년 김태수는 마침 일어난 기미독립만세운동을 목도하며 충격을 받았고, 그 후로 식민지 현실에 주목하게 되었다. 이 점은 그의 글쓰기뿐 아니라 향리에서의 변혁운동에 깊은 영향을 끼쳤으므로 상시 전제되어야 한다. 곧, 김태수의 상경 체험은 조부의 통제가 사라진 부안에서 운동을 주도하도록 이끌게 된 원동력이었다.

대부분의 전북 작가들이 '(계몽)운동가'—'(사회)운동가-작가'—'(전문)작가'[2]의 순으로 출현한 데 비해, 김태수는 이채롭게도 작가로 등단한 뒤에 사회운동가로 변신하였다. 그의 변신은 학업으로 인한 상경과 조부의 서거로 인한 낙향의 과정에서 이루어졌다. 사실 김태수는 서울살이 중의 1년 6개월여 동안에 열심히 작품 활동을 펼쳐 남 보란 듯이 등단하였다. 스무 살이 되던 1924년 8월에 김태수는 『개벽』에 희곡「희생자」를 투고하였고[3], 9월에는 『동아일보』에 단편「처녀시대」를 발표하

---

[2] 최명표, 『전북문학비평사론』, 신아출판사, 2018, 12-40쪽.
[3] 선자는 「희생자」를 가리켜 "이 각본도 역시 연애를 토대로 안출한 것이나 전자(「버림을 바든 자」: 인용자)에 비하면 센트멘탈에 너머 지나침이 만코 주격 인물의 굿세인 개성의 번듸김이 적다. 그러나 영준과 명자와의 천진난만한 동작과 악착한 세계를 써난 듯이 애인과 애인 사이에 죡음도 숨김이 업시 브드러운 입쌀과 입쌀을 건너다니는 달착직은한 연애담은 어쩌한 노련가의 필치로도 오히

였으며4), 11월에는 『조선문단』에 투고한 「과부」로 이광수의 추천을 받았다.5) 이로서 김태수가 장안의 유수 잡지에 작품을 발표하면서 문학 창작에 열중했던 줄 쉽사리 알 수 있다. 이것을 볼 양이면, 문단에 화려하게 등장한 김태수는 선배 작가들의 기대를 한몸에 받았던 것으로 보인다. 하지만 그는 문단의 기대와 달리 금세 창작을 중단하고 낙향을 감행하는 통에 문단에서 잊히고 말았다. 그에게는 문학 활동보다 고향의 비참한 현실을 개선하는 일이 급선무였던 셈이다. 김태수가 도망치다시피 올라온 서울을 마다하고 귀향하게 된 배후에는 가문을 건사하라는 조부의 당부를 거역할 수 없었던 듯하다.

2010년 부안문화원은 김태수의 유고를 모아서 『황혼에 기대어』란 제목으로 펴냈다. 이 작품집에 그의 평론 중 일부가 수록되지 않았다. 편자가 관련 정보를 갖지 않아서 누락된 것인지, 밝혀지지 않은 이유로 빠진 것인지는 불분명하다. 추측컨대, 유족들이 그의 평론에 담겨진 사

려 밋치지 못할 점이 잇다. 이것이 이 각본의 전면적 가치이다. 그러나 연애의 삼각관계자의 한 사람인 이상원이라는 인물과 명자와의 관계라든지 또는 영준과의 관계에 대하야 어떠한 구체적 설명이 업는 것이 큰 결함이다. 그리고 명자가 한 장면에서 두 번이나 가튼 시를 낭독하는 것은 반드시 피해야 할 것이다. 총괄적으로 말하면 이 일편은 아모 변화도 업는 통속적으로 된 연애의 일막임으로 실제에 큰 효과는 업다 할 수 잇스나 무대에 올니기는 쉬운 각본이다. 전편(「버림을 바든 자」: 인용자)보다 한 자리 밀리게 된 원인은 개성의 번듸김이 적은 것과 무대에 나오는 인물이 넘어나 통상적인 까닭에 짜라서 변화가 업다는 것이 그 이유이다.(김정진, 「각본을 고선하고」, 『개벽』, 1924. 8, 184쪽)

4) 『동아일보』, 1924. 9. 29
5) "백주 군의 「과부」는 여자의 심리를 그린 것으로 우리 문단에 드믄 작품이다. 좀 힘을 덜 들인 듯한 점이 업지 아니하다. 독자도 보시면 아실 바와 가티 전편을 통하야 천재적 솜씨가 보인다. 특히 그 『그것의 자연스러움』과 그러면서도 서정시적임이 아름다웟다. 실로 아름다운 작품이다."(「이광수」, 「소설 선후언」, 『개벽』, 1924. 8, 82쪽), "백주 씨의 시화한 듯한 아취를 취한다."(박월탄, 「갑자 문단 종횡관」, 『개벽』, 1924. 12, 118쪽)

상성에 놀라 고의로 누락시킨 혐의가 짙다. 그럼에도 불구하고 소수에 불과한 평론을 검토해야 하는 이유인즉, 김태수의 사상적 궤적과 운동의 경로를 확인하는 절차로 중요하기 때문이다. 그의 평문들은 부안에서 태어나 서울로 유학한 한 학생이 자생 공산주의자로 변모해 가는 과정을 실체적으로 입증해주는 문건이다. 그러므로 그것들은 결코 논외 처리되거나 사장되어서는 안 된다. 더욱이 그것들은 전북 지역의 근대 문예비평사를 서술하는 과정에서 필연적으로 부딪치게 되는 계급주의 비평의 양상을 파악하는 데 유효한 단서라서 중요하다. 게다가 그의 평론 활동은 식민지시대에 사회운동을 병행했던 비평가의 글쓰기가 변모되어 가는 모습을 추적하기에 적절한 예를 제공하고 있어서 놓칠 게 아니다.

이에 김태수가 공산주의운동에 뛰어들었다가 발을 빼기까지의 과정을 살펴보고, 그 단계를 뒷받침해줄 증거로 평문을 검토하여 전북근대문예비평사에 적절한 자리를 찾아보기로 한다. 물론 그가 부안에서 공산주의자로 성장하다가 그만 둔 과정은 신문자료로 충분히 입증되고도 남는다. 신문 기사들은 김태수의 운동 이력과 사상의 흐름을 담보해주는 물증이다. 그러나 그의 비평 활동에 관해서는 한번도 논의된 적이 없다. 그가 운동계에서 사업계로 적을 옮긴 뒤로는 글쓰기를 애써 마다 하였고, 그로 인하여 비평 작업은 연구자들의 시야에 포착되지 못하고 말았다. 그러다 보니 김태수는 원하던 바대로 연구자들의 관심권에 들지 않았고, 유족들도 시절이 바뀌기를 기다리며 유고의 발간을 미루었다. 이 과정에서 운동가로서의 이력이 비평가 경력과 함께 알려지지 않았다. 그 점은 이 글이 주목하고 공개하여 담론화하는 주된 동기이다.

II. 작가에서 운동가로, 다시 사업가로

1. 전기적 생애

한 지역의 운동사를 조감하거나, 그 지역의 작가들이 지닌 사상적 성향을 서술하는 이들이 공통적으로 범하는 일반화의 오류가 있다. 그것은 그곳 출신의 작가와 사상가의 활약 연대가 비슷한 점에 현혹되어 실증 작업을 거치지 않은 채, 둘을 한데 묶어서 마치 영향을 주고받은 양 기술하는 경향이다. 이른바 명망가의 명성과 작가의 그것을 동궤로 처리하여 작가의 위상을 제고하려는 편의주의적 접근방식이 낳은 부작용이라고 할만하다. 부안에서도 그런 사례를 살펴볼 수 있다. 부안 출신의 작가들을 연구하는 과정에서 그 지역 출신의 신일용과 전주 태생으로 부안에서 교편을 잡았던 작가 이익상과의 영향관계를 과도하게 부각시키는 경향이 예이다. 그들은 제3차 조선공산당 책임비서를 역임한 김철수의 영향력은 의도적으로 사상한다. 실제로는 그의 영향력이 부안 일대에 막강하게 미치고 있었는데도 말이다. 이걸로 봐서 인용자의 목적이 불순하고 불균형적인 줄 알 수 있다. 그들이 예로 드는 대표적인 작가가 김태수와 신석정이다.

김태수는 고향에 돌아와서 공산주의자로 변신하였다. 그가 노선을 변경한 원인을 신일용과 이익상에게서 찾으려는 시도가 있다.6) 양인의 그에 대한 영향관계를 알아보기 위해서는 학업의 도정을 따라가야 한다. 김태수는 보통학교를 다니다가 1919년 상경하여 중동학교를 다녔다. 신일용은 1916년 조선총독부의학교를 졸업하고 4월부터 12월까지 목포야

---

6) 오하근,『전북현대문학』(상), 신아출판사, 2010, 92쪽.

소교병원에 근무하다가, 1917년 6월까지 제주도야소교병원의 근무를 마치고 1918년 9월 전주에 완산의원을 개업하였다.7) 신일용은 1919년 3월 전주구락부 총무로 있던 중에 기미독립만세운동을 전개하고 상경하여 1920년 4월 한국 최초의 노동단체인 조선노동공제회 설립을 막후에서 주도하다가8), 9월 서울 필운동에 병원을 개업하였다. 그처럼 전주와 서울에서 운동권 인사들을 조종할 정도로 큰 인물이었던 그가 산사에서 공부하던 어린 김태수에게 영향력을 끼쳤다고 보기는 힘들다. 시기를 비춰보아도, 부안에 갈 틈이 없었던 신일용과 김태수의 영향관계는 근거가 희미하다.

또 김태수가 부안공립보통학교 2학년에 편입했다가 조부와의 충돌로 퇴교당한 사실을 감안하면, 이익상과의 영향관계도 크게 주목할 정도는 아니다. 이익상은 1914년 4월 서울 사립보성고등보통학교를 졸업하고, 경성고등보통학교 부설 임시 교원양성소를 수료한 뒤 1915년부터 부안공립보통학교에서 훈도 생활을 하다가 뒤늦게 1918년 일본 유학을 결행하였다. 부안에서 사는 동안에 이익상은 사회운동이나 사회주의와 관련된 흔적을 남기지 않았다. 그가 사회주의에 친밀감을 표한 것은 체일 기간 중의 체험과 관련되어 있다. 그가 다닌 니혼대학이 사회주의자 소굴이었다는 점, 도일 후 사회주의자가 중심이 된 1920년 조선고학생동우회에 가입하고 이 회원 중의 무정부주의자들이 결성한 흑도회에 입회한 점, 하숙집에 같이 유숙하며 재정적 후원자이자 친구였던 전주의 이용기가 무정부주의자여서 사상적 영향관계에 놓여 있었던 점9) 등을 종합하여 고려해 보면, 이익상이 김태수에게 영향을 미쳤으리라고 추정

---

7) 『매일신보』, 1918. 9. 28
8) 조선일보사사료연구실, 『조선일보 사람들: 일제 편』, 랜덤하우스중앙, 2004, 195쪽.
9) 이익상의 연보는 최명표 편, 『이익상문학전집』 Ⅳ, 신아출판사, 2011, 251-254쪽.

하는 것은 무리하다.

 그 연장선상에서 신석정이 이익상의 영향을 받았다는 주장도 무리수이다. 신석정은 1917년에 11세가 되자 부안보통학교 2학년으로 입학하였다. 이익상이 일본으로 떠나기 전 해이다. 그러므로 신석정이 종매부 이익상으로부터 감화를 입었다고 주장하는 것이나, 그것을 되받아쓰는 것은 이익상의 명성에 편승시키려는 논자들의 과욕이다. 설사 이익상이 부안공보에 재직한 사실을 훗날 신석정이 회고했다10)고 할지라도, 그것은 그야말로 후일담에 불과하다. 신석정이 문단에 나올 무렵, 이익상은 카프 발기인으로 이름을 올리고 『조선일보』와 『동아일보』의 학예부에 재직하면서 김해강, 김창술, 신석정 등의 고향 후배들에게 발표 지면을 제공해주고 있었다. 그러므로 부안 태생의 신일용이 식민지 사회운동의 거물이고 이익상이 부안공립보통학교에 재직했다는 사실에 착목한 나머지, 김태수와 신석정이 둘의 영향을 받았으리라고 주장하는 것은 그야말로 억견이다.

 이런 점들을 두루 고려해 보면, 김태수가 식민지 사회의 변혁운동에 종사하게 된 것은 서울에서 만세운동을 목도하고 나서부터라고 보는 편이 타당하다. 곧, 16세에 서울에 가서 23세에 낙향하기까지, 인생에서 가장 감수성이 풍부한 시절에 눈으로 직접 보았던 만세 체험이 자연스럽게 그를 민족해방운동전선으로 호출했다고 봐야 그럴 듯해진다. 실제로 김태수는 1926년 고향으로 돌아온 뒤, 부안의 변혁운동에 본격적으로 뛰어들었다. 이것을 보더라도, 그가 서울 생활 중에 식민지 청년으로서의 절망감을 절실히 체감하고 있었던 줄 알 수 있다. 서울과 귀향의 사이에 달라진 점이라면, 그가 서울에서는 글쓰기를 통해 간접적으로

---

10) 신석정, 『난초잎에 별이 내릴 때』, 예전사, 1984, 178쪽.

변혁에 동조하다가, 향리에서는 직접 운동에 종사했다는 점이다.

김태수는 1928년 전북청년동맹 맹원으로 청년대회를 준비하였다.[11] 동 대회는 도내 지역을 순회하며 열렸는데, 1928년 5월 15일부터 16일까지 이틀간 부안읍내의 부안청년동맹회관에서 제2회 정기대회가 열렸다.[12] 일경은 도 경찰부와 정읍 경찰까지 출장시켜 신경을 곤두세우고 감시하였다. 대회에 보고된 부안 지역의 상황은 "전북의 서해안에 잇서 교통이 가장 불편한 싸닭에 일반 제도와 문물이 모두 다 봉건적 형태를 벗어나지 못하야 근대적 신흥운동은 하나도 업섯는데 작년에 니르러 부안노우회, 부안청년동맹이 창립되고 금춘에 부안소년동맹과 신간회 부안지회가 창립되엇다 하며 당군의 총인구 76,900여에 불과한테 순자작농이 14,000여 호에 달한다 하며 자작농은 겨우 329호에 불과하다는 바 백산면에 백산노농회가 잇고 건선면에는 줄포노동조합이 잇다"[13]는 내용이었다.

그 뒤로 김태수는 부안 지역의 변혁운동 과정에서 빠지지 않고 등장할 만큼 바쁜 일과를 영위했다. 1928년 12월 1일 줄포경찰서 부안주재소 순사들은 부안청년동맹 집행위원 김태수가 경남 밀양경찰서의 촉탁을 받아 소위 밀양소년회 사건[14]과의 연루 여부를 알아본다는 핑계로

---

11) 『중외일보』, 1928. 4. 26
12) 당일 대회는 이명수의 개회선언과 정을의 개회사로 시작되어 임시집행부에 의장 김복수, 부의장 김태수, 서기 엄현섭·이도·신석갑, 사찰 신진우·김선·김엽춘을 뽑았다. 회의록 낭독과 경과보고가 끝난 뒤에 김제 문중현과 이석태, 정읍 유연기, 부안 신석갑, 옥구 노진술, 익산 임영택, 금산 정해윤 등이 각 지역의 상황을 보고하였다. 그날 선출된 임원진은 집행위원장 김복수, 동 후보 문중현, 서무재정부 하준기·은성천·송금상, 정치문화부 김태수·임종한·이종규, 교양부 이화천·김창한·김철주, 소년부 노재홍·박세혁·이석태, 선전부 최규섭·신진우·이두용, 조사부 임영택·유연기·임용준, 후보 송상문·이도·정정산·강기주·김선·문운학 등이었다.(『동아일보』, 1928. 5. 22)
13) 『동아일보』, 1928. 5. 22

그의 가택을 수색했다.15) 그 와중에 그는 『중외일보』 부안지국장16)으로 재임하는 틈에 부안농민조합17)과 부안협동조합18)을 출범시키느라고 부산히 움직였다. 이어서 그는 종전까지 『동아일보』 정읍지국 산하의 분국을 부안지국으로 승격시키고 지국장에 취임하였다.19) 그 무렵의 언론계는 경향을 막론하고 운동가들의 신분 위장처였다는 점에서, 김태수가 부안지국을 창립한 것은 정읍에 예속된 지역의 매체 사정을 독립시켜서 동향의 운동가들이 지역 현안을 공론화할 수 있는 사랑방을 마련해 준 것으로 봐야 한다.

1929년 2월 17일 열린 신간회 부안지회 제2회 정기대회에서 김태수는 대표위원으로 선출되었다.20) 그러나 6월에 이르러 일경의 대대적인 검거작전이 시작되어 경기도경찰부에서 전주 김동선과 함께 그를 검거하였다.21) 일제가 기획한 이 사건은 전라북도 중심의 공산당 사건으로 확대되어 도내의 유수 운동가들을 대량 구속시켰고, 수뇌부의 공백 사

---

14) 밀양소년회 사건은 1928년 11월 경남소년연맹 집행위원장 겸 밀양소년회 집행위원장 김종태가 회의 기관지에 일본에서 발행되는 『戰旗』에 게재된 원고를 게시한 혐의로 구류처분을 받은 뒤, 며칠 후 소년회 간부의 가택을 수색하여 일기와 마르크스의 『자본론』 등을 압수하여 치안유지법 위반 혐의로 구속한 사건이다(『동아일보』, 1928. 11. 18). 이 사건으로 김종태는 징역 1년을 선고받았다.(『동아일보』, 1929. 6. 5)
15) 『동아일보』, 1928. 12. 6
16) 『중외일보』, 1928. 7. 26
17) 『중외일보』, 1928. 8. 5
18) 『중외일보』, 1928. 8. 26
19) 『동아일보』 부안지국 기자는 신중희, 김택권, 신영근, 임종한 등이었다.(『동아일보』, 1928. 10. 5)
20) 당일 임종한의 사회로 열린 신간회 부안지회에서 선출된 임원진 회장 신종훈, 부회장 백남기 간사 박영달, 문병렬 외 1인, 대표위원 김태수·백남기·신석갑 등이었다.(『동아일보』, 1929. 2. 21)
21) 『동아일보』, 1929. 6. 15

태로 이어지면서 운동권의 궤멸을 가져오고 말았다. 김태수는 치안유지법 위반 혐의로 경성지방법원에서 재판을 받았다. 공판에서 밝혀진 바에 따르면, 그는 1928년 6월 초순 전주 완산정에 자리잡은 전북청년연맹회관에서 이명수의 권유로 고려공산청년회에 가입하여 평당원[22]으로 활동하며 부안 야체이카를 조직했다.[23] 그런데 부안 지역 책임자였던 그는 징역 1년에 집행유예 3년을 받고 풀려났다.[24] 김태수의 지시로 부안 지역의 야체이카에 가입[25]한 부안 주산 출신의 임종한(본명 임남근)은 징역 1년, 집행유예 3년을 언도받았다.[26] 임실 출신으로 부안에 머

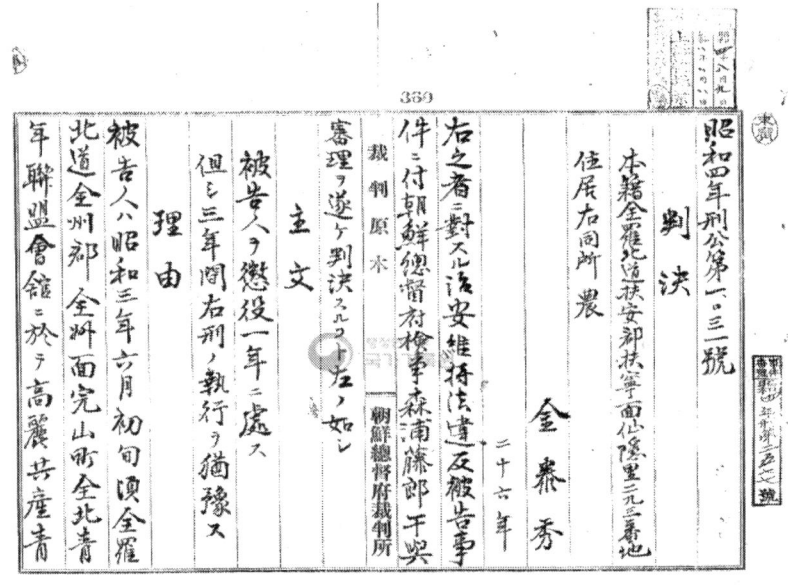

김태수 판결문(국가기록원)

22) 『思想月報』 제1권 5호, 1931. 8. 15
23) 『동아일보』, 1929. 8. 6
24) 『동아일보』, 1929. 8. 10
25) 『동아일보』, 1929. 9. 28
26) 『동아일보』, 1929. 10. 5

물면서 야체이카의 조직을 지도하다가 김태수와 함께 검거된 최규섭은 피검 후 2년간 구속되어 있다가 열린 결심공판에서 징역 3년 6개월형을 받았다.27) 위의 형량을 비교하건대, 부안지역의 야체이카 책임자였던 김태수가 형의 집행을 유예받고 석방된 사실은 일경과 모종의 타협을 시도한 결과로 보인다.

실제 김태수는 영어의 몸에서 풀려난 뒤로 부안청년회관 개축위원28) 등으로 추대되었으나, 활력은 예전보다 눈에 띄게 줄었다. 그는 지역의 운동계와 거리를 두고, 물려받은 가산을 밑천으로 운수업과 광업에 뛰어들어 재산을 증식하는 일에 몰두하였다. 부안 안전자동차주식회사 취체역29), 김제 금만자동차주식회사 취체역30), 정읍자동차주식회사 취체역31), 남선교통주식회사 사장32) 등은 그가 운수업에서 맡은 직책이다. 김태수는 식민지를 휩쓸었던 '황금광 시대'에 동참하듯이 광산에도 투자하여 재산을 불렸다. 고창 공음면·무장면 금은광주33), 부안 을림광업주식회사 대표 취체역34)이 그것이며, 그는 자산을 바탕으로 해방 전까지 부안금융조합 감사35)를 지냈다. 이러한 모습은 그가 운동권과 거리를 둔 사례로 들기에 충분하다.

해방 후에도 김태수는 육영사업에 전념하며 문단과의 관계를 회복하

---

27) 『동아일보』, 1931. 5. 15
28) 부안청년동맹회관 개축위원으로 추대된 이는 신기형, 신기갑, 신영철, 김찬균, 김원균, 신기옥, 김태수, 신석갑, 신영근 등이었다.(『동아일보』, 1934. 6. 23)
29) 『매일신보』, 1929. 4. 12;『매일신보』, 1936. 4. 12;『매일신보』, 1936. 12. 4;『朝鮮總督府 官報』, 1938. 7. 1
30) 『매일신보』, 1936. 1. 10
31) 『매일신보』, 1939. 5. 22
32) 『매일신보』, 1940. 1. 8;『朝鮮總督府 官報』, 1941. 6. 23
33) 『朝鮮總督府 官報』, 1939. 12. 28
34) 『매일신보』, 1940. 1. 30;『朝鮮總督府 官報』, 1940. 9. 30
35) 『朝鮮總督府 官報』, 1941. 6. 9;『朝鮮總督府 官報』, 1943. 7. 5

지 않았다. 이른바 '레드 콤플렉스'에 포박된 나머지, 그는 등단 후 촉망 받던 창작을 폐기한 것이다. 그는 『전북일보』에 「부안, 정읍 인문고 설립 반대에 반박함」(1967. 1. 15)과 「나의 어린 시절」(1970. 12. 6)을 발표했는데, 전자는 '부안추진위장'이고 후자에는 '부안 출신 실업가'로 소개되었다. 둘 다 수필이고, 그나마 후에는 그의 성명이 발견되지 않았다. 유족들이 뒤늦게야 김태수의 유고집을 발행하면서 일부 작품을 누락시킨 것은 사회의 진보에 편승하여 선택적으로 문학적 복원은 꾀한 것으로 봐도 과하지 않다.

2. 비판을 위한 비판

김태수는 단기간의 문학 활동 중에서 창작에 집중하였다. 그의 이름으로 발표된 평문의 수효가 적은 이유이다. 그가 적으나마 평론에 가담한 된 동기는 식민지 사정에 눈을 뜨면서 의식의 각성을 이루는 도정에서 찾아진다. 그는 평론에 앞서 발표한 「조선인의 생활 문제를 들어 치자의 반성을 촉함」(『신민』 제1호, 1925. 5)에서 처음으로 정치적 견해를 표명하였다. 그는 이 글에서 식민지 민중들이 동양척식회사의 계속적인 이민으로 일자리를 잃고 만주로 유량의 길을 떠나는 현실을 열거한 뒤에, 통치자 일본에게 반성을 촉구하였다. 이런 입장은 그가 동척에 상환할 돈을 갖고 서울로 올라간 경험에서 유래한 것일 테지만, 당시 남녘에서 다반사로 일어나던 농민들의 유량현상을 근거로 입론했다는 점에서 타당해 보인다. 그렇지만 아래의 인용문을 볼 양이면 금세 알 수 있다시피, 그가 전개한 논리는 망측하게도 일제의 논리를 닮고 있어서 문제이다.

하여간 목전의 사소한 이익에 급급하지 말고 대목적을 대관(大觀)해서 고 손중산(孫中山) 선생의 대이상인 아세아연맹을 기대함이 가장 양책(良策)인가 합니다. 이 대 이상, 대 목적을 목표 삼아서 나가면 저 백인의 발호를 능히 꺾어서 황인의 세계를 지을 수도 있는 것이 아닌가 합니다. 그러므로 먼저 아세아 각 민족은 극력으로 상호훼멸(毁滅)의 구 폐습을 일소하고 상호이해 상호책임의 기초를 굳게 쌓고 상호보호 상호애로써 그 결합을 굳게 하면 반드시 각 민족은 장족 진보를 해서 오인이 대 이상 대 목적 급지(及至) 동양의 영원한 평화를 건설할 줄 생각합니다. 이야말로 인류의 신현(神現) 지상의 낙원이외다.36)

손중산, 즉 김태수는 손문을 흠앙한 듯하다. 두루 알다시피, 손문은 민족, 민권, 민생의 삼민주의(三民主義)로 유명한 중국의 혁명가이자, 1911년 신해혁명의 주동자이다. 지금까지도 중국인들의 손문에 대한 경의는 차고 넘친다. 김태수는 갓 스물이 넘은 열혈청년으로서, 그의 주장을 곧이곧대로 수용하여 위 논의를 펼치고 있다. 그러다 보니 일제가 바라마지 않는 '백인의 발호를 능히 꺾어서 황인의 세계를 지을 수도 있는 것'이라고 확신한다. 그로서는 손문의 주장이 제출되기 전후의 맥락을 살펴볼 여력이 없었기에, 일제로 하여금 '목전의 사소한 이익에 급급하지 말고' 한반도에 대거 이입되는 동척 이민사업의 중지를 '치자의 반성'인 양 권고하고 있다. 그런 접근은 그로 하여금 '동양의 영원한 평화'를 건설하는 밑거름이요, 나아가 '인류의 신현'이자 '지상의 낙원'이라고 극찬하도록 이끌었다. 이러한 시국 인식은 가히 식민지 청년의 발언이라고 보기에는 걸맞지 않다.

두 달 후에 발표한 「전쟁의 영원성」(『신민』, 1925. 7)에서 김태수는 "최후에 일언하고자 함은 최근 주의(主義)의 양 극단의 쟁투가 천하에 풍운을 일으키매 도처에 무산자 해방운동, 공산주의 대 자본주의 반항

---

36) 김태수, 『황혼에 기대어』, 부안문화원, 2010, 232쪽.

투쟁, 약소민족 대 제국주의 쟁투가 맹렬히 궐기하는 것은 평화를 동경하는 자로 하여금 애오라지 비애의 염(念)을 금하지 못하게 한다"37)고 양 진영을 향해서 울분을 토하였다. 그는 '평화를 동경하는 자'라서 극단적인 주의주장에 비애감을 느낀다는 것이다. 이 주장보다 전에 그는 "양 극단에 빠지지 않고 문명 구원을 표방하는 민주주의적 공화주의가 있으나 이는 자기의 우월성을 발휘해서 자기의 발달을 도모하는 유일한 나침반 된 자에 족할 뿐이요, 민족적 국제적 분란 쟁투를 조정하고 세계적 사회문제를 해결해서 평화의 낙원을 지상에 실현함에는 아무 능력이 없으니 문명을 구원하는 자, 평화를 실현하는 자는 없다"고 단언하여 '민주주의적 공화주의'를 부정한 바 있다. 그것은 '인류는 계급적으로 국제적으로 민족적으로 영원히 쟁투할지니'라는 김태수의 진단에서 비롯된 것이다.

  비록 김태수가 이 글을 종결하면서 '오늘날 일어난 중화민국의 침략적 열강에 대한 배외운동'을 흥미롭게 주시하겠노라고 마감했다손 치더라도, 인류의 투쟁 본능을 인정하면서 평화주의자인 양 행세하는 것은 설득력이 약하다. 더욱이 조국이 외세에 강점당한 식민지로 전락한 마당에 평화를 운운하는 것은 지식청년이 취할 바른 자세가 아닐뿐더러, 그런 태도가 초래할 순응주의적 평화는 자칫 식민지 민중들이 '강요된 침묵'을 승인하는 양 그릇된 신호로 오판될 소지가 다분하다. 그러하므로 김태수는 평화를 동경하기에 앞서 일제에게 무력으로 점령된 식민지의 현실을 엄중히 파악할 필요가 있었다. 그는 기미독립만세운동 이후에 식민 현실의 파악에 노력했으나, 여전히 객관적 요구수준에는 도달하지 못하였다. 다만, 아랫글에서 당시 김태수가 고뇌하던 바의 윤

---

37) 김태수, 위의 책, 219쪽.

곽을 추측할 수 있다.

나는 요새에 이러나는 반도회적 정신 야만성의 표현이 중심되는 향토예술이나 농민예술에 큰 기대를 가지고 잇다. 그러나 실업시 서들러서 문예를 보급만 시킨다고 그 내용은 생각지 안코서 괜히 예술을 저급화만 시켜서는 안 될 것이다. 장차 이러나 올 민중의 문학은 기성사회의 모든 관념과 제도에 대하여 파괴적이오 반항적이오 창조적이오 건설적이어야 할 것이다.
그리하야 민중문학운동은 한쩨의 다만 교화나 계몽운동쑨만에 그칠 것이 아니라 한 거름 더 나아가서 민중의 영원한 생명과 행복을 위하는 문학적 독립운동이 되지 안흐면 아니 될 것이다.38)

제목「상아탑을 쩌나면서」에 착목하노라면, 위에 인용한 글이 김태수 문학의 밑그림인 줄 알 수 있다. 그것이 향토예술 혹은 농민예술인 것은 확실하다. 그렇지만 민중들에게 문학을 보급한다는 명분에 압도된 나머지, 예술의 저급화를 방치하지 말라고 그는 주장한다. 그것은 '반도회적 정신 야만성의 표현'이 중심된 '기성사회의 모든 관념과 제도에 대하여 파괴적이오 반항적이오 창조적이오 건설적'인 '민중의 문학'이다. 이러한 견해는 앞에서 살펴보았듯이, 김태수가 손문으로부터 받은 영향의 세기를 증언한다. 그는 장차 개진할 문학이 '한쩨의 다만 교화나 계몽운동쑨만에 그칠 것이 아니라 한 거름 더 나아가서 민중의 영원한 생명과 행복을 위하는 문학적 독립운동이 되지 안흐면 아니 될 것'이라고 강력히 밝혀서 자신의 계율로 삼은 것이다. 자신의 문학을 추구하기 위해서는 지금까지의 문학에 대한 성찰이 뒤따라야 한다.

지금의 우리 사회와 가튼 어지러운 과도시대에 잇서서는 예술은 그 시

---

38) 백주,「상아탑을 쩌나면서」(2),『조선일보』, 1926. 7. 10

대의 민중을 위하여 모든 무지와 편견을 타파하고 밝은 빗과 새 생명을 타파하려고 문화전선에 압잡이가 되어야 할 것이다. 민중으로 다가가라 농촌으로 도라가라 하는 말은 쎄든지도 오래지만 내가 드른지도 오래다.
　인제야 와서 새삼스럽게 중얼중얼하는 것은 소쑤르조아계급에서 낫코 크고 또 그 교육을 바든 나 자신 외에는 하지 못할 소린 줄 안다.
　나도 한째는 유미와 신비적 기분에 싸혀서 『남의 안해의 자랑』 가튼 것도 써보고 『기연』과 가튼 것도 써보앗다. 그리고 한참은 또 애상적 인도주의에 쌔저서 거의 맹목적으로 퍽은 혼자서 무엇을 차즈려고도 하엿다.
　지금 생각해 보면 이것은 엇더한 사상과 사상의 변환기에 할 수 업는 번민인 줄 안다.39)

　지금의 시대가 과도시대이므로 예술은 민중을 위하여 문화전선의 선편을 잡아야 한다는 말이다. 스스로 소부르주아 출신이라고 자백한 뒤, 김태수는 '유미와 신비적 기분에 싸혀' 있었던 과거를 비판한다. 이어서 그는 그것이 '어지러운 과도시대' 혹은 '사상의 변환기'를 통과하는 젊은 이의 번민이었다는 변명을 덧붙이고 있다. 그는 과거에 '내용은 생각지 안코'서 '유미와 신비적 기분'에 휩싸여 창작한 작품의 예를 들어 자아비판을 감행한 뒤, 앞으로는 시대 조건을 정확히 인식하고 '그 시대의 민중을 위하여 모든 무지와 편견을 타파하고 밝은 빗과 새 생명을 타파하려고 문화전선에 압잡이'가 되는 예술행위를 하기로 다짐한다. 그로부터 비롯된 논리를 적용할 대상으로 선정된 사람이 유엽이다.
　김태수의 평문들은 특이하게도 전주 출신의 유엽에게 집중되어 있다. 문단의 추이를 조금이라도 짚을 줄 아는 이라면, 유엽이 시 전문 동인지 『금성』을 주재한 시인인 줄 알고 있었다. 유엽은 와세다대학 불문과를 다니던 중 여름방학을 맞아 서울에 들어왔다가 관동대진재가 발생

---

39) 백주, 「상아탑을 써나면서」 (1), 『조선일보』, 1926. 7. 9

하자 도일을 멈추고 한용운의 천거를 받아 금강산으로 들어간 승려이 기도 하다. 그는 유학 중에 익힌 프랑스의 상징주의와 퇴폐주의 등의 예술지상주의적 성향을 시 속에 육화하였다. 그의 예술지상주의적 비평은 "카프의 계급주의문학이 주류로 행세하던 1920년대에 후대의 순수문학운동이 일어날 수 있는 논리적 근거가 되었다"40)는 점에서 비평사적 의의를 띈다. 그가 앞장서 평단을 정지한 덕분에 무주의 김환태가 '예술지상주의자'의 평문을 선보일 수 있었다.

김태수가 유엽에게 비판적 시선을 쏟게 된 것은 이로부터 유래하는 듯하다. 그가 보기에 유엽은 평단의 대세를 거스르고 반카프 성향을 노골적으로 드러내는 부르주아지이며 반동분자였다. 한창 사회주의에 전염되어 가고 있던 그로서는 유엽의 예술지상주의적 성향에 동조할 수 없었던 셈이다. 그가 「검토문―평론을 평자 유엽 씨에게 (1-3)」(『조선일보』, 1927. 6. 18-20)에서 유엽의 「평론을 평흠」을 검토하고 난 뒤, 박영희의 「문예 의식 구성과 계급문학의 진출」과 김동환의 「시조 배격 소의」에 대한 유엽의 비판을 재비판한 것을 보노라면 이런 판단이 그르지 않은 줄 알게 된다. 김태수는 유엽 정도의 인물이라야 자신이 추종하는 박영희나 김기진에게 대놓고 펴부을 수 있다는 사실을 미처 모르고 있었다.

유엽은 「평론을 평흠 (1)」(『조선일보』, 1927. 6. 13)에서 박영희가 "예술의 한계와 임무를 과장해서 예술지상주의에 이르기에 어렵지 안은 예술이론의 부정을 급성적(急性的), 맹목적 예술진출론을 극복하며 한 가지 예술의 한계를 비판적으로 저하케 해서 예술허무론을 극복해서 우리는 예술의 적당한 한계와 임무를 구명하며 분석함으로 무산계급운

---

40) 최명표, 『전북지역문학비평가론』, 신아출판사, 2023, 93쪽.

동의 의식적 체계의 일부인 예술적 임무로써 그 운동에 충당할 것"41)을 다짐하고 있다고 비난한 뒤, 이어서 "『사회의식은 그 사회의 경제적 구조로 건설한 생산관계의 총화 우에 서게 되는 것이다』는 유물사관적으로 경험으로부터 일체의 의식이 성립된다는 입장에서 예술을 논하려는 타 무산계급 평자들의 논지를 칭하여 노혼 것에 불과하다"고 힐난한 바 있다.

이에 대하여 김태수는 박영희의 평문이 "변혁기에 잇는 세계 정국 미테서 바야흐로 무산계급문학이 무산계급운동전선에 한 분야가 되려고 하는 조선에 잇서 일반 문예의식의 구성 과정과 자연생장적에서 목적의식적으로의 계급문학 진출의 질적 전개의 필연성을 사적(史的)으로 쓰려는" 것이라고 옹호하면서 다음과 같이 유엽을 공박하였다. 그의 견해는 전형적으로 방향전환론에 편승한 것이다. 특히 그가 박영희의 논지를 적극적으로 취하는 대신, 그에 반대하는 논자들에 맞선 형국이야말로 당시의 논쟁을 판박이하고 있다. 그러므로 김태수의 논리는 독자적인 것이라고 보기 힘들다. 또 이런 모습은 그가 서울에서 벌어지고 있는 논전의 추이를 객관적으로 파악하지 못하고 집필한 줄 노정시킨다. 그는 방향전환 논쟁에서 벌어진 김기진의 위장 철수가 운동권의 세력다툼을 반영한 것인지 모른 채, 유엽을 공격하고 있다. 이 사실을 김태수가 알아차렸다면, 판세가 기울어진 방향전환론의 운동장에서 유엽에게 공격을 퍼붓느라고 헛심을 쓰지 않았을 터이다.

> 씨는 예술론을 말하면서 경제는 무슨 턱업는 소리냐고 비우섯지만 나는 돌이어 씨와는 정반대로 경제와 예술의 관계를 지금도 더 연구하려고

---

41) 박영희, 「문예 의식 구성과 계급문학의 진출」, 『조선지광』, 1927. 6-7; 이동희·노상래 편, 『박영희전집』 Ⅲ, 영남대출판부, 1997, 264쪽.

하고 그 논문에 잇서서도 그리하얏다. 웨 그러냐 하면 정치나 법률학의 연구에 잇서서 우리는 엇더한 사상과 그 실지 적용을 경제적 제 현상에까지 소급하는 것과 마찬가지로 예술에 잇서서도 우리는 경제적 기초와 그 우에 열리는 상부 건축인 예술과의 관계를 잇지 못하기 째문이다. 그것은 이즈려야 이처지지 안는 일이기 째문이다. 그래서 나는 씨의 말과 가티 박 군의 논문이 과연 『유물사관을 토대로 한 예술론』인 것을 돌오혀 깃버하고 잘 읽엇다. 그리고 나는 지금도 밋는다. 우리의 연구 방법은 유물사관 그것이라야 한다고. 씨와 가튼 쓰르조아 대변자들이 그리 푸덥지 안흔 생명을 위해서나 지위를 위해서나 그 논문을 엇지면 경제와 예술로 쌕짜개 가지고서 예술론이라고 하기에는 넘우 피상적이오 경제론이라고 하기에는 넘우도 황잡한 논문이라고 하는지 그 얄미운 심정을 그들 자신을 위해서라도 반성하라고 권하고 십다.

계속하여 유엽은 「평론을 평홈 (2)」(『조선일보』, 1927. 6. 14)에서 김기진의 「제6회 선전 작품 인상기」를 조목조목 반박하였다. 김기진은 선전에 출품한 미술작품을 관람하고 난 뒤에 "나는 나와 같은 관중을 대표하여 회화의 또는 조각의 그 내용적 가치를 분석하여 이것을 폭로"[42] 하는 데 목적이 있다고 공언하였는 바, 출품작의 평가 기준을 '내용적 가치'에 중점을 두었다. 스스로 '나와 같은 관중을 대표'한다고 전제했으나, 예술의 형식을 도외시하고 내용에 초점을 맞추어 주관성을 표나게 드러냈다. 이에 대하여 유엽은 '예술적 활동은 아모런 선악판단, 즉 이해(利害) 판단 업는 순수 직각적(直覺的) 활동'임에도 불구하고, 미술작품에 대해 계급론적 관점에서 시비를 거론하는 태도는 용납할 수 없다고 강력히 비판하였다. 유엽의 주장은 일본에서 유학하던 시절부터 갖게 된 지론으로, 훗날까지 지속되어 식민지 평단에 예술주의 비평이 뿌리내리는 튼튼한 지반이 되어주었다.

---

42) 김기진, 「제6회 선전 작품 인상기」, 『조선지광』, 1927. 6: 홍정선 편, 『김팔봉문학전집』 Ⅳ, 문학과지성사, 1989, 434쪽.

계급문학에 대한 유엽의 비판은 「유물사관적 문예론의 근본적 모순 (1-3)」(『조선일보』, 1927. 6. 21-23)에서도 계속되었다. 그는 봉건제 사회에서 자본주의의 난숙기를 거쳐 사회주의로 진입한다는 이른바 '자연생장설'을 부인하고, 상부구조로서의 예술이 하부구조에 따라 동요하는 결정론도 부정하였다. 그에게 인류의 노동 본능은 생존욕의 발로요, 생산물의 균등 분배는 도덕률의 근본적 실현일 따름이었다. 그러므로 작금의 인간은 각성하기 전단계에 처해 있을 뿐이며, 절대적 진리를 발견치 못하고 미로에서 방황하는 상태에 불과하다. 그러나 인간은 절대적 실재로서의 진리를 발견하기 위해 노력하는 존재이다. 따라서 절대적 진리를 실현한 사회야말로 인류의 이상향이라고 생각하는 유엽으로서는 '맑쓰의 기계적 인생관과 자연생장설과 결정적 숙명론'에 결코 동의할 수 없었다.

> 예술은 그 대상으로 미를 의식할 때에는 의식적으로 감식하는 것이 아니라, 무아몽중(無我夢中)에서 도취적 상태로 무의식하게 목적의식을 전연 망각하고 직감하는 것이다. 이 외에는 진이오, 선이오, 절대적인 미를 감식할 길이 업다. 이상의 태도로서 감식한 예술이야말로 완전한 예술이오, 이러한 예술인이야말로 제이의적으로 생을 위한 공리적으로도 가치를 가지게 되는 것이다. 선전 포스타는 미술이 아니오, 군대 나팔소리는 음악이 아니오, 선전서와 격문은 문학이 아니다. 예술의 본질적 가치는 시대적 계급의식을 써나서 절대한 진리를 표현한 것이라야만 진실된 예술이다. 이러한 의미로서 예술은 선구적이오, 예언적이오, 영구적이라는 말이 의미가 잇는 것이오, 공리적으로도 실제적 가치가 잇게 된다.43)

인용한 유엽의 의견은 "시인은 우주를 자기의 주관으로 관찰하야 정

---

43) 유엽, 「유물사관적 문예론의 근본적 모순」 (3), 『조선일보』, 1927. 6. 23; 최명표 편, 『유엽문학전집』 I, 신아출판사, 2011, 119-120쪽.

화를 식혀 다시금 情의 지배하에 한 짠세상을 창조하는 위대한 인간일 것"(「시와 만유—시를 쓰려는 벗님들에게」)이라는 종래의 발언을 반복하여 강조한 것이다. 그의 말하고자 하는 바는 '선전 포스타는 미술이 아니오, 군대 나팔소리는 음악이 아니오, 선전서와 격문은 문학이 아니다'에 집약되어 있다. 일체의 선전선동을 예술의 범주에서 제외하는 유엽의 태도에서 '내용적 가치' 운운하는 계급주의자들의 예술관이 파고들 자리가 없는 줄 절로 깨닫게 된다. 유엽의 예술론은 '무아몽중'에 기반하고 있거니와, 예술적 황홀경을 지향하는 논리야말로 '생을 위한 공리적으로도 가치를 가지게 되는 것'이라고 귀결된다. 예술의 공리적 측면을 두고 그는 계급주의 예술론자들과 대척적 관점에 선 것이다.

이 글이 발표되자 김태수는 「'유물사관적 문예론의 근본적 모순'을 읽고—정신주의의 망론을 박함 (1-5)」(『조선일보』, 1927. 6. 27-31)에서 유엽의 주장을 신랄하게 비판하였다. 그는 유엽의 유물사관에 관한 오해를 시정한다는 명분으로 그것의 개요를 4회에 걸쳐 장문으로 소개하고 있다. 이 평문이 비평의 본질적 국면에 치중하지 못한 것으로 보건대, 그가 유엽과의 토론을 의도한 것으로 보기 어렵다. 김태수는 '예술은 그 대상으로 미를 감식할 때에는 의식적으로 감식하는 것이 아니라 무아몽중에서 도취적 상태를 무의식하게 목적의식을 전연 망각하고 직감하는 것이다'는 유엽의 주장을 지목하여 예거한 뒤, 그것을 가리켜서 "얼마나 달콤하고 무서운 도취적 선전예술이냐"고 힐난한다. 그는 유엽의 '무아몽중'이 함의한 바를 왜곡하고, 카프의 논리를 차용하여 그것을 공격한 셈이다.

> 초계급은 조흔 말이다. 이것보다도 무계급은 아주 조흔 말이다. 사실 말하자면 현금의 격렬한 ××운동은 장래의 이 무계급의 아름다운 날을 위

하는 것이다. 그러나 그것은 말만(정신주의자와 가티)으로 되는 것은 아니다. 사회 진화의 필연법칙에 의하야 프로레타리아가 정권을 쥐고 빼앗겻든 생산기관을 공유(公有)로 변경시키고 모순을 해결하고 예정의 사회적 생산이 그 뒤로부터서 가능한 때에야 인간은 비롯오 자기의 사회 조직의 주인이 되고 또 자기자신의 주인이 되어 자유의 사람이 될 수 잇슬 것이다.

이 날을 하루라도 밧비 이 지구 우에 오게 하는 것이 소위 전위분자의 임무이다. 딸아서 조선이나 세계를 물론하고 양대 계급이 정면의 선전을 하고 잇는 때에 잇서서는 예술은 의식투쟁의 한 무기가 되어 자기 계급 성원의 전투의식을 고취시키고 첨예화시키고 혹은 적대계급(푸로 계급)의 성원을 자기 계급의 의식 미테 결성시키기도 하고 나어가서는 적대계급에 대하여 적극적 파괴작용을 하는 것이 푸로 예술이고 푸로 예술가의 임무이다.44)

윗글을 보노라면 김태수의 논각이 벗어난 줄 금세 알 수 있다. 유엽은 일관되게 예술론을 개진하는데 비해, 그는 유엽의 글에 대한 반론으로 제출하면서 정작 '현금의 격렬한 ××운동'이 결과할 '무계급' 사회를 거론하고 있다. 그 사회를 이루기 위하여 '적대 계급에 대하여 적극적 파괴작용을 하는 것이 푸로예술이고, 푸로예술가의 임무'라는 것이다. 따라서 김태수는 생산기관의 사유화를 부정하는 것이야말로 사회적 모순을 해결하고, 프롤레타리아가 사회의 주인이 되는 첩경이라고 받아들인다. 그가 예술의 도구화를 공공연히 부르짖자, 예술은 계급투쟁의 효과적인 무기가 되고 만다. 이런 측면에서 김태수의 평론은 프롤레타리아 사회의 달성을 위한 '의식투쟁의 한 무기'에 지나지 않았다.

양인 간의 논쟁은 계급문학론자와 예술지상주의자 간의 충돌 양상을 띠었으나, 유엽의 무반응으로 인하여 "뒤에 기회가 잇는 대로 나는 이 문제에 대하여서 또 쓰겟다"던 김태수의 약속은 지켜지지 못했다. 더

---

44) 김태수, 「'유물사관적 문예론의 근본적 모순'을 읽고—정신주의의 망론을 박함」 (5), 『조선일보』, 1927. 6. 31

이상 진척되지 않은 논쟁을 통해서 분명히 알 수 있는 것은 김태수가 유엽을 당시 문단에서 격파되어야 할 수구세력으로 설정하였으나, 유엽은 이분법적 대립 구도를 벗어나 형이상학적 차원에 진입하고 있었다는 사실이다. 김태수로서는 당초부터 상대가 되지 못한 인물에게 시비를 걸었다가 혼자 지치고 만 셈이 되고 말았다. 실제로 유엽은 당시 문단에서 알아주는 시인이고 잡지 편집자였으며 외국문학 전공자이다.

앞서 살펴본 바와 같이, 유엽은 "유물론적 인생관과 사적 유물론은 철학적 사색을 시작하려는 최초의 단계이다"[45]고 인식하고 있어서 유물론이나 유물사관을 견지하는 논객들과 상거를 갖고 있던 참이었다. 유엽은 무명한 김태수의 날선 공격에 반응할 정도로 무모하지 않았다. 더욱이 와세다대학에서 프랑스의 상징주의 세례를 입은 마당에, 유엽이 계급론자들과의 싸움에 말려들어 필력을 쇠진할 이유도 없었을 뿐더러, 이미 출가자의 신분으로 불교 공부가 상당한 경지에 다다랐던 학승으로서 동일집단을 적대시하는 카프측의 분파적 논리에 대꾸할 필요를 느끼지 못하였으리라. 유엽은 『금성』을 주재할 때부터 한번도 '무아몽중의 시학'을 포기하지 않았다. 그만치 그의 문학적 신념은 공고했다. 김태수에게 '민중의 문학'은 단기간에 그친 공산주의자의 투쟁 여행이었으나, 유엽의 문학활동은 필생에 걸친 예술활동이었다.

III. 결론

김태수는 소위 전향작가이다. 그는 전라북도 출신의 작가들이 보여준

---

45) 유엽, 「나의 생활」, 『신민』, 1927. 6; 최명표 편, 『유엽문학전집』 IV, 22쪽.

경로를 이탈하여 작가로 활약하다가 운동가가 되고, 나중에는 청년기의 언행을 마다하고 사업가로 변신하였다. 한때 계급주의 예술론에 경도되었고, 낙향해서는 공산주의자로 행세했던 그의 몸가짐은 한국 현대사의 굴곡진 단면을 증언하기에 부족하지 않다. 그가 부안에서 벌였던 사상 운동의 혐의로 일경에게 붙들리고 난 뒤 훼절한 것은 부정할 수 없는 사실이다. 설사 그가 일제에게 협력한 것이 공식적으로 노출되지는 않았을지라도, 문학과 상거를 띤 사업에 종사하다 보면 당국의 방침에 협조할 수밖에 없었으리라는 합리적 의심까지 상쇄하지는 못한다. 김태수는 운수업을 포함하여 여러 사업을 벌이느라고 문학 대열에서 이탈하였다. 그의 선택이 불가피했을지언정, 남겨 놓은 평문들은 전북 지역 문예비평사의 흐름을 알아보기에 유용하다. 곧, 편수의 다소에 상관없이 전북 지역의 평단이 윤택해질 수 있도록 이바지한 그의 활약상까지 무시해서는 안 된다.

  김태수의 평론은 소위 방향전환기에 발표되었다. 그의 2편은 전주 출신의 유엽에게 집중되었다. 그가 유엽에게 반감을 갖게 된 동기는 전적으로 계급주의자로서의 신념에서 우러난 것이다. 유엽은 일본에서 공부하는 중에 상징주의를 비롯한 유럽의 문예사조를 적극적으로 수용한 예술지상주의자였다. 그는 돌아와서 1923년 『금성』을 주재하면서 '무아몽중'의 예술론을 개진하는 한편, 시작품에 배운 바를 실천하느라 공을 들였다. 그에 대하여 김태수는 계급주의 시각에서 비판하는 견해를 내놓았지만, 명성이나 논리나 역부족이었다. 김태수의 평문은 상당량이 공산주의 서적에서 발췌한 내용으로 채워졌고, 그 무렵의 평단에서 유행하던 계급주의 평론가들의 궤적을 좇아 본질에서 비켜난 의견이 주를 이루었다. 이런 모습은 그의 잘못이기도 하나, 그보다는 평단을 주도하던 선배 비평가들의 그릇된 수범이 영향한 것이라고 봐도 그르지 않다.

결론적으로 그는 예술을 계급투쟁의 수단으로 인식한 '전위분자의 임무' 와 '푸로 예술가의 임무'에 충실하다가 평필을 거두고 말았다. 그 뒤로 김태수는 가산을 증식하는 일에 골몰하다가 해방을 맞았다. 해방 후에 도 그는 지역사회의 유지로 살아가는 편을 택하고 문단과 거리를 두었 다. 그것은 그의 자의에 의한 것이었을 테지만, 전북문학사적으로는 문 학적 역량을 잇지 못하여 아쉬운 게 사실이다.(『한국지역문학연구』 제 16집, 한국지역문학회, 2020. 5)

앎과 삶의 일치를 지향한 지식인
—김아론

1. 서론

　김아(金鵶)는 1911년 부안읍내 동중리에서 태어났다. 그의 본명은 김태종(金泰鍾)이다. 그가 자신의 정원을 '탄금재(彈琴齋)'라 이름한 것만 봐도, 지주계급 출신인 줄 바로 알 수 있다. 그러나 그는 부르주아로서 편안하게 살 수 있는 환경을 마다하고 자산을 무산계급에게 나눠주면서 고생길로 접어들었다. 그의 순정이 향한 곳은 못 살고 핍박받는 무리들이었으므로, 앞길이 순탄치 않고 처자식이 고생했을 것이라고 누구나 예상할 수 있다. 그로서는 자의에 의한 주체적 선택이었으나, 뒷감당은 언제나 가족들의 차지였다. 그는 슬하에 세 자녀(惠媛, 星, 璇)를 두었다. 눈에 넣어도 안 아픈 셋을 뒤로 한 채 그는 산사람이 되었다. 대일항쟁기를 거쳐 해방기와 전쟁기에 이르기까지, 한국사에서 가장 이념적으로 혼란한 시기를 살았던 김아로 인하여 가족들은 예기치 않은 불행을 겪게 된 것이다.

김아는 대일항쟁기부터 민족해방전선에 뛰어든 것처럼 운위된다. 그러나 문자로 확인되는 그의 행적은 적게 드러나서 당혹스럽다. 그는 일제 말기에 해당하는 1940년 『매일신보』 부안지국 총무1)와 지국장2) 등을 지냈다. 그 외에 그가 참여했을 법한 부안 지역의 청년단체나 노동자 농민단체 그리고 소년단체 등에서 성명을 찾아보기 힘들다. 그렇다고 김아의 성향이 향리에서 '탄금'하며 살지는 않았을 텐데, 신문잡지에서 이름자를 찾아볼 수 없으니 난감한 줄 부인하기 힘들다. 그런 찰나에 다소 엉뚱한 곳에서 그의 글을 발견하여 궁금증이 풀어지고, 동시에 부안에서 벌어졌던 운동의 갈래가 하나 추가되었다.

김아가 부안에서 에스페란토운동을 벌이고 있었던 것이다.3) 그는 한 일간지에 "에스페란토 연구가 중 고등문법에 정통한 이로 에스어 연구상 의견교환을 하고자 하는 이가 계시면 서신으로 통지하야 주시요. 조선문학의 에스역(譯) 가튼 것도 뜻하오니 의견교환을 할 이는 통지하야 주시요."4)라는 의견을 표하였다. 그가 '에스페란토 연구가 중 고등문법에 정통한 이'와 교류하기를 희망하고, 문학작품을 에스페란토로 번역하는 것까지 계획했던 것으로 봐서 에스페란토에 상당한 관심을 지녔던 줄 짐작할 수 있다. 부안의 부잣집에서 태어나 일본에서 경제학을 학습한 그였으므로, 에스페란토를 익혔다면 체일 중이었을 법하다. 박헌영이 고창 태생의 백남규 등과 조선에스페란토협회의 출범에 가담한 사실에서 알 수 있듯이, 식민지의 사회주의자들 사이에서 에스페란토는 연락수단으로 학습되고 있었다. 전라북도에서는 전주, 이리, 정읍 등지의 운

---

1) 『매일신보』, 1940. 1. 8
2) 『매일신보』, 1941. 2. 19
3) 최명표, 「전북에스페란토운동사」, 『한국지역문학연구』 제22집, 한국지역문학회, 2023. 5, 52-123쪽.
4) 『조선일보』, 1936. 2. 8

동가들이 서울에서 강사를 초빙하여 에스페란토 강좌를 개설하기도 하였다.

이런 상황에서 김아가 성명을 공개하며 지상에 질문한 것이다. 김아의 의사가 게시된 기사는 부안에서 일군의 청년들이 에스페란토어를 학습하고 있었다는 확실한 증거라고 볼 수 있다. 이 기사는 신석정의 "우리 고을에는 사백을 중심으로 '야인사'라는 문학 서클이 있었는데, 일본에서 새로운 사조의 세례를 받은 청년들로 매월 원고로 회람하는 작품 활동과 아울러 독일어 공부도 하게 되었다"5)는 회고담과 겹쳐진다. 이로서 부안의 유식 청년들이 문학과 사상의 단련을 명분으로 수상한 모임을 계속하고 있었던 게 분명해졌다. 따라서 부안의 에스페란토 운동에 관한 심층적 탐구가 단행되어 전북에스페란토운동사의 기술에 삽입될 자료의 제출이 요청된다.

세상사람들은 김아를 신석정의 제2시집 『슬픈 牧歌』(낭주문화사, 1947)에 "이제 석정의 가슴에는 다시 푸른 꿈이 깃드리기 시작하였고, 그에게는 푸른 산, 흰 구름만이 그의 시가 아니요, 조선의, 세계의 인민도 또한 그의 시가 될 수 있으리라는 것을 믿는 나의 심사는 과연 한낱 부질없는 꿈일 것인가?"라는 「서문」을 쓴 인물로 기억한다. 신석정은 시 「산에서 온 사나히―김아에게」를 헌정할 정도로 김아에게 매료되어 있었다. 그러나 그는 훗날 이 시집을 재판하면서 김아의 실명을 'K'로 바꾸어 「작은 짐승이 되어―K에게」라고 시제를 고쳤다. 신석정은 대지사에서 중판한 시집에서는 김아의 「서문」마저 삭제해버렸다. 이것은 신석정이 해방기부터 전쟁기까지 수상했던 자신의 행적에 대한 세간의 호기심을 차단하여 보신하려는 의도에서 우러난 것이다.

---

5) 신석정, 「나의 문학적 자서전」, 『난초잎에 별이 내릴 때』, 예전사, 1984, 179쪽.

신석정으로서는 김아와의 관계가 탄로나서 입을 손해가 두려웠을 테지만, 그 통에 김아는 강제로 이름을 감춰야 했다. 더욱이 신석정의 문명이 떨쳐질수록 김아는 실명이 은폐된 채 'K'로 불리게 되었다. 신석정이 김아를 따라 산사람이 되었던 사실은 이미 밝혀졌다.6) 이 사실만으로도 두 사람 사이의 친분이 여간 아닌 줄 쉬 짐작할 수 있다. 그런데 시중에서는 김아에 관한 논의가 막혀 있고, 시 연구자들의 신석정론에서는 위 사실이 거론되지 않고 있다. 전쟁기 김아의 행보는 그 동안 유자녀들의 침묵 속에서 잘 알려지지 않다가, 아래에 따다 놓은 글에서 최후가 전해졌다. 유족들의 처지에서는 사방의 눈초리를 의식하며 살 수밖에 없었던 터라 부친에 관하여 입을 다문 채 신고의 세월을 보냈을 것이다. 그 무렵에는 김아네 집뿐 아니라 다른 집에서도 다 그렇게 살았다. 아래의 회고담을 통해서 유자녀들이 부친의 마지막 발자취라도 찾으려고 눈물바람으로 덕유산행한 사연이 밝혀졌다.

"저 산에 6지대 문화부 지대장으로 일부 병력을 통솔하고 내려와 충남북 일대에서 유격전을 전개했던 김태종 동지가 묻혀 있습니다. 2,000년 여름에 6지대 부대장 함세환 동지, 신인영 동지, 나, 태종 동지의 딸 김혜원님이 이곳에 와서 김태종 동지의 묘를 찾으려고 헤맸으나 끝내 못 찾고 말았습니다. 함세환 동지는 세 사람이 태종 동지의 시신을 묻었는데 모포로 여러 겹을 싸고 병에 고향과 이름, 나이, 직책, 사망날짜를 적어서 초로 밀봉하여 깊이 매장했답니다. 두 동무는 전사하고 자신만 살아남았는데 자기 외에 아는 사람이 없는 것을 몹시도 안타까워했어요. 혜원 님은 저 산 흙 한 웅큼을 가지고 가서 선산에 아버지 묘를 쓰고 비석도 세워놓

---

6) "본명이 전재보인 白初는 이웃 서천 출신으로 6·25 혼란기 산에서 탈진한 신석정을 업고 내려옵니다. 그런 인연으로 1956년 신석정에 의해 「청」, 「과수원」, 「완충지대」 등이 『자유문학』에 추천되어 일찍이 한국 문단에 얼굴을 내밉니다. 이 일화는 신석정의 문학과 인간을 검증하는 데 큰 지표가 될 수도 있습니다." (최영, 『군산문학의 원류를 찾아서』, 솔디자인, 2009, 71-72쪽)

았데요. 가본 적이 있습니다. 김태종 동지는 전쟁 전에 부안군당 비서도 했구요. 인민군이 서울을 해방시키자 바로 80여명의 젊은 일꾼들을 규합하여 전북유격대를 조직하여 전선을 뚫고 남진했습니다. 2차로 내가 7월 7일에 서울을 떠났으니까 1차는 7월 초가 분명합니다. 거기까지는 내가 아네요. 뒤에 함세환 동지로부터 들은 바에 의하면 김태종 동지가 지휘한 유격대는 전북을 거쳐서 낙동강 전선에 나갔답니다. 전선을 뚫고 적 후방까지 드나들면서 유격전을 수행했고요. 9·28 후퇴시에 북상 강원도까지 갔다가 6지대에 편입되었답니다. 6지대는 세 부대로 나뉘어져 지대장, 문화부 지대장, 참모장이 각기 1개 부대씩 책임지고 남하했는데 유일하게 문화부지대장 김태종 동지가 인솔한 부대만 전선을 돌파하여 덕유산에 왔으며 충남북 일대에서 유격전을 전개했답니다. 수많은 전투와 전공을 올렸다고 들었습니다. 김태종 동지는 위에서 언급한 바와 같이 1953년 여름 어느 날 요 밑에 골짜기를 걸어가다가 대낮에 적의 매복에 걸려서 희생되었데요. 그때는 우리 루트를 꿰뚫고 있는 변절자들이 3, 4명씩 숲속에 매복하고 있다가 기습해서 동지들에게 큰 타격을 주었답니다. 그놈들에게 당한 것이지요."7)

위 인용문은 현단계에서 구할 수 있는 김아의 최종 행적에 대한 유일한 증언이다. 그는 태백산맥을 오르내리다가 덕유산 백련사 골짜기에서 토벌대에게 사살되었다. 무리를 이끌 정도로 그는 통솔력을 갖추었다. 그가 '문화부지대장'이라는 직책을 맡은 걸로 미루건대, 완주 출신의 시인 유진오가 맡았던 문화공작의 소임을 수행한 듯하다. 이 직책은 '문화'에 관하여 앎이 있는 인물이 맡았을 것인데, 그가 유학파였던 사실이 임명으로 이어졌을 테다. 이상의 인용문이 현단계에서 구할 수 있는 김아의 최후이다. 서술자도 부안 출신이라서 김아나 신인영에 관해 익히 알았을 것이고, 대원들의 존경을 받았던 김아가 숨을 멈추기까지의 과정을 활자화하면서 경외심을 감추지 않고 있다. 그의 후술담에 힘입

---

7) 임방규, 『임방규의 빨치산 전적지 답사기』, 백산서당, 2019, 244-245쪽.

어 김아가 '전쟁 전에 부안군당 비서'를 한 사실과 인민군이 서울을 점령하자 '80여명의 젊은 일꾼들을 규합하여 전북유격대를 조직'한 사실이 알려졌다. 두 가지 점으로 보면, 김아가 해방기부터 전쟁기까지 만만치 않은 역할을 맡은 줄 확인할 수 있다.

2. 식민지 경제론에 대한 신랄한 비판

생전에 김아가 발표한 글 중에서 현재 수습 가능한 편수는 2종 3편이다. 1종은 논설로, 식민지 시절에 발표한 「經濟論野遊擊記―經濟 理論 數三 篇에 對한 散彈的 批判 및 排擊」(『비판』, 1931. 9-10)와 「맑쓰主義 恐慌論」(『비판』, 1931. 12)이다. 다른 1종은 수필로, 1946년 2월 해방 후 전국에서 최초로 나온 소년지 『파랑새』 창간호에 발표한 「惠媛이와 星아에게 보내는 글」이다. 비록 세 편에 불과하나, 김아의 편모를 가늠하기에는 모자라지 않다. 더욱이 제목을 보면 알 수 있듯이, 전혀 이질적인 글을 통해서 그는 식민지의 경제적 모순에 대한 고뇌와 식민지기가 끝난 해방 조국에서 자녀들이 맘껏 자라기를 바라는 아비의 소원을 드러내고 있다. 두 편은 시기를 격하여 발표되었지만 맥락상 연결되어 있었던 셈이다.

김태종의 「경제론야유격기」는 '경제 이론 수삼 편에 대한 산탄적 비판 및 배격'이라는 부제처럼, 여러 편에 대한 '산탄적' 비판을 주조로 삼고 있다. 이 글은 서론격에 해당하는 '一. 宣言'에 이어 '二.「世界 恐惶의 原因」―徐椿 氏 稿: 小쑤르的 經濟理論을 排擊함', '三. 『朝鮮 經濟의 矛盾性』―裵成龍 氏 稿: 若干의 文句를 排擊함', '四. 『景氣는 어느 째

恢復될가』—辛一星 氏 稿', '五.『朝鮮 經濟界의 復興策』—李仁 氏 稿: 그 觀念論的 理論을 排擊함'으로 짜여졌다. 각 항에 단 제목에서 확인 가능하듯이, 그는 공격적 의사를 감추지 않는다. 마치 '유격'전이라도 벌이려는 듯, 김아는 당대의 유명한 논객들을 향해서 도발적 언사를 감행한 것이다. 그가 공격 대상으로 삼은 논설들은 1931년 5월 간행된 『비판』 창간호에 실려 있다. 이 잡지는 사회주의 성향을 선명히 내세운 정치, 경제, 사회와 문예기사를 실었다.8) 『비판』은 1925년 창당시 조선공산당 간부로 있다가 이듬해 조선공산당 사건으로 징역살이를 마치고 나온 송봉우(宋奉瑀)가 창간한 잡지이다. 김아가 이 잡지를 구독하고 글을 발표하고 있었다는 점은 사상적 경향을 추정할 만한 단서인 동시에, 앞에서 신석정이 추억한 야인사에서 차지한 위상과 함께 그 모임의 성향을 단정할 만한 자료이기도 하다. 논의의 편의를 도모할 요량으로 『비판』 창간호의 목록을 제시한다.

「比律賓은 獨立되는가」(金章煥), 「英印 平和協定의 意義」(咸尙勳), 「指南指北한 蔣介石과 胡漢民」(朱耀翰), 「批判의 批判」(尹基), 「植民地 設定의 理論과 實際」(李如星), 「勞働階級의 날, 五·一 追憶」(朴日馨), 「五月과 데몬스트레이슌의 行進」(洪曉民), 「나의 메데 初入門」(南銕子), 「新幹會 解消論」(鄭東鎬), 「解消 反對者의 處地에서」(安在鴻), 「社會組織과 新聞」(엠·에치學人), 「世界恐慌의 原因」(徐椿), 「朝鮮 經濟의 矛盾相」(裵成龍), 「景氣는 어느 때 恢復될가」(辛一星), 「朝鮮 經濟의 復興策」(李仁), 「大韓協會로부터 勞農運動에 이르기까지」(徐廷禧), 「三總 創立時代」(鄭雲永), 「夜人隊의 活動과 愛犬 나팔류」(宋奉瑀), 「女性으로서 보는 世界觀」(丁七星), 「現段階 女性運動을 如是我觀」(金貞媛), 「判例를 通해 본 保安法과 制令 第七號」(金世政), 「노벨平和賞을 밧은 蘇聯 도부이노프」(吉祥學人), 「레닌과 藝術」(金八峯), 「룸펜의 人生觀」(心耕學人), 「妓生의 人生觀」(朴玉花), 「辨證

---

8) 최덕교 편, 『한국잡지백년』 (2), 현암사, 2005, 358-363쪽.

法的唯物論 講話 (一)」(朴日馨),「火葬場」(火夫),「에로·그로의 私的 考察」(錦農生),「崔麟論」(奇石駒),「時代隨筆」(李亮),「自由詩 二篇(生覺, 겨울 갓튼 봄)」(春溪),「追憶」(宇孤影)

위 논제를 주목해 보면, 당시 우리 지식인들의 관심사가 어떤 것이었는지를 짐작할 수 있다. 또 필자로 참가한 서춘, 배성룡, 이여성, 함상훈, 안재홍, 신일성, 이인, 김팔봉, 박일형 등의 면면을 통해서 잡지의 권위가 든든해졌다. 김아는 이들을 표적삼아 '산탄'을 퍼부은 것이다. 산탄의 뜻대로, 그는 필자 중 특정인사에게 시비를 건 게 아니라 여러 명을 향해서 공격적 논조로 저격했다. 그는 '선언'에서 1914년-1918년에 세계 자본주의 국가의 식민지 재분할 전쟁 이후 세계 각국의 경제는 자본주의 국가 외에 공황 상태에 접어들었다고 진단한다. 이러한 중차대한 세계 정세 속에서 『비판』은 정확한 경제이론에 입각하여 현실을 분석하고 이해케 해줘야 할 것임에도 불구하고, 필자들이 '민중의 의식을 미혹케 하고 (의식적이거나 무의식적이거나) 부르조아의 대변 노릇'을 하기에, 김아는 '그네 논문을 체계잇게 비판한다느니보다도 산탄적으로 여긔저긔에 다니면서 지적 비판'하려고 붓을 들었단다.

본론 '이.「세계 공황의 원인」—서춘 씨 고: 소쑤르적 경제이론을 배격함'은 서춘의「세계 공황의 원인」에 대한 김아의 비판이다. 서춘(五峰 徐椿, 1894~1944)은 평북 정주 출생으로, 1919년「2·8독립선언서」에 서명하여 감옥에 다녀와서 교토제국대학 경제학부를 졸업한 재원이다. 그는『동아일보』경제부장을 역임하면서 경제 논객으로 필명을 날리고 있었다. 김아는 논단에서 이름값을 드높인 서춘을 상대로 논전을 감행한 것이다. 그는 서춘이 제목과 달리, 공황의 원인을 논하지 않은 채 현상을 피상적으로 나열하는 데 그쳤다고 힐난한 뒤, 서춘이 "노동운동이 노동이란 상품의 가격이란 것은 맑스가 이미 말한 것이다"는 대목을 지적하였다. 김아는 맑스가 『자본론』에서 '노동운동'이란 문구를 쓰지 않고 '노동력'이란 표현을 사용하였다고 지적하며 서춘의 인식이 잘못 되었다고 비판한다. 이처럼 김아는 용어 하나에 목메는 듯한 쇄말적 태도를 견지하면서 학문적 염결성을 노출하고 있다.

김아는 '삼. 『조선 경제의 모순성』—배성룡 씨 고: 약간의 문구를 배격함'에 대해서는 별로 반박할 거리를 찾을 수 없다고 호평한다. 배성룡(별뫼 裵成龍, 1896~1964)은 경북 성주 출신으로, 니혼대학 전문부 사회과를 졸업하였다. 학업을 마친 뒤, 그는 『조선일보』 기자로 재직하다가 퇴사한 뒤, 1924년 화요회에 입회하고 1926년에는 조선공산당에 입당하여 탁필을 휘두른 자타 공인의 논객이다. 그가 『조선경제론』(문화사, 1926), 『조선경제의 현재와 장래』(한성도서주식회사, 1933) 등의 저서를 남긴 것만 봐도 경제적 식견이 대단한 줄 알 수 있다.9) 김아는 배성룡의 논리를 대부분 승인하면서도 아래 부분에 산탄을 가하였다.

> 『조선 경제의 추이는 이를 발전이라 할까 혹은 退縮이라 할까? 보는 사람의 견해를 따라서 달은 것이다. 其實은 일반적 산업 부문에 관하야 세상에 나타나는 數字는 어느 째나 약진적으로 느러가는 것을 볼 수 잇스니 그를 準信한다면 조선의 산업적 발전을 말할 수 잇슬 것이다. 그러나 他便으로 일반 농가의 廢敗는 곳 조선인 전체의 廢敗이다.』10)

이에 대하여 김아는 이 관찰을 공박하는 게 아니라 관찰의 근거를 민중에게 둔 점을 반대하였다. 그는 식민지에 "토착뿌루조아지의 세력

---

9) 김기승, 『한국 근현대 사회사상사 연구—배성룡의 진보적 민족주의론』, 신서원, 1994.
10) 김아, 「경제론야유격기」, 『비판』, 1931. 10, 56쪽.

이 미미하고 무력하다 할지라도 쌔루조아지는 존재하며 쏘 거대한 자본의 밋테서 헐덕인다고 하나 그래도 성장하고 잇다"고 보아 같은 민중들이라 할지라도 이해가 상반한 양 계급이 엄연히 존재하지 않느냐고 묻는다. 그러므로 배성룡처럼 민중 '전체'의 폐패라고 진단할 게 아니라, '푸로레타리아'의 폐패라고 봐야 옳지 않느냐는 것이다. 그는 동일한 맥락에서 "결국 조선의 산업발전은 될 수 잇서도 조선인의 산업 발전은 되지 못한다"는 배성룡의 의견을 배격하였다.

김아는 '사.『경기는 어느 째 회복될가』—신일성 씨 고'에 대하여 '『비판』창간호에 실린 사편 중 이 일편만은 나는 일개의 산탄을 보내고 십지 안타"고 고평하였다. 그러나 '오.『조선 경제계의 부흥책』—이인 씨 고'에 대해서 김아는 법학을 전공한 이인이 굳이 경제 분야에 언급한 것부터 잘못 되었다고 '산탄'한다. 다 알다시피 이인(愛山 李仁, 1896~1979)은 경북 대구 출신으로, 메이지대학에서 법학을 전공하였고 이승만정권에서 법무부장관을 지냈다. 이인은 식민지 민중들이 비참한 경제생활에 당면하게 된 원인으로 이조 오백여년간 "극도로 공상적 비실용적인 진부한 도학만을 중시존숭하게 하야 사유재산을 시인하면서도 이것을 존중할 줄 몰으며 자기 소유물인 줄을 알면서도 침탈을 배격하고 盜失을 방지하는 권리주장도 할 줄 몰으고 헛된 명예와 거짓 영화만 중시하야 경제 지식의 그 결핍과 훈련 부족"11)을 들고, 그것이야말로 '금일의 우리 경제를 파탄케 한 중대한 원인'이라고 결론하였다.

이에 대하여 김아는 그의 주장이 '쌔루조아에게 대하야 하는 소리 이외의 아무 것도 아니다'고 비난한다. 그는 이인이 식민지 민중들의 성질을 거론하며 '외래의 자본과 기술의 侵襲과 박해를 바든 우리의 경제는

---

11) 김아, 「경제론야유격기」, 『비판』, 1931. 10, 58쪽.

도저히 억개를 갓치 하야 경쟁하지 못할 것'이라고 부정적 견해를 후속하자, 김아는 극렬하게 반발하며 그를 관념론자로 몰아세운다. 김아가 이인을 겨냥하는 글의 모두에서 '그 관념론적 이론을 배격함'이라고 부연한 까닭이다. 그리고 나서 김아는 아래와 같은 소견을 결론으로 마감하면서 '관념론'을 '배격'해야 되는 이유를 밝힌다.

> 무릇 역사란 경제조직의 진전 변화에 따러서 진전 변화하는 것이니 그 진전 방법은 유물변증법인 것이다. 그리고 그 시대의 『법제, 정치, 종교, 예술 혹은 철학, 환언하면 관념상의 제 형태』란 그 시대의 『경제적 구조—토대』 우에 서잇고 그 진전 변화에 따러서 진전 변화하는 것이다. 이것을 맑스의 말을 빌어 온다면 『인간의 의식이 彼等의 존재를 결정하는 것이 아니고 그 반대로 인간의 사회적 존재가 彼等의 의식을 결정하는 것이다. 사회의 물질적 생산력은 그 발전의 엇던 일정한 계단에서는 현재의 생산관계, 즉 단지 이것의 법적 표현에 불과한 것이나 물질적 생산력이 지금까지 그 범위 내에서 생동하야 온 바의 소유관계와 모순되게 된다. 차등의 관계는 생산력의 발전 형태로부터 轉하야 그 질곡으로 변한다. 如斯히 하야 사회혁명의 시대는 도래한다. 경제적 기초의 변동과 공히 방대한 全상부구조가 혹은 서서히 혹은 급격히 변혁한다.』[12]

인용문에서 간취할 수 있듯이, 김아는 '사회혁명의 시대'를 기다렸다. 그는 상대를 비판하는 데 소용되는 논리가 필요할 때마다 마르크스의 『경제학비판』에서 논거를 찾았다. 그만치 그의 청년기를 마르크스가 장악했다는 얘기일 테다. 그 시절을 살았던 대부분의 식객(識客)들처럼 그것이 한때의 치기였다면, 김아는 '탄금'하며 안락한 삶을 영위했으리라. 그러나 그는 이론과 실제의 빈틈을 용납하지 않았다. 위 글을 일관하는 김아의 긍정적 전망은 역사의 진보를 굳게 신뢰하는 혁명가의 자

---

12) 김아, 「경제론야유격기」, 『비판』, 1931. 10, 58-59쪽.

세 그대로이다. 그가 가산을 무산자들에게 나누어주고 산사람이 된 배경에는 위와 같이 앎과 삶을 일치시키려는 혁명가적 신념이 작동하고 있다.

김아는 「맑쓰主義 恐慌論」(『비판』, 1931. 12)에서 레닌의 말을 인용하여 시작하고, 대미에서는 마르크스의 것으로 마감하였다. 송년호를 '맑쓰학설호'로 기획한 편집자와 독자들에게 호소한 바 컸을 법한 그의 수미 장식법이 놀랍다. 김아는 이 글에서 마르크스경제학에 터하여 공황의 원인을 진단하고, 자본주의 경제체제에서는 필연적으로 공황을 맞을 수밖에 없다고 주장한다. 그는 공황이 자본주의 경제뿐 아니라 사회의 파멸을 초래하게 되는 "새로운 조직의 출생을 고시하는 한 『복통』"13)이라고 비유한다. 공산주의 사회의 도래를 전망하는 그의 논리에서 장차 나아가게 될 노선의 향방이 감지된다. 부기에서 '지면의 제한과 건강의 악화로 이런 『未成品』을 만들어내엿다'고 독자에게 미안함을 표한 이 글은 김아가 특집호 필자로 초대될 만치 마르크스 논자로서 차지하는 위상을 짐작케 한다. 아울러 앞에서 그가 유명인사들에게 과감한 언사로 논박한 심정적 근거도 헤아릴만하다.

3. 혈육을 향한 따뜻한 애정

새나라를 건설하겠다고 경향에서 바삐 움직이는 시기에 전주에서는 『파랑새』가 나왔다. 『파랑새』는 「인사말씀」을 창간사보다 앞에 실었다. 편집자는 인사말에서 "동무 여러분. 이 『파랑새』를 오늘부터 여러분의

---

13) 김아, 「맑쓰主義 恐慌論」, 『비판』, 1931. 12, 51쪽.

새 동무 삼아주세요"라고 부탁하면서 끝에 동요 「새야새야 파랑새야」를 붙였다. 편집자의 의도인즉, 『파랑새』를 아이들에게 쉬 인식시킬 요량으로 전래동요를 끌어왔을 터이다. 하지만 그가 하필 이 동요를 덧붙인 동기는 『파랑새』가 전라북도에서 나오는 잡지라는 정체성을 내외에 천명함과 동시에, 여느 잡지와 달리 전북인의 내면에 면면히 흐르는 전봉준의 의지를 계승하겠다는 포부라고 볼 수 있다. 이런 마음가짐은 이어지는 「창간사」에서 재확인된다. 해방을 맞은 감격을 표출하기보다도, 느닷없이 전봉준을 호명한 의도가 궁금하기도 하다.

신석정은 「창간사」에서 "우리 족속의 먼 앞날을 이어줄 어린 동무들의 가슴깊이 파들어 갔든 가장 무섭고 가장 더러운 티끌을 우리는 하루바삐 추방하는 것으로써 그들의 가슴 한구석에 달달 떨고 쭈그리고 앉었든 여윈 파랑새를 저 푸른 하늘을 향하고 자유롭게 날려주는 것으로써 위치와 생명을 삼는 것이 이 『파랑새』지의 설계도인 것이다"고 자못 비장한 결의를 표하고 있다. 그 말고 김아, 백양촌(본명 신근) 등이 포함되고 부안문화연구회가 축하진에 들어 있는 것으로 미루건대, 『파랑새』는 부안 태생의 인사들이 잡지를 주도하고 있는 줄 알려준다. 그들이 어떤 인연으로 전주에 진출하여 소년용 잡지를 창간하게 되었는지에 관하여 앞으로 상세히 조사되어 보고되어야 한다. 이 잡지에 수록된 김아의 수필 「惠媛이와 星아에게 보내는 글」은 자녀 둘을 호명하면서 시작된다. 나중에 혹 그의 흔적을 찾는 이에게 도움을 주고자 전문을 아래에 인용한다.

혜원아 성아야 조선의 딸들아!
내가 맘 놓고 이 글을 우리나라 말로 쓸 수 있고 또 열두 살과 여덟 살 먹은 너희들이 이 글을 소리 높여 읽을 수 있다는 것은 얼마나 기쁜 일이냐!
　八月 十五日 이전에 내가 너희들의 정말 아버지 노릇을 하지 못하였을 때에 나는 얼마나 울었든지 너희들은 모르리라. 그렇다! 그런 이야기를 할 수 없는 처지에 있었기 때문에 나는 혼자서 울었단다.
　너희들이 아무 것도 모르는 너희들이 학교에 다녀왔다고 『アイウエオ』를 소리높여 읽고 『アカイ アカイ ヒノマル』를 흥이 나서 소리칠 때라든지 『스기다』니 『지에꼬』니 하고 너희들의 동무 이름을 부르는 것을 볼 때마다 나의 가슴은 울렁거리고 눈시울은 뜨거워졌든 것이다. 가슴에서 밀려 올라오는 통곡을 목구녕에서 다시 삼켜버리곤 나는 그 자리를 뜨고 뜨고 하였지.
　우리나라를 잃어버리고 우리나라말을 잃어버리고 심지어 우리나라 성과 이름들을 잃어버리고…… 이대로 두었다가는 너희들이 정말 왜놈의 아들딸이 되지 않나 해서 그랬든 것이란다.
　그러나ㅡ. 혜원아 성아야!
　八月 十四日 저녁이었지, 선은동 아저씨ㅅ댁에 갔다오는 길에서 내가 너희에게 묻지 않드냐.
　『너희는 어느 나라ㅅ사람이냐?』고
　그러니까 혜원이 너는
　『ニツポンシン』이라고 대답하든구나!
　나는 너를 꼬옥 끌어안으며
　『아니다 아니다! 너는 ニツポンシン이 아니다! 조선 사람이다! 조선 사람이다! 나쁜 ニツポンシン이란 놈이 우리나라를 뺏어 가지고 우리 보고 ニツポンシン이라고 한단다. ニツポンシン은 나쁜 놈이다. 학교에서 말하듯이 아메리카 사람이 나쁜 게 아니라 ニツポンシン이 나쁜 놈이다. 우리는 곳 이 ニツポンシン을 모다 쫓아버리고 우리나라를 새로 만들어야 한다』라고 가만히 너의 귀에 말하였다.
　그랬드니 너희들은 수나롭게도 『응, 응』하고 대답하드구나. 비록 입으로는 『ニツポンシン』이라고 말하여도 너희의 피는 조선의 피이었다는 것을 나는 다시 한 번 절실히 느꼈었다. 그렇단다ㅡ너희의 피는 조선의 피란다.』
　八月 十五日!
　일본은 드디어 항복하고 우리 조선은 해방이 되었지. 그 뒤에 너희들이 ㄱㄴ을 소리 높여 읽고 『소가 가오 말이 오오』를 흥겨워 읽는 소리를 들을 따마다 나는 기쁘고나! 정말 기쁘고나!
　혜원아 성아야 조선의 딸들아.
　너희는 이제 맘 놓고 ㄱㄴ에서 조선의 넋을 찾고 ㄷㄹ에서 조선의 역사를 알아 난초같이 향기롭고 새ㅅ별같이 빛날지이다.14)

윗글을 읽노라면, 비단 '혜원이와 성아에게 보내는 글'이 아닌 줄 단박에 알아차릴 수 있다. 김아는 어린이를 위한 잡지가 나오는 자리를 빌려 '열두 살과 여덟 살 먹은 너희들'이 해방 조국에서 새로운 희망을 꾸기를 기원한다. 그는 식민치하에서 우리나라 말을 배우지 못하는 딸 둘 앞에서 들었던 자괴감을 아버지 노릇을 못한 것으로 자책하면서 시작하여 외세로부터 해방이 되었으니 '맘 놓고 ㄱㄴ에서 조선의 넋을 찾고 ㄷㄹ에서 조선의 역사를 알아 난초같이 향기롭고 새ㅅ별같이 빛'나기를 바라며 글을 끝맺었다. 해방의 감격을 감추지 않은 인용문을 통해서 『파랑새』의 창간에 관여하는 김아의 심정을 능히 짐작할만하다. 그가 소원하는 바가 비단 영애들에게만 국한된다기보다는, 해방을 맞은 어린이들 모두에게 전하는 것이기도 하다.

4. 결론

위에서 살펴본 세 편의 글을 통해서 해방 전후의 상이한 김아의 모습을 찾아볼 수 있다. 앞엣치 두 편에서 그는 유학 중 학습한 마르크스 경제이론으로 당대의 논자들의 주장을 공박하였다. 그는 상대방을 향하여 자신의 주장을 '산탄'하면서도 타당한 이에게는 바로 수긍할 정도로

---

14) 김아, 「惠媛이와 星아에게 보내는 글」, 『파랑새』 창간호, 1946. 2. 1, 5-6쪽.

합리적인 태도를 보였다. 그가 비판에 치중한 것은 논자들의 관념적 논리였다. 이런 접근은 당대가 일제라는 대타자의 압제 하에서 신음하는 민중들의 물리적 조건에 논의의 초점을 맞추어야 된다는 당위성에서 우러나온 것이라고 볼 수 있다. 김아는 상대를 논박하는 과정에서도 미래에 대한 낙관적 전망을 잃지 않았다. 그의 낭만주의적 성향은 마르크스 경제론으로 식민지 경제 상황을 인식하여 빈자들에게 토지를 나눠 주고, 남북전쟁 통에 산사람이 되는 정치적 신념을 낳는 기반으로 작용하였다. 이런 점들을 두루 고려해 보면, 그는 지행일치를 추구한 인물로 평가할만하다.

뒤엣치는 김아가 해방을 맞아 자녀들에게 주는 형식으로 쓰였다. 그는 대상의 특성을 고려하여 당부에 방점을 찍었으나, 해방의 기쁨을 행간에 장치하고 있어서 앞에 글보다는 명랑한 정조를 띤다. 김아는 이 글에서 두 딸을 부르면서 책무를 다하지 못한 기성세대로서의 아비의 허물을 고백하였다. 엄격히 말하자면 그의 허물이 아니지만, 식민지시대를 관통하며 지녔던 아비로서의 무력감에 대한 회한이기도 하다. 그는 광복으로 되찾게 된 우리나라 말을 마음껏 사용하여 두 딸이 장차 새 나라를 세우는 동량으로 자라나기를 원하였다. 이 점에서 이 글은 딸들뿐 아니라 그 또래의 어린이들에게 주는 어른의 기대감이라고 말해도 무방하다.

제2부 시인론

해방, 방황의 시작과 이념의 누출
—신석정론

Ⅰ. 서론

한 시인의 시세계를 두고 단칼로 무 베듯 단언하는 일처럼 경계해야 할 일은 없다. 그러한 연구 자세는 당해 시인을 위해서도 바람직하지 않을 뿐만 아니라, 그의 시를 좋아하는 독자들을 위해서도 권장할 게 아니다. 그러나 지금까지 한국 근대시사에서 거론되는 주요 시인들의 시세계를 연구한 글을 살펴보면, 불행하게도 연구자들의 논점에 의해 구획되는 느낌을 감출 수 없다. 그 대표적인 시인으로 신석정을 들 수 있다. 그의 시에 관한 연구 결과는 대부분 '전원시인/목가시인'이거나 '참여시인'이라는 두 길로 모아진다. 전자는 지금까지 그의 시세계를 규정하는 대표적인 시각으로, 연구자나 독자나 아직까지 전자에 동조하는 편이 우세하다. 이에 비해 후자는 주로 그를 따르는 제자들에 의해 제기되는 양상을 보인다.[1] 이렇게 확연히 갈릴 것을 보노라면, 논자의 강조 여부가 아닌 다른 구석이 개입되어 압력한 게 아닌가 하는 의구심이 든다. 전자는 그의 시세계를 해방 이전에 국한시켜 단선적으로 파악하도록 조장하고 있다. 이에 비해 후자는 전자의 문제점을 지적하면서 그의 시세계를 새로운 각도에서 조망할 수 있는 논거를 제시했지만, 그를 신비화시켜서 구체적 행적을 도포해버리는 혐의로부터 자유롭지 못하다. 두 시각 모두 해방기를 사이에 두고 그의 시세계를 단절시키는 결정적 오류를 범하고 있다는 점에서, 한 시인의 시세계를 연속적인 관점에서 파악하려는 시도를 무력화시킨다.

신석정은 평자들에 의해 '목가시인'으로 불리는 점에 대해 "그렇게 불리워지는 것을 탐탁하게 여긴 바도 없거니와, 그렇게 불쾌하게 여긴 적도 없"[2]었다. 하지만 그가 평단의 규정에 드러내놓고 거부한 사실은 없으며, 오히려 그는 시「少年을 위한 牧歌」와 산문「못다 부른 牧歌」라는 작품을 발표했을 뿐만 아니라, 제2시집의 제목을『슬픈 牧歌』라고 정하기도 했다. 이 사실은 '목가시인/전원시인'의 범주에서 그의 시를 해석한 결과물을 비판하는 연구자에게 당혹감을 가져다준다. 신석정이 비록 '어머니'나 '지구' 등을 알레고리로 장치하여 식민지시대의 우울감이나 개인적 분노를 표출했다고 하더라도, 생전의 시집을 관통하고 있는 시적 이미지는 다분히 목가적인 것을 부인할 수 없다. 더욱이 그 시대에 발표된 그의 작품들은 식민지 현실에 대한 "최대의 정관자(靜觀者)"[3]로서, 시대에 대한 도저한 환멸적 낭만주의가 짙게 표출된다. 그는 '정관자'로 식민지 현실을 응시한 뒤에 환멸적 낭만주의로 그 밖의 세계를 상정한 시인이다.

---

1) 허형석은 「신석정연구」(경희대대학원 박사논문, 1988)에서 '참여적'인 시인으로, 최승범은 「문력 50년의 시정신—신석정의 시와 수필의 세계」(신석정,『난초잎에 별이 내릴 때』, 예전사, 1984, 258쪽)에서 '현실참여적'으로 표현하였다.
2) 신석정,「나의 문학적 자서전」,『난초잎에 별이 내릴 때』, 182쪽.
3) 임 화,「담천하의 시단 1년」,『신동아』, 1935. 12.

환멸적 낭만주의는 "현재의 삶에 대립되는 이상적인 삶을 향한 상승되고 고조된 욕망이자, 이러한 동경이 무위로 끝나버릴 것이라는 사실에 대한 절망적 통찰"4)이다 그것은 사회 현실과의 갈등 속에서 현실을 외면하려 드는 작가들이 자신의 내면적 충실성 속으로 도피하려는 태도를 가리킨다. 말하자면 외부 세계에서 자신의 이상을 구현하는 것이 불가능하다고 판단하고 절망적인 외부 세계와의 대결 구도를 회피한 채, 자기 자신을 단 하나의 진정한 현실로 간주하려는 성향이다. 이러한 자세는 자신의 심리적 자족감을 충족시키기 위한 허위의식의 착시현상에 불과하다.

이에 본고는 신석정의 해방기 시작품과 행적을 환멸적 낭만주의의 관점에서 논의하여 시정신을 살펴보는 데 초점을 둔다. 연구는 신석정을 과연 한국의 근대시사에서 "단 하나의 뿌리의 시인"5)으로 자리매김할 수 있는가라는 회의로부터 시작된다. 근대시 100년의 역사에서 '단 하나'의 "뿌리"의 '시인'이 되기 위한 전제조건이 있다면, 무엇보다도 일관된 시적 신념 혹은 시정신을 견지했느냐의 여부일 것이다. 더욱이 외세에 의한 조국 강점이라는 치욕의 세월을 경험한 우리로서는 무엇보다도 당해 시인의 일관된 시정신을 점검하는 과정이 중요하다. 그럴 경우 시인의 시정신은 당연히 언어에 의해 표현된 작품 속에서 객관적으로 파악되어야 할 것이다. 따라서 해방기 신석정의 수상한 시와 행동을 규명하기 위해서는 그 이전의 작품들로부터 논의를 시작하는 것이 온당하다.

---

4) György Lukács, 반성완 옮김, 『소설의 이론』, 심설당, 1989, 153쪽.
5) 김윤식, 「신석정론」, 『우리 문학의 넓이와 깊이』, 서래헌, 1979, 52쪽.

Ⅱ. 환멸적 낭만주의자의 이념적 혼란

1. 탈정치적 공간으로서의 전원

한국의 근대시사에서 전원시가 주목할 만한 경향으로 대두된 시기는 1930년대이다. 일제는 극도의 파시즘으로 무장하여 시인들의 작품 성향을 문제시하는 한편, 사회의 전국면에 걸쳐 사상 통제를 기도하였다. 이러한 시대 형편 속에서 출현한 전원시편에는 "전원을 노래함으로써 그 속에서 삶의 규범과 표준을 찾으려 하고, 그 속에 의탁하여 자신의 심회를 토로하고 위안을 받으려는"6) 시인의 의식이 검출되는 공통적 특질을 보인다. 당시의 전원시인들은 '이니스프리의 호도'를 찾아간 것이 아니라, 시대 현실과 일정한 거리를 가진 자신의 심리적 상상계 속에 전원을 마련했던 것이다. 이와 같은 시대적 배경 요인으로 말미암아 전원시인이란 용어는 비정치적/몰역사적 개인주의자를 지칭하는 의미로 확대될 수 있다. 아울러 그들의 시에 설정된 전원은 전통적인 모습이 아니라, 대부분 서양친화적이라는 사실을 고려하면 전원의 탈정치적 성격은 두드러져 보인다.

신석정은 1920년대 중반부터 신문지상에 시작품을 발표하였다. 그는 외세가 지배하는 현실에 극심한 울분을 느끼고, 평화한 질서가 보장된 이상세계를 자연에서 추구하였다. 그가 선택한 자연은 이전의 시인들에게서 나타났던 객관적 현실과의 충돌 국면을 우회하기에 효과적인 대상이었다. 전원은 그의 정치의식과 시대에 대한 환멸감을 완충시키는 효과를 가져다주었다. 시적 신념을 자유롭게 표현할 수 없었던 억압적

---

6) 이건청, 『한국전원시연구』, 문학세계사, 1987, 161쪽.

분위기 속에서 신석정의 시에 나타난 참신한 이미지와 독백체의 어조는 당대의 평론가들에게 주목의 대상이었다. 김기림에 의한 평언을 계기로 그는 식민지시대의 후반기 시단을 구성하는 대표적인 목가시인으로 자리매김되었다.

> 현대 문명의 잡답(雜踏)을 멀리 피난한 곳에 한 개의 『에덴』을 흠모하는 목가시인 신석정을 니즐 수는 업다. 그가 꿈꾸는 시의 세계는 전연 개성적인 것이다. 그는 목신이 조으는 듯한 세계를 조금도 과장하지 아니한 소박한 리듬을 가지고 노래한다. …(중략)… 그의 목가 그 자체가 견지에 따라서는 훌륭하게 현대 문명에 대한 간접적인 비판이기도 하다.7)

당대의 내노라하는 모더니스트의 눈에 비친 신석정의 시는 가히 '현대 문명에 대한 간접적인 비판'으로 간주되었을 법하다. 또 간고한 식민지 현실에 대해 행동으로 대응하거나, 격렬한 언사로 반응하는 것을 꺼려하는 성향의 모더니스트로서는 잃어버린 낙원을 향한 기도문 혹은 서한문 같은 신석정의 시가 '개성적'인 포즈를 갖춘 것처럼 비쳤을 터이다. 마치 '목신이 조으는 듯한 세계'는 당대의 극심한 고통을 초월하기에 적합한 신세계와 방불하였을 테다. 또한 일제에 의해 강요된 '현대 문명의 難踏'은 그 자체로서 불합리한 식민지 상황을 담보하는 것이므로, 그러한 식민지 현실을 외면하는 것은 하나의 '비판'일 수도 있다. 아울러 신석정이 외적으로는 고요하고 정밀한 이상세계를 형상화함으로써, 내적으로는 현실의 시간과 공간을 부정하는 강렬한 주제의식을 표현한 것이라고 볼 수도 있다.

그렇지만 시대 상황을 외면한 환멸감으로 구축된 이상세계는 비극적인 현실로부터 이탈될 수밖에 없다. 따라서 당대를 응시하는 모더니스

---

7) 김기림, 「1933년의 시단의 회고와 전망」 (4), 『조선일보』, 1933. 12. 10

트의 안목은 비역사적인 것이다. 그가 찬미했던 '현대문명'은 식민지 종주국에 의해 조성된 물적 표지였을 뿐만 아니라, 식민지 원주민들의 동의 과정이 생략된 채 일방적으로 이식된 모조 문명이었을 뿐이다. 김기림은 신석정의 작품에 나타난 '에덴'지향성을 시대에 대한 환멸감의 표현으로 파악했어야 옳았다. 신석정처럼 사회에 환멸을 느낀 낭만주의자들이 현실 세계에서 성취하려는 유토피아는 혁명을 통해 행동화되거나, 상상력에 기초한 구원의 신념으로 체계화된다. 그들은 집단적 상상력에 입각하여 과거의 원시적 질서의 세계로 도망하거나, 개인적 상상력에 기초하여 묵시적 세계로 도피하려고 시도한다. 이것은 천년왕국을 지향했던 독일의 경건주의 운동이 은둔주의로 급변한 것과 유사하다. 김기림은 이에 주목하여 신석정의 시적 징후를 포착했어야 했는데, 자신의 문학적 신념에 압도되어 그의 시정신을 간과해버렸다.

인간에게 있어서 희망은 역사의 진보의식에 근거하여 미래를 파악하고 선취하는 독특한 능력을 가리킨다. 그러므로 신념의 시인에게 유토피아 지향성은 외세에 의한 조국 강점으로 인해 만연된 정치적 무의식을 이상 세계를 건설하려는 희망의 원리로 인식된다. 이에 반해 환멸의식에 사로잡힌 시인은 현실의 시간을 자꾸 부정한다. 그 부정 속에는 사회의 여러 영역 중에서 현재 상황을 생성한 정치적 환멸감이 최대치로 작동한다. 그는 자신의 정치적 신념을 진공의 상태로 만들어서 현재적 조건이 배제된 상상의 공간을 상정하게 된다. 그는 오로지 그 공간의 정지된 시간 속에서만 정신적 안락을 느끼므로, 현재적 상황을 타개하려는 의지를 보여주지 않는다. 그가 현실을 포기하고 '에덴'을 동경하는 한, 역사를 형성하려는 의지와 함께 당대를 이해하려는 희망의 능력조차 상실하는 것이다. 그가 현실 세계로부터 벗어난 곳에 상정한 '에덴'은 미래지향적인 유토피아가 아니라, 자기만족적인 낙원사상의 근거지에 불과하다. 유토피아는 "역사의 주체로 등장한 인간에 의해 미래의 역사적 현실 속에서 실현될 수 있다는 점에서 인간중심적인 비전에 터"[8]해 있지만, 환멸감에 기초한 낙원의 시간은 인간이 배제된 과거 속의 영원한 현재로 폐쇄적인 순환성을 띠고 반복된다.

신석정의 시에 나타나는 정지된 시간의식은 타인을 향한 배타성으로 확보되는데, 그 구체적인 모습은 시어를 통해서도 확인할 수 있다. 그는 자신이 애써 구축해 놓은 은밀한 시적 공간에 가족 외의 타인이 접근하는 것을 거부했다. 이러한 배타성은 자신이 설정한 이상세계를 가족에게만 허용하는 내밀한 욕망을 드러낸다. 그가 자신과 가족 외의 타인이 접근하는 것을 차단하는 이유는 가족의 범주 안에서 자기의 존재를 규정하기 위함이다. 그런 이유로 그의 시에 등장하는 '어머니'를 절대자로 추측하는 것보다는, 위협적인 외부 세계로부터 연약한 자신을 지켜주는 버팀목으로 설정된 것으로 보는 편이 타당하다. 오로지 가족만이 자신의 시세계를 보호해주기 때문에, 그는 '어머니'를 비롯한 가족과의 동행 속에서 자연과 동화된다.

> 『蘭』이와 나는
> 역시 느티나무 아래에 말없이 앉아서
> 바다를 바라보는 순하디순한 짐승이었다
> —「작은 짐승」 부분

신석정의 시적 평화는 현재적 시점에서만 존재한다. 그는 시작품에서 자기규정을 통해 현실과의 거리를 설정한다. 시인의 명백한 의도에 따라 확보된 거리감은 외부 세계와 단절된 존재의 위상을 드러내면서 시

---

[8] 임철규, 『왜 유토피아인가』, 민음사, 1997, 23쪽.

의식의 무정향성을 담보한다. 신석정은 '『蘭』이와 나'를 '순하디순한' 짐승으로 규정함으로써, 바다를 미지의 세계가 아닌 동경의 대상으로 파악한다. 그에게 바다는 동시대의 여느 시인들의 작품에서 산견되는 출항 이미지와 거리가 멀고, 자기규정을 옹호해주는 외부 조건으로 동일시된다. 그들의 '순한' 성정은 현재의 행복이 확장되는 바다를 '말없이 앉아서' 바라보도록 이끈다. 그들은 동일한 장소에서 바다를 반복적으로 바라봄으로써, 자신들의 시간에서 방향성을 제거하고 순환성을 부여한다. 그들에게 '느티나무 아래'는 바다를 바라볼 수 있는 하나의 '에덴'이었던 셈이다. 그곳에서는 복잡하고 비극적인 사회현상은 찾아볼 수 없는데, 그것은 실명을 도입하여 자신의 은밀한 세계를 공유하려는 신석정의 시작 태도에서 살필 수 있다. 그는 '어머니, 일림, 란' 등의 가족 외에는 자신의 시적 공간을 보여주지 않았다. 그 결과, 그의 시작품에 사용된 언어는 시적 발화의 순간 즉시 반환되는 특징을 보인다. 시어가 발화 외적 맥락으로 세력을 확장하지 못하기 때문에, 그의 시적 발화는 기도문 형식을 차용할 수밖에 없었던 것이다. 그렇지만 외부 세계가 아닌 상상의 세계를 향한 기도는 반향의 범주를 스스로 획정해버린다.

    어머니
    만일 나에게 날개가 돋혔다면
    석양에 능금이 붉은 하늘을 날아서
    똥그란 지구를 멀리 바라보며
    옥토끼 기르는 목동이 되오리다 달나라에 가서……
    그리하여 푸른 달밤 피리소리가 들려오거든
    석양에 토끼 몰고 돌아가며 달나라에서 부는 나의 옥통소인 줄 아시오

    그런데 어머니
    어찌하여 나에게는 날개가 없을까요?

―「날개가 돋혔다면」 부분

　언어는 본질적으로 타자를 향하고, 그 표현 행위 속에서 발화자가 타자에 의해 즉자화되고, 또한 그에 따라 소외 상태로 구금된다. 신석정의 시어들은 시인에게 되돌아가서 소외를 재확인하는 기능을 담당한다. 그에게 시쓰기는 세계와의 단절을 확인하는 행위이기 때문에, 그의 시어들은 시인의 소외 상태를 재확인하는 매개물 외에 별다른 의의를 획득하지 못한다. 그 이유는 그가 설정한 자연 공간이 지극히 비현실적이며, 일상세계로부터 멀리 떨어져 있다는 데 있다. 그는 시와 현실 사이의 거리를 좁히기를 바랐지만[9], 적어도 식민지시대에 발표한 작품에서는 만족할 만한 성과를 거두지 못하였다. 따라서 그는 식민지시대에 '먼 나라'와 '어머니' 등의 환각 개념을 설정하고 그 안에서 자신의 '세계 내 존재'의 의미를 추구했으며, 동시에 그것을 주체의 문제로 체험한 것에 불과하다. 그가 애용한 가정법은 이러한 환상만족을 가져다주기에 적당한 발화상황을 조성해주었다.

　외세에 의해 강점된 국토에서 생존하는 식민지 원주민들의 삶은 구체적 현실성을 담보하며 문학 그 자체가 된다. 시인은 이 사실을 통해 동족의 비극적 삶을 관찰하게 되며, 사회의 총체적 현실과 결부되어 실패의 필요성을 확인하게 된다. 그의 낭만주의적 이상은 회의와 환멸의 과정을 겪으며 자신과 세계에 대한 혐오감을 증가시킨다. 신석정의 시에서는 이러한 환멸감이 도처에서 목격된다. 그 환멸감은 자신의 작품을 존립시켜주는 현재의 물리적 시간을 소거시키고, 과거의 시간 속으

---

[9] "오늘도 우리들의 주위에서 생활과는 너무나 거리가 먼 지역에서 화조풍월을 읊조리는 시인이 있다는 것은 그렇게 반가운 일은 아니다. 필요 이상의 슬픈 표정도 거짓이거니와, 필요 이상의 기쁜 표정도 거짓임에는 틀림없다."(신석정, 「나는 시를 이렇게 생각한다」, 앞의 책, 204쪽)

로 회귀하려고 한다. 그렇지만 그의 시에서 시간은 철저하게 가족 외의 타인과는 공유되지 않고 배타적으로 차단되는 특징을 보인다. 그만큼 신석정이 시대를 혐오하는 정도는 깊었던 것이다.

> 태양이 가고
> 빛나는 모든 것이 가고
> 어둠은 전설과 신화까지도 먹칠하였습니다
> 어머니
> 옛이야기나 하나 들려주세요
> 이 밤이 너무 길지 않습니까?
> ―「이 밤이 너무 길지 않습니까?」 부분

　신석정의 의식세계를 지배하는 환멸감은 시대적 현실을 분명히 인식한 데서 유래되었다. 그는 시간에 의해 '태양'과 '빛나는 모든 것'이 가고, 마침내 어둠에 의해 '전설과 신화'까지도 먹칠된 것을 정확히 파악하고 있다. 그에게 시간 체험은 존재하는 모든 것을 타락시키는 요인이다. 그래서 어머니의 옛이야기 속에서 잃어버린 전설과 신화가 고스란히 재현되기를 기대하고 있다. 어머니로부터 옛이야기를 듣던 '무릎학교' 시절을 그리워하는 신석정의 시간의식은 과거시제로 회귀하려는 특징을 보인다. 그것은 그의 시작품에 나타나는 시간이 미래를 향해 나아가는 건설적이고 연속적인 유토피아적 시간과 상거를 띤다는 사실을 단적으로 증명해준다. 유토피아 사상은 역사의 진보를 신뢰하는 미래에의 의지를 표명하지만, 그는 '에덴'을 지향하면서 과거의 원시적 질서의 세계를 회고하는데 만족한다. 그것은 신석정이 "일제와 정면하여 싸울 수 있는 용감한 청년이 못되었던" 까닭에, "예술의 목적을 싸우는 데만 둘 수는 없"[10]었던 시작 태도로부터 기인한다. 식민지 상태의 원주민

시인에게 식민지 종주국과 정면대결하는 것은 유토피아 의식의 행동화이지만, 예술의 목적을 싸우는 데 두지 않는 것은 신석정이 자신의 행동 반경을 제한하기 위한 일종의 제어장치로 보인다. 곧, 그는 자신의 시론을 앞세워 정치적 신념을 공동화시킨 것이다. 그 결과로 그는 이 시기에 시작품에서 과거의 세계를 회복하려는 신념을 표현하기보다는, 도리어 「슬픈 構圖」의 불임성이 제거된 옛이야기 '하나'를 들으며 밤의 시간을 견디는데 그친다.

> 어머니
> 당신은 그 먼 나라를 알으십니까?
>
> 깊은 삼림지대를 끼고 돌면
> 고요한 호수에 흰 물새 날고
> 좁은 들길에 들장미 열매 붉어
> 멀리 노루새끼 마음놓고 뛰어다니는
> 아무도 살지 않는 그 먼 나라를 알으십니까?
> 그 나라에 가실 때에는 부디 잊지 마세요
> 나와 같이 그 나라에 가서 비둘기를 키웁시다
> ―「그 먼 나라를 알으십니까」 부분

신석정이 구체적으로 묘사하고 있는 '먼 나라'는 '노루새끼 마음놓고 뛰어다니'고, '흰 염소 한가히 풀 뜯'으며, '꿩소리도 유난히 한가롭게 들리'는 곳이지만, 지금은 '아무도 살지 않는' 곳이다. 따라서 그는 이 작품을 통해 과거 속에 존재했던 '에덴'을 향한 "퇴행의 심리 상태를 표출하고, 잃어버린 낙원과 그 노스텔지어를 형상화"[11]하는 자신의 심경을

---

10) 신석정, 「나의 문학적 자서전」, 앞의 책, 182쪽.
11) 오세영, 「그 먼 나라를 알으십니까」, 『한국 현대시 분석적 읽기』, 고려대출판부, 1998, 142쪽.

고백하고 있는 셈이다. 그가 '먼 나라'를 시적 상상력에 의해 창조된 공간이란 점을 인정하면서 '비둘기, 어린 양, 능금' 등을 내세워 자신의 이상향을 평화롭게 전경화했지만, 세 가지 상징물은 정신적 가치는 물론이고 지역성조차 담보해주지 못한다. 시작품에 나타나는 지역성은 필연적으로 시인의 공간의식을 반영한 결과물이다. 하지만 현실적 삶의 공간에 대한 극심한 환멸감에 기초한 추상적 공간의식은 구체적인 장소로 실현되지 못한다. 그의 정치 현실에 대한 환멸의식은 부르주아적 개인주의의 성향과 맞물리면서 전통적이라기보다는 서양적인 전원풍경을 묘사하도록 조장했던 것이다. 그가 도연명의 「귀거래사」를 애송하며 자연 애호 의지를 언급했을지라도, 시작품에서는 전혀 이질적인 서양식 전원으로 묘사된 이유가 여기에 있다. 이것은 그의 후기시에 나타난 동양적인 자연 풍경과 구별된다.

  신석정의 정치적 환멸감 때문에 심화된 환멸적 낭만주의는 식민지시대의 우울이 제거된 서양적인 전원에 대한 막연한 동경과 동양적 자연으로의 귀소의식, 곧 이국 정조의 변형된 형태로 나타났다. 동향의 동년배 시인이었던 서정주와 달리 그의 시에서 전라방언이 거의 검출되지 않는 것도 이러한 낭만주의적 의식의 소산이다. 그 결과로 그의 시 속에 제시된 이상향은 "사물에서 환기되는 정감의 풍요로움은 있으나, 그 기반을 지탱하는 이념은 없는 것"[12]이다. 결국 정치적 무관심에 기반하여 생성된 그의 환멸적 낭만주의는 생리적으로 이념의 무방비 상태를 준비하고 있었다. 이것은 그의 시세계를 외세에 의한 지배 담론으로부터 보전해주는 데 기여했지만, 정치적 이념을 자주적으로 선택할 수 있었던 해방공간에서는 심각한 내적 갈등을 야기하는 요인으로 변모한다.

---

12) 이숭원, 「영랑·지용·석정시의 자연 표상」, 『근대시의 내면 구조』, 새문사, 1988, 86쪽.

식민 상태를 정치적 이념의 공황 속에서 보냈던 신석정에게 해방은 과거의 시작 생활을 반추하고, 새롭게 전개되는 미래에의 의지를 피력하는 기회였다. 그는 이 무렵 문단의 동정을 살피려고 상경했다가 낙향한 후, 식민지 시기에 창작된 작품을 정리하여 시집 『슬픈 牧歌』(낭주문화사, 1947)를 발간하였다. 이 시집의 후기 「나의 몇몇 詩友에게―『슬픈 牧歌』의 뒤에」에서 그는 해방 이전 자신의 행동과 마음가짐을 언급하였다. 해방기의 격동 속에서 쓴 글이지만, 자신의 행적에 대한 단상을 소상하게 밝히고 있다는 점에서, 그의 시정신을 재구하는데 유효한 논점을 제기해준다.

> 서른이 가까울 때까지 이 사나히는 『生活』을 모르는 가장 어리석은 행복자(?)이었읍니다.
> 숨막히는 現實을 呼吸하게 될 때 呼吸함으로써 비롯하는 悲劇을 멀리 피하기 위하여, 애써 現實의 世界에서는 아주 아스므라한 먼 나라로 내 자신을 이끌고 가기에 바빴던 것입니다.
> 그리하여 비로소 나의 작은 安息所를 찾아간 것이 나의 『어머니』, 自然의 품속이었읍니다.
> …(중략)…
> 벗이여
> 어머니의 품에로 돌아가는 길이 다시 열리던 一九四五年 八月 十五日, 나는 목놓아 울었읍니다.
> 거기서 오래오래 지니고 살아오던 나의 슬픔과 더부러 靑春은 고소란히 門을 닫혔기 때문이었읍니다.
> 『인젠 어디로 가겠느냐?』구요. 성한 피가 내 血管을 도는 限, 『새벽』과 『아침』과 대담한 『대낮』을 찾어 끝끝내 한송이 해바라기로 다시 피어보리다.
> 그것은 어느 가난한 마을 울 옆이래도 좋고 나지막한 山기슭이라도 좋겠읍니다.

이 글에서 그는 자신을 '『生活』을 모르는 가장 어리석은 행복자(?)'로 규정하고, 현실의 비극을 외면하기 위해 '아주 아스므라한 먼 나라'를 찾아다녔던 과거를 반추하고 있다. 그러나 '서른이 가까울 때까지' 생활을 몰랐던 시인이 광복을 기점으로 생활, 곧 현실을 발견하게 되었다는 서술은 어색하다. 적 치하의 '숨막히는 現實을 呼吸하게 될 때 呼吸함으로써 비롯하는 悲劇을 멀리 피하여, 애써 現實의 世界'를 외면했던 시인이 해방 정국의 현실을 발견하기 위해서는 고유한 정치적/시적 신념을 갖추고 있어야 했다. 그러므로 그의 선언은 해방기의 혼란한 대결 국면을 "회피하지 않는 밝고 건강한 시선으로 역사와 현실을 조명하겠다는 시적 결의"13)라기보다는, 지극히 소박하고 개인적인 회고사와 별반 다르지 않다. 해방 조국에서 '가난한 마을'이나 '나지막한 산기슭'은 모두 각별한 의미를 가진 공간이다. 그렇지만 그곳은 시인뿐만 아니라 보통 사람들에게도 동일한 감정으로 수용된다. 왜냐하면 광복의 환희가 충만한 강토는 전 지역이 모두 현실로 구현된 유토피아이기 때문이다.

유토피아는 공동선을 추구하므로 타인과 의식의 공유는 물론 행동의 동참을 요구한다. 그러나 시대에 대한 환멸감으로 인해 가족 외의 인물을 작품에 도입하지 않았던 신석정에게 새롭게 전개되는 이념 정국은 낯선 환경이었다. 대일항쟁기에는 비극적 현실과 단절한 채 홀로 '먼 나라'를 동경하며 살아갈 수 있었지만, 해방공간에서 그는 극도로 혐오했던 현실 세계의 구성원과 공존하지 않을 수 없었다. 그러므로 당면한 현실 상황을 거부하며 비정치적 전원에서 독자생존했던 그에게, 인간친화적인 태도를 요구하는 해방기는 심적 갈등을 안겨주었다. 그는 더 이상 몰역사적 전원에 안주한 채 물리적 세계를 외면할 수 없는 사태에

---

13) 허소라, 『한국현대작가연구』, 유림사, 1983, 137쪽.

직면한 것이다. 이때 그의 문제는 일제하로부터 축적된 시대에의 환멸감 때문에 시와 행동 사이의 일체화를 도모할 수 있는 시적/정치적 신념을 갖추지 못한 채 해방을 맞았다는 점이다. 따라서 신석정은 해방공간에서 진행되는 이념의 충돌 양상을 객관적으로 파악할만한 논리적 준거를 갖출 수 없었다.

2. '정관자'의 정치의식

해방공간은 이데올로기의 대립 국면인 게 사실이지만, 한편으로는 유토피아를 향한 소망과 모색 그리고 자아정체성의 확립을 위한 좌절과 방황의 몸부림이기도 하였다. 그러나 유토피아는 결정적으로 허위의식의 가능성을 체험하게 한다. 이 허위의식은 자기 해명의 국면에서 자신과 세계의 진정한 관계를 은폐하고 신비화시켜서 허위의 대응 양식을 유발시킨다. 그렇지만 인간의 사유는 사회적 성격과는 무관하게 담백한 공간 내에서 홀로 부동하며 구성되는 것이 아니라, 그 반대로 언제나 이 공간 내의 어떤 특정한 위치에 뿌리박혀 있다. 따라서 시인의 사유는 이러한 사유의 존재구속성으로부터 전혀 자유로울 수 없다. 따라서 "'신화'를 희구한다거나, '어떤 위대한 것 그 자체'에 심취하여 관념주의적 태도를 취하며, 또한 누구에게나 쉽사리 투시될 수 있는 어떤 무의식의 세계 속으로 한 발 한 발 스스로를 도피시킴으로써, 더 이상 어떤 방법으로도 존속될 수 없는 절대성을 미끼로 무엇인가를 탐색하려는 불안정성을 은폐하려는 것은 모두가 허위적인 것"[14]이다. 따라서 해방은 작가들에게 외세 강점기 동안 자신을 지탱했던 신념의 실체를 드러

---

[14] Karl Mannheim, 임석진 옮김, 『이데올로기와 유토피아』, 청아출판사, 1991, 147쪽.

내며 정체성을 확보할 수 있는 역사적 기회였다. 그렇지만 신석정에게 해방기는 현실과의 불화에서 배태된 배타성으로 인해 정치적 환멸감 속에서 형성된 허위의식이 절로 드러난 시기였다.

신석정은 1945년 9월 17일 결성된 조선프롤레타리아문학동맹에 동향의 김창술, 김해강, 이근영, 윤규섭 등과 달리 동맹원으로 호출되지 않았다. 다만 조선문학가동맹이 이듬해 2월 12-13일에 개최한 조선문학자대회에는 좌익측의 윤규섭, 이근영 등과 함께 출석하였다.15) 그의 출석 상황은 동향의 시인 김창술, 김해강의 불출석과 윤규섭, 이근영 등의 자발적 출석과는 뚜렷이 구별된다. 그는 불참 시인들이 민족 현실에 대해 치열하게 반응하였을 무렵에도, 철저하게 자족적 세계에서 '어머니'를 부르며 자신의 정치의식을 무화시키고 있었다. 이러한 시적 성향의 차이에 따른 참석 여부와 함께, 그의 시적 후원자였던 김기림의 참가 동기와도 성격이 다르다. 김기림의 참석은 전적으로 자발적 의사에 의해 이루어진 것이고, 일관된 시론과 정치적 신념에 의한 것이었다.16)

이에 비해 신석정의 출석은 이전부터 교류했던 김기림 등의 참가에 동조했거나, 해방기 문단 상황을 파악하기 위해 상경한 시골 시인의 탐색 행위 외에 특별한 의미를 갖지 못한다. 이후 이병기의 지원에 힘입어 신석정은 전북 지방 문단의 정지 작업에 일손을 보탰다. 그는 1946년 '비색' 동인으로 활동하였으며, 1947년 2월 16일 창립된 전라북도문화인연맹(대표 채만식)에 이병기, 김해강, 김창술 등과 동참하여 입지를 확보해 갔다. 1952년 그는 '가람'(사화집 『새벽』) 동인으로 참여했으며, 이듬해에는 김해강 등과 함께 전주문학회(회장 이병기)의 발족에 힘을 더했다. 이 기간에 그는 거주지를 전주로 옮겼다.

---

15) 정한숙, 『해방문단사』, 고려대출판부, 1980, 24쪽.
16) 최명표, 『해방기 시문학 연구』, 박문사, 2011, 59-81쪽.

현실의 방관자가 역사의 현장에 끼어들기 위해서는 먼저 흔들림없는 정치적 신념으로 무장되어야 한다. 신념은 인간의 삶과 역사의 전개 과정을 통합적으로 파악할 수 있는 심리적 준거이다. 이 점에서 신석정의 해방기 시작품과 행적은 자유롭지 못하다. 그에게 시정신이란 "사물의 배후에서 혹은 그 중심에 파고들어 실상을 파악하고, 나아가 파이척결(爬櫂剔抉)하는 정신"[17]이었는데, 해방기에 보여준 시와 행적은 수상하기 그지없다. 이전의 몰역사적인 목가시인으로서 견지했던 서정성은 해방의 열기에 묻혀 흔적도 없이 사라지고, 식민지 기간 동안 한사코 외면했던 사회주의 이념에 친밀성을 드러내기도 하였다. 해방을 맞은 신석정은 이전의 고유한 음조를 벗어나서 매우 개인적인 감흥을 노래한 시인이다. 이러한 모습들은 한편으로 해방공간이라는 특수 상황 속에 놓인 한 시인의 정치적 발언으로 비칠 수도 있지만, 여느 시인들의 감흥과 별로 다르지 않다는 점에서 지극히 개인적인 차원에 국한된다. 그만큼 대일항쟁기부터 체득된 그의 정치적 무의식은 철저하게 식민지 현실로부터 벗어나 있었던 것이다. 외부 세계와 극도로 단절된 배타적 체험밖에 지니지 못한 그에게, 해방 후 정치적 현실의 변화는 적응하기 어려운 사건이었다.

>태양을 의논하는 거룩한 이야기는
>항상 태양을 등진 곳에서만 비롯하였다.
>달빛이 흡사 비오듯 쏟아지는 밤에도
>우리는 헐어진 성터를 헤매이면서
>언제 참으로 그 언제 우리 하늘에
>오롯한 태양을 모시겠느냐고
>가슴을 쥐어뜯으며 이야기하며 이야기하며

---

17) 신석정, 「시정신과 참여의 방향」, 앞의 책, 231쪽.

가슴을 쥐어뜯지 않았느냐?

그러는 동안에 영영 잃어버린 벗도 있다.
그러는 동안에 멀리 떠나버린 벗도 있다.
그러는 동안에 몸을 팔아버린 벗도 있다.
그러는 동안에 맘을 팔아버린 벗도 있다.

그러는 동안에 드디어 서른 여섯 해가 지나갔다.

다시 우럴어보는 이 하늘에
겨울밤 달이 아직도 차거니
오는 봄엔 분수처럼 쏟아지는 태양을 안고
그 어느 언덕 꽃덤풀에 아늑히 안겨보리라.
　　― 「꽃덤풀」 전문

  1946년 1월 12일에 창작된 이 작품은 해방기 신석정의 심리 상태가 드러나 있다. 그는 '태양을 의논하는 거룩한 이야기'를 '가슴을 쥐어뜯으며 이야기'하던 식민지 상태로부터 해방된 감격 속에서 "시인에 있어서의 행동이란 바로 작품 활동을 하는 것"[18]이라는 자신의 시론을 실천하고 싶었는지도 모른다. 그러나 한번도 '헐어진 성터'를 헤맨 적이 없는 그의 정치의식은 "너무나 순진하고 또 시대 감각에 뒤떨어진 것"[19]이다. 그가 호명한 '잃어버린 벗/떠나버린 벗, 몸을 팔아버린 벗/맘을 팔아버린 벗'은 일제 치하에서 나름대로 주체적 의지에 의해 '망명, 죽음, 변절'을 선택한 부류이지만, 신석정은 결코 타인의 범접을 용납하지 않는 '먼 나라'를 동경하며 단독자로 살면서 그들과 상거를 유지하고 있었다. 그러므로 민족의 치욕스런 현실이 사상되고, 민족과 동숙할 수 없

---

18) 신석정, 「시정신과 참여의 방향」, 위의 책, 229쪽.
19) 김윤식, 『해방공간의 문학사론』, 서울대출판부, 1991, 214쪽.

는 세계를 찾아다녔던 그가 과거를 회고하는 것은 해방을 맞아 표출한 남루한 변명에 지나지 않는다. 더욱이 적치하에서 현실에 대한 환멸감을 전원지향성으로 대체했던 그가 해방 이후 5개월간의 정국 상황을 목도하고, 문단의 혼란과 정치 현장의 혼탁상 속에서 '분수처럼 쏟아지는 태양'을 기대했던 것은 지나칠 정도로 비현실적이다.

  그런 까닭에 신석정의 시적 진술은 민족 구성원들의 정치의식이 첨예하게 대결하는 함성으로 미만한 해방공간에서 변변한 의미를 생성하지 못한다. 일제 치하의 정치적 무관심 속에 형성된 그의 시적 응전력은 동일 민족끼리의 정치적 헤게모니 쟁탈장에 적합하지 않았다. 그가 종전의 정치의식으로 개인적 차원에서 해방기의 격정적인 감정을 토로하는 동안, 시인으로서 "사회 생활과 상호 활동으로부터 멀리 떨어져서, 그리고 때로는 사회적 가치와 실천에 대립하면서까지 홀로 작업해야"[20] 하는 심미적 거리를 이미 상실하고 있었던 것이다. 그 이유는 해방 이전 시대에 대한 극심한 환멸감 때문에 가족 외의 타인에게 시적 공간을 공유하지 않았던 배타성에서 찾을 수 있다. 외부 세계와 단절된 시적 맥락을 중시했던 그로서는 새로운 발화상황에 적합한 화자/청자를 찾을 수 없었고, 급격하게 전개되는 해방정국에서 균형감각을 잃을 수밖에 없었던 것이다. 그것은 자신이 추구했던 '먼 나라'가 현실에서 실현될 것으로 예단한 시인의 정치적 판단착오에 힘입은 바 크다.

    全羅道 光州땅 벽돌공장에서
    당신의 등에 걸러지던 무거운 벽돌은
    바로 그게 우리 『祖國』이었읍니다

    太陽도 없는 욕된 하늘 아래

---

20) Janet Wolff, 이성훈·이현석 옮김, 『예술의 사회적 생산』, 한마당, 1988, 23쪽.

우리는 牧者를 잃은
한갓 헤매는 羊떼이었읍니다.

쇠사슬이 풀리고
새로운 太陽이 솟아오르는가 했더니
다시 南녘 하늘 아랜 몹쓸 風俗이 남아 잇어
祖國은 앓는 채 두 해를 꼽박 누어 있읍니다.

님이여!
당신이 열어주신 이 올바른 길엔
이다지도 원수가 많사옵니까?
자못 聖스러운 鬪爭의
幸福을 느끼여 즐거웁습니다

님이여!
당신은 또다시 앓는 祖國을 등에 지고
어느 으슥한 곳에서
『民族의 偉大한 指導者
朴憲永 先生의 逮捕令을 取消하라』
웨치는 人民의 소리를 들으시옵니까?

당신에게 나린 逮捕令은
바로 우리 人民에게 通하는 것이기에
그러기에 우리는 목마르게
당신을 부르는 것이옵니다

님이여!
당신의 목소리와 몸짓과
몸부름까지도 우리는 呼吸합니다
어서 돌아오소서
당신은 땅에서 솟아오른
太陽의 化身이옵니다
　　―「님이여! 당신은 땅에서 솟아오른 太陽의 化身이옵니다」 전문

이 작품이 발표된 『문화일보』는 1945년 10월에 창간된 일간 『예술통신』이 1947년 3월 11일자로 제호를 바꾼 좌익 계열 문화운동의 선전지이다. 『문화일보』의 발행인 겸 인쇄인은 이창선이고, 주필은 김영건, 편집인은 이용악, 편집고문은 설정식·김남천·김기림·김동석 등이 맡았다. 이 무렵 좌익측의 민족문학운동전선은 여러 가지 난관에 봉착해 있었다. 그 중에서도 가장 큰 어려움은 지도부의 괴멸 위기였다. 그들의 이념적 지도자였던 박헌영은 해방 후 조선공산당의 재건과 정국의 선제권을 장악하려고 힘쓰던 중, 이남의 조직 운동이 벽에 부딪치자 1946년 10월 초순에 월북하였다. 그 결과 1947년 이후 이남 조직의 문화투쟁은 해주분국을 통해 지시되는 형국이었다. 이에 민주주의민족전선은 1947년 2월 남조선문화예술가총궐기대회를 개최하고, 6월 30일에는 조선문화단체총연맹의 문화공작대 제1대를 경남지방으로 출발시켜서 '문화예술가'들의 '총궐기'로 국면의 전환을 시도하였다. 좌익측의 이러한 문화운동을 예의주시하고 있던 미 군정 당국은 8월 13일 조선문학가동맹의 사무실 폐쇄를 명령하고, 간부 검거령을 발동시켰다.

이와 같은 긴박한 시국 상황 속에서 좌익 문학가들은 박헌영의 재등장을 간절히 기대하는 심정을 토로하였다. 먼저 1947년 6월 13일자 『문화일보』에 김남천의 산문 「민족 대서사시의 영웅적 주인공 박헌영 선생」과 임화의 시 「박헌영 선생이시어 우리게로 오시라」가 발표된 이후, 이튿날 오장환의 산문 「시적 영감의 원천인 박헌영 선생」과 김상훈의 시 「위대한 민족의 수령」이 동시에 게재되었다. 이어서 유운의 시 「인민의 곁으로 도라오라」(1947. 6. 17), 이병철의 시 「박 선생이어 태양처럼 나타나시라」(6. 18), 이수향의 시 「박헌영 선생이 오시어」(6. 22), 조남령의 시 「어서 오라 인민의 벗이여!」(6. 24), 유진오의 시 「당신의 일홈을 물으면」(6. 25), 한진식의 시 「박헌영 선생이시어 피는 이러히 빨르고 있읍니다」(6. 27), 김광현의 시 「박헌영 선생을 모셔와야 한다」(6. 28)에 이어 인용한 신석정의 시가 7월 5일에 발표된 것이다. 이러한 일련의 작품 발표는 불리하게 전개되고 있는 시국 상황을 반전시키려는 좌익측의 의도적인 작품 시위였다. 이 와중에 신석정은 '땅에서 솟아오른 태양의 화신'인 박헌영의 재출현을 소망하는 헌시를 봉정하고 있는 것이다.

신석정은 경성콤그룹의 우두머리였던 박헌영이 1940-1941년 조직원들이 검거될 당시 피신하여 광주의 한 벽돌공장에 金成三이란 가명으로 은둔하였던 일화21)를 도입부에 인용하고 있다. 이전의 신석정 시에 등장하는 '님'의 성격이 불투명했던 것과 달리, 이 작품에서는 움직일 수 없을 정도로 뚜렷하게 나타난다. 식민지 기간 동안 동향의 김창술, 김해강 등 리얼리즘시인들과 달리 철저하게 현실로부터 거리를 유지했던 그에게, 수배자에 지나지 않는 조선공산당 총책은 과연 님으로 칭송될 정도로 이념적 우상이었을까? 이것은 그가 나폴레옹에게 송시를 바친 괴테를 비판하던 모습과 배치된다.22) 또한 동향의 '전위시인' 유진오가 좌익운동으로 인해 수형생활을 하면서 외쳤던 "우리 민족의 위대한 지도자 박헌영 선생의 체포령을 즉시 취소하라!"23)와도 다르다. 유진오의 주장이 절실한 체험과 견고한 이념으로부터 우러나온 가슴의 외침인 데 비해, 신석정의 시적 발언은 이전의 이력이 전무하여 군중의 틈에서 들려오는 공허한 발언에 그친다. 따라서 이 작품을 통해 추정되는

---

21) 김준엽·김창순, 『한국공산주의운동사』 (5), 청계연구소, 1988, 386쪽.
22) "저 바이말에 진공해 온 나폴레옹에게 달려가 송시를 봉정한 괴테는 천만 번 생각해도 시정신을 가진 시인이라고는 수긍이 가지 않는다. 나폴레옹이 황제가 되었다는 말을 듣고, 그에게 바치려던 악보를 찢어버렸다는 베토벤을 생각할 때 더욱 그렇다."(신석정, 「슬픈 목가」, 앞의 책, 26쪽)
23) 유진오, 「싸우는 감옥」, 『문학』, 1947. 5.

그의 정치적 이념은 허약하기 그지없는 편이다. 곧 그는 해방기의 혼란 속에서 "실제 사건이나 실제 인물을 주제로서 선택할 때, 그것은 역사의 표현수단"24)이 된다는 사실을 망각할 정도로, 시와 정치 사이에 유지되어야 하는 균형감각을 상실하고 있었던 것이다.

시가 역사와 문학의 파멸로부터 인간을 해방시킬 수 있다고 믿는 것은 신석정 같은 환멸적 낭만주의 시인들이 쉽게 빠져드는 환상 체험, 곧 허위의식의 외연이다. 그들은 인간의 해방이란 정신적 행위가 아니라 역사적 행위라는 사실을 외면한다. 더욱이 작가의 현실 참여는 "작품이 아니라, 인간으로서의 작가와 연관시켜 사용된 말"25)이라는 사실을 전제하면, 신석정은 먼저 역사적 행렬에 동참해야 했으며, 그에 앞서 시국 상황을 정확히 파악할 수 있는 정치감각을 단련시킬 필요가 있었다. 그렇지만 신석정은 식민지시대부터 형성된 특유한 감성과 상상력에 기초하여 현실 세계의 변동에 주목했을 뿐이다. 그는 이상/해방 공간의 주체가 되는 인간의 이념을 선명하게 제시하지 못한 채, 여전히 환각 체험에 지나지 않는 관념의 성채에 갇혀 있었던 것이다. 이로써 해방기는 그에게 자신의 정치적 이념의 불철저를 발견하게 되는 역사적 계기였으며, 그로 인해 자신의 시세계를 해방 이전의 상태로 원상회복시키고 말았다.

신석정이 해방공간에서 보여준 일련의 시와 행동들은 "친일도 배일도 할 수 없었던 그가 산수시의 세계에서 자신을 지킬 수 있었던 것이 식민지시대의 그의 입점이었다면, 약동하는 시로서 앞으로 나아가고자 했으나 결코 전진도 후퇴도 할 수 없었던 것이 8·15 이후 격랑에 휩

---

24) Melvin Miller Rader · Bertram Emil Jessup, 김광명 옮김, 『예술과 인간 가치』, 이론과실천, 1988, 316쪽.
25) 정명환, 『문학을 찾아서』, 민음사, 1994, 79쪽.

쏠리던 과도기 시대의 그의 입점"26)이었던 정지용의 시적 편력과 흡사하다. 두 사람 모두 식민지 현실로부터 유리된 시세계를 추구하며 지배자의 탄압을 모면할 수 있었다. 또 해방공간에서 시작품을 통해 역사적 현장에 동참하려고 했지만, 불행하게도 자신들의 정치 감각을 의식하지 못하고 있었다. 그 이유는 바로 시대상황에 대한 환멸감에 기인한 것으로, 두 사람은 자신들의 시세계가 정치적 환경과 융합되지 못하리라는 점을 인식하지 못했다. 그만큼 두 시인의 정치의식은 무감각했으며, 자신들의 정치적 무의식이 야기할 시적 굴절 현상을 예측할 수 없었던 것이다.

Ⅲ. 결론

이상에서 해방기 신석정의 시와 행동의 의미에 대해 살펴보았다. 그는 일제시대에 등단하여 시작활동에 참여한 이후, 50여년 간의 시력을 가진 시인이다. 그가 시를 발표하기 시작한 1920년대 중반 이후의 사회적 실정은 매우 암울하였다. 그는 철벽같은 식민지 현실 앞에 절망한 나머지, 현실의 비극적 국면을 애써 외면하고 '아주 아스무라한 먼 나라'를 찾아서 고유한 이상세계를 구축하고 자신의 상처난 영혼을 위로 받았다. 그는 현실 상황을 타개하려는 시적 노력을 적극적으로 추구하기보다는, 서양적인 전원의 세계를 노래함으로써 식민지 당국의 압력으로부터 자신을 지킬 수 있었다. 하지만 그가 찾아간 세계는 누구도 접근할 수 없는 지극히 독립적이고 비현실적인 영지였다. 순환적인 과거

---

26) 최동호, 『하나의 도에 이르는 시학』, 고려대출판부, 1997, 163-164쪽.

속의 현재 시제에 멈추어진 그 속에서, 그는 환멸적 낭만주의라는 탈정치적 상상력으로 심리적 자족감을 얻고 있었다.

　해방 후 신석정의 시편과 행동에서 설익은 정치의식이 검출되는 것은 일제라는 대타자 아래에서 형성된 환멸적 낭만주의의 영향이다. 그는 해방 정국에서 요구하는 정치적 이념을 채 갖추지 못한 작품을 발표했지만, 그로 인해 식민지 종주국에게 가졌던 환멸감을 재차 체험하게 되었다. 그것은 그가 한사코 정치 현실을 외면하고 목가적 이미지를 추구했던 전력을 잊고, 새로운 정치 상황에 동참하려고 했던 성급한 행동, 곧 허위의식의 예정된 결과였다. 그러므로 시 연구자들은 해방을 맞아 신석정이 누출한 이념의 속살을 보지 못한다면, 해방기와 전쟁기의 수상한 처신과 한번도 떠난 적이 없는 부안을 떠나 전주에 정착한 후 군산에 자주 나들이하여 '토요' 동인들과 어울리게 된 경위, 그리고 해방을 기점으로 달라진 시적 변모 과정을 제대로 파악하기 힘들다. 따라서 해방기 그의 시와 행적을 정신사적 측면에 비추어 본다면, 시대의 '정관자'이자 환멸적 낭만주의자의 관점에서 규명하려는 노력이 필요하다.(『현대문학이론연구』 제17집, 현대문학이론학회, 2002)

'담을 못 넘는 굼벵이'의 외로움
—김민성론

1

　인디언은 '친구란 나의 슬픔을 함께 지고 가는 사람이다'고 가르친다. 넓디넓은 초원에서 오로지 하늘의 소리를 우러러 듣고 살았던 그들로서는 친구야말로 '나의 슬픔'을 나눠질 수 있는 소중한 존재였다. 그들이 광활한 대륙에서 얻어낸 생활의 지혜가 잠언으로 전해오게 된 맥락이다. 그것을 찬찬히 그리고 천천히 음미하노라면, 그들이 하늘과의 소통도구로 주술을 애용했을지라도 하나같이 시적 언어로 받아들여도 무방하여 폐부를 전율시킨다. 그들에 견주어 시인이란 부류도 '나의 슬픔을 함께 지고 가는 사람'이기에 모자라지 않다. 시인을 친구로 삼고 싶은 것보다는 그들의 작품을 통해서 공감하는 폭이 넓다는 점을 감안하면 충분히 수긍할만하다. 대저 시인들은 전생에 지은 업죄가 얼마나 크기에 이승에서 '언어의 감옥'에 갇혀 살고 있는지 궁금하다. 더욱이 2대에 걸쳐 문학에 종사하고 있다면, 그들이 등에 지고 가는 짐의 무게를 가늠하기 힘들어진다.

대일항쟁기에 작가로 활동하며 부안 지역의 변혁운동을 이끌었던 김태수의 아들로 태어난 김민성(凡影 金民星, 1927~2003)이 이 부류에 속한다. 그는 가친의 유업을 이어받아 학교를 운영하였을 뿐만 아니라, 오랫동안 부안의 지역사학자로 활동하였다. 전주북중을 나와 동국대학교를 졸업한 그는 1960년 『자유문학』으로 등단하였다. 문단에 데뷔하고 나서 그는 첫 시집 『파도가 밀려간 뒤』(친우, 1986)를 위시하여 여러 권의 시집과 수필집 『음악 같은 마음이 흐르고』(유림사, 1999) 등을 발간하였다. 그는 선친이 상재한 『부안향토문화지』의 후속작으로 『오오, 변산이여』(고글, 1995) 등을 발행하여 부안의 문화유산을 널리 소개하는 일에도 앞장섰다. 김민성이 부안의 기생 매창을 현양하고자 '매창 거리'를 만들고, '매창 공원'을 조성하고, '이화우동인회'를 운영하고, '매창 문화제'를 연 것을 보면, 비단 매창에 대한 존경심 외에 남다른 애향심으로 뭉쳐진 사람인 줄 단박에 알 수 있다. 이러한 일들은 죄다 부안에서 100년이 넘게 살아오며 고향 사랑을 감추지 않은 누대의 전철을 밟은 것이리라.

2

　첫 시집 『파도가 밀려간 뒤』는 김민성이 등단 후 26년 만에 펴낸 것이다. 그 동안에 그의 분망한 일과가 시작을 더디게 만든 것일 수도 있다. 그가 나중에 여러 권의 시집을 낸 것을 고려하면 더욱 그럴 법하다. 그는 시집의 허두에서 "너는 고목 중에서도 휑뎅하니 속이 빈 오래된 고목일 것이다"(「책머리에」)고 규정하였다. 그의 자가진단은 "바람이 불고 비가 와도 그저 모르는 체했고, 새가 날아오고 구름이 머물다 가도 그저 그런 것이려니 했을 것"이라는 후속한 문장에서 어렴풋하나마 짐작 가능해진다. 말하자면, 그가 세파에 휩싸이지 않으려고 '모르는 체'하고 '그런 것이려니' 했다는 것으로 보건대, 밝히기 싫은 여러 가지 문제가 신변에 다가왔었던 듯하다. 그런 것들이 복합적으로 작용하여 시단에 나온 이라면 누구나 서두르는 첫 시집의 출간을 늦추게 된 배경 사유일 테다. 반면에 그 시간은 김민성이 "일기장의 남루한 편린"(「내일」)을 반추하며 성찰하기에 적당한 날이기도 하다. 우연인지 아니면 의도적인지 몰라도, 첫 시집의 제목이 '파도가 밀려간 뒤'이고 표지에 '자기성찰을 위한 감성의 시편들'이라는 시집명 위에 문구가 들어 있다. 아래에 든 시에는 그의 방황이 행마다 잠복해 있다.

어머니, 빌어야 될 말을 어디서 꾸어 와야 됩니까.

별똥이 옴시락히 떨어지는 밤, 뭣이든 소원이 쉬 이루어진다는 그런 밤입니다. 쉰이 넘어도 담을 못 넘는 굼벵이가 된 자식놈이 다섯 살 걸음걸이로 검디검은 교차로의 밤 위에 시방 크게 빕니다.

어머니―, 의젓잖은 오늘 밤 친구와 술을 마셨읍니다. 술은 잔에 가득 차는데 마셔도 마셔도 차지 않는 수수께끼를 푼다고 철이는 씨부렁거렸고 많은 것들이 낳고 자라고 죽어 가고 있는데 나는 추상적으로밖에 살지 못한다고 건강을 완치해야겠다고 철이는 또 고시랑거렸읍니다.

저는 그만 마술에 걸려 꼼짝도 못하게 되었읍니다. 이렇게 꼭 눈을 감아도 네온사인과 시그넬의 현혹을 뿌리치지 못하고 항상 오한기가 들어 손가락이 얼어붙고, 입이 굳어져 억양도 고저도 없이 민숭민숭한 맥박이 뛰는 조롱 속의 물고기가 되어버렸읍니다.

저는 가만가만 술청을 나와 길모퉁이 쓰레기장에서 하늘을 하늘이게 땅을 땅이게 하고 빌다가 『로이드』 0도의 안경을 콘크리트바닥에 떨쳐버

렸읍니다. 부서진 안경알의 파편 속에는 꽃과 바람과 뉘우침과 조소와 그
런 것들이 함부로 함부로 우쭐대고 있었고, 저는 견디다 못해 도망쳐 겨
울나무 뒤에 숨어버렸읍니다.

나목이 흐느끼는 소리가 들렸읍니다. 온통 캄캄한 슬픔의 바다. 심장의
動悸가 보도 위에 튕기고 숨소리가 가빠지고—

이런 땐 뭣이라고 후딱 빌어야 될 텐데, 빌어야 될 말을 어떻게 꾸어
와야 됩니까.

우리 어머니이—.
—「禱」 전문

이 시는 시인이 '어머니'를 부르며 시작하고 끝난다. 더구나 끝에서는 '어머니이'로 길게 부르고, 여운이 계속된다는 의미를 내포한 '—'를 추가하였다. 그가 어머니를 계속하여 불러야 할 이유가 생긴 것이다. 김민성은 어머니를 부르고 나서 '빌어야 될 말'을 '어디서' 찾아야 되는 게 아니라 '꾸어 와야' 하느냐고 묻는다. 시인은 자신을 '쉰이 넘어도 담을 못 넘는 굼벵이'라고 비하한다. 사람이 굼벵이로 화했으니 걷는 모양은 '다섯 살 걸음걸이'라야 맞을 텐데, 문제는 굼벵이가 '검디검은 교차로'에서 '크게' 빌고 있다는 점이다. 그는 '뭣이든 소원이 쉬 이루어진다는 그런 밤'의 기운을 빌려 '빌어야 될 말'을 꾸어달라고 기도한다. 그러나 그는 '검디검은' '교차로'에 서 있다. 교차로는 그의 정향성을 일거에 거세하는 공간이다. 그가 어디로 가야할지 모른다는 것은 '꾸어 와야' 되는 '말'의 방향성을 찾을 수 없다는 것과 등치된다. 곧, 김민성의 바람은 출발점부터 의지와 어긋나 있다.

그렇다면 시의 첫 행의 어머니와 끝 행의 어머니의 사이에 쌓인 저간의 사정이 도착할 결말은 정해져 있다. 그것은 극히 부정적이다. 시

의 3연에서는 술친구 철이는 '마셔도 마셔도 차지 않는 수수께끼'를 푸 느라고 씨부렁거리더니 '많은 것들이 낳고 자라고 죽어 가고 있는' 현실을 외면하고, 시인이 '추상적으로밖에 살지 못한다'거나 '건강을 완치해야겠다'고 고시랑거린다. 시인은 불편한 상황으로부터 벗어날 요량으로 "세상 밖을 찾아보기 위해"(「문 9」) 밖으로 나와서 '하늘을 하늘이게 땅을 땅이게' 빈다. 모든 것이 정상적으로 돌아가기를 바라는 시인은 기도하다가 말고 안경을 떨어뜨리고 만다. 땅에서 깨진 안경알의 파편 속에는 '꽃과 바람과 뉘우침과 조소'가 시인에게 '우쭐대고' 있어서 못 견디고 '겨울나무 뒤'에 숨어버린다. 밤중의 '쓰레기장'에서 그가 안경알을 깨면서 마주친 현실은 결국 자기성찰이다. 안경은 눈이 안 좋은 사람이 세상을 응시하는 도구이기 때문이다. 그러나 그마저 그가 '어머니'를 부르는 찰나, 단행되지 못하고 안경알처럼 깨뜨려지고 만다. 성찰이란 주체로서의 '자기'가 행하는 것이지, 끈떡하면 '어머니'를 부르는 다섯 살배기로서는 감히 결행할 수 없다. 그것이야말로 김민성이 신석정의 추천을 받고 나서 한참 동안이 흐른 뒤에 시집을 상재하게 된 배경으로 지목될 만하다.

위 시에서 검출되듯이, 김민성의 초기시에는 '動悸'처럼 생경한 한자어가 자주 출몰한다. '동계'는 심장의 두근거리는 상태를 지칭하는데, 거의 쓰이지 않는 단어이다. 이 시집에 수록된 그의 시 「採石場 風景」만 해도 '峨嵯한 바위산', '심장을 穹鑿하는', '鐵槌가 亂舞하고', '掌風이 일 때마다', '무너지는 石壁', '비상하는 魚鱗', '武俠志 上篇', '石燈 床石 望柱 墓碑' 등에서 보는 바와 같이, 한자가 빈번히 사용되고 있다. 제목 「蟋蟀」 등은 고루하고, 「毒感」 등은 한자로 바꿔도 무방하다. 김민성의 한자 구사는 1980년대 중반이라는 시기적 특수한 현상이라고 변명할 수 있으나, 시인은 모국어에 무한책임의식을 지니고 시작에 임해야 한다는 의무감 앞에 서면 옹호하기가 궁색해진다. 이 점은 그의 한학적 소양을 노출한 예이기도 하지만, 시어의 측면에서 보면 서둘러 청산해야 할 현안과제였다.

김민성이 제7시집으로 펴낸 시집의 제목은 『내리막길 여행을 떠나며』(에디터, 2000)이다. 제목부터 일단 멈춤의 구부정한 자세를 요구한다. 생의 '내리막길'에 접어든 노시인이 시쓰기에 전력했다는 사실만으로도 상찬받을 만하다. 그가 「책머리에」 표백한 '내리막길을 더듬는 작업'에 착수하게 된 동기는 "어떤 외로움인가를 알아내는 수업을 게을리 해서는 안 되겠다는 것"이었다. 그러니 그는 이 시집에서 '인생을 챙겨보는 시각'으로 일관하게 되었을 터이다. 늘그막에 이르러서 조심스럽게 고백한 그의 시작생활이 '외로움'의 원인을 찾아내는 '수업'이었다니! 첫 시집에서 '어머니'를 절규하듯 불렀던 이유도 결국 '외로움'에 사무친 "가도 가도 갈 곳 없는 방황"(「내리막길 여행을 떠나며」)을 끝내고 싶은 소박한 소망이었던 줄 이 시집은 증언하고 있다.

그런 측면에서 김민성이 노을에서 "자꾸 어두워가는 내 모습"(「노을」)을 발견하는 것은 예사롭지 않다. 이 시집만 해도 「저녁노을」, 「노을은」, 「채석강 노을」, 「노을을 읽으며」, 「저녁노을 속에서」 등이 함께 실려 있다. 그에게 노을은 "혼불"(「저녁노을」)이고, "외로운 별"(「노을은」)이며, "아슴히 멀어져 간 요녀"(「채석강 노을」)이고, "옛날을 불러내는/신호"(「노을을 읽으며」)이며, "길 떠날 채비에 바쁜 길손"(「저녁노을 속에서」)이다. 이처럼 노을 연작에서 변주되는 노을의 심상은 시인의 상황을 짐작케 한다. 김민성은 노을이 비치는 바닷가에서 자신의 '내리막길'을 반추고 있는 것이다. 그의 행위는 "밤의 정령이 부르는 소리"(「저녁 단상」)를 들으려는 "외톨이"(「동진강변 풍경」)의 간절한 몸부림이었다. 당연히 그의 등 뒤에는 '외로움'이 든든하게 은은한 빛의 노을로 물들어 분위기를 조성하고 있다.

> 안개되어 감춰 있는
> 바닷숨따라
>
> 노을이 펴가는
> 소리가 난다
>
> 우수리처럼 남은 햇살
> 욕심이 없다
>
> 허공에 피어 있는
> 시간이 처량해 보이고
>
> 자꾸 어두워 가는 내 모습
> 더욱 처량해 보인다
> ―「노을」 전문

　김민성이 말년에 펴낸 시집이고 보면, 일상적인 노을조차 범상히 응시할 수 없었을 터이다. 그런 탓인지 위 시의 노을은 '우수리처럼 남은 햇살'과 '자꾸 어두워 가는 내 모습'에 주목하도록 권면한다. 그로 인해 바닷가에서 한유하게 노을을 완상하는 시인의 여유는 사라지고, 그 자리는 '처량'한 분위기가 밀물처럼 밀려들어 오고 말았다. 그는 "괴로움이 쌓인 인생의 내용"(「동진강 아으리랑」)을 말년의 시편에까지 꼭꼭 채워 놓은 것이다. 그가 유독 노을을 시화하게 된 것은 그것을 통해서 자신의 지나간 삶을 되돌아보는 기회로 삼으려는 성찰벽에 기인한 셈도 있다.
　김민성이 노년에 다다라 시와 사진을 묶어 『동진강 아으리랑』(고글,

1997)이라는 시집을 내게 된 것도 기억할만하다. 그는 일찍부터 뜻 맞는 동지들과 부안에 사계절사우회를 만들어 이곳저곳의 사라져가는 풍광을 사진기에 저장하고 싶었던 꿈을 갖고 있던 중, 선친으로부터 물려받은 문재의 도움을 얻어 시사집(詩寫集)이라는 근사한 결실로 맺어진 것이다. 시집의 제목에 '동진강'과 '아으리랑'이 들어간 것으로 볼 양이면, 정읍에서 발원하여 부안을 관통하는 동진강을 역사적 관점에서 응시하라고 강권하는 그의 손짓을 엿볼 수 있다. 실제로 김민성은 "이평"(「잊어버린 길」), "말목장터"(「말목장터 감나무」), "만석보여!"(「만석보에서」), "건너편에 죽산"(「가을강」), "희므끄럼하게 떠오르는 백산"(「동진강 저녁에」), "한맺힌 고부땅"(「비 맞는 강」) 등의 지명을 호출하여 동진강과 갑오동학농민전쟁을 결부시킨다. 거기에 생생한 사진을 곁들여 편집했으니, 시집이 함의하고 있는 의미역은 보통이 아니다. 그의 투철한 역사관과 민중의식이 시와 사진의 도움을 받아 번듯하게 형상화되었다.

이 시집을 낸 후에 발행한 『황혼의 숨결』(월간문학출판부, 2002)의 입구에서 김민성은 "어느 날 느닷없이 찾아온 불청객 췌장암 말기 현상으로 시한부 인생을 살게 되었고, 입원 생활과 통증과 병고를 겪으면서 마지막 잎새가 뿜어내는 시향(詩香)과 황혼의 숨결이 어떤 것인가를 맛볼 수 있는, 죽음을 앞둔 숨가쁜 그리고 처절한 시정(詩情)을 이렇게 엮여 보았다"(「자서」)고 고백한 바 있다. 누구나 나이가 들어가면 인생을 정리하기 마련이다. 그런데 '느닷없이 찾아온 불청객'으로 인하여 김민성은 자의 반 타의 반 생애를 돌아보고 시업을 마감하는 작업에 나설 수밖에 없었다. 이 시집이 그의 시사에서 종장에 해당하는 사정이다. 그는 3개월 동안 "풀벌레도 울지 않는 적막"(「고독」)에 사로잡혀 있었다. 그 기간은 그로 하여금 종시를 쓰도록 견인하고, 나아가 "빈 우렁껍질"(「동진강 별」)이 되어 가는 육신의 변화를 받아들이도록 조장하여 평생 옭죄었던 '외로움'으로부터 해방되도록 도와주었다.

3

김민성은 평생 동안 부안을 노래하다가 떠났다. 그의 시작품들은 온통 부안에 바쳐졌다고 해도 과언이 아니다. 부자가 문학 대열에 동참한 사례는 더러 있으나 흔한 경우는 아니다. 김민성이 선친의 유업을 이어받아 고향의 발전에 전력한 것도 많지 않은 예이다. 재산이 모이면 향리를 떠나는 게 당연한 관습으로 굳어진 이 나라에서, 더군다나 아버지의 사상적 편력을 이웃들이 다 알고 있을 법한 시골 동네에서 묵묵히 가업을 이어받고 고향을 지킨 그의 선택은 가상하다. 그에게 시쓰기가 필요한 것이었다면, 시는 인디언의 친구에 해당했을 터이다. 남들 같으면 공치사하며 자신의 시업을 과시할 만도 하건만, 그는 "이름 모를 풀꽃으로 살고 싶은 것"(「나는 죽어서」)이 소망이었다.

김민성의 시편들은 철저히 자연친화적 성향을 선보인다. 그가 신석정의 도움으로 시인이 된 것과 신석정의 추모 사업을 벌인 것을 함께 연상해 보면, 자연에 대한 시적 관심은 십분 이해된다. 한편으로는 부친을 포함하여 부안 지역의 선각자들이 젊은 시절에 경도되었던 사상적 편력이 그를 자연과 더욱 친밀하게 조우하도록 이끌었을 터이다. 그러나 한편으로 그의 시작품에 장착된 "어두운 밤의 의상"(「비득치 바닷가에서」)이 '외로움'의 은폐물이었다는 점에 착목하면, 누대에 걸쳐 부안에 살고 있는 자신을 일컬어 '담을 못 넘는 굼벵이'라고 자칭한 의도를 알 만도 하다.

'낫지 않는 병'의 고통
─김형영론

1

김형영(金炯榮, 1945~2021)은 부안읍내에서 태어난 시인이다. 부안에서 초중고등학교를 마치고 상경한 그는 서라벌예술대학 문예창작과를 졸업하였다. 이 과정을 그는 "문학이라는 것에 미쳐 고향을 등지고 도시로 와서 내가 이 낫지 않는 병에 걸린 것"(「나는 낫지 않는 병을 가지고 있으므로」)이라고 자백한 바 있다. 그의 문학병은 1966년 『문학춘추』 신인상과 1967년 문공부 신인예술상으로 보상되어 문단으로 진출하는 원동력이 되었다. 1969년 그는 강은교, 박건한, 석지현, 윤후명, 임정남, 정희성 등과 시 동인회를 결성하여 동인지 『칠십년대』를 제6집까지 발간하였다. '칠십년대' 동인들은 2012년에 활동을 다시 시작하면서 '고래'로 이름을 바꾸었다.

생전에 김형영이 펴낸 시집으로는 『침묵의 무늬』(샘터사, 1973; 문학동네, 2001)를 비롯하여 『모기들은 혼자서도 소리를 친다』(문학과지성사, 1979년), 『다른 하늘이 열릴 때』(문학과지성사, 1987년), 『기다림이

끝나는 날에도』(문학과지성사, 1992),『새벽달처럼』(문학과지성사, 1997),
『홀로 울게 하소서』(열림원, 2000),『낮은 수평선』(문학과지성사, 2004),
『나무 안에서』(문학과지성사, 2009), 육필시집『무엇을 보려고』(지식을
만드는지식, 2012),『땅을 여는 꽃들』(문학과지성사, 2014),『화살시편』
(문학과지성사, 2019) 그리고 시선집『내가 당신을 얼마나 꿈꾸었으면』
(문학과지성사, 2005)과『겨울이 지나간 자리에 햇살을』(문학과지성사,
2021)을 펴냈다. 뒤의 시선집은 투병 중 엄선한 작품들을 모은 것으로,
그가 이승에 남겨둔 마지막 선물이다.

  1969년 대학을 졸업한 김형영은『월간문학』창간 멤버로 들어간 뒤로 죽 잡지를 편집하며 살았다. 그는 1970년부터 1997년까지 잡지『샘터』를 발간하던 샘터사에서 근무하였다. 1978년 잠시『학원』을 편집하다가 다시 복귀하여 1997년 퇴사할 때까지, 그의 편집 경력은 대부분 샘터사에서 쌓였다. 김형영은 그 출판사에서 성서예화집『내가 찾은 숲 속의 작은 길』(샘터사, 1981)과『한국전래동요선』(샘터사, 1986)을 엮어냈다. 1997년부터 1999년까지 도서출판 여백의 주간, 1999년부터 2003년까지『들숨날숨』편집위원, 2004년『이웃』주간 등을 거치는 동안에 김형영은 시작을 멈추지 않았다. 그간의 활발한 시작 활동을 인정받은 김형영은 현대문학상(1988), 한국시인협회상(1993), 서라벌문학상(1997), 가톨릭문학상(2005)을 받았으며, 2009년에는 육사시문학상과 구상문학상을 거푸 수상했다. 그밖에도 그는 박두진문학상(2015), 신석초문학상(2016) 등을 수상하였다. 이만한 수상 경력이라면, 그의 시적 업적이 시단으로부터 고평되고 있었다고 봐도 괜찮을 성싶다.

2

　김형영은 2000년 제6시집 『홀로 울게 하소서』를 펴내는 「자서」에서 자신의 시집과 시세계의 특징을 아래와 같이 갈무리한 바 있다. 독실한 가톨릭 신자로, '스테파노'라는 영세명을 지닌 김형영은 시신을 연구용으로 기증하여 "살아온 흔적조차 남기지 않은 사람"(「행복합니다」)이다. 평소 감투 쓰는 일에 서툴던 그가 2005년 한국카톨릭문우회장을 역임한 것만 봐도, 신앙심의 강도를 능히 짐작할 수 있다. 김형영이 이 시집을 '묵상의 시집'이라고 규정한 것도, 결국 날이 갈수록 아파 오는 몸의 변화를 알아차리고 '묵상'하는 자세로 '홀로 울게 하소서'라는 간절한 기도였기 때문이었다.

　　첫 시집 『침묵의 무늬』가 20대의 광기와 악마주의 시대의 시들이 그 중심을 이루고 있다면, 두번째 시집 『모기들은 혼자서도 소리를 친다』는 70년대의 군사독재에 대한 저항과 고발의 시들로 그 중심을 이루었고, 세번째 시집 『다른 하늘이 열릴 때』와 네번째 시집 『기다림이 끝나는 날에도』가 죽음의 그늘진 골짜기를 헤매면서 얻어낸 종교적 참회와 고백의 시집이라면, 다섯번째 시집 『새벽달처럼』은 모든 것을 있는 그대로 받아들일 때 얻게 되는 평화의 세계에 대한 믿음의 시집이라고 할 수 있겠다.

　　시인의 자기규정을 준수할 의무는 없다. 더욱이 평자들은 시인에 의한 이런 류의 자술을 원하지도 않을뿐더러 기대지도 않는다. 왜냐하면 시인의 나눔은 평자에게 '선입관적 가치판단'을 강요하는 압력으로 작용할 가능성이 농후할뿐더러, 당해 시인에 관한 논의의 폭을 협소화시키는 압박거리로 움직이기 때문이다. 시인의 선의를 감안하더라도, 이런 시도는 바람직하지 않다. 다만, 위 진술을 통해서 김형영의 의식 변화 혹은 세계에 대한 시인의 응전 자세가 달라지고 있는 줄 알아차리기에는 도움이 될 법하다. 그나마 평자가 세밀하게 천착한 결과로 제출되어야 할 성과물이고, 시인의 연령이 더해지면서 현실에 대한 대응 양상이 차별되는 점은 보편적 현상이라서 이 또한 평자들이 원하지 않는 바이기는 마찬가지이다.

  가령, 상술한 바를 검증하고자 김형영의 시집을 일독한 이들은 위의 문면대로 유형화하기가 지난한 줄 금방 안다. 그 증거로 그가 '70년대의 군사독재에 대한 저항과 고발의 시'를 수록했다는 『모기들은 혼자서도 소리를 친다』를 꼼꼼하게 일별해 보면, '군사독재'나 '저항'과 '고발'한 바를 시행에서 간취하기 힘들다. 물론 그의 말을 좇아 환유의 범주에서 시편을 포함시킬 수 있다. 하지만 그의 발언을 존중한답시고 일부러 비유의 범주를 확장할 필요는 없다. 그 즈음에 "괴롬이 쌓이는 30의 나이"(「遊星」)에 접어들었을 그이므로 "부글거리는 분노"(「나는 듣는다」)를 표출해야 마땅하다. 그러나 김형영은 "아름다움으로 저무는"(「저문 하늘」) "저녁노을"(「네 눈 속에는」)을 바라보는 것이 일상사일 정도로 소소한 생을 영위하였다. 스스로 "내가 살아서 가장 잘하는 것은 멍청히 바라보는 일이다"(「나의 시」)라고 고백했듯이, 그는 시대상황에 맞서 소리쳐 '분노'하기보다, 물끄러미 '바라보는' 자세를 견지한 것이다. 이 점에서 그는 소시민적 시인에 속한다. 그런 연유로 그의 시에는 "빈 하늘"(「빈 하늘」)을 응시하는 모습이 자주 등장한다. 그러나 그가 바라보는 '빈 하늘'은 "죽어가는 사람이 꿈꾸는 하늘"(「잠시 혼자서」)이다. 이처럼 세상을 원망하면서도 '분노'하지 못하는 김형영의 소시민의식은 아래 시에서 확인 가능하다.

    네가 죽을 때는
    하늘은 아주 작은 소리로 말하리라.

죽음은 너무너무 순한 짐승이어서
너를 업어주고
너를 잠재우리라.
먼저 간 친족들과
그리운 이들
때로는 얼굴도 없이 흐느끼는
山川도 만나리라.
　　—「네가 죽을 때는」 전문

위의 시를 읽노라면, 시인의 조용조용한 음성에 '죽음'까지도 조용한 사건으로 넘어갈 법하다. "저승길은 가시밭길"(「저승길을 갈 때는」)이라는데, 시인은 죽음조차 '너무너무 순한 짐승'으로 순화하여 친밀감을 자아낸다. 시의 어디에도 "먼지가 되어 펄펄 사라지는/육체"(「나그네 4」)에 대한 안타까움이 없다. 외려 죽어서 친족, 그리운 이 그리고 산천을 만날 것이라고 위로한다. 이쯤이면 "내가 먼저/먼 길 떠날 것 같다"(「낙엽 지고 나니」). 이처럼 김형영의 도저한 죽음 예찬은 "구원이 없어도 나는 행복하다"(「아멘」)는 자신감으로부터 비롯된다. 그런 덕인지 탓인지, 김형영의 시작품에는 "이승이 저승"(「나그네 8」)인 양 죽음이 편만하다. 아래에 따라 놓은 예를 볼 양이면, 그의 죽음에 대한 사유가 시 영역 외에서도 이루어진 게 아닌가 의심할 정도이다.

　　"아버지의 죽음이 왔다간 다음날"(「나의 악마주의」)
　　"죽은 갈매기"(「갈매기」)
　　"죽음은 나의 친구"(「떠도는 말들」)
　　"내가 죽으면"(「가을 물소리」)
　　"죽음아"(「나그네 2」)
　　"내가 죽어가는데"(「나그네 8」)
　　"죽어서도 사는 길"(「우리들의 삶」)
　　"죽어서 사는 삶"(「꽃」)

"이미 죽어서 흙이 된 사람들"(「부활」)
"죽음도 죽음이 아니다"(「斷想」)
"나를 죽이지 말아주소서"(「통회시편 1」)
"죽음의 파도가 밀어닥쳐"(「통회시편 3」)
"죽음도 하나의 꽃잎이 되는 것"(「엉겅퀴꽃」)
"죽음도 보이지 않게"(「좀 더 가까이」)
"죽음아!"(「呼名」)
"죽어가고 있는"(「지금도 채찍을 맞으며」)
"죽게 하소서"(「새벽달처럼」)
"우리들은 그저 죽어야 합니다"(「봄」)
"죽음의 힘"(「내가 당신을 얼마나 꿈꾸었으면」)

김형영의 시집에서 임의로 뽑았다. 죽음이야말로 그의 시적 특징 혹은 시세계를 구성하는 주요 인자라고 봐도 무방할 정도로 흥건하다. 그의 시집에서 빈번히 오르내리는 죽음은 세상에 대한 부정적 인식으로부터 기인했다고 봐야 할 터이다. 그의 세계관이 부정적인 징후는 "희망 없는 세상"(「苦海」), "개 같은 세상"(「내일은」), "정 떨어진 세상"(「지금도 채찍을 맞으며」) 등에서 쉬 찾아진다. 이런 세상은 "어둠을 여미는/세상"(「나그네 3」)이다. '어둠을 여미는 세상'을 사는 이들은 "삶의 증거였던 性慾"(「…에게」)마저 "묻어버린다"(「달밤」). 사람이 죽기 전까지 유일하게 포기하지 않는다는 '성욕'조차 달빛 속에 매장한 세상에서는 "모든 욕망 다 버렸다"(「자비를 베푸소서」)고 자인해야 한다. 본능적 욕망마저 거세한 사람은 제대로 걸을 수 없다. 그가 "몇십 년을 두고 가슴에 든 멍"(「가을 하늘」)을 숨긴 채 "지친 걸음걸이"(「이 몸 바람 되어」)로 "비틀거리는 삶"(「배추꽃의 부활」)을 살게 된 속사정이다. 이처럼 성욕마저 삭제된 이는 '삶의 증거'를 상실하였으므로 '삶'의 이유가 없다. 단지 온몸으로 '비틀'거림으로써 하루하루 생존의 증거를 축적할 뿐이다. 마치 온몸으로 울어도 아무도 관심을 쏟지 않는 모기처럼 말이다.

    모기들은 날면서 소리를 친다
    모기들은 온몸으로 소리를 친다
    여름밤 내내
    저기,
    위험한 짐승들 사이에서

    모기들은 끝없이 소리를 친다
    모기들은 살기 위해 소리를 친다
    어둠을 헤매며
    더러는 맞아 죽고
    더러는 피하면서

    모기들은 죽으면서도 소리를 친다
    죽음은 곧 사는 길인 듯이
    모기들,
    모기들,
    모기들,
    모기들은 혼자서도 소리를 친다
    모기들은 모기 소리로 소리를 친다
    영원히 같은
    모기 소리로……
        ―「모기」 전문

김형영은 모기들이 소리를 '친다'고 표현하였다. '치다'라는 동사는 손뼉을 '친다'에서 알 수 있는 바와 같이, 저 혼자서는 행동하지 못하여 필히 도움을 필요로 한다. 모기의 소리는 온몸을 발버둥거리며 서로 닿아야 난다. 다른 벌레에 비하면 한없이 작은 모기들이 '온몸'으로 소리를 '친다'고 시인이 표현하게 된 경위이다. '모기 소리'는 여느 소리보다 작다. 하지만 모기들이 날개를 쉼없이 흔들어서 내는 소리의 진지함은 적어도 다른 벌레들보다 모자라지 않다. 모기들은 '살기 위해' 소리를 '친다'. 생의 의지를 내외에 떠벌이는 소리 때문에 자신이 '맞아 죽'을지도 모르는데, 오로지 소리를 내어야 생존하고 있는 줄 체감할 수 있기에 '죽으면서도' 또 '혼자서도' 모기는 소리를 '친다'. 따라서 그것을 굳이 시인에 의한 의미 부여를 좇아 '군사독재에 대한 저항과 고발'의 '소리'로 듣지 않고, 실존의 어려움에 대한 존재의 성찰로 파악하는 편이 타당하다.

한때 김형영은 소리에 관심을 기울인 적이 있다. 예컨대, "언제나 개골개골"(「개구리」), "우리들의 넋으로 우는 까마귀"(「까마귀」), "피에 돌아나는 울부짖음"(「올빼미」), "죽어서도 숨어서 우는 구렁이"(「구렁이」), "천리적막을 애자지게 우는 놈"(「능구렁이」), "늑대의 울음소리"(「늑대」), "배 터지는 소리"(「지렁이」) 등이 보기이다. 이 소리를 유심히 경청하노라면, 대부분이 '울음소리'인 줄 알게 된다. 앞의 모기소리와 성격이 전혀 다르다. 모기의 소리는 "아무도 듣는 이 없어"(「귓속말」) 처연하다. 그에 비하여 위의 소리들은 '우리들의 넋'을 담아 우는 소리이다. 그렇다면 여러 동물들이 '우리들의 넋'으로 울고자 동원된 것이나 진배없다. 이른바 울음의 사회화를 통해서 시인은 "왜곡된 나"(「흐르는 물에서는」)의 "흔들리는 나"(「흐르는 물에서는」)를 보여주고 있다. 이런 점에서 동물들의 울음소리는 본래의 '나'로 돌아가려는 '나'의 "산그늘 같은 서러움"(「이별」)이 표출된 것으로 볼만하다.

김형영이 취택한 소리들은 하나같이 어려서 듣던 소리이다. 구렁이의 경우, "내 어릴 적 어느 해 여름"(「대나무」)에 대나무밭에서 구렁이를 찾던 경험의 되살리기에 해당한다. 하지만 소년기에는 "구렁이는 온데

간데 찾을 길 없"었다. 즉, 그에게 소리는 "모가지를 비틀어다오"(「풍뎅이」)나 "강아지야 강아지야 방울을 흔들어라"(「강아지야 방울을 흔들어라」)에서 유추할 수 있듯이, 극한상황에 내몰렸을 때에 폭발하는 분노의 몸부림이다. 소리는 "분노를 만드는 이 가슴"(「나는 듣는다」)에서 용출하는 것으로, "날마다 두려운 눈먼 세상살이"(「눈먼 세상」)가 강요한 울음이라고 봐야 한다. 그렇다고 정치상황에 항거하는 등의 뾰족한 수단을 갖지 못한 김형영으로서는 "죽은 듯이 살아서"(「아무리 화가 나시더라도」) "죽지 않고 사는 길"(「천년 자란 나무」)을 모색한다. 그 '길'은 "옛날"(「辯明」)로 돌아가는 것뿐이다. 김형영이 틈날 때마다 고향시편을 쓰게 된 동기가 여기에 있다.

3

김형영의 시에는 고향을 떠난 자의 향수가 곳곳에 스며 있다. 그 범주에 포섭될만한 작품명을 예거하자면, "그대 내 숨" 같은 「扶安」, "대웅전 처마 끝의 풍경소리"가 고운 「蘇來寺」, "변산 운산리 선영"에 산재한 「변산난초」, "가난해도 꽃을 피우는 마음"이 갸륵한 「변산바람꽃」, "온 동네 빈집 같"은 「上里 1-6」 그리고 "열입곱 살이던가 열여덟 살"에 가 봤던 「彩石江」 등이다. 그밖에 "변산으로 떠나던 우리들의" 아버지와 어머니의 뒷모습이 아련한 「기억할지어다」, "아버지가 보이는" 배추꽃(「배추꽃 바라보니」), "고향을 향한/머나먼/철새의 그리움"이 귀의할 「回歸」, "그리움에 밀리어/가보는 고향"을 생각한 「고향생각」, 서울로 떠나는 시인을 배웅하던 "늙은 소나무"가 외로운 「고향 풍경」 등도 동일한 범주로 포섭될 만하다. 이처럼 그는 사춘기를 보냈던 고향에서의 추억을 간직한 채 서울살이가 힘들 적마다 비상금처럼 꺼내 쓴다.

고향은 누구에게나 그리움의 온상이다. 그의 실존적 근거지로서의 고향은 실향 혹은 출향한 이력이 있을수록 노래의 처소로 호출된다. 고향이 시인들에게 긍정적 장소로만 찬양되는 이유이다. 시인은 고향을 생각하고 그리워하는 행위를 통해서 심정적 안정을 얻는다. 그의 삶이 팍팍할수록 고향을 부르는 횟수가 잦아지고 예찬하는 심도가 깊어진다. 한국처럼 산업사회로의 진입 속도가 유별났던 나라에서는 먹고 살기 위해 이향한 자들에게서 향수가 자주 회자된다. 그들이 노년기에 접어들어 산업현장으로부터 은퇴한 뒤로는 향수마저 상품이 되어 거래되고 있는 현실이다. 자본주의의 정착에 이바지한 그들에게는 "게딱지 같은 고향집"(「상리 6」)이 회로 만든 고층집보다 정겹다. 그런 집에서 "굴뚝마다 피어오르는 저녁 연기"(「저녁 연기」)는 밥상을 사이에 두고 온 가족이 모여 앉아 빚어내는 식구공동체를 온전하게 복원하여 아늑하고 그윽하게 들녘으로 번져간다.

    해가 져서
    대신 달이 살아나서
    휘영청 밝은 밤에
    신발을 벗어 한 손에 들고
    다른 한 손으로는 바짓가랑이를 움켜쥐고
    첨벙첨벙 바닷물 속으로 들어가서
    거기 피는
    매화, 연꽃을 본 일이 있는가.
    만 권 책들이 돌이 되어서
    거기 숨긴 애기처럼 차곡차곡 쌓여서
    그걸 읽어줄 사람을
    몇십만 년 기다리고 있는 걸 본 일이 있는가
    열입곱 살이던가 열여덟 살 되던

어느 봄날 저녁 무렵
나는 변산 채석강에 가서 보았다.
바다가 파도를 시켜서 한 짓 가운데서는 그중 아름다운
아름다운 채석강의
매화,
연꽃,
돌이 된 만 권 책 속에는
그 내력이
줄줄이 줄줄이 적혀 있겠지만
나그네여
나그네여
우리는 모두 스쳐지날 뿐
스쳐지날 뿐이다.
　　—「彩石江」 전문

　　부안 사람들이 자랑으로 생각하는 채석강은 부안팔경 중의 하나이다. 바람과 파도에 깎여나간 바위의 모습이 마치 만 권의 책을 쌓아 놓은 듯한 채석강은 당나라 시인 이태백이 배를 타고 술을 마시다가 강물에 뜬 달을 잡으려다 빠졌다는 채석강과 비슷하다고 해서 명명되었다. 지금도 채석강을 찾는 이들이 그치지 않는다. 17, 8세에 채석강을 방문했던 경험을 되살리는 동안에 김형영은 "이대로 깨어나지 않기를 꿈꾸"(「뭔가 잘못되었다」)었을 터이다. 그만치 고향은 당자를 무장해제시키고 아스라한 '옛날'의 추억 속으로 데불고 간다. 시인들이 고향을 회상하는 것은 공간보다도 시간 속으로 돌아가고 싶기 때문이다. 그 시간이라야 비로소 공간으로서의 고향의 이곳저곳이 '옛날'의 모습으로 고스란히 드러나고, 그 공간을 공유했던 동무들이 상기되어 평화해진다. 그러나 그 순간도 잠시, 시인은 '우리는 모두 스쳐지날 뿐'이라는 실존적 한계상황을 깨달으며 평화를 깬다. 고향에서마저 그는 "답답한 가슴"(「가을 하늘」)을 주체하지 못하고 현실 속으로 돌아가는 것이다. 말하자면, 그는 고향과 타향의 어느 곳에서도 안정을 취할 수 없다. 이런 보폭의 소유자에게는 하루하루의 삶이 팍팍하다.

이처럼 김형영의 시에는 '스쳐지날 뿐'이라는 나그네의식이 도처에서 작동하고 있다. 그가 「나그네」 연작을 8편 이상 쓰게 된 연유도 거기서 찾아진다. 그를 휘감고 도는 나그네의식은 급기야 "갈 곳이 없다"(「나그네 4」)는 무장소성을 토로케 한다. 그의 '갈 곳이 없다'는 선언은 "사라지자"(「뱀의 소리」)는 결의의 도움으로 "그래도 그냥 이대로 가자"(「친구여 어디를 가고 있는가」)는 무정처성을 초래하게 된다. 이런 현상은 "머무르지 않는 즐거움"(「나그네 5」)을 추구하는 나그네의 신념에서 우러난 것인 동시에 "마음이 불안하다는 증거"(「저문 하늘」)로서, 상술한 바와 같이 시인이 '죽음'에 대한 사유로부터 벗어나지 못하고 있는 줄 알려준다. 그가 "우리가 기억하는 사람들은/이미 죽어서 흙이 된 사람들"(「부활」)이라고 재확인하는 행위야말로 시 안에 "빈 나뭇가지"(「겨울 풍경」) 따위의 '빈' 이미지를 자주 출현시키는 밑심이다. 그 힘은 "나 비록 죄지은 몸"(「통회시편 3」)이라는 원죄의식에서 발원하여 김형영의 시집을 온통 관통하고 있다. 그의 시가 고향으로 향할 수밖에 없었던 사정이다.

4

김형영은 "묵묵히 살아가는 사람들"(「無名」)의 소시민적 애환을 예리하게 포착하여 형상화하였다. 딱히 내세울만한 직책을 맡지 않은 그였기에 평범한 시민들의 소소한 일상에서 포착된 소재들을 시로 반영하는 것이 수월하고 편했을 터이다. 일찍이 그는 자신의 시가 "지나치게 짧고 단순한 것"(「나의 시」)이 약점이라고 진단한 바 있다. 그의 말처럼 시편들은 장시를 찾아보기 힘들고, 길이가 짧고 난해하지 않게 '단순'하다. 그것은 그의 시편들이 삶의 희망과 절망을 동시에 노래하기보다는, 둘 중 하나에 혹은 하나씩 장면화하면서 선택한 형태이다. 예를 들어서 그가 "나 같은 것/나 같은 것/밤새 원망을 해도/나를 아는 사람 나밖에 없다"(「나」)고 단정한 시를 보라. '나'는 무수한 장면으로 구성되는 존재물이다. 그는 이 가운데 '나를 아는 사람'이라는 자기인식의 단면을 간단하게 웅변하고 있다. 거기에는 사실 길이의 장단이 중요하지 않다. 시인의 날카로운 발톱이 표현하고자 하는 바의 일면을 요연하게 보여주면 되는 것이다.

아울러 김형영은 "오늘 밤 아무래도/내가 먼저/먼 길 떠날 것 같다"(「낙엽 지고 나니」)에서 유추할 수 있듯이, 죽음을 의식한 시편들을 여러 편 남겼다. 이런 발상은 그가 "가슴 문지르며 못 견뎌"(「부끄러움」)할 정도로 염결한 인생관을 지니고 시작에 임해서 말미암아진 것으로 보인다. 그의 시편들을 야금야금 읽을 때마다 "날 샐 줄 모르는 밤"(「기다려야지」)으로 고생한 흔적이 사방에 역력하다. 그는 "밤새 숨어 있던 태양"(「주님 안아보리라」) 때문에 '밤'으로 여며진 세상에서 "어느 하루 편한 날이 없었다"(「수평선 3」). 바야흐로 육신의 짐을 훌훌 벗어던지고 영겁의 시간여행을 떠난 김형영이 저승에서나마 이승에서 걸린 '낫지 않는 병'을 치유하는지 궁금하다.

'통인시'와 사향심의 조우
—김영훈론

1

　1936년 김영훈은 부안 줄포에서 5남매(김영순-김영훈-김옥자-김영희-김영중) 중 장남으로 태어났다. 그는 줄포에서 초중학교를 마치고 이리 남성고등학교로 진학하면서 향리를 떠났다. 1960년 서울대학교 치과대학을 졸업하고 치과의사로 재직하던 중, 그는 학업에 매진하여 동 대학원을 수료하고 치의학박사학위를 받았다. 1967년 서울 종로에 치과를 개업하고 진료를 하느라고 분주하던 중에도 그는 봉사활동에 열심히 참여하여 치과의료봉사상을 받기도 했다. 김영훈은 "비지땀 털던 젊음"(「내 어린 시절」)을 투자하여 혼신의 노력으로 습작에 전력하다가 1984년 『월간문학』 신인상을 받고 문단에 나왔다. 그 뒤로 한국문인협회, 한국시인협회, 국제펜클럽 한국본부 등의 문인단체에 적을 두고 활동하였다. 그는 동료 치과의사들과 대한치과의사문인회를 조직하고 초대회장으로 추대되었으며, 종로문인협회 회장 등을 지낸 원로 시인이다. 김영훈은 시작과 시단 그리고 봉사활동에 쏟은 공로를 인정받아 2011

년 1천만원 문예운동 대상을 받았다.

　김영훈이 펴낸 시집으로는 『꿈으로 날으는 새』(시대문학, 1989), 『가시덤불에 맺힌 이슬』(마을, 1999), 『바람타고 크는 나무』(글나무, 2004), 『꽃이 별이 될 때』(월간문학 출판부, 2009), 『모두가 바람이다』(문예운동사, 2011), 『통인시』(글나무, 2012) 등이 있다. 이 중에서 『통인시』는 2014년 김일남에 의하여 일본어로 번역된 뒤에 문예운동사에서 간행되었다. 이처럼 여러 권의 시집을 상재한 김영훈의 시세계에 관한 논의가 없다는 점에 의아할 지경이다. 더욱이 그는 '통인시'라는 형식의 시를 제안하고 꾸준히 실천에 옮겼다. 그의 학구열이 시 형식의 실험으로 이월된 증거일 텐데, 연구자들이 별무관심이었던 점은 반성하여야 한다. 이에 간략하게나마 그의 시를 분석하여 시단에 보고하고, 앞으로의 연구를 최촉하는 마당으로 삼고자 한다.

2

　고래로 내려오는 시작법 중에 기승전결식 구성법이 있는 줄 다 안다. 애초 한시를 짓는 중에 통용되던 기승전결은 내용의 구성과 상관된다. 간소하게 말하자면, 기는 시상을 불러일으키는 구이고, 승은 기의 시상을 심화하는 구이며, 전은 시상을 급전시키는 구이고, 결은 시상을 끝맺는 구이다. 주로 절구체에서 쓰인 기승전결은 각각 기구, 승구, 전구, 결구로 불린다. 이 가운데 전구는 기존의 시상을 새롭게 전환시키는 반전효과를 거두느냐의 여부에 따라 작품의 성공을 결정할 만치 중요하게 여긴다. 서양에서 소설의 구성 단계를 발단-전개-위기-결말로 칭하는 것과 대응된다. 아직도 이 방식은 시인이나 시조시인들에게 내면화되어 면면히 계승되는 중이다.

　김영훈은 첫 시집을 낸 후로 기승전결식 구성법에 집착해 왔다. 그는 기왕에 발간한 6권의 시집들 중에서 둘째 시집부터 여섯째 시집에 이르기까지 의도적으로 4행 4연의 작품들을 선보였다. 시적 열정을 온통 바친 이 방식을 그는 '통인시'라고 불렀다. 김영훈이 자신의 실험시를 '통인시'라고 명명한 것은 삶터에서 비롯된 듯하다. 그는 종로구 창성동에서 김영훈치과의원을 개업하였다. 이후 그는 통인시장을 지나 옥인동 방향으로 올라가다가 왼쪽에 자리를 잡고 줄곧 개업의로 근무하였다. 진료하는 치과가 이 일대를 떠나지 않았고, 주거지도 근처인 점을 감안하면 통인동은 그의 생애와 밀접히 관련되어 있는 곳이다. 시 속에서 "길 좌우로 인왕산과 북악산"(「우리 동네 산들」)이 있다고 자랑하는 김영훈이므로, 아마 호를 '줄포'가 아닌 '통인'으로 삼아도 세인들이 수긍할 듯하다.

　　치의학을 연구하듯 시에 심취된 지난 세월 간결한 형식에 함축된 내용을 담을 수 있는 시 형식을 찾기에 고심했다.
　　자유롭게 사는 것이 인간의 욕구이겠지만 질서를 유지하며 자유롭게 사는 것이 서로를 위한 진정한 평화의 길이라고 생각한다.
　　그런 의미에서 내 시집 2집에서 5집까지 전 작품을 4행 4연 시로 엮어 왔다. 내 소견으로는 이 형식에다 내용을 담는다면 이상적이지 않을까.
　　일찍이 우리 문학에 시조와 자유시가 꽃 피웠듯이 각국마다 그 나라의 정서에 맞는 시 형식이 있을 것이다. 그러나 이 세상의 시 애호가들이 통일된 시 형식으로 쉽게 애용할 수 있다면 금상첨화라고 생각한다.
　　지구촌 분쟁지역까지 문학을 사랑하고 평화를 염원하는 마음으로 행으로 보나 연으로 봐도 기승전결인 4행 4연으로 작시하여 읊어 본다면 평화의 의견도 서로 통하는 데 도움이 될 것 같다. 이 4행 4연 시를 『통인시(通仁詩)』로 이름하여 인류 평화를 위하여 바친다.(「책머리에」)

인용문은 김영훈이 제5시집 『모두가 바람이다』를 펴내는 자리에서 밝힌 소회이다. 먼저 그는 사람들이 사는 세상에 일정한 규율이 작동해야 질서가 유지되듯이, 시작 과정에도 그것과 유사한 창작 지침이 필요하지 않겠느냐고 묻는다. 말하자면, 자유시랍시고 이런저런 다양한 방식의 구성법이 횡행하게 된다면 시적 질서가 어지럽혀지지 않겠느냐는 충정의 토로이다. 그는 '통일된 시 형식'으로 '행으로 보나 연으로 봐도 기승전결인 4행 4연으로 작시'하기를 권하고, 동시에 '2집에서 5집까지 전 작품을 4행 4연 시'를 창작하여 시집에 수록하였다. 그의 궁행은 이론과 실제의 일치를 지향하는 신념이 예정한 것이다.

하지만 김영훈의 주장대로 4행 4연의 기승전결식 '통인시'를 창작하게 되면, 시조와 별반 다르지 않게 되어 정형시의 억압으로부터 해방을 부르짖으며 형식을 혁파하고 탄생한 '자유'시의 퇴행을 초래하게 될 염려가 농후하다. 또 모든 시에 기승전결을 강제하게 되면, 시형이 원치 않는 통일을 강요받게 된다. 시형의 제약은 필히 시적 발상을 제약하고, 시상의 자유로운 전개를 가로막고 말 것이다. 더욱이 현대 사회가 포스트모더니즘을 거치면서 일률적이고 예측가능한 현상을 극도로 혐오하는 판국에, '지구촌 분쟁지역까지 문학을 사랑하고 평화를 염원하는 마음'으로 고식적이고 판에 박힌 내용 구성법으로 '통인시'의 창작을 제안하기는 난망하다.

먼 고향 찾아갔더니
작은 집들은 사라지고
대숲이 푸른 날개처럼
집 한 채를 품고 있다

대밭에는 죽순까지 솟아

몇 대가 함께 사는 대가족
실바람 나누어 속삭이며
발부리 뻗어 내리고 있다

꽃과 열매를 갖기 위하여
고향을 떠나는 이 시대
대나무는 빈속을 감싸고
별꽃을 바라보고 있다

어떤 바람이 불어와도
제자리에서 숲을 이루어
날개 접은 원앙새처럼
이 마을 빈 호수에 떠 있다.
　　―「내 고향 대나무」 전문

　김영훈이 제6시집의 차례 앞과 표지 뒷날개에 전문을 인용하고 기승전결로 사분하여 '통인시'를 설명한 작품이다. 그가 운영하던 치과의원에 걸려 있기도 하다. 어느 날, 그가 "내 그리움을 채울 옛집"(「옛집」)을 찾아갔다가 "빈 논바닥에 널브러진 적막"(「121 열차에서」) 속에서 "산천이나 고향은 폐허다"(「비둘기 가족」)는 사실을 확인한 후에 쓴 시이다. 오랜만에 찾아간 '작은 집'을 품듯이 세를 불린 대나무가 '몇 대가 함께 사는 대가족'이 되어 기회만 되면 '꽃과 열매를 갖기 위하여' 대처로 떠나는 시대에 '빈속'으로나마 '별'을 '꽃' 삼아 고향집을 지키는 음화를 시인은 노래하고 있다. 그로 말미암아 시편을 흐르는 정조는 적적하고 우울하다.
　시인은 "내 유년의 별들이 잠겼던 호수"(「슬픈 얼굴」)를 '이 마을 빈 호수'로 확인하고 "항구가 포구로 늙어가더니"(「줄포항은 사라지고」)라고 읊어서 줄포의 쇠락해진 모습은 재확인한다. 김영훈의 회상은 "고향에서 뻗어 나온 내 길"(「축복의 땅, 부안에서」)의 기원을 찾는 정서적 환기인 동시에, "내 가슴의 멍울진 아픔"(「파도에게」)을 치유하려는 시적 몸부림이다. 그에게 줄포는 천둥벌거숭이 시절의 추억이 알알이 박혀 있는 유년기 공간으로, "내 피난처였던 어머니"(「어머니의 독서」)의 자리가 빈 채로 남아 있어서 허전한 곳이기도 하다. 그에게 줄포는 "눈빛 하나만으로도 정겨운"(「저 해원(海原)의 꿈」) 고향이지만, 공부한답시고 입주하게 된 이리와 서울은 "낯선 골목이 두려웠던 시절"(「길」)의 타향이다. 김영훈은 청소년기부터 이향을 경험한 출향자이기에 대나무 숲으로 변해버린 고향집의 풍광이 낯설기만 하다. 더욱이 지금은 "외국에 간 자식"(「까막눈」)과 "무리지어 꿈을 키우던 친구들"(「홀로 선 나무는」)이 시나브로 곁을 떠나가고 있어서 그의 심중은 '빈속'처럼 "내 살붙이가 모두 떠난 빈 방"(「그랜드캐니언」)이나 진배없다. 이 점에 근거하여 위의 시가 김영훈의 허허로운 처지를 사실적으로 묘사하고 있다고 평할 수 있다.

앞의 시에서 선명히 확인할 수 있듯, 김영훈의 시에는 출향자의 귀향의식이 고루 산재해 있다. 중등학교 시절부터 고향을 떠나 타향살이를 하면서 학업에 열중했던 이력사항을 기억한다면, 그가 시편에서 고향을 향한 귀소의지를 탑재하는 것은 극히 자연스럽다. 시집 『꽃이 별이 될 때』의 모두에서 "내 인생의 갈등을 시에서 위로받"(「책머리에」)았다는 김영훈이고 보면, 시작은 '위로'받는 영혼의 활동일 만하다. 게다가 그는 "근엄하게 앉아만 계시던 할머니"(「고추밭에서」)와 "한국전쟁이 일어나 아버지를 잃고"(「곰보빵을 보면」), "꽃다운 청춘에 혼자되시어"(「이승의 끈」) 5남매를 양육시킨 어머니에 대한 부채를 탕감받을 수 없는 불효자이다. 그런 연유로 김영훈은 시쓰기를 "내 삶을 돌아보는 일"(「서시」, 『가시덤불에 맺힌 이슬』)이라고 규정하게 되었다. 그의 시편에서 "내 눈에 박힌 어린 날의 고향"(「세월의 뜨락」)을 빈번히 접하게 되는 속사정이다.

3

위 시 「내 고향 대나무」를 통해서 알아본 것처럼, 김영훈의 시는 소위 '통인시'와 고향의식이 혼효되어 있다. 그가 야심차게 제출한 '통인시'는 한국의 전통적 시 형식인 한시와 가사, 시조의 맥을 잇는 내용 구성 방식이다. 그것을 시작법이라고 수용하기에는 초점이 어긋나므로, 한시 작자들이 절구체에서 기승전결을 즐겨 쓰던 버릇과 흡사하여 일종의 구성하는 방법론으로 분류해도 될 성싶다. 다만 '통인시'는 그의 기대와는 다르게 100년이 넘는 한국 자유시의 계보에서 받아들이기 힘들다. 시가 구성의 '자유'를 제한하게 되면 생리적으로 자유시의 속성을 상실하게 될뿐더러, 시적 본질로부터 일탈하게 될 위험이 커지기 때문이다.

일례로 김영훈이 제2시집부터 시도한 '통인시'들을 진지하게 볼 양이면, 시 형태가 4연 4행으로 규격화되어 '자유'시의 성질을 거세하고 있다. 자유시는 근대적 감수성의 총아로 탄생하였다. 덧붙여 지금은 AI가 사회의 존망을 가를 정도로 초고도 산업사회에 접어들었다. 이처럼 사회의 발달이 전 부면에서 가속도적으로 급변화하는 즈음에 시인의 감수성이 만발하지 못하도록 제지하게 되면 일차적으로 시인들로부터 극도의 거부감을 초래할 터이고, 나아가서 연구자들의 동의를 구하기도 힘들어진다. 따라서 김영훈의 '통인시'론은 일제적으로 적용되기보다는, 시의 상황을 고려하여 임의적으로 실시되어야 할 법하다. 그 딴에는 '치의학을 연구하듯' 오랜 시간의 숙고 과정을 밟아 내놓은 것이지만, 쏟은 공력에 비하여 실용성은 떨어지는 게 사실이다. 그래도 독자적인 시론을 개진하려고 힘쓴 그의 공은 따로 적어서 찬할만하다. 그의 통인시론에 관하여 논자들의 언급이 진행될수록 위의 논의에서 논하지 못한 결과가 도출될 수도 있을 터이다.

'순수로움'으로의 회향
—김석철론

1

　김석철(茶汀 金錫喆)은 1940년 부안에서 태어났다. 그는 전주고등학교를 거쳐 서라벌예술대학 문예창작과와 경기대학교 국어국문학과를 졸업하였다. 1978년 『시문학』에 시가 당선되고, 1980년 『월간문학』 신인상에 연속 당선되어 등단한 중견시인이다. 그 동안에 펴낸 시집으로는 『바다 풍경』(월간문학사, 1984)을 포함하여 『바람처럼 구름처럼』(정인각, 1989), 『참 선비의 그 뜻은』(한국시사, 1999)』, 『가을산책』(정인각, 2003), 『시간 위에서』(정인각, 2009) 등이 있다. 그밖에 오랜 중등교원 생활을 마무리하면서 묶어낸 문집 『교정에 내린 햇살』(태창문예주식회사, 2003)이 추가된다.

　오랜 기간에 걸쳐 김석철은 문단 활동을 활발히 전개했다. 그가 속했던 문인단체와 직책으로는 한국시조시인협회 부이사장, 한국21세기문인협회 이사, 월간 『한국시』 편집위원, 경인시조시인협회 회장, 한국시조작가회 부회장, 계간 『시조문학』 편집장, 한국문인협회 이사, 국제펜클럽한국본부 경기지역 부회장, 한국문인협회 경기도지회 자문위원과 동협회 성남지부 자문위원, 한국작가회 이사, 『시조문학』 문우회 이사, 『씨얼문학』 동인, 시조사랑시인협회 자문위원 등을 들 수 있다. 이처럼 문인들의 단합에 애쓰고 시조집을 발간하여 시조단의 발전에 기여한 공을 인정받은 김석철은 여러 상을 받았다. 그는 1996년 황산시조문학상을 시작으로 1997년 제1회 경기문학상, 1999년 제24회 노산문학상, 1999년 한국시조시인협회 공로상, 2000년 제12회 백양촌문학상, 제21회 한국시조문학상, 제17회 경기예술대상, 제9회 월하시조문학상, 성남문화상 등을 잇따라 수상하였다. 이와 같이 그가 시조단에서 활약하며 수확한 명예는 더없이 화려하다.

그렇지만 김석철의 문단 경력은 수도권에서 이루어진 탓에, "강산이 변했어도 거듭거듭 변한 세월"(「그 덕망은」) 동안 고향에는 널리 알려지지 않았다. 그는 서울에서 살림하며 경기도에서 교원으로 복무했다. 그는 전북의 시조단과 간헐적으로 연결되어 작품을 발표하는 외에 여럿과 통교하지 않았다. 이것을 그의 탓으로 돌리기에는 난망하다. 김석철처럼 고향을 떠나 타 지역에서 활약하는 시인들은 출생지에서 외려 배척받는 게 부인할 수 없는 실정이다. 일례로, 각 시군마다 '시군민의 장'을 유행처럼 시상하고 있다. 상을 주는 시군의 조례나 규정을 볼 양이면, "안으로 여미는 마음이"(「장미」) 수상자의 자격을 당해 지역에 일정 기간 이상 거주하는 '시군민'으로 한정한다. 정작 그 시군의 명예를 드높이는 사람은 객지에서 고생하며 반열에 오른 이들인데도 말이다. 이러한 악례(惡例)는 주민자치의 이름으로 시행되는 통에 바로 제거될 가망이 없다. 시인의 경우도 예외가 아니다. 제발 문제사태의 본질을 적확히 인식하고 광정하려는 시군민의 의지가 요청되는 즈음이다. 김석철처럼 타관에서 고생하며 문학적 성취를 이루어 향리의 문명을 앙양한 작가들은 그 지역의 주민들이 먼저 알아보고 시상하여 같이 기뻐하여야 마땅하다.

2

시조는 누가 뭐래도 한국 고유의 장르이다. 수백년간 지배층에서 향유되며 호사를 누리던 시조는 애국계몽기에 이르러 위기를 맞았다. 이 시기에 닥친 국망의 위험은 문학사에서도 격변을 요구하고 있었다. 먼저 전통적인 장르가 새로 이입되는 서양문학의 그것과 충돌하지 않으면 안 되었고, 문학의 창작자 집단이 바뀌면서 그들이 사용할 언어도 교체 국면에 처하였다. 특히 시조는 안팎의 도전에 직면한 대표적인 장르였다. 그 이유로는 먼저 작자와 표기어의 변화로 야기된 상황은 상당 기간에 걸쳐 시조를 난국에 빠트렸다. 최남선과 이병기를 위시한 선각자들이 시조부흥론을 제창하며 시조인들에게 각성을 촉구하게 된 배경이다. 특히 이병기의 견해는 요사이 들어봐도 일리가 다분하고 시의적이었다. 그 무렵의 시조시인들이 절실히 깨닫지 못한 것은 국자(國字)와 시조간의 상관성에 대한 의식이었다. 나라가 망해버린 현실 하에 작자들이 최우선적으로 아쉬워할 덕목은 국자의식이었다. 더욱이 일제의 침략 속도가 가속화되는 마당에 시조의 율격은 맞설만한 힘을 갖고 있지 못했다. 그처럼 곤란한 분위기는 해방을 맞아 다시 불거졌다. 그 후로 시조작가들은 지금까지도 형식의 변화를 꾀하면서 당면하는 사태를 돌파하고자 노력하고 있다. 그러나 그들 앞에 놓인 상황은 녹록치 않다. 김석철의 시조관도 시기에 대응하려는 기미가 농후하다. 그러기 위해서는 우선 시조에 대한 무한한 애정을 내외에 표하여야 한다.

가슴 깊이 사무치는

혼이 실린 우리 가락

은연중 짜여지는
자연스런 정형의 틀

아무리
잊으려 해도
샘이 솟는 3·4조.

행간마다 숨어 있는
곱고도 귀한 심상

뇌이고 되뇌어도
돋아나는 아름다움

이거야
숙명이로세
가슴 젖는 시조시.
　　―「겨레시」 전문

　인용한 작품을 보노라면, "시조는 우리 민족 고유의 전통시로서 한국 서정시의 고향이 아니던가"(「시인의 말」, 『시간 위에서』)라는 김석철의 시조관이 절로 드러난 줄 간취할 수 있다. 다소 관념적인 어휘들이 동원되어 다수의 반향을 일으키기에는 역부족인 게 사실이다. 6연으로 짜인 이 작품의 형식성은 '은연중 짜여지는' '정형'이 마련해주었다. 그렇다고 그것이 '자연스런' 것은 결코 아니다. 김석철처럼 시조를 오래 쓴 이들의 입장에서는 자신도 모르는 사이에 시조틀에 맞춰 짓는 정형미라고 역설할지 모른다. 그러나 정해진 형 자체가 자연스러울 수 없다. 시조는 생리적으로 '정형'시이지 자유시가 아니기 때문이다. 더욱이 이어진 연에 따라온 '3·4조'에서 확인할 수 있듯이, 시조는 착상되는 찰나부터 정형성을 확보하지 않으면 안 된다. 이것은 김석철이 맨 끝 연에서 자인한 것마냥 시조가 감당하게 되는 '숙명'이다. '겨레시'는 그처럼 '숙명'처럼 '짜여지는' 팔자를 타고 태어난다. 시조는 그런 줄 알면서도 지금까지 질긴 목숨을 이어오고 있는 장르란 점에서 위로받고 격려받을만하다.

　위 시편이 김석철의 시조에 관한 소신을 시화한 것이라면, 그 외의 작품들은 "순수로움으로만 애지어 스미는"(「봄날」) 경향을 띤다. 그가 지향하는 '순수로움'은 스스로 "빛 고운 삶의 무늬를 그려가고 싶다"(「책머리에」, 『가을산책』)는 시적 열망으로부터 남상한 것이다. 그의 말처럼 삶의 '무늬'가 '고운' 빛을 띠려면 가없이 순수해야 한다. 김석철이 "여미어 모은 일념"(「서재에서」)으로 지향하는 순수는 작품에 삼투된 주제의식뿐 아니라 소재에서도 찾아진다. 그의 순수의지는 "비수 같은 화두"(「메아리」)를 들고 정진하여 "갈앉은 천년 고요"(「어떤 매력」)에 닿기를 갈망한다. 순수로 회향하고자 하는 그는 일찍이 "나의 꿈은 아직도 별처럼 먼 빛의 그리움"(「여유의 시적 생활을 위해」, 『참 선비의 그 뜻은』)이라고 고백하였거니와, 순수는 '빛'으로 충만한 '그리움'의 세계이다. 그의 시작은 오늘도 그곳에 가기 위한 여정의 흔적이라고 볼 수 있다. 그것은 "아득한 노정"(「시간 위에서」), "분투의 노정"(「삶은」), "달리는 여정"(「겨울바람」), "가야 할 노정"(「바람의 세월」), "가파른 노정"(「퇴근 무렵」) 등, 갖은 모습으로 구체화된다. 김석철이 여정에서 조우한 만물들에게 각별히 따듯한 애정을 표하는 이유도 그로부터 발아한 것이다.

　　바람의 세월을

온몸으로 체득하며

버려지듯 길가에
이슬 먹고 햇빛 받아

돌자갈
사금파리 틈새
뿌리박고 자란다.

아무도 돌보잖는
버려진 터를 잡아

무시로 아픈 시련
사시사철 이겨내고

외롭게
다스려가는
등불 같은 삶이어라.
　　―「들꽃」 전문

　들꽃에 관한 진지한 사유의 편영을 볼 수 있는 작품이다. 김석철은 들판에 널브러지게 피어 있는 꽃들을 보고 인간의 삶을 떠올린다. 그것은 첫 연에서 그가 '바람의 세월'이라는 시간표지를 도입하는 순간에 예정되어 있었다. 그렇다면 다른 연들은 '등불 같은 삶'을 찬미하기 위하여 동원된 소도구에 지나지 않는다. 앞에서 시인의 여정이 순수세계를 찾아가는 노정이라고 언급한 바 있다. 그러므로 김석철이 들판에서 만난 시시한 꽃에게 안부를 묻고 온화한 눈길을 선사하는 것은 그로부터 순수의 '빛'을 찾아내려는 바람이 발동한 것이다. 들꽃은 현실에서 지치고 팍팍하여 "비틀거리는 나"(「넥타이」)를 "아련한 유년길"(「안개꽃」)로 안내해주는 향도의 역할을 수행한다. 들길이 '유년길'로 거듭나자, 시인은 비로소 "적나라하게 옷을 벗어/순수로 돌아갈 즈음"(「가을산책·2」)에 다다른 것이다. 마침내 "천방지축 놀던 고향"(「고향 생각」)으로 돌아갈 자격을 취득한 김석철은 탯줄을 묻고 처음 본 순수의 '빛'을 찾게 되었다.

3

김석철은 "합장으로 닦는 시심"(「보람탑 드높아라」)이 충일한 시인이다. 그는 나이가 들면서 그간의 시작 경험을 살려 시조평에 가담하였다. 시조는 시에 비하여 평자들의 참여가 떨어지는 게 사실이다. 그 원인이야 여러 가지가 있을 테지만, 우선하여 지적되어야 할 것은 독자와의 유리를 들 수 있다. 시조시인들끼리 이 문제에 관하여 숱한 고민을 털어놓고 토론한 줄 안다. 그럼에도 불구하고 상기도 이 난관에서 헤어나지 못한 까닭은 무엇일까. 시조의 과격한 정형성은 포스트모던한 현대인들의 삶과 전혀 어울리지 않는다. 하지만 하이쿠가 일본의 학교현장에서부터 시장에까지 널리 유통되는 현실을 대하면, 정형성을 주 원인이라고 꼬집기에는 난망하다. 그보다는 시조시인들이 관습적으로 구사하는 창작상의 구례(舊例)들이 독자들의 외면을 불러일으키지 않았는지 검토할만하다. 예를 김석철의 작품에서 들자면, 율격을 맞춘다는 명분으로 사용하는 "~누리나니"(「바위·2」)와 "~일레"(「집념·1」) 등의 고어투, "매듭 같은 日常"(「퇴근 무렵」)과 "너른한 泥土속에"(「집념·1」) 등의 불필요한 한자어, "춘풍추우 무서리도"(「가을산」)와 "明鏡止水 맑은 詩業"(「갈고 닦은 심령 기슭」) 따위의 사자성어 등은 여간 흉물스러운 게 아니다.

또 시조를 일별하다 보면 "선비"(「선비 그 뜻」)나 "청렴한 선비정신"(「맹사성 고택」) 운운하는 대목을 어렵지 않게 대하게 된다. 그때의 당혹감 혹은 황당함은 이루 말할 수 없다. 조선왕조 오백년 동안 민중들에게 갖은 핍박을 강요하며 '그들만의 리그'를 향락하던 '선비'가 세상에 존재하는 사회제도 중에서 가장 전위적이고 전복적인 문학작품에 상존하고 있다니 놀라운 일이다. 게다가 소위 '선비'는 민주주의와 전혀 어울리지 않는 인간상일뿐더러, 학교교육과정에서 추구하는 인간상에도 부합하지 않으며, 문학의 소재로도 한물간 지 오래이다. 시조시인들은 선비를 거론하여 고시조 작자와의 친연성을 강조하고 싶은지 모르지만, 갑오동학농민혁명이 발발한 이후 이 땅의 주인은 구어를 쓰는 민중으로 바뀐지 오래이다. 물론 법률적으로나 사회적으로나 문화적으로나 선비는 더 이상 재생되어서는 아니 될 구계급에 속한다. 반민중적인 '선비'는 바야흐로 "선비의 고장"(「외암민속마을」)이라는 문화상품으로나 유통되는 상징기호에 불과한 줄 시조시인들이 인식할 찰나이다. 그와 같은 인식의 전환이 단행한 후라야 시조의 '현대화' 논의는 진척될 수 있다.

덧붙여 옛 말투의 빈번한 쓰임은 시급히 시정되어야 한다. 고어 중에는 '겨르롭다(한가하다)'처럼 오늘에 되살려 써도 무방한 고운 말들이 많다. 그러나 시조작품을 대하다 보면, 자수를 맞출 욕심에 종결 어미를 축약하다가 앞에 든 보기를 반복적으로 사용한 사례를 곧잘 발견하게 된다. 시조작가들은 이것을 자수 맞추기나 율격의 창조 과정에서 파생하는 불가피한 현상으로 옹호할지 모른다. 김석철도 한 평에서 "교착어인 우리말의 특성상 시조의 기본형에서 한두 글자의 가감이 없을 순 없"(「상상력의 깊이와 시적 창조」, 『시조문학』, 2013. 여름호)다고 허용한 바 있다. 실제로 그는 '한'을 비유하면서 한자로 표기하여 "초탈한

恨"(「수녀·1」), "관절 시린 恨"(「가을비」), "맺힌 恨"(「대나무頌」), "천년 恨"(「바위·1」), "맺힌 恨"(「장승에 부쳐」), "탓할 수 없는 恨"(「방황」)처럼 단조하게 비유하였다. 이런 예는 글자수에 구속된 나머지 담아야 할 바를 다 싣지 못하여 발생한 것이다. 교착어는 태생적으로 운율효과를 노리기에 맞지 않다. 한시에 필수적인 압운이 시조에서 찾아보기 힘든 것만 봐도, 한국어로 시쓰는 이들이 운이니 율에 치중하지 않는 연유를 간취할 수 있을 것이다. 교착어는 외려 산문적이어서 시조처럼 고도의 응축이나 자수에 얽매이는 장르에 부적합하다.

따라서 시조의 율격을 자꾸 강조하는 것은 한국어에 장착된 교착어로서의 한계를 인정하지 않는 억지에서 우러나온다. 이 말인즉, 시조가 시와 변별성을 강조할수록 운신의 폭이 좁아진다는 뜻이나 진배없다. 이 문제를 조선 중기에 '선비'가 아닌 하위계급의 작자들이 사설시조를 통해서 훌륭한 전범으로 실연한 바 있다. 그들이 구사한 입말을 비롯한 주제나 장의 길이 변화 등은 경청하지 않은 채 사태의 본질적 국면을 외면하게 되면 시조의 발전책은 한 발짝도 나아가지 못한다. 그러다 보니 김석철처럼 "정형시로서의 시조는 마땅히 그 운율적 형식이 올바르고, 시로서의 정제미와 함축미를 갖추고 있어야만 한다"(「시상의 응축과 여운의 미」, 『시조문학』 계간평, 2011. 여름호)는 일반론적 의견을 되풀이 개진하고 있는 형국이다.

4

위에서 살펴본 바와 같이, 김석철은 시조 작품을 발표하면서 시조론도 수시로 제출하였다. 그로서는 이론과 실제를 겸비할 욕심이었다. 먼저 그의 시조는 '순수로움'을 향한 진지하고 치열한 '노정'이었다. 그의 시편 속에 '길'이니 '노정'이니 '여정' 등이 자주 출현하는 것은 바로 그 곳을 찾아가는 것이 자신의 시쓰기인 줄 안팎에 천명한 표지였다. 그는 순수의 '빛'이 부안에서 시원한 줄 시력으로 입증했거니와, 그간 발표한 작품마다에 아로새겨진 순수를 향한 의지가 시의 역정이다.

다만 김석철의 시조관은 시급히 파기해야 할 점들이 있다. 시조는 "귀한 품격"(「분재」)을 가진 장르가 아니다. 시조의 초기 창작자들이 '선비'라고 해서 작금의 시조시인들이 '선비'인 양 자부하는 자세는 하루 빨리 지양할 일이다. 도리어 시조는 더욱 세속화될 필요가 있고, 민중들의 구체적 삶에서 소재를 찾고 주제의식을 내면화하는 게 장르의 연명에 도움이 될 것으로 확신한다. 그러다 보면 전술하였던 바, 곧 시조가 이적지 청산하지 못하고 있는 의고체로부터 과감히 그리고 신속히 탈출할 수 있을 터이다. 그렇지 못하면 "순박한/전주의 인심/어느 고을 견주랴"(「풍남문」)에서 보듯이, 무감동한 서술에 그치고 만다.

은자의 시학
—김영석론

Ⅰ. 서론

　김영석은 전라북도 부안 출신의 중견시인이다. 그의 시작은 1970년 『동아일보』와 1974년 『한국일보』의 신춘문예를 통해 화려하게 비롯되었다. 그러나 등단한 후 20년이 넘어서 "이제 나이만큼 철이 들고 나서 외롭고 신산한 인생살이를 시에 의지해 산다는 것이 무엇인지, 시가 인생의 구원이 될 수 있다는 것이 무슨 뜻인지 겨우 알 것 같다"(「후기」)며 1992년에야 첫 시집 『썩지 않는 슬픔』을 냈다. 두 번의 강산이 바뀌는 동안 학업에 몰두한 그는 대전에 소재한 배재대학교 교수로 취임하여 학자로서의 이력을 쌓았다. 그 뒤로 그는 심리적 안정을 얻었는지 여러 권의 시집을 틈날 적마다 내놓으며 존재를 알렸다. 바야흐로 시를 쓰고 가르치게 되면서 그는 가슴속에 장만해두었던 바를 마음껏 실어 편 것이다.
　사실 김영석은 40여년에 다다른 시력에도 불구하고 어울리는 평가를 받지 못한 축에 든다. 저간의 궁금증은 그가 시집을 발간하기까지에 걸린 기간을 감안하면 금세 풀린다. 그가 시작에 소홀했던 기간은 1960년대부터 시작된 이 나라의 정치적 조건이 작동하고 있다. 그 시절에는 군사독재에 대한 투쟁이 우선시되던 즈음이라서, 김영석의 시풍은 전혀 호응을 얻을 환경이 아니었다. 산야에는 거대한 정치담론이 횡행하여 시단마저 둘로 갈라놓은 판에 "가볍게 분노하거나 서투르게 절규하지 않고 절제있게 묘사한다"는 김현의 평언에 부합하는 그의 시가 설자리는 마땅치 않았다. 서정마저 정치성을 함유해야 평가되는 어지럼판에서 정통적 서정시를 추구하는 김영석은 오갈 데 없어 엉거주춤하였다. 그 통에 시일은 흘렀고, 시단에는 새로운 세력이 자리잡으면서 그의 입지가 묘연해진 것이다.

하지만 김영석의 시에 대한 평단의 관심은 시집을 낼 때마다 새롭게 일어났다. 평자들은 그의 시작업에 대한 홀대를 자인하면서 갖은 노력을 기울이며 시세계를 탐색하느라 공을 들였다. 이러한 움직임이 이어지던 찰나, 그는 시월의 진군 앞에서 맥을 못 추고 교단에서 물러났다. 그 동안에 선보인 김영석의 시세계는 심오하다. 그는 불교적 상상력에 터한 허허의 세계를 탐구하는 한편, 시론집 『도의 시학』을 펴낼 정도로 노장적 세계도 치밀히 공구하여 시작업에 반영하였다. 또 그는 "<기상도>라는 부제를 붙인 '관상시'와 시와 산문을 한 구조로 결합한 '사설시'"(「시인의 말」) 같은 실험적 양식을 시도하는 일에도 게으르지 않았다. 이처럼 김영석은 시와 시론의 양면에서 독자적 일가를 이룬 몇 안 되는 시인이다. 그의 시를 궁구할 양이면, 이 점을 전제하고, 천천히 읽으면서 찬찬히 뜻을 새겨야 비로소 비의(秘意)가 풀린다.

Ⅱ. '일여적' 세계관의 서정적 외연

1. '비민의식', 서정의 기원

　시인들은 곧잘 자신의 시론을 표백하곤 한다. 그가 시론을 공개할 의무는 없다. 그렇지만 시인들은 스스로 시에 관한 생각이나 느낌을 곧잘 공개리에 드러낸다. 김영석도 예외가 아니다. 더욱이 그가 시를 가르치는 교수로서 시론서까지 상재한 사실을 감안하면, 시론을 제출했다고 해서 크게 주목할 일은 아닐 성싶다. 그렇지만 그의 시세계를 탐구할 양이면, 몇 차례에 걸친 자리를 외면하지 못한다. 그도 여느 시인들처럼 시집을 간행할 적마다 머리말이나 끝말을 이용하여 주장을 펼쳐 왔다. 그러다가 최근에 낸 시집 『시인 풀꽃 당나귀』라는 시집에 와서는 양골로 말하고 있어서 시선을 끈다.

　　시는 산문과 달리 두세 번씩은 곰곰이 음미하면서 읽어야 한다. 그렇게 시집 전체를 끝까지 읽어가다가 단 한 편이라도 마음 깊이에서 공명을 일으키는 작품을 만나게 된다면 그것은 메마른 영혼을 적시는 얼마나 희유한 행복의 경험이겠는가.(「시인의 말」)

　　작고 힘없고 외롭고 가난하고 쓸쓸하고 그리고 거의 부재의 끄트머리에서 어렵사리 존재하고 있는 이것들과의 공감 속에서 느끼게 되는 이 슬픔을 무엇이라 해야 하는가. 자기연민인가. 나는 이런 슬픔이 자기연민일 뿐만 아니라 그것을 넘어서 그렇게 존재하며 살도록 한 하늘과 그렇게 존재하고 살 수밖에 없는 것들 자체를 안타까이 여기고 불쌍하게 생각하는 비천민생(悲天憫生)의 비민의식, 즉 우주적 비정(悲情)에까지 맞닿아 공명하는 것이라고 생각한다.
　　그러므로 이러한 감정은 생명과 존재의 공감 속에서 가장 직접적이고 분명하게 느끼게 되는 아주 단순하고도 강력한 힘이다. 단순하기 때문에 강력하기도 한 이 **원초적 슬픔이야말로 우리의 삶을 바르고 튼튼하게 잡아주는 진정한 힘**이라고 나는 생각한다.(「시인·풀꽃·당나귀」)

　두 인용문은 한 시집의 앞뒤에 놓인 시인의 시론이다. 앞뒤에서 공통적으로 추출되는 단어는 '공명'이다. 그것은 시인에 따르면 '생명과 존재의 공감 속에서 가장 직접적이고 분명하게 느끼게 되는 아주 단순하고도 강력한 힘'이다. 공명은 '공감'을 전제하여 일어나는 '힘'으로, 그에 앞서 슬퍼하고 불쌍히 여기는 '비민(悲憫)'으로부터 비롯되는 정서적 반응을 가리킨다. 그는 그것도 못 미더웠던지 진한 글씨로 '**원초적 슬픔이야말로 우리의 삶을 바르고 튼튼하게 잡아주는 진정한 힘**'이라고 되풀이하여 강조하고 있다. 즉, 비민의식은 김영석으로 하여금 '썩지 않는 슬픔'을 찾아 나서도록 종용한 '힘'이다.
　슬픔은 자기연민이건 이웃에 대한 동정이건, 서로 공감하여 공명하기에 앞서 갖추어야 할 심리적 조건이다. 김영석은 별마저 "눈물의 소금성에"(「별」)라고 부른다. 대부분의 시인들이 별을 우러르거나 우주와의 대화에 동참하려고 시도하는 것에 비해, 그는 별이 '뼛속에' 떠 있다고 본다. 뼛속 깊이 박혀 있는 별이므로, 그것은 필연코 '눈물'을 머금지 않으면 안 된다. 김영석의 세계인식은 그처럼 슬픔으로 시작된다. 오죽하면 그는 꽃마저 "온 세상이 부수고 망가뜨린 조각들"(「꽃」)이라고 표현한다. '조각'들은 아침마다 '온전한 새 얼굴로 태어난다'는 점에서 생산적이다. 말하자면, 김영석을 슬프게 만드는 '작고 힘없고 외롭고 가난하고 쓸쓸하고 그리고 거의 부재의 끄트머리에서 어렵사리 존재하고 있는 이것들'은 순환론적 사유에서 탄생한 것으로, 대상을 무시로 연민하도록 부추긴다. 그에 따라 시인은 "흰 구름이 이윽고 빗물 되어 돌아오듯"(「모든 돌은 한때 새였다」) 순환하는 슬픔으로 빚어진 '삶의 옹이'를 어루만지게 된다.

> 멍들거나
> 피흘리는 아픔은
> 이내 삭은 거름이 되어
> 단단한 삶의 옹이를 만들지만
> 슬픔은 결코 썩지 않는다
> 옛 고향집 뒤란
> 살구나무 밑에
> 썩지 않고 묻혀 있던
> 돌아가신 어머니의 흰 고무신처럼
> 그것은
> 어두운 마음 어느 구석에
> 초승달로 걸려
> 오래 오래 흐린 빛을 뿌린다
> ―「썩지 않는 슬픔」 전문

　인용시를 읽노라면, 김영석의 내면에 똬리를 튼 '슬픔'의 근원이 얼비친다. 아픔은 옹이로 단단해지나 썩고 만다. 그에 반하여 슬픔은 썩지 않고 집 주위에 남아서 '오래 오래 흐린 빛을 뿌린다'. 슬픔이 주조한 '흐린 빛'은 '오래 오래'라는 시간 부사의 기운을 받아 몽연하다. 슬픔과 인접한 아픔이 거름이 되고 옹이가 되어 결정화하는 것과 다르다. 슬픔은 고향집의 살구나무 밑에서 썩지 않고 묻혀 있던 '돌아가신 어머니의 흰 고무신'처럼 '어두운 마음 어느 구석'에 켜켜이 쌓여 있을 뿐이다. 겉으로는 형체를 드러내지 않으나, 속으로는 모습을 감추지 않는 슬픔은 "동청(冬靑) 가지 하나"(「슬픔」)와 대비되면서 비로소 세상에 낯을 선보인다. 그것은 한겨울 눈 속에서 저 혼자 빛나는 '동청' 가지를 떠올리게 만든다. 세상이 순백으로 덮여 있는 바에 빛의 통일성을 깨뜨리는 '청'의 색조성, 또 그것과 어울려 부조화한 조화를 빚으려고 몸부림치는

'동'의 시간성이 자아낸 긴박한 '흐린 빛'은 슬픔을 심화시킨다. 그 이유인즉, 그를 포박하고 있는 슬픔이 '돌아가신' 어머니의 부재로 생겨난 것이기 때문이다.

그와 같이 김영석의 시에서 어머니가 차지하는 비중은 빈도수에 비해 무겁다. 그녀는 "제 자식들의 덧없는 주검"(「종소리」)을 가슴에 묻은 인물이다. 이것은 시인의 개인사적 관련성을 차치하고, 한국의 어머니들에게는 "소리 없이 숨어 있는 덫"(「덫」)마냥 편재하는 보편성을 가진 슬픔이다. 그녀들은 파란한 삶의 길목에서 떠맡겨진 "노여움의 검은 피"(「빈 들판 하나」)를 가슴마다 쟁여둔 채 '썩지 않는 슬픔'으로 굳어진 사리를 빚는다. 이러니 세상에 남겨진 자식들이 할 수 있는 일이란 "어머니의 호젓함 무덤"(「동생」)에 가서 풀을 뽑는 일밖에 없으며, 근대의 초입부터 신산한 주름을 이마에 인 이 나라의 어머니들은 "슬픔이 어떻게 저녁 못물만큼 무거워지는지"(「말을 배우러 세상에 나왔네」) 지켜보느라 슬프다. 마치 "전생부터 나를 기다리고 있었다"(「황금빛 꽃」)는 듯이, 슬픔은 시인을 대책없는 그리움의 세계로 몰아넣으며 윽박한다. 김영석에게 슬픔에서 연원한 그리움을 가르쳐 준 이는 어머니였던 셈이다.

> 한 사람을 그리워한다는 것은
> 갈꽃이 바람에
> 애타게 몸 비비는 일이다
> 저물녘 강물이
> 풀뿌리를 잡으며 놓치며
> 속울음으로 애잔히 흐르는 일이다
>
> 정녕 누구를 그리워하는 것은
> 산등성이 위의 잔설이

여윈 제 몸의 안간힘으로 안타까이 햇살에 반짝이는 일이다
　　　—「그리움」 전문

　　시를 읽노라면, 시인의 '그리움'이 서서히 돋아난다. 그리움은 '애타게 몸 비비는 일'이고, '속울음으로 애잔히 흐르는 일'이며, '여윈 제 몸의 안간힘으로 안타까이 햇살에 반짝이는 일'이다. 그가 정의한 세 가지를 따라가노라면, 몸짓과 마음이 합해져 반짝여야 그리움이 되는 줄 알 수 있다. 그와 같이 그리움은 온몸으로 전력을 다하지 않으면 형상을 드러내지 못한다. 가령, 봄비를 "면사포를 쓰고 오는 저것"(「봄비」)이라고 표현하거나, 초승달을 "제 수심에 쓸린 난초 잎 같은"(「초승달」) 모습이라고 비유할 양이면, 날마다 밤마다 대상을 향한 그리움으로 충만해 있어야 한다. 그렇지 않다면 그는 "흰 백지의 아우성"(「흰 백지」)이나, 봄에서 나는 "햇살 같은 소리"(「봄」)를 들을 수 없다. 그와 같이 김영석에게 그리움은 세상을 향해 뻗는 위족 같은 것이다. 그는 쉼 없는 위족의 나아감과 거두어들임을 통하여 세계와 교통한다. 그것은 공감을 얻으려는 지난한 몸짓이고, '공명'하려는 숙명의 안달이다.

　　김영석이 이슬 속에서 "어디론가 끝없이 떠나는 사람들"(「이슬 속에는」)을 발견하거나, 비눗방울 속에서 "실낱처럼 사라지는 몇 가닥 길과 마을"(「비눗방울」)을 찾아내거나, 숯을 지칭하여 "고요 속의 검은 뼈"(「숯」)이라고 묘사할 수 있는 것은 죄다 "아직 태어나지 않은 바람소리"(「바람의 애벌레」)까지 들을 수 있도록 예민한 촉수와 날렵한 감수성을 갖고 있는 덕분이다. 더하여 그는 "앙상히 결만 남은 목재"(「바람의 뼈」)를 '바람의 뼈'로 은유할만한 탁월한 상상력을 소지하고 있다. 이런 상상력은 만물이 사위와 경계하는 결까지 쏨벅 붙잡아내고도 남는다. 가령, 전혀 다른 질료에서 '고대'라는 시간의 층을 발견하는 모습

을 견주어 보면, 김영석의 시안이 꿰뚫고 보는 궁극을 짐작하기에 모자라지 않다. 예컨대, 그 두 예는 배롱나무 꽃그늘에서 "고대(古代)의 호수 하나"(「배롱나무 꽃그늘」)를 포착하거나, 돌에서 "쌓여서 무덤, 무덤, 이루는 고대(古代)의 꿈"(「무거운 돌」)을 찾아내는 형안처럼 적절하다. '호수'와 '꿈'은 실재와 관념의 표상이다. 양자를 '고대'라는 시간의 그물로 한꺼번에 건져질 수 있다는 것은 애초부터 같이 있었다는 것이나 진배없다. 즉, 실재와 관념은 본디 하나의 다른 이름에 불과했던 것이다.

그만한 인식수준에 도달하기 위해서는 "슬픔과 외로움과 그리움"(「빈 집 한 채」)을 나누거나 차별하지 않고 응시할 수 있어야 한다. 세 가지는 "가슴에 묻은 날카로운 칼날"(「이슬 속에는」)이 움직일 때마다 그은 상흔들이다. 그것들은 슬픔에서 순차적으로 파생한 '부재'의 흔적이라서 연민을 불러일으킨다. 연민은 공존, 공감, 공명으로 진입하기 위해서 필수적으로 구비해야 할 감정적 조건으로, 세 가지 반응을 '우주적 비정'의 세 형상으로 변주된다. 그 덕택에 김영석의 비민의식은 "까마득히 잊어버린 마음의 끝"(「깊은 강」)을 찾아 '속울음으로 애잔히 흐르는 일'에 동참할 차비를 마칠 수 있었다. 그가 찾아가는 '까마득한' 곳은 본성이 온전하게 존재하는 원초적 공간이다. 그는 그곳에서 '아주 단순하고도 강력한 힘'으로서의 '썩지 않는 슬픔'의 본모습을 찾아낼 터이다.

2. '세설'의 제의성

김영석은 스스로 신세를 거두어 능가산의 한 귀퉁이에 움집을 짓고 '세설헌'이라 이름한 집에서 지금도 눈을 씻고 있다. 불가에서 '세설(洗雪)'은 '설욕(雪辱)'의 다른 말이니, 그가 날마다 밤마다 씻는 '눈'이란 속세에서 살면서 얻어진 '욕'에 다름아닐 터이다. 세상을 일러서 불가에서는 '인토(忍土)'라 하거니와, 무릇 그 땅에서 사는 사람들이라면 자연스럽게 욕된 상태에 놓여 있다는 사실을 함의하고 있다. 석가모니 부처님조차 전생에서 인욕존자로 왕의 핍박을 받아 피를 흘렸다고 하니, 욕은 세상살이를 하는 중에 누구를 물론하고 일방적으로 당하게 되는 줄 알 수 있다. 그런 전차로 불가에서 인욕은 윤회를 벗어나는 길이라 하여 수도자들이 기본적으로 갖춰야 할 덕목이다. 아울러 욕됨이란 부끄러움의 다른 말이니, 그것은 욕과 달리 자신이 지은 허물로서 세상을 뜨기 전까지 타인들에게 용서받아야 할 과오이기도 하다. 그렇다면 김영석이 '날마다 흰눈을 씻는 집'이라고 지은 당호의 뜻을 풀어 쓸지라도, 작명에 은닉된 바는 목숨을 부지하느라고 불가피하게 얻게 된 욕과 부끄러움을 씻는 행위와 다르지 않다.

그러고 보면 사람들은 저마다 "살 속의 부정과 치욕의 간"(「빈 들판 하나」)을 갖고 살아가는 듯하다. 그들의 살 속을 파고들어 마침내 살이 된 '부정'과 '치욕'은 "생각의 씨앗"(「무엇이 자라나서」)이 자라나는 순간부터 몸속에 배태되어 있었다. 그것은 마치 "쉼 없이 알을 까 무한대로 증식한다"(「소공조(巢空鳥)」)는 전설 속의 새를 닮아 사람마다 간직한 속살에 가로세로로 각인되어 있다. 다만 사람들은 자신의 몸을 숙주로 삼아 자라나는 '생각'의 '씨앗'이 자라는 줄 인지하지 못할 뿐이다. 그 씨앗은 살과 하나되어 치욕을 양산하며 무한량을 '증식'한다. 그 과정은 무량겁의 시간을 타고 지금도 인류에게 이어지고 있다. 이것을 가리켜 김영석은 "존재한다는 것은 참는다는 것이다"(「존재한다는 것」)고 단언한다.

그러고 보니 사람들은 "육장 시끌시끌한 세상"(「거름」)에서 생을 영위하는 동안에 숱한 욕을 얻어먹는다. '얻어' 먹는다는 말 속에 감추어져 있듯이, 욕은 남으로부터 얻어진 것이고, 역설적으로 세인들에게 욕을 얻어내기 위한 주체의 노력이 전제되어 있다. 사람들은 욕을 얻어먹는 과정을 통해서 인격을 수양하고, 사람들 사이(人間)에 설 수 있는 자격을 얻는다. 그러므로 욕은 얻어먹어야 제격이라고 사람들에게 참음을 가르친다. 사람들은 욕을 얻어먹는 과정을 통해서 모난 점을 닳아내고 아까운 것을 덜어내어 원만해진다. 그 상태는 "많은 것을 잃고 잊어버린 마음의 빈터"(「그 빈터」)와 같아서 언뜻 보면 본래의 면목을 잃어버린 듯하나, 본래무일물(本來無一物)이니 '잃고 잊어버린'다고 한들 달라지지 않는다. 모든 것이 마음의 산물(一切唯心造)일 따름이므로, 우주의 기운을 입어 바뀌는 철을 좇아 "형형색색 피고 지는 꽃"(「아무 일도 없다」)조차 무의미하다.

>홀로 길을 걸으면
>지나가던 바람이 일러준다
>맨 처음에 길은
>내 마음의 실마리에서 시작된 것이라고
>
>들꽃을 보고 있으면
>지나가던 바람이 일러준다
>맨 처음에 꽃은
>내 마음의 빛깔을 풀어놓은 것이라고
>
>굽이굽이 흐르는 강물도
>푸른 하늘을 나는 새들도
>먼 옛날
>내 마음이 아기자기 자라난 것이라고
>
>멀고 가까운 온 누리 돌아서
>아득한 별까지 두루 지나서

내 귀에 속삭이는 바람이
바로 내 마음의 숨결이라고
지나가던 바람이 일러준다
　—「바람이 일러주는 말」 전문

　김영석에게 인욕을 가르쳐 준 것은 바람이다. 바람은 그의 생로를 알려준 방향타이고, 시적 자세를 시사한 스승일 정도로 소중하다. 그가 감히 "바람은 세계의 몸이다"(「얼굴」)고 선언하는 것만 보더라도, 바람이 끼친 영향력이 그의 시 속에 다대하게 육화된 줄 짐작할 수 있다. 바람은 찰나적 현상이고 순간적 존재이다. 바람은 한순간도 정지하지 않으며, 한번도 모습을 드러내지 않는다. 또한 바람의 수유와 같은 속성은 일회성으로 휘발되어버리는 인생에 비유되어 왔다. 김영석이 자꾸 '허공'을 응시하고 '구멍'을 굽어다보고 '길'을 걷는 것도, 따지고 보면 죄다 바람결에 얻어진 습벽이다. 그는 세계의 물질성을 단단히 믿고 있기에 영원한 근원을 찾는 발길을 멈추지 않는다. 심지어 그는 "바람이 일어나 흔드니/온갖 바람의 형상이 생기는도다"(「외눈이 마을」)라고 설법하여 바람을 창조자의 반열에 올려놓는다. 이쯤 되는 그의 바람에 대한 애착 또는 숭앙은 차라리 '육추(六麤)의 구멍 속에서 숨 쉬는 그대'를 구원하기 위한 수행이다.
　그렇듯이 김영석의 시는 바람에 대한 집요한 탐구에 다름아니다. 바람은 길이 '내 마음의 실마리에서 시작된 것'이라고 알려주고, 들꽃이 '내 마음의 빛깔을 풀어놓은 것'이라고 가르쳐주며, 강물이나 새들도 '내 마음이 아기자기 자라난 것'이라고 들려주고, 궁극에는 바람조차 '내 마음의 숨결'이라고 일러준다. 시인을 가르친 것은 바람을 일으킨 '내 마음'인 셈이다. 다시 말하건대, 간단없이 이성에 조종당하는 그의 인식안은 스쳐가는 바람 앞에서 무력하기 그지없다. 이 점에서 그의 시는 그것을 모르는 중생/독자들을 위하여 무명에서 비롯된 업고의 여섯 가지 상(六麤)이다. 바람은 그의 시에서 틈날 적마다 등장하여 시작품에 내려앉은 이성의 먼지를 쓸어간다. 마치 그 모습은 "햇빛 밝은 빛나는 세상"(「덫」)으로 나아가려는 "한 줄기 맑은 바람"(「바람과 그늘」)이다. 그와 같이 실재는 항시 언어의 밖에 존재한다.

　　고요가 쌓이면
　　산이 되느니

　　초승달 같은
　　흰 뼈 하나 속에 품고
　　풀잎이 무거워서
　　지긋이 내려감은 눈이여
　　　　―「산」 전문

고요는 '산'이다. 산은 고요의 힘을 빌려 "거대한 적멸의 집"(「바람의 뼈」)으로 탈바꿈한다. 일종의 물화행위를 거치자, 산은 "가물가물 스러지는 실낱같은 길"(「탑을 보기 전에는」)을 거두고 인기척조차 거세하여 "말의 집"(「개와 빗돌」)마저 지워버린다. 십방이 고요해지자 '흰 뼈' 같은 초승달이 돋아나 "시퍼런 침묵"(「여뀌풀」)의 발화까지 거두어버린다. 온 산을 흰 빛으로 도포한 산이 '지긋이 내려감은 눈'에 고요를 가득 채우자, 마침내 고요와 산이 한몸이 된다. 김영석이 이처럼 고요한 적멸의 상태를 지향하는 까닭은 저 너머의 세계 혹은 "인간의 오랜 꿈의 내력"(「연장들」)에 대한 궁금증 때문이다. 이러한 호기심은 무릇 시인이라면 다 갖고 있다. 그런 자잘한 의문이 모여서 근사한 심상이 태어나는 것만 보더라도, 시인의 고질을 나무랄 사람은 아무도 없다.

　그런데 김영석의 호기심은 만상의 근원이나 우주의 이법에 대한 접근으로 이어지고 있어서 주목을 요한다. 한 예로 그는 "보이는 모든 것은 보이지 않는 뒤안이 있습니다"(「아편꽃」)라고 말한다. '보이지 않는 뒤안'에 대한 갈망은 그가 어려서부터 가지랑이 사이로 올려다보면서 품게 된 원초적 욕망이다. 만물을 거꾸로 보고, 아래에서 우러러보는 자세에 터하여 그의 인식안이 정립된 것이다. 우연한 기회에 발견한 안목을 통해서 산은 "새들을 낳는 푸른 자궁이고/새들이 다시 돌아와 묻히는/큰 무덤"(「산과 새」)이 된다. 산의 양가적 모순이야말로 시공을 관통하는 철리의 근본적 속성이다. 바야흐로 김영석이 삶과 죽음이 동시대성을 지닌 운명의 공동체인 줄 노래하는 경지에 도달한 것이다. 이제 그의 시에서 "찬란한 아우성"(「다시 또 눈이 내린다」) 같은 역설적 존재론을 자주 접하게 되어도 낯설지 않다. 요새 들어서 "자기의 시선에서 세상의 꼴이 생기는 이치"(「왕의 꿈」)를 초월한 김영석은 "까마득히 잊어버린 마음의 끝"(「깊은 강」)을 보기 위해서 '은자'가 되기로 결심한다.

> 진실로 이 세상에 은자가 없다면
> 저잣거리의 난장판 어느 구석에서
> 햇살에 조용히 몸 덥히는 맨 흙살을
> 우리는 영 볼 수도 없고
> 들판의 말뚝에 매여 되새김질하는 황소의
> 큰 눈 속 푸른 하늘로 점점이 날아가는
> 작은 새들이 있다는 이야기를
> 우리는 영 알 수도 없을 것이다
> ―「은자에 대하여」 부분

김영석은 "빈 껍질 같은 이름"(「내소사는 어디 있는가」)을 버리고 세설헌지기로 살아간다. 그는 종일 "가파른 바람받이 언덕"(「새벽의 마음

」)에서 "무량한 마음"(「마음아, 너는 거름이 되어」)을 닦느라 고요하다. 그가 "한량없이 너그러운 무명(無名)"(「메두리댁」)에 몸을 맡길수록 세설헌은 주변에 바람을 푸지게 풀어놓는다. 바람은 천지간을 오가면서 황소의 눈이 껌벅일 적마다 "오는 듯 가는 듯"(「꽃과 꽃 사이」) 날아오르는 작은 새들의 비상을 전해준다. 새의 공간 이동은 그에게 허공 속에도 딴 세상이 있다는 자연의 법리를 깨우치도록 거든다. 그처럼 김영석은 바람을 통해서 온 곳이 세상이라는 범신론적 세계관을 시의 행간에 장치한다. 그 가르침을 따라 시 「비급(祕笈)에 관한 전설」의 앞에 따다 논 "허공은 아무 것도 없는 빈 곳이 아니다. 거기에도 삼천대천세계가 있다."는 『대방광경(大方廣經)』의 한 구절은 시인이 불교의 우주관 속에서 사유하고 유영하며 시작하는 줄 알려준다. 시인은 이 구절을 끌어다가 앞에 놓고 '비급에 관한 전설'이라고 이름하며 작품을 시작한다. '비급'은 가장 소중히 전하는 책을 의미하므로, 무릇 시는 물리적 '허공'이 되어 '허공'의 질서를 옮겨 적는 처소가 된다.

이로서 설욕은 세설과 자리를 바꾸고 허공으로 무화한다. 김영석이 날마다 밤마다 눈을 씻는 제의를 주재하는 사연인즉, '허공은 아무 것도 없는 빈 곳이 아니다'는 불법의 궁행에서 찾아진다. 그는 허공의 응시를 통하여 '영' 볼 수 없었던 '삼천대천세계'의 존재를 알게 되었다. 허공은 그처럼 "아주 크고 온전한 하나의 고요"(「고요의 거울」)한 세계이다. 단지 허하고 공한 진공상태의 세계가 아닐뿐더러, "내 속의 허공 속에서 부화한/하얀 새들이 창을 통해"(「알껍질」) 날아가는 모습을 보여주는 구체적 현장이기도 하다. '작은 새'와 '하얀 새'가 깃들고 비상하는 허공은 김영석에게 여여(如如)한 세계이다. 그가 굳이 현실계와 거리를 둔 채, 자신의 시업을 손짓하여 "말씀의 빈 자취"(「꽃 말씀」)를 좇는 일이라고 이름하는 이유이다. 그에 따라 시인의 세설행위는 '허공'의 만유

혹은 만유의 '허공'을 찾으려는 간절한 몸짓이 된다.

3. 무유의 시학

세상을 살아가면서 "침묵의 깊이에 고개를 숙인 이"(「넋 건지기」)는 세상이 허무한 줄 안다. 허무는 허와 무로 이루어져 있다. 허는 만물이 태초부터 비어 있음을 가리키는 말이고, 무는 애초부터 만상이 부존한다는 것이다. 있지 않고 비어 있는데, 사람들은 이승과 몌별하는 순간까지 그것을 깨닫지 못한다. 사람은 알몸으로 태어나서 맨몸으로 돌아간다. 누구든지 이로부터 벗어나지 못한 줄 번연히 알면서도 사는 동안에 좀 더 잘 살겠다고 발버둥친다. 그의 몸부림은 물질적 만족에 생의 목표를 두고 있음으로 말미암아 생겨난 것이다. 설령 그가 인생에서 높은 지위를 얻거나 경제적 부력을 쌓았다고 할망정, 삶이 허무하다는 근본적 심급은 변하지 않는다. 허무는 누구에게나 공통적이고 무차별하다. 사람들이 생을 마감하는 순간에야 알게 되는 허무는 부정적 의미만 거느리는 것이 아니다. 이 증거는 김영석이 내놓은 아래의 시편에서 찾아볼 수 있다.

> 참되고 영원한 길은 말할 수 없고
> 이미 말한 것은 거짓이니
> 말없는 무명(無名)에서 천지가 비롯하고
> 말많은 유명(有名)이 만물을 낳아
> 시끄럽게 부딪치며 돌아가는
> 세상이 되었다고 노자는 말씀하셨다
> 그리고 노자는 노파심에서
> 그 무명과 유명은 결국
> 입과 항문이 하나이듯

유현(幽玄)이 낳은 한 물건이라고
자상하게 덧붙이셨다
　　―「도덕: 잠언 2」부분

　위에 적은 시를 볼 양이면, 김영석이 노자에게 받은 영향을 금세 알아차릴 수 있다. 그의 시를 논구한 비평가들이 이 사실을 수차례 언급한 것만 보더라도, 노자에게 받은 세례의 정도를 짐작하기에 어렵지 않다. 그가 흠앙하는 노자는 『도덕경』 첫 장에 "말로 표상해낼 수 있는 도는 불변하는 도가 아니고, 이름하여 부를 수 있는 이름은 참다운 이름이 아니다. 무는 천지의 처음이요 유는 만물의 어머니이다. 고로 항시 무에서 오묘한 도의 실재를 보려 하고 항상 유에서 도의 운용법을 살펴야 한다. 무유는 한 곳에서 나왔으나 이름만 다르니 그것을 현묘하다고 이른다. 그것은 현묘하고 현묘하여 모든 도의 근본이 된다(道可道非常道 名可名非常名 無名天地之始 有名萬物之母 故常無欲以觀其妙 常有欲以觀其 此兩者同出 而異名 同謂之玄 玄之又玄 衆妙之門)"고 천명하였다. 유명한 이 구절로서 노자가 말하는 도의 실체, 상도로서의 도, 도의 실재나 실상 등이 요연(窅然/了然/瞭然/窈然)하게 밝혀졌다.
　무는 천지의 시초(無, 名天地之始)이고 유는 만물의 근원(有, 名萬物之母)이다. 무는 속인들이 생각하듯이 아예 없는 것이 아니라, 천지가 비롯되는 당초이다. 만물이 시작되는 무야말로 유에 앞선다. 그렇다고 유가 무보다 윗길에 놓이지 않는다. 무는 유와 자리를 다투지 않으며, 유는 무와 힘을 겨루지 않는다. 그러므로 "빛과 어둠은 빛과 어둠 속에 있"(「그대가 어찌 구별하리오」)고, "그 빈터에 빈터가 있"(「옛 종소리」)다. 무유에서 기원한 우주의 질서가 유무를 따지지 않는 이유이다. 유와 무, 무와 유가 서로를 포옹하여 하나인 듯 둘이 되고, 둘인 듯 하나가 되는 모습이야말로 '우리의 삶을 바르고 튼튼하게 잡아주는 진정한 힘'이다. 김영석은 그런 마음가짐으로 몸가짐을 데불고 아래의 시론을 생성한 뒤, 스스로 그것을 '도의 시학'이라 일렀다.(실제로 김영석이 1999년에 낸 시론집의 이름이 『도의 시학』이고, 2006년에 펴낸 것의 제목은 『새로운 도의 시학』이다.)

시쓰기란 물론 다 그렇다는 것은 아니지만, 말과 사물이 미묘하게 어긋난 그 틈으로 들어가는 일, 그 틈을 가능한 한 넓게 벌리는 일, 그 틈으로 무한대의 공간과 무량한 고요를 체험하는 일, 그래서 눈에 보이는 사물이나 말의 의미에만 매달리지 않고 자유롭게 살게 하는 일, 일종의 그런 것일 수도 있지 않을까. 가뜩이나 요즘처럼 사람들이 '없음의 있음'이나 '있음의 없음'을 까마득히 잊어버린 나머지, 있음과 없음, 이론과 실천, 미학적 영역과 비미학적 영역, 구상과 추상, 의미와 무의미, 자아와 세계, 존재와 언어, 음성주의와 문자주의, 책과 텍스트 등등, 무수한 분열과 대립을 초래한 마당에 그러한 시쓰기는 불가피하게 요청되는 것일 수도 있지 않을까.
나는 바로 위에서 열거한 대립항들이 동양의 사유 전통에 따라 일여적(一如的)이라 생각한다. 다시 말하면 그것들은 하나이면서 둘이고 둘이면서 하나이다. 그것들은 상호 순환적이고 상호 생성적이다. 그래야만 생명과 존재와 자유가 하나가 되어 살 수 있다. 예사 사람은 말하기를 '사람은 진실로 천지의 마음이다', '말과 글이야말로 천지의 마음이다'라고 했다. 이러한 일여적 사유가 아니면 무수한 대립과 분열을 초래하고 생명과 삶의 세계를 황폐화시킨 오늘날의 기술적 이성의 일방적 횡포로부터 벗어나기는 매우 어렵다고 나는 생각한다.
이런 까닭에 나는 나의 시가 공(空)과 존재와 언어의 일여적 순환과 생성 속에서 태어나 생명과 존재와 자유와 하나가 되기를 희망한다.

김영석이 등단 30년 만에 내놓은 두 번째 시집 『나는 거기에 없었다』의 「서문」에서 언급한 '도의 시학'이다. 그의 시적 사유를 가늠하기에 알맞은 대목을 따왔다. 단 하나의 어휘로 아우를 수 있다면, 그것은 망설이지 않고 '일여적'일 것이다. 그가 말하는 '일여적' 세계관은 '있음과 없음, 이론과 실천, 미학적 영역과 비미학적 영역, 구상과 추상, 의미와 무의미, 자아와 세계, 존재와 언어, 음성주의와 문자주의, 책과 텍스트' 등을 하나로 포용하는 인식론적 외연을 지칭한다. 근대 이성의 발달로 말미암아 생겨난 세계를 이분법적으로 분류하고 인식하는 버릇이 작금의 분열과 대립을 야기한 주범이다. 이러한 문제사태를 슬기롭게 극복하기 위한 대안으로 김영석은 '일여적' 사유를 제시한다. 즉, 그것은 대립항으로 자웅을 겨루는 듯하지만, 실상은 '상호 순환적이고 상호 생산적'이다. 그러므로 일여적 세계관은 세상을 지배하는 이성이 자아낸 대립과 분열의 미망을 수습하고, 그것을 외려 '생명과 존재와 자유'가 하나가 되도록 이끌어 줄 희망의 끈이다.

그런 연장선상에서 김영석의 시에는 "양달과 응달이 하나"(「무지개」)라는 식의 '일여적' 표현이 빈번히 돌출한다. 예를 들어서 "쌀 한 톨이 곧 삶이고 죽음"(「널 뒤주」), "삶이 곧 병이고 병이 곧 물결인 것"(「오갈피를 자르며」)을 보면 금세 수긍할 수 있다. 이런 사유를 통해서 "하늘의 허공과 마음의 허공"(「종소리」)이 한데 이어져서 "극지에 이를수록 살아있는 모든 것들"(「극지」)로 거듭난다. 곧, 일여적 세계관은 시마저 일여적 작법을 낳게 하고, 세계의 대립하는 쌍들을 한자리에 모아서 하나되게 만든다. 김영석의 시편에서 일여적 시작법은 급기야 "장공에 무지개를 세우는 일"(「진흙의 꿈」)마저 가능케 한다. 세상의 온갖 만물이 쟁쟁하지 않고 화해하여 화합하는 마당에 "슬픔과 그리움과 쓸쓸함"(「만물이 지나가는 길」)을 한데 비벼 '무지개' 하나 못 걸겠는가.

산기슭 자귀나무 꽃가지에
나비 형상의

> 물고기 등뼈 하나 걸려 있다
> 새가 그런 것일까
> 탈화하여 날아간 것일까
>
> 나침반처럼 그것이 가리키는 곳
> 먼 하늘가에
> 흰 나비떼가 분분하다
> ―「나침반: 기상도 22」 전문

위 시를 매끄럽게 해석하기 위해서는 장자가 『도덕경』의 '소화 편'에서 언급한 선지식을 취득할 필요가 있다. 그는 유명한 호접몽을 풀이하는 과정에서 자신이 꿈에 나비가 된 것인지, 나비의 꿈에 장주가 된 것인지를 모르겠다고 엄살을 피우며 소위 '물화(物化)'를 말했다. 장주와 나비의 사이에는 분명히 경계가 있을 것이니 그것이 물화이다. 이 지점에서 노자와 장자가 갈린다. 노자의 무위는 말 그대로 아무 것도 하지 않는 것을 말한다. 그에 반해 장자는 내적으로 절대 자유한 세계에서 무심히 소요하는 것을 무위라고 칭한다. 장자는 이 소요를 변화하는 자연과 대응시키기를 즐긴다. 그런 버릇을 알 수 있는 대목이 물화를 설명하는 장면이다. 노자보다는 장자가 훨씬 자유롭고 역동적이다. 장자가 고도의 비유를 동원하여 가르친 것이란, 속인들은 꿈과 현실 그리고 자신과 나비를 구분치 못하나, 참된 도를 터득하고 나면 양자의 구별이 가뭇없이 사라져 하나로 통하게 된다는 것이다. 그에 따라 세상에 존재하는 듯한 미/추, 대/소, 장/단 등의 대립쌍이 하나로 보여서 꿈과 현실 그리고 사람도 나비로 물화되기에 이른다.

따라서 진정한 물화를 꿈꾸거든 "교과서는 믿지 말라"(「바다는」)는 김영석의 충고를 귀담아 들을 만하다. 장자와 나비의 경계가 불분명해진 것처럼 물화에 이르기 위해서는 원래의 모습을 잃어버려야 한다. 그렇지 못한다면 물화의 지경에 이를 수 없다. 이 점에서 물화는 기왕에 주체를 장악한 견고한 사고방식의 멸족 위에서 시작된다. 그러므로 "자음과 모음이 이어지는 사이"(「재(灰)의 사상」)에서 발화하는 언어란 차라리 "거짓말을 위한 기호"(「움베르토 에코에게」)에 불과한 줄 알 일이다. 말조차 본의를 뒤집어버리는 경계의 접점에 이르러서야 '눈에 보이는 사물이나 말의 의미에만 매달리지 않고 자유롭게 살게 하는 일'이 가능해진다. 그처럼 위의 시작품은 실재와 현상이 간섭하지 않고 조응관계를 형성하고 있어서 그야말로 김영석의 시론을 뜬눈으로 확인하기에 적합한 예이다.

> 인적 없는 외진 산 중턱에
> 반쯤 허물어진 제각(祭閣)
> 아무도 모르는 망각지대에
> 스러지기 직전의 제 그림자를
> 간신히 붙들고 있다
> 구석에는 백치 같은 목련이
> 하얀 꽃을 달고 서 있다
> 아, 기억만 거울처럼 비치는 것이 아니구나
> 망각은 더 맑고 고요한 거울이구나.
> ―「거울」 전문

여느 시인들이라면 '반쯤 허물어진 제각'에서 '거울'을 찾지 않는다. 적어도 거울은 극정의 모더니스트 이상이 예시한 것처럼 실상으로 존재하는 거울에서 거울에 상당하는 이미지를 빚어낸다. 시사적으로도 거울은 실물로 제시된 후에 관념을 얻는 편이 대종을 이룬다. 말하자면, 지금까지 시편에 등장하는 거울이란 거개가 거의 비슷했다는 말이다. 그러나 김영석은 다르다. 그는 "눈에 잘 띄지 않는 어느 구석"(「등불

곁 벌레 하나」)에 버려지듯 자리하여 아무도 눈길을 주지 않는 제각에서 거울 이미지를 찾아내고 있다. 그의 시안은 이와 같이 '스러지기 직전'의 찰나적 시간에 실재와 만난다. 그마저 눈을 주지 않았다면, 제각은 거울 이미지를 선사하지 못하고 스러졌을 터이다. 그의 눈길을 붙잡은 제각은 홀연하고 당돌히 출현하여 '썩지 않는 슬픔'의 진면목을 보여준다. 그것은 끝에 장치된 기억<망각이라는 부등호의 도움을 받아 소외된다.

사람들은 망각보다는 기억을 선호한다. 기억은 차라리 집단적 무의식의 산물이다. 그것은 동일집단에 속한 무리들의 결속을 다지는데 소용되는 심리적 원형이고, 자아의 자존감을 훼손치 않으려고 동원되는 '편집된 기억'의 화신이다. 사람들이 기억에 목을 매는 이유는 이 두 가지이다. 따라서 그들에게 망각이 '더 맑고 고요한 거울'로 포착될 리 만무하다. 대부분의 사람들은 망각에 중점을 찍지 않는다. 그들은 기억의 편에 서서 망각조차 망각하며, 먼지 한 수저의 기억으로 빙산 같은 망각을 밀어내며 살아간다. 이런 세태에서 김영석처럼 망각을 불러오는 이는 환영받지 못한다. 그의 시선은 세상의 주류로부터 벗어나 있기 때문이다. 그가 '백치 같은 목련'을 앞세워 망각의 거울스러움을 강조할수록, 호르크하이머가 말한 "모든 물화는 망각이다"의 참뜻이 도드라진다.

기억이 아니라 망각이 지닌 거울의 덕목은 '아무도 모르는 망각지대'에 자리잡은 '제각'이 이고 있는 세월의 더께마저 벗겨내었다. 망각의 도저한 힘이 자아낸 물화에 힘입어 제각이 붙들고 있는 '스러지기 직전의 제 그림자'들이 "기억 속에 서성이고 있다"(「대숲」). 왜냐하면 "그림자는 거울을 떠나 살 데가 없고"(「하늘 거울」), 제자리를 찾기도 난감한 까닭이다. 김영석은 망각을 배겨내지 못하는 기억의 연약한 속성을 소슬한 이미지와 병치함으로써, 기억에 내함된 생의 허무를 증언하고 있다. 기억과 망각을 굳이 구분하지 않는 경지는 "아예 늙어 가지고 나온"(「무덤에 대하여」) 노자가 설파한 무유의 삶이다. 김영석은 이것을 일러 '무명(無名)'이라고 부른다. 그는 바람이 굽이치는 산의 끝자락(邊山)에서 허공에 집을 짓고, 속세에 남은 자신의 이름마저 수거하는 '은자'의 '시학'을 체현하고 있다.

Ⅲ. 결언

위에서 살핀 바를 종합하여 김영석의 시세계를 거칠게나마 '은자의 시학'이라고 요약한다손 그리 큰 허물이 아니다. 그만치 그는 고향으로 돌아와서 날마다 눈을 씻느라 분주하다. 은자는 세상과 불화한 패배자의 지시어가 아니다. 외려 그보다 은자는 허공마저 삼천대천의 세계로 인식하기에 무한한 관심이나 한량없는 사랑을 감춘 자(隱者)로 보아야 맞다. 주야로 세설헌의 안팎을 주유하는 바람에게서 세상 돌아가는 모습을 전문하는 것만 보아도, 김영석이 세사와 세인들에게 초연히 관심하는 줄 알 수 있다. 다만 그는 실재와 관념의 이분을 삼가고 원시적 질서를 존중하며 갈등하거나 대립하지 않는 세상을 꿈꿀 뿐이다. 그 증거는 김영석이 비민의식에 기초하여 허무나 무유의 본초적 국면을 중시하는 대목에서 쉽사리 찾아볼 수 있다.

김영석은 "땀 젖은 칼날의 이마에 비추어 본 사람"(「두 개의 하늘」)이다. 그는 '칼날의 이마'에 비친 모습이 자신의 것인 줄 알며, 그것이 자기의 마음이 만들어낸 초상인 줄도 안다. 그처럼 그는 실상과 허상의 경계마저 뚜렷이 감별하는 혜안을 갖고 있다. 한편으로 그는 특유한 여린 감수성에 터하여 '원초적 슬픔'을 '우리의 삶을 바르고 튼튼하게 잡아주는 진정한 힘'이라고 여긴다. 이런 관점은 그로 하여금 작디작아서 힘없고 나약하여 사람들의 시선을 끌지 못하는 이름없는 '것'들에 주목하도록 이끈다. 그의 세심한 눈길은 삼라만상의 실재와 현상에 대한 무차별적이고 근본적인 사랑에 기인한 것이다. 그가 시편의 어느 구석에서도 그것을 언표하지 않았지만, 작고 쓸쓸한 것들을 향하여 눈을 줄 수 있는 손길은 사랑으로 따뜻하다. 그가 허허한 발길을 움직일수록 사랑은 지천으로 퍼질 것이며, 유한한 문자로 무한한 불립문자를 따라갈수록 사랑은 선명하게 각인될 것이다. 그는 이렇게 빼어난 시재를 허공에 감추고 '흰 눈 씻는 집'에서 "외로움의 뼈"(「그대에게」)를 어루만지고 있다.(『문예연구』, 2019. 겨울호)

동굴의 자아 혹은 자아의 동굴
—백송론

1

　백송(白松)의 본명은 백송기(白松基)이다. 그는 고려조부터 도자기로 유명한 부안군 보안면 유천리에서 1957년 태어났다. 유천국민학교를 졸업한 그는 쪼들린 가정 형편 때문에 상급학교 진학을 포기하고 농사를 지으며, 농한기에는 변산의 가마소동굴에 들어가 독학하였다. 1988년 시집 『두고 온 동굴』(일선기획)을 세상에 내놓고 시인이 된 그는 부안에서 출생했으면서도 이채롭게 정읍의 『내장문학』 동인으로 활동하기도 했다. 그가 거주지를 정읍 관내로 옮겼는지, 누구의 추천으로 그 문학동인회에 가입했는지 확실치 않다. 그는 전주에서 원불교당이 원기 72년을 맞아 연 경축 공연과 이리 뉴타운문화센터에 나아가 시를 낭독하였고, 원광대학교 손짓사랑회 회원들과 농아들을 위한 수화교실에 참석하여 헌시를 낭송하기도 했다. 또 연극배우 백채규·양현자 부부와 전국을 돌아다니며 시낭송회를 열었다. 이로 미루건대, 그에게 시를 낭독하고 낭송하는 일은 바깥세상과 소통하는 통로였던 것으로 보인다. 백송과 동향 출신인 박채규는 백송의 시집에 붙인 「황토빛 마을의 아이」에서 아래와 같이 말했다.

> 백송—그는 아직도 황토빛 마을의 아이다. 어른이 되지 못함은 육체적, 정신적인 성장이 늦어서라기보다 그의 마음이 곧 아이의 마음처럼 깨끗할 뿐만 아니라 세상의 온갖 욕심에서 벗어났기 때문이다.
> 백송과 나.
> 우리의 고향은 고려청자의 원산지 황토빛 마을(전북 부안)이었고, 친구라고 이름하게 된 것도 국민학교를 졸업하고 글을 쓰기 시작할 때부터였다. 그는 신체적인 결함을 용케도 잘 이겨냈으며 성적 또한 우수했다. 특히 백일장에 나가기만 하면 항상 친구들이 부러워할 정도로 상장과 부상을 받아 왔고 우린 그때마다 먼발치에서 그를 가리켜 '신동'이라고 부르는 어른들의 말씀을 들어 왔다.

백송의 성장 과정과 인상을 알 수 있는 증언이다. 박채규가 말한 백송의 '신체적이 결함'은 시인 최승호가 백송의 시집 발문에서 "그가 남달리 손가락, 발가락을 각각 하나씩만 가지고 태어나 자라고 생활해 오면서 겪어야 했던 육체적, 정신적 고통들은 정상인들의 가벼운 상상 따위를 훨씬 초월한, 그에게는 절절한 현실들이었을 것이다"(「백송, 그의 삶과 시」)고 밝힌 바 있다. 최승호는 1945년 완주에서 태어나 이리동중학교와 전주농림학교를 거쳐 호남신학대학을 중퇴하고 『시인통신』 주최 신인문학상을 받아 문단에 나와서 『이상한 사이』(사사연, 1986)라는 시집을 낸 시인이다. 백송이 그에게 발문을 부탁할 정도라면, 둘 사이가 꽤 친밀한 사이였을 것으로 추측된다. 그런 관계에 터하여 최승호가 백송의 불구한 신체를 발문의 앞자리에서 쭈뼛거리지 않고 언급했을 터이다. 물론 백송의 시가 잉태하기까지의 고통을 이웃들에게 알리려는 의도에서 전제했을 테다.

박채규는 "유천핵교 뒷잔등 농부의 밭"(「황토빛 마을의 언덕」)을 매는 농사꾼이 되기 싫어 아버지가 소 판 돈을 훔쳐 무작정 상경했다가 돈을 탕진한 후 산사로 들어가 불목하니를 하다가 삭발하기도 했다.[1] 주지의 예언처럼 역마살이 끼었던지, 그는 장판을 떠돌며 살았던 연극인이다. 그는 극단(동인극장)이 해체된 뒤에 전주에서 연극을 하다가, 경북 동화사의 행자 노릇과 공장 공원으로 전전하면서도 연극을 향한 열망을 버리지 못했다. 1984년 MBC 신인가요제에서 금상을 수상한 양현자는 1985년 그의 '각설이' 공연을 보고 살림을 차렸다. 부부는 1986년 2월 10일 경북 영천에서 딸 소라를 낳은 다음에 전국 공연에 나섰다. 『장날』은 박채규가 장터를 돌아다니며 수집한 이야기와 「장타령」을 바탕으로 쓴 작품이다. 부부는 1995년에야 늦은 결혼식을 올렸고, 『장날』은 서울 세실극장을 비롯하여 여러 곳에서 상연되었다. 둘이 부부로 맺어진 전후 맥락을 볼 양이면, 사랑의 힘에 내장된 강도를 헤아릴 수 있다.

백송은 박채규를 "그대, 항상 내 곁에 있네"(「그대 항상 모든 이들을 위해—연극인 박채규 님께」)라고 칭송하며 헌시하였다. 학벌도 없고 밥벌이도 시원찮은 그에게 믿음을 보여준 꾀복쟁이 박채규야말로 이승에서 믿고 의지할 수 있는 유일한 동지이자 후원자였던 셈이다. 백송이 등단 절차를 생략한 채 시집 『두고 온 동굴』을 내놓자, 박채규 내외는 격려사를 시집의 말미에 붙여 성원하였다. 박채규의 윗글과 양현자의 「무대에서 만난 백송」이 그것이다. 1987년 2월 양현자는 남편과 함께 대학로에서 공연을 마치고 나서 처음으로 백송과 만났다. "그 후 백송 시인은 남편의 권유로 우리가 지방 순회공연을 할 때마다 함께 시낭송

---

[1] 박채규에 관해서는 엄광용, 『오늘 문득 사람의 향기가 그립습니다』, 도솔, 2006, 14-17쪽.

을 하게 되었고 그것이 평소부터 친분이 두텁던 두 사람의 우정에 내가 자연스럽게 합류한 계기가 되었다"고 그녀는 술회했다. 부부는 동굴에 갇혀 사는 백송의 바깥출입을 위해 '시낭송과 공연'이라는 명칭을 달고 동행했던 것이다. 둘의 배려를 고맙게 여긴 백송은 시집에 부부의 『장날』 공연 사진을 삽입하고, 시 「얼음산 굿 한마당—연극 『장날』의 한 장면」이란 시를 써서 은공을 기렸다.

2

백송에게 시쓰기는 "슬픔이 낫는 약"(「슬픔은 끝내 묻어 두고」)이었다. 그는 천부적으로 불구한 신체적 구속을 이겨내기 위해서 시를 썼고, 시를 쓰며 생존할 이유를 찾았다. 시는 태생적으로 지닌 불이익을 온몸으로 감당하지 않으면 안 되었던 "이 세상 온갖 설움을 간직한 나"(「사금파리의 하소」)와 세상의 소통 창구인 동시에, "내 새벽을 가꾸리이다"(「내 새벽을 가꾸리이다」)고 생의 의욕을 다짐하는 서원처이며, "저 넓은 광야"(「曠野」)로 나가지 못하도록 가로막는 억압기제였다. 농번기가 끝나면 바로 변산 속의 동굴로 들어가서 시작에 전념하였던 것을 보노라면, 시가 그에게 안겨준 고통과 해방감은 쉬 헤아릴 수 있다. 동굴은 그의 시가 탄생하는 장소였고, "햇살 부신 광야"(「안개」)로 나아갈 날을 손꼽아 기다리던 기다림의 장소였다.

백송의 시집 『두고 온 동굴』에서 잦게 출현하는 '동굴'은 모티프를 초월하여 테마로 기능한다. 모티프는 테마의 구성요소이다. 모티프가 작가의 작품 속에서 끈질기게 나오는 모든 언어학적 요소로 외부적 어휘 현상을 가리킨다면, 테마는 모티프에서 상징의 형태를 띠고 나타나는 내부적 질서로 이차적 어휘 현상을 말한다. 리샤르(J-P. Richard)에 의하면 테마란 "모티브에 의해 구상화되는, 그리고 작품 내에 살아서 유기적 기능을 발휘하고 있는 어떤 단위나 카테고리"[2]를 뜻한다. 테마는 한 작품이나 일련의 작품군에서 어떤 정황이 집요하게 등장하거나 어떤 구조가 빈번하게 출현하는 언어의 반복, 대상의 반복, 형태의 반복, 구조의 반복, 정황이나 분위기의 반복 및 이미지의 반복 등을 통칭하는 이름이다. 그 보기를 백송의 시집에서 쉽게 발견할 수 있다.

　　인적 없는 숲속
　　나의 동굴에
　　그 누가, 그 누가
　　다녀가는가.

　　산새, 노루, 산들바람
　　찾아왔다가
　　나를나를 기다리다가
　　그냥 가는가.

　　두고 온 나의 동굴
　　주인을 잃고,
　　세월따라
　　잡초만 우거지는가.

　　숲속에 두고 온
　　그리운 동굴
　　구석구석 나의 체온
　　배인 동굴에

　　골안개, 아침햇살

---

[2] 이형식, 「주제비평」, 김치수 외, 『현대문학비평의 방법론』, 서울대출판부, 1988, 15쪽.

> 찾아왔다가
> 나를나를 기다리다가
> 그냥 가는가.
> ―「두고 온 동굴」 전문

　동굴은 일반적으로 은둔, 도피, 폐쇄, 어둠 등의 이미지를 동반한다. 그런 전차로 동굴은 대부분 부정적 인상을 풍기는 것이 사실이나, 심리학에서는 이것을 안전한 무의식의 세계를 가리킨다고 해석된다. 신화적으로 동굴은 단군신화에서 보듯이 생명의 탄생, 그 중에서도 영웅의 탄생 장소로 신성시된다. 그러나 백송의 시에서 동굴은 "은둔의 동굴"(「빈 마음으로」)이자 "불면의 동굴"(「입산 초야」)이다. 즉, 신체의 약점 때문에 선택한 '은둔'과 그로 인하여 세상과 불통하면서 발생하는 '불면'의 장소감은 백송의 시편에서 동굴 모티프를 등장시키도록 강권하였다. 동굴을 시제에 포함한 작품만 해도 「두고 온 동굴」 말고도 「동굴」, 「동굴의 아침」, 「동굴 안」, 「동굴의 밤」 등이고, 작품 안에 동굴이 포함된 것까지 합치면 더 늘어난다.
　백송의 시에서 동굴은 "소복히 내려앉는/하얀 그리움"(「동굴 안」)이나 "촛농처럼 여위어가는/그리움이 졸졸"(「동굴의 밤」)처럼 그리움을 동반하고 등장한다. 이 그리움은 "모든 그리움을 여위어도"(「홀로 지새는 밤」), "그리움은 큽니다"(「고아」), "유년의 그리움"(「눈물센터」), "그리움을 재워 놓고"(「하산」), "침묵이 고와도 홀로 간직한 그리움으로 설레어라"(「오월, 그 푸른 연가」), "그리움으로 힘없이 감싸왔던 이 밤"(「청보리꽃 잠든 밤에」), "그리움을 앓고 있나요?"(「하얀 손짓으로」), "하이얀 그리움의 강언덕"(「가을 낙엽」), "그리움이란다"(「적목련 피는 뜻은」), "그리움 머무는 시냇가"(「갈대꽃」), "이 젊은 그리움"(「그리운 고향」), "그리움을 말하지 말자"(「그리운 날은」), "하나가 없던 때의 그리움"(「우리 서로」) 등을 데불고 와서 백송을 그리움의 시인으로 자리매김한다. 그만치 그의 그리움은 외롭다. 그의 시에 나타나는 외로움을 통해서 사람이 동서동물이라는 생물학적 사실을 깨닫게 된다.

 백송의 외로움은 선천적이다. 홀어머니와 떨어져 산속에 살면서 시를 쓰는 백송에게 "풍장처럼 짖어대는"(「하산」) 외로움은 그리움과 범벅되어 온몸에 각인되었다. 그를 "걷잡을 수 없는 외로움의 밤"(「나는 나」)에 몰아넣고, "한밤내 사무치는 설음"(「눈물로 핀 꽃 한 송이」)에 겨워하도록 강요하는 압박기제는 불완전한 신체적 조건에서 말미암았다. 그 조건은 "천형의 형벌"(「슬픔은 끝내 묻어 두고」)이어서 그의 원망대로 해결될 가망이 없을 뿐 아니라, 생리적 조건으로부터 벗어나려고 버둥거릴수록 옭죄어 "이 세상 눈물단지"(「사금파리의 하소」)인 줄 재인식시킬 뿐이다. 그럼에도 불구하고 백송은 자신의 운명이나 신세를 탓하지 않는다. 그 증거로 보일만한 시가 아래에 있다.

   어머니, 당신의 아픔 가슴에 살짜기
   접시꽃 이파리 하나 덮어드립니다.
   생전을 가슴앓이로 살아오신 당신께
   눈물로 핀 꽃 한송이 올리옵니다.
    ―「눈물로 핀 꽃 한송이」 부분

 한국이란 나라에서 어머니는 모두 죄인이다. 자식이 잘못하거나, 자식이 잘못되거나, 자식을 못 낳거나, 자식을 온전치 못하게 낳거나, 자식이 자식을 못 낳거나, 자식이 죄를 짓거나, 자식이 자식을 잘못 가르치거나, 자식이 부모보다 먼저 죽거나 죄다 어머니가 책임져야 한다. 순전히 조선조를 세우며 들여온 성리학적 사유체계가 나라의 근본 이념으로 작동하면서 생겨난 폐습이다. 백송의 어머니도 이 범주에 들어간다. 그녀는 불구자를 생산한 죄로 '생전을 가슴앓이로 살아'야 했다. 그나마 백송이 그 처지를 동정하고 '꽃 한송이'를 헌화하니 겉으로는 미소했을 터이다. 그렇지만 그녀의 '아픈 가슴'이 '눈물로 핀 꽃'으로 달래질리 만무하다. 다만 자식이 "슬픔은 끝내 묻어 두고"(「슬픔은 끝내 묻어 두고」) 그녀에 대한 원망을 표출하지 않는다는 것이 보상일 따름이다. 더욱이 자식은 「울돌목에 띄운 유서」를 회수하고 「삶의 개척」에 나설 의지를 표명하여 어머니의 죄책감을 덜어주는 효행을 일삼는다.

    우리들의 凍土엔
    언제나 기다림의 갈증이 싹트고 있다.

    하이얀 설레임의 들녘마다
    풀씨들의 작은 함성이
    저마다 응집의 인내로
    꿈을 먹고, 꿈을 키우며 자라나

    내일은
    凍土의 기적을 이룩할
    초록의 반란을 일으키며
    하나의 새 왕국에 들어서고

    거기,
    새로운 왕국엔
    아름다운 꽃피고 벌, 나비, 온갖 새들이 날아와
    아지랭이 넘실대는 봄 언덕
    화창하게 부풀은 햇살을 노래하리.
        ―「凍土의 왕국」 전문

인용시를 읽어 보면, 삶의 의지가 왕조의 교체를 가져온 줄 바로 알아차릴 수 있다. 얼음장 밑에서도 미나리는 자란다는 옛말처럼, 시인은 '동토' 아래서 봄날을 기다리며 꿈틀대는 '풀씨들의 작은 함성'을 듣는다. 풀씨들이 저마다 간직한 봄맞이의 '꿈'은 '하이얀 설레임의 들녘'을 '기다림의 갈증'으로 가득 채운다. 기다림은 "계절이 사위어감"(「어찌할거나」)에도 굴하지 않고 오로지 "첫사랑의/야릇한 기다림"(「최초의 고백」)으로 "가슴 조여 하늘만, 하늘만 우러르며"(「무인도」) 봄을 맞는 자세의 경건함에서 진지해진다. 하나일 적에는 "나즈막한 문풍지소리"(「빛」)나 진배없다. 그런데 풀씨'들'이 겨울바람에 흔들리자 마침내 작으나마 '함성'으로 바뀌어 '凍土'를 흔든다. 그 광경을 드러낼 양으로 백송은 '凍土'를 일부러 한자로 표기하였다. 한자는 한글투성이의 시편에서 가독성을 훼방하듯, 풀씨들에게 "맨홀 속에 갇힌 삶"(「또다른 삶」)을 강요하는 폭력자이다. 한자의 견제에도 불구하고 풀씨들의 함성은 연대하여 "청보리꽃"(「고향 가는 길」)을 피워내고 들판으로 번져서 굵은 함성으로 커진다. 급기야 풀씨들은 '초록의 반란'을 일으켜 들을 점령하고 '하나의 새 왕국'을 건설하기에 이른다. 바야흐로 '凍土의 기적'이 이루어지는 찰나이다.

　오로지 "흙의 순수"(「청보리꽃 잠든 밤에」)에 기댄 풀씨들의 기다림이 견인한 '새로운 왕국'에는 '아름다운 꽃피고 벌, 나비, 온갖 새들이 날아와'서 '아지랭이 넘실대는 봄 언덕'에 '화창하게 부풀은 햇살'을 노래한다. 그곳에는 "마실 나온 벌, 나비"(「산처녀」)가 너울대고, "싱그러운 풀꽃 향기"(「나에게도 햇살이」)가 넘실거리며, 꿈속에서 고대하던 "꽃이라 불러보는 여인"(「오월, 그 푸른 연가」)이 다가온다. 그리하여 백송은 봄이 온 들판을 "백지 위의 넓고 깊은 글방 가꿈터"(「마음」)로 인식하고 시작에 나선다. 그의 시에서 잦게 출현하는 동굴 모티프가 결국은 '凍土'를 밀어 올리는 풀씨들을 양육한 셈이다. 이로서 그는 "덜깬

잠꼬대 같은 기억"(「단잠(참새에게)」)으로부터 탈출하여 "쓰는 것의 이어짐"(「마음」)을 추구할 수 있게 되었다. 그가 "전라도 고부현 두승산"(「유선사 정자나무」)에 새겨진 전봉준의 함성을 들을 수 있게 된 배후에는 '凍土' 아래서 봄을 맞으려는 풀씨들의 '기다림의 갈증'이 있었던 것이다. 봄을 향한 '갈증'은 '언제나' 목마르다. 곧, 백송은 '척왜양창의'와 '보국안민'을 기치로 내건 전봉준의 혁명이 성공하기 위해서는 지금-여기에서 '언제나' 혁명 의지를 불태우며 행동으로 옮겨야 한다는 당위성을 전언으로 언표하고 있다.

그것은 백송이 동굴에서 생활하면서 "산의 경건함 위엄을 다스리는 어둠"(「어둠에 안겨」)의 이치를 온몸으로 체득한 성과이다. 보통 사람들은 빛이 어둠을 이긴다고 말한다. 그러나 그 말을 뒤집어도 진이다. 어둠은 빛을 이긴다. 그것도 태초 이래 지금까지 빛이 어둠을 이겨본 적은 없다. 태초가 어둠일 리도 없다. 설사 과학자들의 주장을 받아들여 우주가 폭발하여 빛이 생겼다고 할지라도, 인류는 그 순간을 목격한 증인이 아니다. 따라서 태초에 어둠이 있었다는 사람들의 말은 성립되지 않는 것이고, 그러므로 빛이 어둠을 이긴다는 말은 그야말로 일방적 주장에 지나지 않는다. 한 번이라도 밤을 맞아 본 사람이라면 다 알 수 있듯이, 어둠은 힘이 세다. 그런 이유로 굳이 노자를 호출하지 않아도, 어둠은 만물의 근원이며 질서의 보루이다. 백송은 동굴에서 마주한 어둠으로부터 "때묻지 않은 맑음과/흩어지지 않은 고요"(「내 새벽을 가꾸리라」)를 배웠다. 세상 사람들이 추구하는 '맑음'과 '고요'의 경지가 어둠 속에서 배태된다는 철리를 깨닫게 되자, 그의 몸을 향하여 "파고드는 손가락질"(「빈 마음으로」)조차 어둠으로 무화되는 줄 발견할 수 있었다. 이제 온 생을 기속하던 "가난스런 육신"(「입산 초야」)은 "나는 나의 몸이로소이다"(「소(牛)」)는 자각으로 자유로워지고, 백송은 동굴을 향해서 "여기가 천국이네"(「동굴」)라고 찬미하게 된다. 이처럼 동굴은 그로 하여금 업죄의 사슬을 끊어낼 수 있는 힘을 주었고, 동굴 모티프는 그의 시에서 하나의 테마를 구성하는 역할을 수행하고 있다.

3

위에서 알아본 바와 같이, 백송은 천부적인 불구로 인하여 세인들로부터 외면받은 시인이다. 그러나 그는 궁핍한 생을 살면서도 시작에 열중하여 서러운 인생과 눈물로 점철된 세상 사람들의 외면을 이겨냈다. 그의 시에서 그리움과 외로움이 질펀하게 자리하게 된 사정이다. 비록 그는 현실 생활에서 힘들었으나 "천지산야에 자랑스런 꽃과 나무들"(「21세기 환자」)을 벗으로 삼고 "그윽한 당신의 체취"(「밤의 빈 뜰에서」)를 그리워하며 시 속에서 "단꿈"(「태엽감기」)을 꾸었다. 시쓰기는 그의 일상을 위로하는 미약이자 손길이었고, 나날을 버티게 해 준 동반자이자 버팀목이었다. 그는 시집의 「책 뒤에」에 붙인 다음글에서 시작업을 이어가야 하는 심회를 풀어 놓았다.

어둠 속에서 무엇인가를 건져 올리기 위하여 침묵을 다스리다 불태워 버린 순간, 한 오라기 희망의 빛살은 또 다시 나를 이끌고 어디론가 떠나갑니다.
그동안 헤일 수 없이 태우고 또 태워버린 내 모습을 찾아서 나는 또 떠나가야 합니다. 어디든 용기를 내서 끝없이 찾아나서야 합니다.
그리하여 다시금 불씨를 모아 나를 또 태워야 합니다. 한 짐을 태우면 다시 한 짐의 검부러기가 모아지는 세상에 서서 이제는 '나'라는 존재까지도 태워야만 합니다.
어둠 속에 마지막 남은 구도의 길은 나를 태울 수 있는, 불사를 수 있는 한 가닥 용기와 희망뿐입니다.

제 노래에 제 목소리가 담겨 있을 뿐 아직 무엇도 되지 못한 글을 엮 어봅니다. 우민한 사람에게 끊임없는 채찍 바랍니다.
　해맑은 빛살 아래 초록빛 들꽃이랑, 벌나비랑, 아름다운 산새 노래 들 으며 푸르른 하늘을 우러르고 싶습니다.
　내 영혼 다하는 그날까지…….

　위처럼, 백송은 "외로움에 몸 닳아"(「눈물센터」) 있는 실존적 한계상황 속에서도 시쓰기를 계속할 것을 다짐한다. 그에게 시업은 '태우고 또 태워버린 내 모습'을 되찾기 위한 성찰의 작업이다. 그는 태우는 행위를 통해서 궁극에는 '나'까지 태워버릴 것을 소망한다. 그것이 '구도의 길' 인 줄 아는 까닭이다. 그의 구도는 '어둠' 속에서 이루어진다. 어둠이 '한 오라기 희망의 빛살'을 데려오는 줄 능히 알기에, 백송은 '어둠'의 시간 속으로 기꺼이 들어간다. 시를 탄생시키고 '내 모습'을 보여주는 '어둠'은 '동굴'을 휩싸고 돈다는 점에서 그의 시편에 빈번히 출현하는 동굴 모티프에 대한 착목이 중요해진다. 동굴은 그의 시를 잉태한 성소였고, 삶을 지탱해준 보호막이었다.

'노을'에서 '백산'까지
—강민숙론

1. "깊어가는 푸른 강물소리"(「강」)

　사람이건 사물이건 첫 인상이 중요하다. 사람에게서 받는 인상 중에서 학력사항이 앞뒤로 상이하다면, 한국 같은 학력사회에서는 수습하기 힘들 정도로 타격을 입는다. 학력은 자기가 기입하여 노출하기도 하지만, 상대가 소개할 양으로 작성하기도 한다. 전자보다 후자에서 발생한 문제는 당자의 학력을 넘어 다른 부분까지도 부정적 인상을 남긴다는 점에서 치명적이다. 이와 같은 예로 들만한 시인으로 강민숙이 있다. 그녀는 1963년 부안 백산에서 태어나서 1992년 『문학과 의식』에 당선되어 시인이 되었다. 문단에 나온 뒤, 그녀가 문명을 날리게 된 계기는 개인사적 아픔을 노래한 첫 시집 『노을 속에 당신을 묻고』(나라원, 1994)를 펴내면서부터이다. 이 시집은 낙양의 지가를 올리면서 소위 베스트셀러가 되었다. 강민숙이 다음으로 펴낸 시집 『꽃은 바람을 탓하지 않는다』(문학수첩, 2005)가 여러 쇄를 찍게 된 것은 앞서 낸 시집으로 얻게 된 이름값이 상당한 도움을 주었다. 그러나 이 시집을 대하면서 접하게 된 시인의 학력에 관한 혼란은 지금까지도 확실하게 타파되지 않았다.

　출판사의 잘못으로 보이는 그 내막은 이렇다. 표지의 안쪽 날개에 소개된 시인의 약력은 "전북 전주에서 태어났으며, 숙명여자대학교 국어국문학과를 졸업했다. 1998년 <현대시학>으로 등단했다."이다. 이것은 앞의 시집에서 내건 "1963년 전북 부안에서 출생. 1992년 『문학과 의식』「공사장」으로 신인상에 당선되어 등단하였습니다. 흐름 및 해바라기 동인이고 동인지 『누군가 내 안에서 울고 있다』『나를 돌려세우는 눈빛 하나』등 다수. 1994년 『아동문학』 동시로 신인상을 받았습니다. 현재는 한국 신시학회 회원으로 활동중입니다."와 달라서 당혹스럽다. 그런데 제2시집의 판권란에 적힌 약력에는 "전북 부안에서 태어났으며, 숭의여대 문예창작과를 거쳐 중앙대학교 예술대학원 문예창작과를 수료하였다. 1992년 <문학과 의식> 시 부문 시인상, 1993년 <아동문학> 동시 부문 시인상을 수상하였다. 시집으로 『노을 속에 당신을 묻고』, 『그대 바다에 섬으로 떠서』 등이 있다."라고 제대로 표기되어 있다. 이것은 표지의 안쪽에 적힌 약력이 오쇄인 줄 입증한다.

　그 후에 강민숙이 낸 시집 『그대 바다에 섬으로 떠서』(문학수첩, 1997), 『꽃은 바람을 탓하지 않는다』(문학수첩, 2005), 『둥지는 없다』(실천문학사, 2019), 『채석강을 읽다』(실천문학사, 2021), 『소년공 재명이가 부르는 노래』(생각이크는나무, 2025) 등에 제대로 찍히고 최종 학력과 수상 내용이 더해졌다. 이로 미루건대, 시인의 허물이 아니라 출판사의 실수로 판명된다. 회사에서 문제를 인지한 시점은 시집 『꽃은 바람을 탓하지 않는다』를 시장에 푼 뒤였을 터이다. 자신들의 과오를 뒤늦게 알아차리고 시인에게 사과했을 테지만, 그 시집을 구매한 독자들은 첫 시집과 둘째 시집에서 달라져버린 약력을 보고 시인에 대한 인상이 좋지 못했을 거란 사실이다. 시인은 자신의 의사와는 무관하게 오염된 학력사항으로 말미암아 시단에서도 부정적 인상을 받게 되었을 법하다.

2. "혼자 걸어가고 싶다"(「시는 있다」)

강민숙의 시는 가족사적 슬픔으로 가득했던 등단 초와 달리, 지금은 역사적 상상력을 발동하여 고향의 비극적 국면을 다루고 있다. 그의 시를 관통하는 정서의 색깔을 여전하나, 그 결을 달리하면서 다채로워졌다. 시집 『꽃은 바람을 탓하지 않는다』에서 "홀로 돌아앉아 면벽만 하고 있다"(「자서」)고 자신의 궁상을 표백하던 그녀는 『채석강을 읽다』에 와서 "내 시편들 새가 되어 노래하고 있다"(「나의 새, 나의 시」)고 자랑한다. 젊은 날의 주체할 수 없던 비극에 압도되어 '면벽'하던 그녀가 불면하며 그려낸 그림들이 새가 되어 '노래'로 승화된 것이다. 그 '노래'는 『채석강을 읽다』에 이르러 갑오동학농민혁명의 전적지를 답사하고 인물들을 호명하는 호곡제(號哭祭)에서 진혼곡으로 변주된다. 이와 같이 근래에 펴낸 시집에서 당당한 포즈를 취할 수 있게 되기까지, 강민숙이 홀로 지낸 밤의 무게와 맞은 낮의 두께를 추량할만하다. 아래에 인용한 『둥지는 없다』의 「시인의 말」에서 그 실마리를 찾을 수 있다.

놓쳤다. 바로 눈앞에서
일어난 일들을 놓치고서도
나는 놓친 줄을 몰랐다
비도 놓치고 바람도 놓치고……

돌아다보니 아무것도 잡은 것이 없다
많은 사람들이
붙잡기 위하여 산다는 데
지금 손 안에 붙잡고 있는 것은
어느 것 하나 보이지 않고
손금만 늘어간다

둥지를 잃고 바람의 구두가 되어
몽골과 티베트를 거쳐
갠지스와 히말라야 안나푸르나
탄자니아 세링게티
그리고 사하라와 산티아고 순례길까지
돌고 돌아보았다

내가 보고 듣고자 했던 것은
과연 무엇이었을까
문화와 문화, 종교와 종교
이념과 이념이 저마다 다르지 않았으며
개와 염소와 사람과 동물도
단지 모습과 색깔만 다를 뿐이지 않았던가

'아프리카 세링게티에서' 쓴 윗글은 이 시집과 앞의 것과의 터울이 10년을 훌쩍 넘게 된 전후사정을 짐작케 해준다. 그만큼 강민숙의 방황이 길었다는 증거일 테다. 인용문에서 유일하게 마침표가 찍힌 부분이 '놓쳤다.'이다. 이 단락에는 '놓쳤다', '놓치고서도', '놓친', '놓치고', '놓치고'의 총 5번에 걸쳐 놓친 상태가 나온다. 그녀가 놓치고 나서야 놓친 줄 알았다는 것은 '일', '비', '바람'이다. 그녀가 놓쳤다는 것은 무엇인가에 골몰하거나, 무심히 관망하느라 놓친 것일 터이다. 전자나 후자나 다 그녀가 정신없거나 정신을 집중하지 못하는 상태를 가리킨다. 다음으로 서술된 '돌아다보니 아무것도 잡은 것이 없다'는 문장이다. 남들과 달리 자신은 잡은 것이 없이 '손금'만 늘어났단다. 그만치 그녀는 고생하면서 나이가 드는 중이다.

강민숙이 돌아다닌 곳만 해도 '몽골'과 '티베트', '갠지스'와 '히말라야 안나푸르나', '탄자니아 세링게티', '사하라'와 '산티아고 순례길' 등이다. 그녀의 속을 모르는 남들은 더없이 부러운 여정이라고 말할만하다. 그러나 그녀는 사람들의 입줄을 피해 훌쩍 떠나서 여러 곳을 더투는 도중에 '내가 보고 듣고자 했던 것'이 '과연 무엇이었을까' 고민에 고민을 거듭하였다. 그 결과, 그녀는 '문화와 문화, 종교와 종교/이념과 이념이 저마다 다르지 않았으며' 또 '개와 염소와 사람과 동물도/단지 모습과 색깔만 다를 뿐'이란 사실을 깨우치게 되었다. 사람은 여행하는 동물로서 이곳저곳을 여행하는 과정에 신문물을 접하고 기존의 관념을 폐기하기도 하고, 낯선 사람들을 만나 우의를 나누는 중에 문화를 주고받으며, 어디나 사람 사는 곳이고 누구나 나와 같다는 사실에 놀라게 된다. 그의 놀람은 가치관을 충격하고 세계관을 가다듬는 촉매로 작용한다. 이것이야말로 여행이 주는 장점이다. 강민숙의 술회도 이와 같다. 시세계를 살펴볼 목적으로 착수된 글에서 작품이 아닌 시인의 고백을 인용하게 된 까닭이다.

이 시집을 낸 후로 그녀의 시가 방향을 선회하는 모습이 눈에 훤히 보인다. 강민숙은 이전에 발간한 시집으로 인기있는 시인의 반열에 올랐다. 그러나 인기가 시의 질적 성취수준을 인정하는 잣대는 결코 아닌 줄 그녀는 익히 알고 있었다. 인기란 대중문화인들의 그것마냥 신기루에 불과한 것. 남들 앞에 "발가벗은 동물"(「독백」)이 되어 군입정거리로 던져지는 개인사와 평자들의 평에서 빠지지 않고 언급되는 가족사가 그녀에게 인기를 가져다준 세목인 것은 부인할 수 없는 사실이다. 그러나 더 이상 털어놓을 개인사도 없거니와, 그렇다고 "피할 수 없는 그

질문"(「또 그 질문」)으로부터 피할 '수'를 갖지 못한 강민숙이었다. 이와 같은 시 외적 '질문'과 모름지기 시인이라면 시로 평가받아야 한다는 내적 당위성 앞에서 그녀는 결단을 내리지 않으면 안 되었다. "내 안의 나를 보여줄 수 없는 나"(「둥지는 없다」)의 상황이 그녀를 '바람의 구두'가 되어 세계로 유랑하라고 내몰았고, 소기의 성과를 선물처럼 안겨 준 것이다.

강민숙이 이 시집에 수록한 시 「둥지는 없다—보들레르」, 「배심원에게—엠마 골드만」, 「초인에게—니체」, 「볼가강에서 그를 생각하다—막심 고리키」, 「에티오피아에서—랭보의 가방」, 「부다페스트에서—루카치의 톱니바퀴」, 「문—사르트르」, 「겨울 나그네—슈베르트 찾아가는 길」과 「루 살로메에게」, 「라캉의 거울」을 일별하노라면, 제목이나 부제목으로 서양의 유명인사명을 붙인 줄 알 수 있다. 그 사람들은 한 세기에 획을 그은 이들이다. 강민숙이 그들을 호출한 것은 여행 중에 유적을 찾아간 체험이 다분할 텐데, 이 시기에 학위를 따기 위해 사숙한 결과이기도 하다. 그들과 직접적으로 만나지는 못했으나, 유적지에서 책으로 읽어 알게 된 그들의 가르침을 상기하는 과정에서 그녀의 사유는 깊어지고 안목은 넓어졌다. 따라서 해당 인물을 찬미한 그녀의 시편은 만남의 과제물에 해당한다.

강민숙이 이들로부터 배운 바는 이렇다. 보들레르는 그녀에게 "상징은 꽃이 아니라 기호의 둥지"(「둥지는 없다」)라고 시론을 가르쳐주었고, 엠마 골드만은 "여성은 자궁 열어 놓고/아이를 펑펑 찍는 공장이 아닙니다"(「배심원에게」)라며 페미니즘을 알려주었으며, 니체는 "신은 신는 것이지/섬기는 것은 아니라"(「초인에게」)고 고정관념을 혁파하라고 꾸짖었고, 고리키는 "배부른 자들의 발걸음을 부러워하지 마라"(「볼가강에서 그를 생각한다」)고 충고하였으며, 랭보는 "눈물이 사랑의 상징이 아니듯"(「에티오피아에서」) 사랑은 눈물의 상징이 아니라고 알려주었고, 게오르그 루카치는 "만들어진 냄새에 길들여진 톱니들"(「부다페스트에서」)이 되어 자본가에게 봉사하는 노동자들의 각성을 촉구하였으며, 장 폴 사르트르는 "열려 있는 문이나 닫혀 있는/문은 실존이다"(「문」)를 주장하며 중요한 것은 '실존'이라고 강조하였고, 슈베르트는 "겨울 나그네는 미완성이다"(「겨울 나그네」)며 인생은 미완성이니 완성을 추구하느라 고생하지 말라고 일러주었다.

이러한 배움은 강민숙에게 "죄인처럼 두 무릎 꿇린 채"(「시인의 말」, 『노을 속에 당신을 묻고』) 살아온 지난날과 오늘날의 "혼자 살아있다는 슬픔"(「내 손 내가 잡고서」)을 잊게 해준다. 그러는 순간, 잊을만하면 어김없이 들려오는 "알 수 없는 저 웃음들"(「유리창을 닦으며」) 앞에서 그녀는 "뼈마디가 저려오는 통증"(「그리움 하나」)에 몸서리친다. 친지나 친구 그리고 이웃들이 강요한 '통증'이 이 시집 속에 「이 또한 지나가리라」, 「양파」, 「푸른 방」, 「우장산 산책길」, 「바람의 무게」, 「상처 입은 꽃」, 「밤하늘에도 상처가 있어요」, 「나팔꽃」 등을 수록하도록 압박하였다. 자신의 사연을 다 알고 있는 이들이 "거머리처럼 흡판을 들이대며"(「어떤 불면」) 그녀의 가슴속에 켜켜이 쟁여진 상흔을 건드릴 때마다, 시간이 흐르고 세월이 경과하면 "과거도 사연도 다 사라지는 것"(「돌아보지 마」)이라는 경구마저 무색해진다. 아무리 의도치 않은 말이라곤 하지만, 낯익은 이들이 던지는 말 한마디가 화살이 되어 가슴에 꽂히면, 그녀는 호흡이 시근시근해지고 눈꺼풀이 슴벅댄다.

  비스듬하게
  햇살이 기우는 대문으로
  주저앉은 잡초들

> 깨진 장독대에
> 반쯤 고인 참나리꽃
> 제 얼굴 잠시 비추어보는 사이
> 잠자리 몇 마리
> 마당을 맴돌다 사라지고
> 문패 없는 섬돌 가
> 꽃들은 피어나는데
> 돌담이 돌무덤으로 가라앉은
> 빈집에 들어와서
> 문득 나를 만난다
> 내 안에 버려진 시간과
> 더러 피어 있는 꽃
> 잊힌 것들의 고요를 마주하며
> 오래된 나를 쓰다듬는다
> ―「빈집」 전문

집은 한없이 평안하고 대책없이 아늑하다. 누구나 집에서는 긴장을 풀고 온 신경을 풀어버린다. 집은 고래로 그 어떤 것도 감당하지 못할 만치 푸근하다. 그것은 집이 세상과 단절하는 장소이기 때문이다. 심지어 집은 이웃과도 결별하여 온전히 혼자의 상태로 돌아가기라고 재촉하기도 한다. 더욱이 '빈집'이라면 '나'를 만나기에 더할 나위없이 최적한 장소이다. 시인이 '제 얼굴 잠시 비추어보는 사이'를 조성하는 잡초들, 참나리꽃, 잠자리들의 움직임도 화평하다. 그것들은 마치 "바큇살처럼 활짝 웃던 사람"(「약속」)처럼, '나'로 하여금 '내 안에 버려진 시간'과 만나서 '잊혀진 것들의 고요'를 마주하도록 돕는다. 이처럼 집은 주체를 편안하게 해준다. 강민숙의 시편 중에서 원시적 '고요'를 맛볼 수 있는 드문 작품이다.

강민숙이 이리저리 배회하고 이곳저곳을 여행하는 동안, 집은 그녀가 돌아오기만을 기다린다. 오랜만에 찾아간 집은 '오래된 나'의 모습으로 앉아서 반가이 맞아준다. 집은 "절에나 살지 왜 시집갔느냐고 핀잔"(「산으로 가는 배」)하지 않으며, 언제나 어머니가 딸의 귀가를 기다리며 아랫목 이불속에 묻어 둔 밥공기처럼 따듯한 체온으로 그녀를 품 안에 거두어들인다. 그녀가 '오래'된 시간 속에서 '문득' '나'를 찾을 때까지, 집은 '오래된' 모습으로 남들의 '핀잔'을 듣기 전의 '고요'를 그녀에게 선사하여 '오래' 전부터 폐부를 짓눌러 왔던 '통증'을 잊도록 위로해준다. 시인이 고향시편을 써서 기억을 회상하고, 백산을 떠나지 않으려고 몸부림치는 이유이다. 백산은 그녀의 시세계에서 넓은 영지를 확보하고 있는 바, 그것은 전적으로 집에서 말미암은 것이다. 그녀가 백산을 중심으로 갑오년의 운동세력들에게 시적 경의를 표하게 된 것은 집에서 '오래된 나'를 발견한 덕분이라고 말할 수 있다.

3. "아버지의 꿈"(「솟대의 꿈」)

강민숙이 태어난 백산에는 동진강이 흐른다. 그녀의 시 속으로 동진강이 들어간 것은 첫 시집부터이다. 그녀는 「동진강」에서 "일곱 개의 목숨을 쥐고/살아오신 어머니"의 고단한 모습을 소재로 끌어들였다. 연달아 그녀는 "파뿌리처럼 살아오신 어머니"(「어머니의 하늘」)와 "피사리 이겨내는 어머니의 등줄기"(「들길」) 등에서 어머니의 헌신하는 노동 행위를 일방적으로 예찬하였다. 시단에 나와서 불의의 사고를 당한 뒤, 엉겁결에 냈을 법한 시집이라서 '어머니'의 생을 구체화하지 못하여 덜 여문 채 수록된 것이다. 어머니는 고래로 숱하게 시화된 글감이라서 웬만하면 독자들의 성에 차지 않는다. 딸은 동성의 어머니에게 갖는 애틋

함이 아들과 다르기에 『어머니』란 시집을 낸 시인도 있다. 하지만 그것도 어머니가 세상의 모든 자식들이 존경하는 대상이자 편재하는 인물이란 점에서 독특하거나 유별나게 형상화하지 않으면 주목받지 못한다. 강민숙은 어머니 연작을 상기한 예시를 끝으로 더 이상 쓰지 않았다. 그 대신에 그녀는 "계집애가 찔레꽃처럼 헤픈 웃음 흘리고 다니면 안 된다"(「찔레꽃」)고 잔소리하던 아버지에게 눈길을 돌렸다. 어머니가 맡았던 동진강의 역할을 아버지에게서 찾고, 아예 시제조차 「동진강 아버지」라고 지은 것이 그녀의 선택을 예증한다.

아버지가 시 안으로 들어오자, 강민숙의 시에 뭇 남정네들이 따라 들어왔다. 그 광경을 확인할 수 있는 시집이 『채석강을 읽다』이다. 이 시집 속에는 책제에 채석강이라는 명소가 박혔듯이, 부안의 명소를 시로 쓴 작품들이 많다. 시집은 4부로 구성되었다. 제1부는 '미안하다, 후박나무'로, 부안 사람들의 이야기가 담겨 있다. 제2부 '채석강을 읽다'와 제3부 '월명암에 달이 뜬다'는 부안의 해안과 명승지이다. 제4부는 '하늘이여 땅이여'로, 시로 쓴 백산동학농민혁명사라 할만하다. 실제 그녀는 고향에서 동학 관련 일에 참여하고 있다. 더 이상 그녀는 "바람에 숭숭 뚫린 가슴"(「내 안의 바람 1」)의 소유자가 아니라, "물속도 타오르는 불길"(「종이컵」)의 열정녀로 재탄생한 것이다. 그 징후는 『꽃은 바람을 탓하지 않는다』에서 찾아진다. 강민숙은 애상조의 첫 시집을 이어 낸 이 시집에서 짧은 시형을 시도하는 한편, 오랜만에 "웃는 모습"(「민들레」)을 선보였다. 전자는 기왕의 슬픔을 행간에 저장하여 절제하려는 시인으로서의 노력이고, 후자는 "염세주의자"(「통지표」)의 꼬리표를 떼었다는 증거이다.

방안퉁수처럼 방안에 박혀서 집안을 뱅뱅거리던 강민숙은 세계 여행에서 돌아온 뒤로 아메바처럼 위족을 빼꼼히 내밀어 문 밖의 정황을 살폈다. 그녀의 발길은 아직도 조심스러웠고, 시안은 여전히 민감하였다. 그 예시들이 『채석강을 읽다』에도 삽입되어 있으니, "내 숨결까지 다 삼켜버린 사람"(「옻나무 사랑」)에 대한 그리움이다. 그리움은 무방비 상태로 솟아나는 통에 종잡기도 어렵거니와, 심지어 '숨결'까지 삼켜버릴 만치 흡인력이 강하다. 유사 이래 인류는 그리움을 퇴치하고자 갖은 수단을 다 동원했으나 번번이 실패하고 말았다. 그리움은 목숨이 질겨 무시로 부활하고, 누구도 굴복시킬 정도로 힘이 세다. 강민숙도 처음에는 그리움에 맞서다가, 지금은 "아직도 지우지 못한 립스틱"(「명자나무」)인 양 몸에서 '지우지 못한' 채 달고 산다.

강민숙은 잉여의 그리움을 '당신'에서 아버지로 이관한다. 그녀가 "현대자동차 역삼영업소/대리 이양주"(「사직서 쓰던 날」)를 가슴에 묻고, "가슴을 치면 소리가 난다던 아버지"(「만적사」)의 삶을 재구성하기 시작한 것이다. 그 흔적은 "동진강 강가 버드나무 밑에 가면 아버지의 만세 소리가 들릴 것 같아 멍하니 기다리지만 그때마다 어둠이 내 그리움을 감싸주었다"(「동진강 아버지」)에 남아 있다. 시인의 아버지는 "망산을 지나 이평면까지 요령 소리"(「아버지」)를 내는 '음유시인'이었다. 그의 「고별가」는 절절하여 백산 들판을 적셨고, 구성진 가락은 "감잎과 함께 흔들흔들"(「감나무」)거렸다. 이로 보면, 강민숙의 시재는 전적으로 아버지에게서 물려받은 것이다. 그 덕택에 그녀는 '동진강'에 투망질하던 아버지의 두툼한 손바닥과 불룩한 목울대를 차지할 수 있게 되었다. 그것만으로도 그녀의 시는 이전과 달라질 발판을 마련하였다.

「백산에 올라」는 강민숙의 시적 관심이 고향사랑과 역사적 사건으로 이동하는 계기를 여실히 보여준다. 그녀에게 부안은 "생명이 태어나고 자라는 터전"이고, 백산은 "초·중고등학교 시절 단골 소풍 장소이자, 친한 친구들과 어울려 사진 찍으러 갔던 야트막한 민둥산"(「동진강 푸른

꿈이 서해를 적시니」)이다. 그녀가 향리의 장소에 괄목하자, 풀 죽어 있
던 마을들이 '앉으면 죽산, 서면 백산'이라는 민초들의 말을 입증하겠다
는 듯 기지개를 켠다. 장소성은 이처럼 호명에 의하여 부여되고 부상한
다. 장소의 장소스러움은 그곳에 사는 이들이 누대에 걸쳐 수립한 정체
성이나 진배없다. 강민숙이 "곰소 염전"(「곰소항」), "변산반도 중계"(「꽝
꽝나무를 보며」), "고마제"(「애기똥풀」), '저기(猪基)마을'(「메타세쿼이아
」), "덕신리"(「덕신리를 지나며」), "오곡리"(「백산학원」) 등을 연달아 부
르자, 지명들은 오랜 잠에서 깨어나 시편에 편승하여 역사의 전면으로
떠오른 것과 동일하다. 아래 시에서 강민숙이 호명한 '백산'만 해도, 단
순히 시인의 고향이란 소극적 의미를 뛰어넘어 갑오동학농민혁명의 봉
기장소라는 역사성을 지니고 있다.

> 땅이 저리도 넓다는 것을
> 백산에 올라서야 알았네
> 내 딸에 주저앉아
> 엉덩이 한 짝 붙일 땅덩이가 없다는 것도
> 백산에 올라서야 알았네
> 어쩌다 논 한 뙈기
> 소작농으로 지으면
> 열 손가락으로 헤지 못할 세금으로
> 다 거두어 가고
> 손에 남는 건
> 희멀건 보리죽 몇 그릇뿐
> 산도 울고 강도 우는
> 시퍼런 백산 하늘 아래서
> 동학농민군 흰옷 입고
> 하나된 까닭은 백산에 올라서야 알았네
> ―「백산에 올라」 부분

이 시를 계기로 강민숙은 『채석강을 읽다』에서 백산 지역의 동학농민운동을 본격적으로 형상화하였다. 그녀가 '동학농민혁명'이란 부제를 달아 쓴 시만 해도 20편이다. 이 연작시는 「만석보 위에서」처럼 혁명의 장소를 다룬 것도 있고, 『홍재일기』처럼 운동의 기록물을 조명한 것도 있으며, 「김기병」처럼 인물을 출연시킨 시도 있다. 이 중에서 눈길을 끄는 시편들은 13번 「김낙철」부터 20번 「김개남」에 이르는 인명이다. 강민숙의 호명으로 "새록새록 살아나는 이름들"(「이름들—고향 4」)은 갑오년의 혁명을 주도한 사내들로, 특히 백산 태생의 김낙철은 1890년 6월 동학에 처음으로 입교하여 봉기를 이끈 인물이다. 그의 포교로 관내에 신도들이 부쩍 늘어났고, 혁명군의 일원으로 가담한 무리들은 삼례를 거쳐 한양에 진격하였다. 이처럼 강민숙이 동학농민운동에 심혈을 경주하여 도달하고자 하는 최종 목표는 "부안의 동학농민혁명 사적을 중심으로 동학농민군의 염원을 담아내는 기념관 건립"(「동진강 푸른 꿈이 서해를 적시니」)이다. 그녀는 이 땅에 "전봉준의 나라"(「꽃상여」)를 세우겠다는 공고한 의지에 기초하여 시작품을 제출하는 일방, 동학 관련 단체에 투신하여 목표를 달성하려고 힘쓰고 있다. 그것은 "아버지가 그렸던 하늘"(「아버지의 하늘」)을 구체화하려는 염원이기도 하다.

4. "빛나는 결정"(「곰소항」)

이상에서 살핀 바와 같이, 강민숙은 시일을 보내면서 개인사적 서사를 지양하고 역사적 현상에 시적 초점을 맞추고 있다. 그녀는 등단하자마자 맞닥뜨린 운명의 사건을 맞아 "팔자는 고칠 수도 만들 수도 없는 구름 같은 것"(「팔자」)으로 수용하고, "살아 있는 죽음과 마주한 시간"(「바람」) 속에서 때로는 분노하고 시시로 절망하면서 연명하듯 살았다. 그러던 그녀는 세계의 도처를 돌아보면서 선철들과 조우한 뒤로 바깥세상에 시적 관심을 보였다. 그녀가 늦게나마 학업에 열중하고, 시세계의 변모를 꾀하게 된 것도 결국 시로써 성공하고 싶다는 자의식의 발로이며 다짐의 실천이었다. 그때 그의 시를 구원한 것은 역사적 상상력이었고, 그것은 아버지의 혼백이 묻힌 고향 백산으로부터 기원하였다. 그녀가 최근작에서 아버지를 닮은 '음유시인'이 되어 백산 지역의 갑오동학농민혁명을 연작하게 된 동기이다.

앞으로 강민숙이 "물씬한 이승의 냄새"(「갠지스강」)가 밴 시편을 들고 나타나기를 간망한다. 젊은 날의 비극사는 시의 행과 행 사이에 묻어두고, '이승'의 '냄새'들을 현재의 시점에서 다양한 심상으로 빚어낸 실물을 영접하고 싶다. 그러는 편이 그녀가 시세계의 외연을 확장하는 데 도움을 줄 것이다. 나이가 들어가면서 시적 전회를 완수한 그녀의 역량이라면 능히 가능하다고 본다. 더 이상 "먹구름 같은 세상"(「나팔꽃」)이나 "절벽 같은 세상"(「달팽이」)이라고 절망의 평계를 찾는 대신에, 상시 '시퍼런 백산 하늘'을 머리에 인 채 세상의 냄새를 '물씬' 시편에 물들이기를 고대할 뿐이다. 프랑스의 미시사가 알랭 코르뱅이 『풀의 향기』를 쓰고, 다른 이들과 함께 『날씨의 맛』을 출간하였듯이, 강민숙이 '물씬한 이승의 냄새'가 미만한 시를 생산하여 한국시단의 위상을 제고하고, 다시 한 번 낙양의 지가가 들썩거리게 되기를……

'가시거리'의 시적 성취
— 최기종론

1

최기종은 1956년 부안군 동진면 당봉리에서 태어났다. 그는 원광대학교 국문과를 나와 1982년 "광주행 고속버스를 타고, 광주에서 강진까지 직행버스를 타고, 강진에서 마량까지 비포장도로를 달려서 마량 선착장에서 고금도까지 철부도선을 타고 가교리 선착장에서 마이크로버스를 타고 소재지에 도착"(「시인의 말」)하면 땅거미가 지는 전라남도 완도군 고금도의 고금중학교에서 교직을 시작했다. 그 뒤에 목포공업고등학교, 전남제일고등학교 등에서 근무하다가 2014년 33년의 교단생활을 명예롭게 퇴직하였다. 그의 교사생활은 풍파가 많았다. 1989년 소위 전교조에 참가한 문제교사로 낙인찍혀 당국에 의하여 일방적으로 해직되었다가, 1994년 문민정부가 들어서면서 복직된 것이다.

교단에서 쫓겨나 있던 1992년 최기종은 교육문예창작회에 들어가 활동하면서 회원들이 펴낸 시집 『대통령의 얼굴이 또 바뀌면』에 시를 발표하면서 시작에 나섰다. 시쓰기가 그의 해직 기간을 견디는 힘이 되어

준 것이다. 그는 시를 쓰다가 말고 작법에 대한 본격적인 공부를 위하여 목포대학교 교육대학원에 진학하기도 했다. 이것은 그의 시작에 임하는 태도가 진지한 정도를 입증하기에 충분하다. 승진에 보탬이 되는 점수를 딸 요량으로 대학원을 이용하는 치들이 상당한 사실을 끄집어내면, 최기종이 교직과 학업을 병행하면서 문학이론의 수련에 뜻을 보였다는 점은 가상하다.

　최기종은 대외 활동이 잦았다. 그는 거주하고 있는 목포에서 전국국어교사모임 전남회장, 전교조 목포·신안지회장 등의 교직 관련 단체장을 맡았다. 둘 다 참교육을 부르짖으며 1989년 5월 28일 '교사도 노동자다'라는 선언과 함께 일어났던 전국교직원노동조합의 출범을 기화로 지역의 뜻 맞는 교육동료들이 참가하면서 규합된 조직이다. 최기종은 이어서 목포작가회의 지부장과 자유실천위원장, 목포민예총 회원으로 참여하면서 한국작가회의 회원, 한국문학평화포럼 이사, 전남민예총 이사장 등을 잇따라 역임하였다. 이러한 경력은 문학동네에서 그가 여럿과 원만히 어울렸다는 증거로 삼을만하다. 한편 그는 원광대 출신의 시인들을 중심으로 결성되어 해마다 동인지를 펴내는 '포엠만경' 동인으로 참가하면서 여전히 작품의 회람과 친목 도모에도 열을 낸다. 그의 바쁜 발길은 "85호 크레인 김진숙"(「희망버스를 타고서」)을 만나러 부산 영도로 가고, "세계문화유산 구럼비는 보존되어야 한다"(「아, 구럼비를 위하여」)며 제주도 구럼비 파괴 방지 운동에 동참하고자 남해를 건넜으며, "밤새웠던 교육문제 토론회"(「정영상」)에 참가했다가 조서한 교육동지를 조문하러 경북 안동을 찾아가서 흔적을 남겼다.

　이처럼 열정적으로 살아가면서도 최기종은 시작을 게을리 하지 않았다. 첫 시집 『나무 위의 여자』(고요아침, 2007)를 시작으로, 그는 『만다라화』(화남, 2009), 『어머니나라』(화남, 2011), 『나쁜 사과』(시와산문사,

2012), 『학교에는 고래가 산다』(삶창, 2015), 『슬픔아 놀자』(b, 2018), 『목포, 에말이요』(푸른사상, 2021) 등의 시집을 출간했다. 이만한 양이면 누구와 견주어도 손색이 없을만하다. 그가 한반도의 남쪽 끝에서 교직을 마무리하고 비로소 시업에 전력하게 된 금후의 시작생활이 기대되는 이유도, 바로 시집의 출간을 뒤로 물리지 않고 계속해 온 열정적 자세에서 찾아진다. 따라서 최기종의 시적 성취수준을 중간평가하고, 앞으로의 시쓰기를 부추기고자 이 글은 기획되었다.

2

앞서 조감한 바와 같이, 최기종의 이력은 평탄하게 구성된 게 아니다. 평범한 일상을 영위하기에 나무랄 게 없는 교직사회를 마다하고 그는 교육민주화를 제창하는 무리들과 어울리며 사서 고생했다. 그의 올곧은 교육관에서 남상한 결과일 테지만, 그로 인하여 교직생활이 굴곡지고 가족들이 고생한 점은 부인할 수 없다. 그러다 보니 최기종이 제출한 시작품들도 사회현상에 대한 관심이 두드러진 편이다. 이런 성향은 시적 성취수준에 가점을 두는 평자들을 만나면 감점 요인으로 작용한다. 시가 사회제도의 일종이란 점을 승인한다면, 시 속에 사회적 현상들이 반영되는 양상은 제척할 게 아니다. 그렇다고 권장할 일도 아니다. 후자의 손을 들 양이면, 시의 미학적 자질들은 사회적 요소들에 치이고 만다. 따라서 두 가지는 적정한 타협으로 적절하게 조화를 이뤄야 할 터이다.

최기종이 낸 시집 『학교에는 고래가 산다』는 아예 '학교'에서 일어났던 여러 가지 사건과 사람들을 주요 소재로 삼은 시편들의 집합물이다.

거례하자면, 등장하는 학생들은 '김진아'(「김진아」), "단발머리 소영이"(「작은 소영이」), '양주라'(「양주라」), '한은경'(「한은경」), '강수자'(「강수자」), '정반화'(「정반화」), '채미선'(「채미선」), '김신순'(「김신순」), "실장 유연이"(「정유연」), "복도에서 만난 시원이"(「시원이」), "전교 1등 주현이"(「최주현」) 등이 출연하여 교사-시인 최기종의 시집을 채워준다. 또 "만만한 선생"(「만만한 선생」)의 예로 '최숙종 교사'(「최숙종 교사」), '국어샘 김명희'(「국어샘 김명희」) 등이 호출되어 교단의 실상을 알린다. 거기다가 최기종은 세월호 사건으로 수장된 아이들을 애도하는 시편들을 제5부에 묶어서 그날의 참사를 기억하라고 호소하고 있다.

    최기종은 개인사를 가감없이 시화하기도 한다. 그가 어머니를 잃고 쓴 시를 집성한 『어머니나라』가 대표적이다. 말 그대로 사모곡을 모아 놓은 이 시집에는 70여 편의 작품이 수록되어 있다. 어머니는 그 말고도 모든 시인들에게 지칠 줄 모르는 시작의 원천이다. 그녀가 사거하자 최기종은 기다렸다는 듯이 효심과 애통함을 작품에 삼투시켜 한 권의 시집으로 발행하고, "이젠 죄의 무게가 한결 가벼워진 것 같습니다"(「시인의 말」)라고 자신을 위로한다. 어머니는 "우리의 발바닥이 되고 가슴이 되었던 어머니"(「해당화 어머니」)여서 보편적 존재이다. 시인의 어머니도 "친정이 '청호리'라고 해서 붙여진 댁호"(「청호댁」)를 훈장처럼 달고 산 평범한 어머니였다. 그녀가 전교조 활동에 뛰어든 아들의 손목을 잡으며 "인공 때도 똑똑한 사람 다 죽어났다"고 만류하는 모습도 지극히 어머니스럽다.

    이와 같이 최기종의 시집에는 개인사적 경험이 숨김없이 노출된 작품들이 허다하게 실려 있다. 그 예는 위에 든 학교와 어머니였다. 그런데 다른 시집을 훑어보면, 정치적 신념을 노골적으로 표백한 작품들이 하나둘이 아닌 줄 단박에 알 수 있다. 시와 정치의 거리가 밀접해진 작품일수록 심미적 거리는 확보되기 어려워진다. 그런 줄 번연히 알고 있으면서도 굳이 시와 정치 간의 거리를 무화시키려고 득달하는 최기종은 "앞장서서 불 밝히는 몽상가"(「촛불」)이다. 낭만적 사고에 익숙한 이들일수록 "솜다리처럼 바스러질 것만 같은 것"(「촛불소녀」)을 동정하며 "인생은 층수 올리며 살아가는 것"(「마천루」)이 아니라고 부정한다. 그런 신념으로 살아가는 시인이기에 아래에 든 인용문처럼 여기저기 집회를 쫓아다니며 그 소회를 시화하게 된 것이다.

남남북녀 하나되게 한다고 통일꾼들이 한반도 순롓길에 나섰고 4대강 사업 중단하라고 종교계가 임진각까지 삼보일배를 했다. 타워크레인 김진숙을 살린다고 희망버스가 달렸고 정리해고, 비정규직 없는 세상 만든다고 뚜벅이, 날라리도 노동현장으로 달려갔다. 풀 한 포기도 꽃 한 송이도 건들지 말라고 강정마을은 평화지킴이 투쟁에 여념이 없다. 한미FTA 반대 여론이 급증해졌고 위안부 수요집회가 1,000회를 넘어섰다.

시집 『나쁜 사과』의 허두에 붙인 「자서」이다. 인용문을 제시한 이유는 시인이 "억새처럼 죽순처럼 불꽃처럼 살아가는 사람들의 이야기를 쓰고 싶었다"(「자서」)는 시작 동기를 구체적으로 증거하고 있기 때문이다. 시인의 후일담에 부합하는 작품들이 이 시집에는 즐비하다. 이에 비하여 최근에 가까워질수록 그의 시세계가 원숙해진 줄 증명하는 작품들이 많아지는 징후를 보여서 대조적이다. 그 속에 들어갈 만한 시편들은 『슬픔아 놀자』와 『목포, 에말이요』에서 찾아진다. 이 가운데 전자는 후자로 들어가는 관문이자 디딤판의 역할을 담당하고 있어서 주목하게 된다.

아픔도 슬픔도 나에게서 비롯된다. 위만 바라지 말고 눈 한번 아래로 내리면 이 세상 잔잔해진다. 앞만 보지 말고 옆으로 고개 돌리면 새 길이 보인다. 아픔도 껴안으면 새로운 아픔이 된다. 슬픔도 친구하면 새로운 슬픔이 된다. 슬픔아, 놀자.

시집의 앞에 얹어 놓은 「시인의 말」 중에서 맨 끝에서 따왔다. 앞엣치와 견주어 보면 시인의 인식안이 여유있고 심화된 줄 금세 알 수 있다. 앞에서는 전직 대통령을 추모하는 시를 2편이나 쓰고, "거리를 횡보하는 케케묵은 완장"(「이게 큰일이다」)에 분노한 그였다. 그러나 "소변기에서 모락모락 피어나는 더운 김"(「내가 증기기관차」)을 보고 '위만 바라지 말고 눈 한번 아래로 내리면 이 세상 잔잔해진다'는 사실을 깨닫게 되었다. 그 뒤로 최기종은 모든 것이 마음의 산물이라는 일체유심조의 시선을 연장하여 '아픔도 슬픔도 나에게서 비롯된다'는 경지에 다다르게 되었다. 이러한 변화는 "이제는 눈이 침침해서/무슨 광고지라도 보려면/애써 동공을 오그리고/그것도 모자라서/가시거리를 멀리 해야 한다"(「나이 오십」)는 지천명의 물리적 나이먹음에서 말미암았다. 최기종이 '가시거리는 멀리 해야 한다'고 다짐하는 바는 중요하다. 그러한 자세는 대상과의 '가시거리'를 유지하며 응시하겠다는 심리적 결의인 동시에, 그 거리감을 세계를 관찰하는 자아의 시적 거리로 인수하겠다는 시인의 심미적 결심이기도 하다. 그가 가시거리를 멀리하자, 아래와 같은 절창을 낳았다.

    지나가는 샛바람에도
    살을 베이는 가슴이 있다.
    문풍지 울어대도
    장독대 듣는 빗소리에도
    한밤을 꼬박 새우는 가슴이 있다.

    문득 부르는 상이한 말투에도

뒤가 급해지는 가슴이 있다.
빗나간 공에 맞아도 물살이 튄다.
오가는 발자국 소리에도
머리가 곤두선다.

이불깃만 스쳐도 설움이 인다.
그림자만 길어져도 노을이 진다.
부엉부엉 부엉이 소름이 돋는다.
닭 울음소리에도 먼 강이 일어선다.

너무 물렁물렁한 가슴이라서
꽃잎 지는 것만 보아도
눈앞이 흐려진다.
강물 흘러가는 것만 보아도
허리가 휜다.
　　　―「물렁물렁한 가슴」 전문

　바야흐로 최기종의 시가 일정한 수준에 도달했다는 증표로 삼을 만한 작품이다. 사실 이 작품은 '물렁물렁한 가슴'을 지닌 시인의 자화상이라 해도 무방하다. 그는 화자를 내세워 자신의 '물렁물렁'한 모습을 범벅으로 만들어 본모습이 포착되지 못하도록 훼방하고 있다. 따지고 보면 "힘들고 아픈 세상"(「삶의 이유 1」)에서 '지나가는 샛바람'에도 '살을 베이'고 '장독대 듣는 빗소리'에도 '한밤을 꼬박 새우는 가슴'을 가진 이들은 소시민이다. 그들은 저마다 '물렁물렁한 가슴'의 소유자로, 지은 죄도 없으면서 조그마한 인기척에도 깜짝 놀란다. 그 이유인즉 "네 가슴이 호올로 멍울지기 때문이다"(「마야 8」). 시인은 이 연작의 일편에 '이심전심'이라는 부제를 달았다. "시들고 멍든 것들 동병상련한다"(「우안거」)고, 사람들이 '물렁물렁한 가슴' 속에 진 '멍울'을 위무받고자 '동병상련'하는 광경을 시인은 놓치지 않았다. 그것은 "나만 홀로 아픈 줄 알았는데/나만 기침하는 줄 알았는데/세상의 살아있는 것은/모두 다 아프다고 한다."(「세상의 아픈 것들이」)는 시적 발견 위에서 발아한 것으로, '세상'에 대한 애정이 없으면 찾아지지 않는다. 최기종의 시적 걸음이 더욱 사람 곁으로 향할 것이 명약해져서 따숩다.

    어젯밤, 아픈 사람한테서 전화가 왔다. 태풍으로 땅이 열려서 상사화가 죽순처럼 돋아났다고 고사리처럼 피어났다고 그런데 곧 진다고 내일 만나자고 했다. 아침에 일어나서 전화했더니 그걸 기억하지 못하고 딴소리다. 뜬금없이 시가 뭐냐고 물어온다. 나야, 말문이 막혀서 그게 뭐냐고 되물었더니 '인정머리'라고 했다. 그것 없으면 시도 뭣도 아니라고 했다. '아, 시가 사람을 감싸는 것이구나.' 이런 생각이 들면서 뒤가 켕겼다. 이제까지 그가 귀찮아서 거리만 두었다. 오늘은 시가 되어서 자리 깔아놓고 들어주기로 했다. 길게 들어주는 게 시였다.
    ―「이런 시」 전문

최기종이 다시 한 번 깨달음을 얻은 순간의 시편이다. 전화한 사람은 마치 술기운으로 말하듯, 상사화가 피었으니 만나자고 짐짓 감상적 언사로 넌즈시 유혹한다. 그러나 다음날 시인이 만날 요량으로 전화를 걸자 안면을 몰수하고 '시가 뭐냐'고 묻는다. 그렇다면 전화한 사람은 전화를 받은 사람과 동일인물로 판명된다. 즉, 시인이 조성한 시적 상황에 불과한 셈이다. 최기종은 이와 같은 상황을 만들어 놓고 시에 대한 정의를 시도한다. 시는 '인정머리'이자, '사람을 감싸는 것'이다. 평생 동안 구했던 화두를 전화 한 통으로 깨우친 그는 '뒤가 켕겼다'는 말로 지나간 시절을 반추하는 수행에 든다. 그는 앞의 예시에서 '가시거리'를 멀리 해야 한다고 다짐하고서도 '귀찮아서 거리만' 두는 등, 겉과 속이 다른 행보를 청산하지 못했던 과오를 인정하고 '오늘은' 들어주기로 했다. 그가 귀를 쫑긋 세우자 "재라는 것이 끝내 타지 못한 뼈저림이란 것"

(「재」)을 알게 되었다. 즉, 최기종이 '길게 들어주는 게 시였다'고 선언하는 것은 시가 시간의 장르라는 생리적 속성을 승인하는 발언이고, 대상에 대한 가없는 경청이야말로 본질에 접근하는 에움길이라는 인식을 드러내는 발화이다. 그의 체험적 시론을 통해서 앞으로 생산될 작품의 미래상이 구체화되는 듯하다.

3

앞에서 살펴본 바와 같이, 최기종 시의 자장은 사회로부터 개아로 회귀하고 있다. 그가 전교조 해직 교사 출신이라는 사실을 감안한다면, 등단 초기에 경사되었던 사회현상의 시화는 수긍할만하다. 다 알다시피, 그의 투쟁 경험은 해직으로 신분의 거세를 초래했다가 복직으로 귀결되었다. 이 와중에 시작업에 나선 그였으므로, 시작품에 그 기간의 경험들이 산포되어 있는 것은 어쩌면 당연할 법하다. 그러나 그는 최근에 이를수록 "혐오, 증오, 역겨움 같은 것"(「홍어 2」)을 삭인 웅숭 깊은 세계를 선보이고 있다. 퇴직 후 그의 시에는 숙성미가 더해지는 추세이다. 이 지점에 이른 뒤, 그는 대상과의 '거리'를 책정하는 일이 시작에 중요한 줄 절로 터득하였다. 그것은 연치가 더해지면서 체득된 것일 테지만, 거리를 고집할수록 "기억의 두께가 점점 내려간다"(「연꽃잎처럼」)는 사실은 부인할 수 없음으로 "사람 냄새가 나는 사람들"(「온금동」)과 더 자주 부대끼면서 깊어질 것이다. 그에 바탕하여 최기종이 그들의 '냄새'에 새겨진 '기억의 두께'를 시화하는 작업에 몰두하여 질 높은 성과를 시집으로 묶어내리라 기대한다.

'콩밭에서' 쓴 시 혹은 시의 '콩밭'
—박형진론

1

 농민문학은 한국문학사에서 빠지지 않고 논의되는 분야이다. 카프가 식민지 문단의 논조를 좌우하던 1920년대, 농민은 노동자와 함께 문학 논의 속으로 들어왔다. 노농계급은 당시 사회의 형편을 고려하면 당연히 대중화운동의 포섭 대상이었다. 카프는 세를 불리기 위하여 8할 이상을 차지하는 농민계급에 착목할 수밖에 없었고, 농민은 식민지 해방 운동의 주체이자 객체로 주목되었다. 마침 하리코프작가대회에서 농민문학 문제를 거론한 뒤, 안함광은 1931년 「농민문학 문제에 대한 일 고찰」, 「농민문학 문제 재론」, 「농민문학의 규정 문제」 등을 잇따라 발표하였다. 그가 전주 출신 김해강의 시 「아츰날의 찬미자」와 조명희의 소설 「농촌사람들」 등을 예시하며 논지를 전개하자, 백철이 「농민문학 문제」 등으로 가세하면서 논쟁이 벌어졌다. 이처럼 농민문학은 태생적으로 1920년대의 지식인 문학과 노동자 문학의 외연이면서 식민지 현실을 직시하려는 작가들의 고뇌를 살피기에 알맞다.

농민문학은 1970년대 들어와 다시 각광받았다. 이 시기는 군사정권에 의한 경제개발5개년계획의 여파로 농촌의 해체와 도시의 팽창이 동시에 이루어지던 때였다. 그런 전차로 이 무렵의 농민문학 작품들은 대일항쟁기의 그것과는 류가 다르다. 하지만 경제 논리에 압도되어 몰락해 가는 농촌 현실을 형상화함으로써, 반대 켠의 소위 순수문학에 맞서는 리얼리즘적 전통을 잇고 있다는 점에서 상통하며 유의미하다. 사실 농민문학은 소재에 따른 편의상의 분류에 불과하다. 단지 농민문학을 주장하는 논자들은 '농민' 혹은 '농촌'을 표나게 내세워서 작품에 소속지를 부여하고 논의권을 명료화하려고 시도한다. 기왕의 논의에서는 농민문학의 작자가 농민이어야 한다는 주장도 개진된 바 있다. 식민지기에 노농계급을 작가층에 편입하여 대중화운동의 효과를 고도화한 사례처럼 말이다. 농민문학의 외곽에는 전원문학이라는 이름으로 농촌을 예찬하면서도 정작 농촌 현실을 도외시하는 모순물조차도 농민문학의 범주로 속하게 될 가능성도 상존한다.

농민문학에 관해서는 전북 출신의 작가들이 괄목할만한 활동을 남겼다. 전주 출신의 이익상은 『흙의 세례』(『개벽』, 1925. 5)를 상재하였고, '농민작가'로 불리는 옥구 출신의 이근영은 「농우」(『신동아』, 1936. 6)를 포함하여 여러 편의 농민소설을 썼다. 둘은 한국근대문학사에서 농민문학 부문을 개척한 지분이 상당한 작가축에 든다. 그들을 이어 김제의 임영춘이 『갯들』(현암사, 1981)을 창작하고, 여러 시인들이 동진강과 만경강을 중심으로 선조들의 삶을 시화하고자 노력하는 것은 농도의 특성을 살린 마땅한 몸부림이다. 위에 정확히 부합하는 이로, 1958년 부안군 변산면 도청리 모항마을에서 태어나 지금까지 농사를 지으며 시를 쓰는 박형진이 있다.

박형진은 1992년 『창작과 비평』 봄호에 시 「봄 편지」 외 6편을 발표하며 등단한 농민-시인이다. 그간에 그는 첫 시집 『바구니 속 감자싹은 시들어가고』(창작과비평사, 1994)를 위시하여 『다시 들판에 서서』(당그래, 2001), 『콩밭에서』(보리, 2011), 『밥값도 못하면서 무슨 짓이람』(천년의시작, 2019), 『내 안쪽 가슴속의 말』(천년의시작, 2022) 등을 펴냈다. 그는 시집을 내는 중에 산문집 『호박국에 밥 말아 먹고 바다에 나가 별을 세던』(내일을여는책, 1996; 수정증보판 『변산바다 쭈꾸미 통신』, 소나무, 2005), 『모항 막거리집 안주는 사람 씹는 맛이제』(디새집, 2003), 『농사짓는 시인 박형진의 연장 부리던 이야기』(열화당, 2015) 등도 출간했으며, 어린이들을 위한 책 『갯마을 하진이』(보리, 2011)와 『벌레 먹은 상추가 최고야』(농림수산식품교육문화정보원, 2012)도 발간하며 전방위적 글쓰기에 나섰다.

2

박형진의 시는 크게 이분된다. 하나는 농사시이고, 다른 하나는 그게 아닌 시이다. 농부-시인답다. 그의 시 속에는 "농투산이의 거친 영혼"(「춤」)이 꿈틀거리는 모습이 "추녀에 울고 있는 실비 소리"(「고백」)보다 작게 들리는 게 사실이다. 그가 농사와 시를 동일하게 수용하는 통에, 생산되는 시편들도 대부분 농사와 관련된 것들이 주를 이룬다. 그가 낸 시집 『밥값도 못하면서 무슨 짓이람』에는 "나에게는 시 짓기가 농사짓기다"(「나에게는 시 짓기가 농사짓기다」)라는 시론을 입증이라도 하려는 듯이 「시로 쓴 농사일기」 연작 37편을 수록하고 있다. 이처럼 그는 '시'를 '농사일기'마냥 쓴다. 그와 시 그리고 농사는 한몸이라서 떼어 논의하기가 힘들 지경이다. 그의 시집 『콩밭에서』의 표지에는 제목 아래에 '가난한 농사꾼의 노래'라는 표기를 달아 놓았다. 물론 출판사의 상업적 발설일시 확실하지만, 시제를 명료하게 드러내주는 효과가 있다. 이와 같이 박형진의 시편들은 농사와 직간접적으로 연관을 맺고 있어서 불가피하게 논의의 방향을 인도하고 제한한다.

  콩 한 말이 땀 한 말이다
  숨이 턱턱 막히는 콩밭 고랑
  태울 듯한 햇빛 속에 김을 매면
  뚝뚝뚝 떨어지는 땀과 눈물

  콩 한 말이 눈물 한 말이다
  우리 아버지의 그 아버지
  또 그 할머니의 할머니까지
  콩 한 말이 한숨 한 말이다

  콩 한 알의 땀!
  콩 한 알의 눈물!
  콩 한 알의 한숨이

  수천수만 알의 아우성으로 한 말이다
    ―「함성」 전문

 '콩'은 예나지금이나 '알'이다. '콩'이 '알'이 되어 수확하기까지의 과정이 한 가문의 역사와 함께 시화되었다. 1연에서 박형진은 콩농사를 짓는 중에 흘리는 땀과 눈물이 합쳐져 '땀과 눈물'로 맺히게 되는 사정을 노래하고 있다. 이태백이라면 '숨이 턱턱 막히는 콩밭 고랑'을 '땀이 한 고랑'이라고 과장했을 법할 만치, 키 큰 콩 사이에서 김을 매노라면 땀이 눈물로 범벅되어 '뚝뚝뚝' 흐른다. 그쯤 되면 "칠칠이 우거진 콩밭 고랑"(「꼭 한 번은」)을 "콩밭 고랑은 영원한 피서지"(「피서지에서」)라고 자위하는 박형진도 별 수 없다. 그가 2연에서 눈물로 변한 땀이 콩에 배어 '콩 한말이 눈물 한 말'과 동격이 된 게 누대에 걸친 '한숨'으로 말미암은 것인 줄 알려주는 속사정이다. 3연은 앞선 연부터 콩에 육화된 '땀', '눈물', '한숨'이 재호명되면서 그것이 '아버지의 그 아버지'와 '그 할머니의 할머니'로부터 내려오는 탓에 포기할 수 없다는 시인의 결의가 확인된다. 그의 드러나지 않은 단호한 다짐은 4연에 와서 '콩 한 말'이 '수천수만 알의 아우성으로 한 말이다'는 결구에서 확인된다. 그들의 '아우성'은 마침내 '함성'이 되어 들판으로 서해바다로 퍼져나간다.

연마다 되풀이 등장하는 '콩'의 초성으로 쓰인 'ㅋ'을 볼 때마다 "노랗게 울렁이던 가슴"(「낙엽 지다」)처럼 소슬한 신세를 보는 듯하여 안쓰럽다. 'ㅋ'은 예사소리 'ㄱ'에 첨획된 어금닛소리로, 거센 느낌을 주는 격음이다. 실생활에서는 'ㄱ'과 혼동된다고 차량번호판에서 퇴출되는 수모를 당하기도 했다. '땀', '뚝뚝', '떨어지는', '또'의 된소리 'ㄸ'은 끝소리로 쓰이지 못한다. 'ㄷ'이 된소리로 용례를 인정받은 해가 1933년이니, 쓰임에 비하여 연조도 오래되지 못했다. 그런 'ㄸ'이지만, 위 시에서는 콩농사의 고단함을 청각화하는 데 기여한 공이 크다. 'ㅋ'과 'ㄸ'이라는 불우한 소리들이 교차출연하면서 콩알의 '땀, 눈물, 한숨'이 단단한 '아우성'으로 응결된 시편이다.

사람들은 50이 넘으면, "내가 걸어간 길 위의 순간들"(「가을 어느 날」)을 되돌아보는 버릇이 있다. 그 나이에 다다른 이들은 살아갈 날이 살아온 날보다 적다는 사실에 흠칫 놀란다. 설령 "아무리 적게 먹고 적게 싸도 빚지는 이놈의 세상"(「농민전」)일지라도 순리를 거스르지 말고 살아야 되는 법이라고 익히 학습받아 왔으면서도, 막상 나이라는 복병이 출현하자 자신에게는 안 닥칠 줄 알았던 반백년이란 나이가 원망스럽기만하다. 무릇 지천명이란 하늘의 명령을 알게 되는 나이이니, 하늘로 돌아갈 명을 깨닫는 나이가 50 언저리라는 천리 앞에서 사람들은 고개를 숙인 채 과거를 성찰하게 되는 것이다.

박형진이라고 해서 예외가 아니다. 그도 이 나이에 접어든 줄 알게 되면서 갖가지 상념에 사로잡힌다. 농민운동하던 젊은 날의 그가 아니다. 나날이 달라지는 신체도 물론이고, 온갖 생각이 잠을 잠식하여 숙면을 훼방한다. 게다가 60이 되고 나면, 그를 휘감고 돌던 갖은 망상은 제법 구체적 형태를 갖추고 눈앞에 나타난다. 그가 "인생 육십 년/연년이 분별심만 늘고 아상(我想)에 잡혀/한 발자국도 나아가지 못하는 것이/인간이더냐"(「송아지」)라고 자문자답하게 된 연유이다. 그러다가 문득 거울 앞에 비친 자신의 얼굴을 보고 박형진은 달라진 형용에 깜짝 놀란다.

> 마당 앞에 풀이나 뽑느라
> 아무것도 못 했어
>
> 거울 앞에 서면
> 웬 낯선 사내
>
> 오십 넘겼지 아마?
> ―「자화상」 전문

오십도 이제 중반이다. 지금까지 부모형제와 이웃과 식구, 하늘과 땅, 비와 바람, 그 속에 사는 모든 것들의 도움을 받으며 살아온 것을 절실히 알겠으며. 앞으로는 뭔가 전혀 다른 방식으로 살고 새로운 것을 하지 않으면 안 될 것 같은 무서운 나이임도 알겠다. 어떻게 살던 시는 내게 변함없이 위안이 되고 길을 밝혀줄 것임을 믿는다.(「나에게는 시 짓기가 농사짓기다」)

박형진이 등단 후 20년이 가까워질 무렵에 『콩밭에서』를 내놓으면서 겨우 시집을 3권 냈다고 책망하며 부연한 산문이다. 그 기간에 세 권의 시집은 적지 않은 분량이다. 어떤 시인처럼 해갈이하듯 년년이 시집을 내는 것보다는 과작이 낫다. 예로부터 말이 많아지면 쓸 말이 없어진다고 어른들은 일갈했다. 시도 공장에서 상품을 찍듯이 다량으로 생산된 것이라면 선뜻 읽기 머뭇거려진다. 같은 물건이라도 공제품보다는 수제품이 값도 더 나가고 개성이 있어 좋아 보이지 않는가. 소비자는 무심한 듯해도 물건의 진가는 적확히 알아본다. 박형진이 탄하는 소리가 시집 권수의 다소를 짚은 게 아닐 터이다. 그것은 생을 돌아볼 연치에 이르자 어김없이 드는 회오의 푸념일 테다. 시인다운 자의식이 위아래의 반성문을 쓰도록 이끌었으리라. 앞과 뒤는 장르만 갈라졌지, 내용은 유사하다. 손의 바닥과 등이라고 해도 과언이 아닐 정도이다. 다르다면, 시냐 산문이냐의 차이로 갈라진다.

눈 오다 비 오다
겨울은 한중간으로 들어가는 양
진눈깨비 섞바뀌어 몰아오는 날은
이파리 떨어진 늙은 감나무에 매달린
홍시 몇 알이 안쓰럽다

마루 끝에 나와 서서
박새 몇 마리 날아와
떨면서 홍시 쪼는 것 보면서
멀리
밖에 나가 있는 애들을 생각한다

다 떨치고 차라리 나도
더 깊은 산중으로 들어갈까, 아니면

멀리 섬으로나 떠나갈까
먹다 남은 소주 한 잔에 진저리 치면서도

소주는 쓰고 독함으로 위안인 것
흔들면서
흔들리면서
찬바람 견디고 서있는 감나무를 본다
　　　―「감나무」 전문

　자화상으로 읽혀도 무방한 시편이다. 어느 날, 박형진은 '마루 끝에 나와 서서' 마당의 감나무를 보고 자신과 동일시한다. 그날따라 '눈 오다 비 오다' 급기야 '진눈깨비 섞바뀌어 몰아오는 날'이고, '이파리 떨어진 늙은 감나무'는 '홍시 몇 알' 남은 채 추위를 맞고 있는 품이 시나브로 노인축에 들어가기 시작하는 자기를 닮았다. 날씨가 금세 변하는 양상은 이어질 연들이 심상찮은 분위기에 휩싸일 것을 예견한다. 일기의 변화가 계절의 변화를 이끌어 겨울의 한복판으로 들어가는 모습을 보자, 멀리 '밖에 나가 있는 애들'이 걱정된다. 애들은 "이제 막 여드름 돋기 시작한 아들놈"(「지갑」)과 서울에 살고 있는 '옥탑방의 딸'(「옥탑방의 딸에게」)일 터인데, 약하디약한 '박새'가 홍시를 쪼는 걸 보고 아이들이 끼니를 잘 챙겨 먹는지 궁금해진다. 그는 양에 안 찼던지 시까지 써서 "딸들아 내 딸들아 객지 생활 힘들수록/밥 꼭꼭 챙겨 먹어라"(「택배」)고 부탁한다.
　세상사 다 제쳐두고 '산중'이나 '섬'으로 떠날 생각도 해보지만, '찬바람 견디고 서있는 감나무'를 바라보자니 가장이 행할 일은 아니다. 감나무가 마당에서 겨울에 맞서고 있는데, 소주기운에 불콰해진 몸을 이끌고 집을 나서기에는 걸리는 게 너무 많다. 다만 "콩이파리들이 너울대는 소나기 속"(「시로 쓴 농사일기 26」)을 지나온 그가 겨울을 무사히

통과하기 위해서는 "누군가의 위로가 이렇게 절실한 것"(「겨울 전지」)인 줄 깨달아야 한다. 이 대목에서 그가 '어떻게 살던 시는 내게 변함없이 위안이 되고 길을 밝혀줄 것임을 믿는다'고 시에 대한 무조건적 신뢰감을 표한 배경에 눈길이 간다. 시쓰기는 "가장 죄짓지 않는 게 농사"(「내게 농사는 1」)라고 굳게 믿는 박형진에게 '위안'이고 '위로'이다. 평소 '시 짓기는 농사짓기'와 같다고 여기는 만큼, 백석의 '갈매나무'처럼 그도 '감나무'처럼 '찬바람'을 견디며 외연히 농민-시인으로 삶터를 굳게 지키리라 믿어 의심치 않는다.

3

1992년 시단에 나왔으니, 박형진의 시력은 30년이 훌쩍 넘었다. 그동안 그는 향리에서 "농사의 순박함"(「내게 농사는 2」)에 빠져 시를 쓰며 살아간다. 시와 농사를 겸업하는 일은 만만치 않게 품이 든다. 우선 농사는 하루라도 쉬지 않는 날이 없으니 육신은 힘들어 힘줄만 굵어진다. 낮 동안에 몸을 놀린 농사꾼이 저녁에 책상을 당겨서 시를 쓰노라면 고단한 기운이 온몸을 휘감아 눕기를 강청한다. 그놈의 유혹에 넘어가는 밤이 하루이틀이 아닐진대, 시업과 농업을 겸한다는 것은 말부터 어렵다. 그 힘든 일을 박형진은 이적지 해 오고 있다. 그의 군말은 시가 되고, 시는 농사의 씨가 된다. 그런 이유로 그의 시집에는 농삿일이 푸지게 시화되어 있다. 그도 한때 '도시의 공기는 자유를 창출한다'는 꾐에 빠져 "타관이 좋아 무작정 떠난 적이 있었지만"(「외딴집」), 제자리가 아닌 줄 곧바로 깨닫고 낙향하였다. 그가 '내 왼쪽 가슴속의 밭'이라고 여기는 '콩밭에서' 시쓰기에 골몰하고 있는 저간의 사정이다.

시와 농사가 하나라고 주장하는 박형진 글쓰기의 진국은 산문집에서도 확인할 수 있다. 그가 처음 낸 산문집 『호박국에 밥 말아 먹고 바다에 나가 별을 세던』은 '젊은 농부 시인의 고향 이야기'답게, 발화되고 싶어 안달하는 '고향 이야기'들이 한 권 내내 두더지같이 머리를 내민다. 그것들이 소중한 이유는 따로 있는데, 바로 시에서 맘껏 드러내지 못한 부안 방언의 향연이다. 이 책의 서언에 해당하는 「책머리에」에서 그는 "그러나 한편, 농촌이 아무리 어렵다 할지라도 모두 다 도금을 해놓은 듯한 지금의 휘황찬란한 세상꼬라지 하고는, 부러 꾀죄죄할망정 타협하지 않는 것이 농사꾼이라고 한다면, 에라! 그 고리타분한 이야기일지라도 한 번 끄집어내서 누가 뭐라고 하든 나를 지켜주는 연장으로 삼아 되작거려 볼 필요가 있지 않겠나 하는 생각은 들었다."는 문장을 선보였다. 다른 지역사람들이라면 숨넘어간다고 기겁할 테지만, 전라북도 사람들은 이 정도 말쯤은 일상어라서 숨을 안 쉬고도 읽어낸다. 그와 같이 박형진은 산업문명이 급속도로 질주하는 이 시대에 지켜야 할 벼리가 무엇인지 명확히 꿰뚫고 있다. 나이 들어 못하는 농민운동 대신, 그가 여력으로 복무할 분야가 방언의 기를 살리는 것이다. 이 점은 그의 농민시 못지않게 남들의 주목을 받을만하다. 앞으로 나올 시집에서 펼쳐질 방언과 그것이 자아내는 음역에 관심을 갖고자 한다.

'숙성된 슬픔'의 편린들
—고성만론

Ⅰ. 서어(絮語)

환장하게 파란 날에는 "슬픔은 어떤 빛일까"(슬픔의 빛깔) 궁금해진다. 파란한 하늘을 우러러 보기만 해도 눈물이 뚝뚝 떨어질 것 같은 날, 그런 날에는 '슬픔의 빛깔'을 구경하고 싶다. 생에 단 한 번만이라도 그 빛깔을 볼 수 있다면, 혹은 "눈물 흘리지 않는 눈"(「슬픔의 목록」)을 가질 수 있을 것 같은 밤이면 사위에서 스며드는 세파조차 다독거릴 수 있을 듯하다. 슬픔이란, 기쁨에 맞서는 말이 아니라, 그냥 슬픔일 뿐이다. 슬픔은 저 혼자 살 수 있다. 슬픔은 주체의 삶과 생활과 몸에 육화된 채 능히 그와 평생을 동반할 능력이 충분하다. 그런 줄 아는 나이, 곧, 적어도 세상살이에 익숙해질 즈음이면 슬픔조차 소중한 삶의 결이란 사실에 먹먹해진다. 슬픔마저 없었더라면 "한 끗발 남거나 두 끗발 모자라는 인생"(「봄날」)이 얼마나 적막했을 것이며, "냇물에 씻겨간 해와 별과 달의 이야기"(「처서」)가 소중한 줄 어찌 알았으랴. 그런 까닭에 사람들은 저마다 가슴속에 슬픔을 사육한다. 슬픔이 "가뭇없이 사라진 후"(「환절기」)에야 슬퍼하는 것과 달리, 「슬픔을 사육하다」가 시를 쓰기 시작한 시인이 있으니 그가 고성만이다.
　고성만은 1963년 부안 변산반도에서 태어난 시인이다. 그는 1993년 『광주매일신문』에 시 「고부에서 보낸 일년」이 당선된 것을 시작으로, 1998년에는 『동서문학』에 시 「섬, 검은 옷의 수도자」 등이 신인상에 당선되고, 2019년에는 『농민신문』 신춘문예에 시조가 거푸 당선되어 시단에 나왔다. 국민학교에 다닐 때부터 글솜씨를 인정받았던 그는 고등학교 2학년 시절에 광주시민들의 항쟁을 목격한 뒤로 생과 글쓰기에 대한 근본적인 성찰을 단행하였다. 그 사건은 그의 생을 지배하여 엄혹하고 비민주적인 현실에 대한 인식안을 견지하도록 압력하였고, 시에 관한 신념을 굳게 다지는 계기가 되었다. 고성만은 조선대학교 사범대학을 졸업한 뒤 광주에 소재한 국제고등학교에서 교편을 잡고 아이들에게 시를 가르치면서 썼다. 지금 그는 평생을 쏟았던 교직으로부터 물러나서 뒷방에 앉아 시와 시조를 겸행하면서 세월을 낚고 있다.
　그간 고성만이 펴낸 시집으로는 『올해 처음 본 나비』(들녘, 2002)를 비롯하여 『슬픔을 사육하다』(천년의시작, 2008), 『햇살바이러스』(시로여는세상, 2013), 『마네킹과 퀵서비스맨』(천년의시작, 2015), 『케이블카 타고 달이 지나간다』(여우난골, 2021), 『파씨 있어요?』(시인의일요일, 2024) 그리고 시조집 『파란·만장』(고요아침, 2020)이 있다. 그가 1993년에 데뷔한 후 2002년에 시집을 처음으로 발행했으니, 둘 사이에 상당한 편차가 생겼다. 시단에 나온 것도 남들보다 늦은 판에, 시집의 출판을 머뭇거린 그에게 남모를 속사정이 생긴 시간이다. 그것이 특유의 느림이건 머뭇거림이건 간에, 고성만의 낯가림이 등단이나 출간에 영향을 끼친 것이 분명해 보인다. 이만한 성과물을 제출한 그의 시를 자세히 읽어서 성취수준을 판가름할 지점이다.

II. '슬픔'의 서정성과 서사성

1. '가끔'과 '문득'의 서정성

대부분의 시인들이 젊은 날에 쓴 작품들에는 날렵한 호기심과 날씬한 감수성이 도처에서 얼굴을 내민다. 아무래도 그 시절이 세상에 관심이 많아서 이것저것을 기웃거리고, 인연의 울타리를 뛰어넘어 여기저기를 오가기 때문일 터이다. 그때 접한 사물에서 얻어진 경험들은 그의 시에서 맷집이 되고 등뼈가 되며 살갗이 되어 어엿한 몸의 형상으로 갖추어진다. 시가 "정리하지 못한 사랑"(「강변 모텔」)처럼 살이 되어 날마다 몸살을 앓게 될 때, 시인은 비로소 만물과 조응하며 소통할 수 있는 시안을 획득하게 된다. 그는 거침없는 상상력으로 세계를 직시하고 현상을 관통하며 미물과 대화하고 무생물과 접촉한다. 그 순간의 떨림은 가스통 바슐라르가 언급했던 '떨림'에 가깝다. 우주가 그의 몸과 접신하여 시 속에 자리하게 되는 찰나이다. 고성만의 아래 시를 보노라면 이 현장을 보는 듯한 황홀경에 빠진다.

안팎으로
얼마나 서성거렸으면
문을 열어준 적이 없는데
눈발
꽃잎
빗방울

나뭇잎이
내 생의 알리바이처럼
옷깃 모자 발걸음에 묻어
방안으로 들어오는가
살그머니 다가가
너도 내가 누군지 궁금했니
나도 너를 만나고 싶었단다
말을 걸고 싶지만
만지자마자
부서져버릴 것 같은 여린 몸
살아가는 동안
가끔은
서로의 안부가
궁금해지는 법인가
  ―「가끔은」 전문

그렇다. 살다보면, '서로의 안부가/궁금해지는 법'이다. 불현듯 "열일곱 살 적 알던 여자"(「작은 다리」)는 잘 살고 있는지, "산림 벌목장을 지나 외딴 마을의 정거장에서 낡은 가방을 들고 차에 오르는 수척한 여인"(「낮잠」)은 건강을 회복했는지, "맵찬 바람 부는 입춘 무렵 왕골 세골 대바구니를 팔러 예서 먼 남쪽 마을에서 왔다는 중늙은이"(「겨울」)는 죽었는지, "나비를 포착하기 위해 카메라를 들고 달려가는 그 여자 그 뒤 따르는 남자"(「르」)는 헤어지지 않았는지, "휴대폰에 코를 박고 있는 아이"(「안과 밖」)는 대학에 갔는지, 살다가 건듯 마주친 인연들이 '가끔은' 생각나는 때가 있다. 과거에 스쳤던 수유의 조우일지라도, "색 바랜 누런 겉 이파리"(「무」) 같은 인연의 파동을 따라 갑자기 떠올라서 동정이 궁금해지고 소식을 묻고 싶은 순간, 갑자기 '안부'의 소중함을 체감하게 된다. 이처럼 고성만은 소시민적이다. 그의 시작은 이 범주에서 크게 벗어나지 않는다. 그 점이 소중하다. 평범한 소시민들은 사소한 '안부'에 안도하고, 시시한 '안부'를 나누면서 범상한 일상을 영위한다. 그렇다고 소시민의 쇄사를 무시할 게 아니다. 그들의 하루살이가 집적되면 역사가 되기 때문이다.

  시인은 외출에서 돌아온 어느 날, 무심코 버릇대로 '옷깃 모자 발걸음'에 묻어 있는 '눈발, 꽃잎, 빗방울, 나뭇잎'을 턴다. 그것들은 시인이 돌아다닌 곳을 증명하는 증거물이다. 그는 반가운 나머지 다가가 안부라도 묻고 싶었지만, 만지면 '부서져버릴 것만 같은 여린 몸'인 줄 알고 멈칫한다. 그가 옷깃이나 신발에 묻은 그것들을 털어내지 못하는 것은 비단 여려서만은 아니다. 그것들은 자신에게 다가와 이미 한몸이 되어버렸다. 그것들은 그의 귀가를 기다리며 문밖에서 발을 동동 구르며 오래오래 서성거렸다. 마치 "님의 사창 밖으로 몇 천 번을 오간 나머지 돌길의 반이 가루로 부서졌으리라(門前石路半成沙)"는 이옥봉의 한시 「自述」의 한 장면을 보는 듯하다. 시인은 "그립다는 말을 입 밖에 내는 순간 그리움은 사라져버린다는 것과 앞으로 내내 그렇게 살 수밖에 없다는 것"(「엽서」)을 익히 알기에, 자신을 따라 방안으로 들어온 '눈발, 꽃잎, 빗방울, 나뭇잎'의 '안부'가 각별해진다. 그런 이만이 "부질없는 기다림"(「막간」)과 "치사량의 그리움"(「멜론」)이 "나의 과거와 너의 미래"(「천만 개의 눈송이들」)인 줄 안다. 그럴수록 '서로의 안부'가 더욱 '궁금해지는 법'이다. 그렇지만 '서로'가 '안부'를 묻지 않거나, 한쪽의 '안부'가 궁금하지 않거나, 다른 한쪽이 '안부'를 묻지 않으면 '서로'는 서로일 수 없다. 서로란 서로가 서로의 '안부'를 궁금히 여겨야 관계가 유지되는 것이지, 그렇지 않으면 '서로'의 관계가 파탄난다.

  이별이라니 문득,

이 말을 들었을 때

끈이 툭 끊어지는 소리가 들린다

마음에 자라나는 뼈
물결치는 메아리
　　―「문득」 전문

　시인은 앞의 시에서 '안부'가 궁금하다더니, 이 시에서는 '이별'하고 있다. 서로가 더 이상 '안부'를 궁금히 여기지 않게 되자 찾아온 '이별'이다. 고성만에게 이별은 '서로'가 서로이기를 거부하고, '서로'를 이어주던 '끈'이 '끊어지는 소리'가 들리는 순간을 가리킨다. 그 소리는 마음에 '뼈'를 자라게 하고, 뇌리에 '물결치는 메아리'를 자아낸다. 누구나 한번쯤 체험해 본 이별의 상황을 '문득' 그려낸 작품이다. 이별은 누구에게나 고통이다. 석가모니는 사랑하는 이와 헤어지는 아픔(愛別離苦)을 여덟 가지 괴로움 중의 하나로 들었다. 아비의 죽음으로 인한 이별은 자식에게 하늘이 무너지는 아픔(天崩之痛)이고, 그 반대의 이별도 아픔(慘慽之痛)이다. 이처럼 이별은 어떤 경우에도 슬픔을 동반하고, 그 고통은 가슴속에 물결을 일으키며 폐부를 돌아다니다가 '메아리'로 울린다. 메아리가 항시 울리는 사정이다. 그 소리는 '서로'를 연결하고 있던 '끈'이 '툭' 끊어지는 통증을 수반한다. 그러기에 앞서 '서로'가 '안부'를 물을 일이다.

　인용작은 고성만이 최근에 낸 시조집에 수록되어 있다. 시인들 중에 시조집을 상재하는 이들이 더러 있는데, 그도 이 대열에 낀 것이다. 같은 시조집이라도 시인들의 것과 시조시인들의 것은 결이 다르다. 전자가 아무래도 '자유'시에 익숙한 이들이라서 그런지 시형도 자유롭다. 3·

4조의 꽉 조이는 형보다는 조금이라도 헐렁한 형이니, 독자들에게는 이 것이 나아보일 터이다. 고성만에게 시조는 "유명인사가 되어/신문에 나고 싶은 나"(「검색」)의 조바심을 버리도록 해주었다. 근자에 펴낸 시조집 『파란·만장』의 뒤에 붙인 '시인의 산문'에서 그는 시조에 입문하게 된 동기를 표백하며 "마치 멍에를 얹고 달리는 소처럼 끈기를 가져야 도전할 수 있는 장르, 인내를 요구하는 양식"(「자작나무숲 여행자를 위한 안내서」)이 시조라고 규정하였다. 그의 이 문장에서 '끈기'와 '인내'는 유사어로 칠 수 있으므로, 요약하자면 '멍에를 얹고 달리는 소'일 터이다. '멍에'가 시조의 규칙이라면, 고성만이 앞으로 쓰게 될 시조에 대한 결의가 단단한 줄 헤아릴 수 있다. 그가 늘그막에 시작한 시조쓰기에서 거두게 될 수확량이 궁금해진다.

2. '고부'와 '광주'의 서사성

고성만은 전자우편에서 쓰는 이름까지 'kobupoet'일 정도로, 역사의식이 투철하다. 게다가 그는 한창 예민한 사춘기를 광주에서 보냈고, 직장도 광주에 잡았다. 한국 민주주의의 기폭제였던 갑오동학농민혁명의 성소인 고부와 민주주의의 비극적 현장이었던 광주에서 산 그이므로 역사관은 물어보나 마나다. 사실 객관적인 사실에 터하여 엄정한 역사관을 지닌 이는 나날이 살아가기가 팍팍하다. 예나 지금이나 그 부류에 속한 이들은 부조리한 오늘의 현실에 분노하고, 오늘의 삶이 미래의 역사라고 신봉하기에 역사에 한껏 의미를 부여한다. 하지만 역사란 "피 묻은 백지, 마초 한 다발"(강인한, 「저녁 비가」)에 불과하고, 역사는 "희망을 믿는 자들은 모두 지옥에 떨어질 거"(「그리스식 지붕이 있는 거리」)란 사실을 가르치며 절망하도록 만든다. 그처럼 정의의 역사는 헛헛

하고, 불의의 역사는 떳떳한 한국이다. 이런 판국에서 역사의식으로 무장한 이는 억울하지만 주류로부터 소외된다. 설령 그럴지라도 무릇 시인이라면 제 나라의 슬픈 역사를 똑똑히 인식하고, 그것을 "안으로 안으로 삭힌 노여움"(「칼데라」)처럼 시 속에 용해하려는 다부진 결의를 작품으로 선보여야 한다.

　역사를 취급하는 방식은 시인에 따라 다르다. 어떤 이는 역사를 전면에 내놓는가 하면, 어떤 이는 아예 무시해버리고, 어떤 이는 작품 속에 장치한다. 이 중에서 가장 고급스러운 방식은 끝엣치이다. 고성만이 이에 속한다. 그는 '고부에서 일년'을 살았고, 고부에서 멀리 떨어지지 않은 변산에서 태어났으며, 고부에서 1시간 남짓의 거리에 있는 광주에서 성장기를 보냈다. 그야말로 그의 핏줄기가 현대사의 복판을 관류하고 있다고 말해도 지나치지 않다. 그럼에도 불구하고 고성만은 "지상에 바짝 붙여야 할 삶의 무게"(「체리」)보다 훨씬 무거운 역사의 하중에 가위 눌리지 않는다. 대체로 이만한 이력의 소유자라면 역사의 무게에 굴복하여 큰 목소리로 가쁜 숨을 몰아쉬기 십상일 텐데, 그는 오연하리만치 묵묵하다. 아래에 따다 놓은 시를 읽노라면 쉬 수긍할 터이다.

　　1
　넉넉히 풀어진 연줄 시위가 어우러진 잔가지 흉내를 내며 밤새 웅웅거리던 대추나무 사이를 요리조리 떠오를 때 격자무늬 들창문 사이로 뿔표 실패를 던진다
　조금 사정이 편안한 집 노인들은 댕기꼬리 앙증맞은 애새끼들 복 주머니에 쌈짓돈을 채우면 잘 익은 밤이 새하얀 덧니를 드러내고 우물이란 우물은 모조리 덮어 눈이 내리기 시작한다
　　　…(중략)…
　　4
　한량 빠진 누이는 구월 감나무 똘감 주우러 간 뒤 여태 소식이 없는데

뭇 새들은 저리 와쌌는 걸 명주실꾸리를 옷섶에 묶자 한 것도 아니고 낯익은 산자락 신명난 깃발마냥 휘릭휘릭 날릴지라도, 지는 해를 불러 중천에 앉혀놓은들 궁궁을을弓弓乙乙은 알아야지
　　—「고부에서 보낸 일년」 부분

　시의 어디에도 고부하면 기계적으로 떠오르는 전봉준이 나오지 않는다. 고부를 가본 이라면 "산밭 한 사래면 상투 튼 녹두장군"(「녹두를 거두며」)의 위엄에서 헤어날 길이 없다. 시인의 고향 변산에서도 우뚝 보이는 고부 두승산에는 전봉준의 발자국이 아직도 선명히 남아 있다. 그 산 아래에서 일년을 보내며 쓴 시편에서 그를 찾아보기는 난망하다. 등장하는 사람이라야 기껏 '조금 사정이 편안한 집 노인들'이나 '댕기꼬리 앙증맞은 애새끼들' 그리고 '한량 빠진 누이'뿐이다. 혁명과는 거리가 먼 그들은 작품의 끝에 이르러 시인에 의하여 치밀하게 등장한 인물인 줄 밝혀진다. 시인이 맨 끝에 달아 놓은 '궁궁을을弓弓乙乙'이 그것이다. 셋의 평범성은 혁명에 참가한 농민군의 평범성과 동학군의 주문을 조합시킨다.
　시편의 눈을 번쩍 뜨게 한 '궁궁을을'은 『정감록』을 비롯한 여러 비서에 두루 등장한다. '궁궁을을'은 동학에서 중시하는 궁을영부(弓乙靈符)로, 조선 후기부터 민간도교에서 중시하던 강필(降筆)과 감응(感應)에서 기원한다. 강필은 신과의 합일 상태에서 신의 말씀을 받아 적는 행위이다. 이때 합일에 도달하기 위한 주요 수단이 주문수행법으로, 동학이 창도될 때부터 중요시되었다. 고부의 유명한 탐관오리로 갑오동학농민혁명의 단초를 제공하고서도 동학교주 해월 최시형을 사형시킨 고등재판소 판사로 출세한 조병갑이 날인한 판결문에도 '궁궁을을'이 나온다. 조병갑의 아비 조규순은 태인군수로 재직하였고, 조병갑의 둘째아들 조강희는 전주에서 『동광신문』을 발행하며 친일인사로 호식했으니, 삼

대가 정읍과 악연을 맺은 가문이다. '궁궁을을'은 고부 옆 덕천면에 소재한 떡시루 모양의 증산 아랫마을에서 출생한 강일순의 증산교와 그의 제자로 정읍 입암(笠巖)의 삿갓바위 아래에서 발흥한 보천교에서도 중시하였다.

고성만은 인용시에서 '고부'와 갑오동학농민혁명의 관련성에 시치미를 떼고 있다가, 말련에 가서야 '궁궁을을은 알아야지'라고 은근히 압박한다. 이로서 그가 '고부에서 보낸 일년'이 완성되었다. 그는 이같이 변산에서 두승산을 바라보듯, 역사를 시 속에 끌어들이면서도 에두르는 자세를 준수한다. 그리고 고부에 관하여 시화하고 싶은 게 없을 리 만무하다. 입석리로 두승산을 들어가면 동학농민군이 정읍으로 진격하기 전에 주둔했던 널푸덕한 곳이 있고, 고부에서 서쪽으로 나가면 눌제를 지나 줄포와 변산으로 이어지며 홍길동이 나타난다. 또 고부는 마한시대의 중방이 자리했던 옛 영화를 어루만지며 쓸쓸히 늙어가는 곳이다. 그처럼 역사가 금광처럼 묻혀 있는 고부의 황토에는 "흰옷에 죽창 든 사람들이 보국안민 제폭구민 불길처럼 일어나서 온 들판 태우다가 흰옷은 더럽혀지고 죽창은 꺾였지만 형형한 눈빛으로 형틀에 실려 가는 키 작은 사내"(「겨울, 동림저수지)를 따라 봉기했다가 상기도 신원하지 못한 원귀들의 "살 썩는 냄새"(「풀밭 위의 점심식사」)가 자욱하다.

고성만은 시일이 경과하면서 초기와 달리 사회현상을 적극적으로 시화하기 시작하였다. 그것은 그가 고부에서 살았던 경험이 시간의 도움을 받아 시 속에 구현된 것이다. 이런 점에서 그의 사회를 응시하는 관점은 역사적 상상력이 온축된 결과로 보인다. 그의 시안에 포착된 한국사회의 어두운 단면은 "전신 성형하느라 몸 파는 처녀 언제 굶어 죽을지 모르는 독거노인"(「샤갈 마을의 염소」)을 위시하여 "지하철 계단 편의점 매장 사거리 신호등 여자화장실 목욕탕 탈의실 물고기 같은 눈으로 침을 꿀꺽 버스 요금함 위 현금지급기 앞 금고 주변 도둑을 잡기 위해 도둑의 마음을 즐기"는 「몰카」, "시켜만 달라고 각종 배달 심부름 대행 안하는 것이 없다"는 「마네킹을 배달하는 퀵서비스맨」, "손 타지 않은 것들만 이 세상 처음인 것들만 소릴 지를 자격이 있지 비명을 듣고 싶어"(「줄무늬스타킹을 신은 사내」) 여학생을 성폭행의 대상으로 사냥하는 어른들의 만행 등이다.

여기에 더하여 고성만은 교사-시인답게 한국 교육의 현실에 대한 노여움을 숨기지 않는다. 예를 들어서 "아이 하나가 시험을 본다 비행기가 이착륙을 중지하고 핵발전소가 가동을 멈춘다"고 전세계에서 유례를 찾아보기 힘든 입시 풍경을 희화한 「아이 하나가」 말고도, "아이들이 무거운 책가방 대신 캐리어 끌고 인솔 교사 따라 수학여행 떠났는데 배가 뒤집혀졌다니 수백 명 갇힌 선실에 물이 차올라 살려달라 울부짖는데도 구하지 않았다니 이런 나라에 살고 있다니"(「저녁 일곱 시에 나는 침묵한다」) 등에서 고성만은 아이들을 보호하지 못하는 이 나라의 안전망에 절규한다. 이런 예는 종래에 보지 못했다. 그답지 않을 정도로 목소리가 높아진 배경에는 몰상식한 사건들이 놓여 있다. 급기야 그의 분노는 가슴속에 켜켜이 쟁여두었던 광주민중항쟁의 상처마저 되살렸다.

이른바 '서울의 봄'을 구축한 신군부는 '신질서'를 구축한다는 명분으로 위장한 채 민중들의 민주화운동을 폭압하였다. 남녘의 평화한 광주는 그들의 사냥터가 되어 난자당하였고, 그로 인하여 각급 학교는 '휴교령'에 의하여 문을 닫았다. 휴교령이 해제되어 간 학교에는 여기저기 빈자리가 있었고, 그때 고등학교에 다녔던 시인은 "빈 책상 위에 흰 꽃이 놓여 있었다"(「휴교령」)고 적어서 '살아남은 자의 슬픔'을 표백하였다. 고교 시절 후로 먼저 간 친구들에 대한 죄책감을 양 어깨에 짊어지고 하루하루 힘들게 살아가던 고성만은 한 건물을 보고 "가까이 다가가는 것 자체로 죄가 되는 세상"(「당신」)과 조우한다.

> 검붉은 벽돌의, 언젠가 이 도시에서 벌어진 살육의 대가라는, 가장 높은 곳에 있어 항상 우러러봐야 하는 산의 이름을 딴 도서관과 이스탄불 베네치아 리우데자네이루 요코하마 뉴욕 한번쯤 가보고 싶은, 먼 나라 항구의 이름을 딴 모텔 사이
> ―「시립무등도서관과 이스탄불무인텔 사이」 부분

광주시 북구 면양로에 소재한 시립무등도서관은 5·18민주항쟁 후에 지어졌다. 건물 하나 올라가는 것이 하나도 신기하지 않은 한국에서 도서관 하나 신축했다고 시비할 사람 없다. 그러나 문제는 그곳이 '살육의 대가'로 지어졌다는 것. 가만히 생각해 보면, 우리가 발을 딛고 사는 모든 곳은 선인들의 무덤이었을 터이다. 한국처럼 난리가 많고 재변이 자주 일어난 땅에서는 도처가 사구(死軀)의 매장지였을 공산이 크다. 설사 그럴지라도, 광주시민이라면 '시립무등도서관과 이스탄불무인텔'의 사이에서 당혹스러워 황당할 것이다. 시민을 위한 시정이 장소의 역사성을 삭발한 채 전개된 현장에 서서 '항상 우러러봐야 하는 산'을 우러러보기는 힘들어진다. 그 산은 그 자리에 터를 잡은 이래, 광주사람들의 일거수일투족을 다 알고 있을뿐더러, "가만히 등허리가 무거운 오월"(「오동꽃」)에 '이 도시에서 벌어진 살육'의 결과로 "지하감옥에 유폐된 영혼"(「우물은 바다로 흐른다」)들의 해원되지 못한 아픔을 고스란히 기억하고 있기 때문이다.

돌아보면, 한국처럼 장소성을 지우지 못해 안달난 나라도 없다. 쿠데타로 정권을 탈취한 무리들은 경제를 개발한답시고 장소성을 발본색원하느라 쫓겨날 때까지 설쳤다. 그들에 의하여 사라져버린 장소성은 이

제는 영영 복구할 수 없다. 지금도 신도시라는 미명 하에 장소성은 색출되고, 그 자리는 자본의 야욕이 근사한 미관으로 예찬된다. 장소를 인공적으로 복원한들 "쉽게 떠나가선 다시 돌아오지 않는 사람"(「남원역」)이 얼굴을 내밀 리 없고, 사람이 돌아올 만한 장소성을 찾아볼 수 없다. 사람이 장소의 자식인 줄 모르는 무식한들에 의하여 이 나라의 곳곳이 망가진 지 오래, 자본주의의 미끈한 헛놀림에 농락되어 도서관이건 무인텔이건 어디에 짓는다손 뭐 그리 대수롭냐는 사람들이 판을 치는 이 나라에서 고성만은 그래도 지켜야 할 것이 있고, 시정도 사람이 하는 거 아니냐고 "그새 파래진 입술로"(「폭설」) 발설하는 것이다. 그가 선 자리도 자본주의에 현혹되어 머지않아 파헤쳐질 것이라는 예상에 송연해진다.

3. '마포'와 '슬픔'의 설화성

고대문학의 유산 중에서 설화의 유용성은 현재도 인정받는다. 설화는 선조들의 구체적 삶으로부터 생겨난 것이라서 일정한 서사체계를 갖고 있다. 그것은 "지렁이에 밉보이면 고추가 휘어진다"(「무화과」)처럼 일상어에도 침투하여 언중들의 언어생활에도 관여한다. 그런 연유로 설화는 예로부터 문학작품의 소재가 되거나, 그 안에서 유용한 역할을 쏠쏠하게 담당하였다. 현대문학에서도 설화는 숱하게 차용되고 삽입되어 작품이 소기의 미적 성과를 달성할 수 있도록 도와준다. 시인들 중에도 설화의 유용성에 착목하여 곧잘 인용하는 이들이 있다. 고성만도 그 가운데 하나이다. 설화는 어의 그대로 이야기인 탓에 시와 어울리지 않을 것 같은 인상을 주지만, 사실 따지고 보면 시 역시 서사적 자질을 내포하고 있기에 마냥 제척할 게 아니다. 단지, 설화의 속성이 시의 문법을 억누르거나, 시상의 전개를 훼방하지 못하도록 시인은 유념하면서 쓸모에 따라 채택하면 될 일이다.

고성만은 시집의 여러 권에서 설화를 끌어들였다. 그의 시에 들어온 설화들은 대부분 향리에서 데려온 것들이다. 예컨대, 그는 '마포 연작'을 5편 썼다. 「용두백산양반」, 「욕본다는 말」, 「고구마꽃」, 「박영근」, 「마른 장마」가 그것이다. 또 그가 '우리 동네 설화'라는 부제를 달아 쓴 「홈터」, 「벙어리」, 「꼽추」도 있다. 이와 같이 고성만은 고향마을 마포에서 자라며 들었던 이런저런 이야기와 이 사람 저 사람의 사연을 설화적 상상력으로 시화하곤 한다. 그것은 "매캐한 모깃불 평상에 누워 나보다 아홉 살 많은 누이의 소설 이야기를 듣거나 누이보다 일흔여섯 살 많은 할머니의 부챗살이 다리를 스치던 날"(「여름밤엔 별이 많다」)부터 기원한 것이라서 유년기 추억과 결부되어 있다. 그처럼 그의 시에서 설화는 단단한 맷집으로 아래처럼 임무를 야무지게 수행한다.

파란만장한 사내가
방안으로 들어와
머리맡을 밟는다

산목(山木)을 베러 떠났던 지아비
자진모리를 안고 살아가는
아낙의 머리채가 풀어져
진양조로 흘러내린다

기다려도
오지 않던 이

홀로 떠나가선
돌아오지 않던 사내

아낙의 풀어진 가슴을 쓸어모아
방안으로 들어온다
　　　─「밤비」 전문

위 시를 읽노라면, 백석의 명편 「여승」이 절로 연상된다. 마치 이 나라의 오천년 모습처럼, 그 시나 이 시나 여인의 운명이 처연하기는 마찬가지다. 이 나라의 지어미들은 "불붙은 아궁이를 마주하고 뜨거운 국에 밥 말아먹던 그이"(「겨울」)의 귀가를 기약없이 기다려 왔다. 이 시편에서도 지어미를 기다림의 굴형으로 빠트린 남자는 '파란만장한 사내'이고, '산목을 베러 떠났던 지아비'이고, '돌아오지 않던 사내'이다. 그의 출가와 귀가의 사이에 시가 쓰였다. 종국에는 후자가 달성되지 못했으나, 그것이 있으므로 전자가 성립할 수 있고, 나아가 시의 생산 거점이 확보될 수 있었다. 한국의 서정시답게, 고성만도 사내의 귀가를 허락지 않음으로써 심미적 효과를 수확하는 데 성공하였다. 그것은 순전히 밤비 내리는 소리를 사람의 발자국 소리와 동일시하여 "빗소리로 오는 당신 목소리"(「당신」)인 양 기꺼워한 덕분이다. 이런 용례는 "바다에 나간 남편은 왜 돌아오지 않는지"(「빗소리」)에서도 재확인된다.

　1연에서 방안으로 들어온 사내는 '오지 않던 이'가 아니다. 사실 4연이 앞에 놓여야 시상의 흐름이 자연스러워진다. 산판(山坂)으로 일자리를 찾아 떠나간 지아비는 아무리 기다려도 돌아올 기미가 없다. 그의 귀가가 이루어지지 않자, '자진모리를 안고 살아가는/아낙의 머리채가 풀어져/진양조로 흘러내린다'. 2연을 제대로 이해하기 위해서는 '자진모리'와 '진양조'를 알아야 한다. 자진모리는 소리가 잦다는 뜻이니, **빠르게 몰아가는 장단**이다. 자진모리는 섬세하면서도 명랑하고 차분하면서 상쾌하다는 느낌을 준다. 즉, 돈 벌러 집 나간 지아비를 기다리는 아낙의 마음은 기대에 부풀어 있는 줄 장단이 시사한다. 그러던 아낙을 에워싼 장단이 판소리와 산조에서 가장 느린 진양조로 바뀐다. 본래 '진'이 '길다'의 전북방언 '질다'의 활용형인 줄 떠올리면, 머리채가 '풀어져' 진양조로 흘러내리는 배경을 짐작할 수 있다. 그 이유는 3연에서 밝혀진다. 지아비를 향한 지어미의 그리움이 빗소리를 그의 발자국 소리인 줄 환청으로 듣게 만들었다. 그와 같이 "그리움은 대책 없이 무언가 미치는 것"(「우리 동네 날씨」)이다.

인용시의 모티프는 시인의 고향 변산에서 차용한 듯하다. 그의 시 중에 "산림 벌목장"(「낮잠」), "청년들은 산속으로 벌목하러 가고"(「무화과」) 등이 출현하는 걸 보면, 변산에서 벌어졌던 산판을 전문한 기억이 그로 하여금 시의 창작에 나서도록 부추겼을 터이다. 또 그의 고향은 바닷가에 위치해 있어서 위의 시 속에 등장하는 아낙의 기다림이 일상화되어 있었다. 그의 시에 출연한 "고기 낚으러 가서 실종되었다는 얼굴"(「우물은 바다로 흐른다」), "여러 해만에 홀로 돌아온 사내"(「흉터」), "어느 날 경찰의 손찌검 끝에 부풀어 오른 뺨을 감싸고 떠난 그녀"(「단풍」) 등은 부안의 해안선에서 산견되는 인물군이다. 끝에 든 예는 남파 간첩들이 해안으로 자주 출몰하던 군사정권 시에 부안의 해안초소에 배치된 전투경찰의 배우자로 보인다. 아래에 따다 놓은 시도 고성만이 출생한 부안 변산의 골짜기에 각인되어 지금까지 지워지지 않는 상처로 남아 있는 비극적 역사에서 유래한 것이다.

> 토막토막 끊어지는 필름 속 할아버지가 말 타고 다녔다든가 아버지가 빨치산 토벌 나가 총을 맞았다든가 그때 수술했던 화호중앙병원은 아예 기록이 없다든가 뒷산 황토가마에서 구워진 항아리를 비안도 무녀도 신시도 위도 선유도 고군산군도의 섬으로 실어 가느라 돛단배들이 뜨고 내렸다던 포구 근처 소바위에 씌워졌던 바위 옷은 모래로 뭉개졌다든가

새만금이 들어선 뒤 바다가 쫄딱 망했어요 해안선은 반듯해지고 섬들
이 육지가 되고 백합들이 감쪽같이 사라져버렸어요 졸지에 뭍이 된 굿당
에서는 서해를 지키던 영등할미가 흰 치마저고리만 걸어 둔 채 어디론가
떠나고 작두날 타던 재미동떡 있죠? 그 할머니라면 수평선을 소금쟁이처
럼 건너갈 수 있을 텐데 나와 동갑인 아들이 온몸 비틀어지는 병을 앓다
궁포에 버려졌다는, 아이를 가진 배 위로 뱀이 지나갔기 때문이라는,

가겟집 아저씨는 어쩌다 방안퉁수가 되었을까요 남로당 부위원장이었
다는 소문은 사실이었을까요 불그스레한 얼굴로 탁주 한잔 걸친 채 흰 고
무신 끌고 다니던 그 집 둘째 아들이 꽤 유명한 시인이었는데
　—「변산 바닷가에서」 부분

3연밖에 안 되는 연수에 비하여 어휘는 빽빽하다. 그만치 변산에 사연이 많다는 얘기일 터. 고성만은 세 연에 고향의 과거와 현재를 담았다. 특이하게도 그는 각 연을 마무리하지 않고 미처 마무리하지 못한 양 열어두었다. 그로 인하여 '변산 바닷가에서' 시인의 시안에 포착되기를 기다리는 설화들이 수북할 것이라는 예상을 데불고 온다. 1연은 '할아버지가 말 타고 다녔다', '아버지가 빨치산 토벌 나가 총을 맞았다', '그때 수술했던 화호중앙병원은 아예 기록이 없다', '뒷산 황토가마에서 구워진 항아리를 비안도 무녀도 신시도 위도 선유도 고군산군도의 섬으로 실어 가느라 돛단배들이 뜨고 내렸다', '소바위에 씌워졌던 바위옷은 모래로 뭉개졌다' 등의 화소가 잇따르면서 변산의 역사성을 함포하고 있다.

할아버지가 말을 탈 정도로 넉넉한 집에서 태어난 아들은 "빨치산이 모종처럼 빼곡했다는 능선"(「순창군 쌍치면 운북리 운항마을」)에서 총에 맞았다. 그는 멀리 정읍 신태인에 소재한 '화호중앙병원'까지 가서 수술을 받았으나, 어쩐 일인지 기록이 사라져버렸다. 부자의 대조적인

가족사가 현대사의 비극을 증언한다면, 이어진 도자기는 변산과 인접한 보안면 유천리에서 고려 때부터 유명한 자기가 생산되어 상납되었던 과거사적 영화를 상기시킨다. 아무리 "인생에는 희극과 비극이 공존한다"(「바다와 누이」)지만, 상반된 사건이 어느 지역이나 벌어졌을 법한 곳이 한국이므로 새삼스럽지 않다. 단지, 시인의 고향은 아직까지 장소성이 삭제되지 않고 남아 있어서 총명한 시인을 만나 시로나마 회생될 따름이다.

2연은 새만금 개발로 인해 '해안선은 반듯해지고 섬들이 육지가 되고' 있으나, 그 대신에 어민들의 생계수단이었던 '백합'이 사라지고, '영등할미 흰 치마저고리만 걸어 둔 채 어디론가 떠나고 작두날 타던 재미동떡'이 존재를 감추고 말았다. 영등할미는 바람을 인격화한 존재로, 어민들이 풍어를 기원하는 대상이다. 그녀는 매년 2월 초하루에 내려오는데, 딸을 데리고 오면 풍년이고 며느리를 데리고 오면 흉년이 든다고 어민들은 철석같이 믿어 오고 있다. 영등할미는 고성만의 다른 시에서 "당집에 흰 치마저고리 벗어 둔 그 여자"(「무녀도」)로 재생하기도 한다. 2연에서 시인은 굿당이 없어지자 영등할미가 자취를 감추는 바람에 풍어를 기대할 길 없는 어민들의 허퉁한 마음과 '수평선을 소금쟁이처럼 건너갈 수 있'는 신기(神技)와 '작두날 타던 재미동떡'이 '아이를 가진 배 위로 뱀이 지나갔기 때문'에 '나와 동갑인 아들이 온몸 비틀어지는 병을 앓다 궁포에 버려졌다'는 전화(傳話)를 꺼내어 설화에 기반한 작품의 근원을 실토한다.

3연에 이르러 시인은 '가겟집 아저씨'의 뒷사정이 궁금하다. 그가 '방 안퉁수'가 된 것은 '남로당 부위원장'이라는 수상한 경력 때문이고, 아비의 불온한 행적으로 말미암아 '불그스레한 얼굴로 탁주 한잔 걸친 채 흰 고무신 끌고 다니던 그 집 둘째 아들'의 행실이 '꽤 유명한 시인'이라는 이름값에 상응하지 못하게 된 이면의 사정이 밝혀진다. 3연은 1연에서 빨치산 토벌 작전에 참여했다가 총을 맞은 사건과 맞물리면서 시에 비극미를 장착시킨다. 1연과 3연이 2연의 새만금 개발 사업을 포용하여 '변산 바닷가'의 장소성과 역사성 그리고 비극성이 우러나도록 현재적 시점까지 외연을 확장하고 내상을 심화한 것이다. 그래서 위 시는 슬프고 곡진하다.

고성만의 시는 '슬픔'에서 출발한다. 그의 시에서 상당한 지분을 점유한 '슬픔'은 가족사적 환경에서 유래한 것이기도 하다. 예를 들어 마을 사람으로부터 "재취 자식 이 후랴들놈"(「마른장마」) 소리를 듣는 가장은 물론이고, "좀체 소식 없는 누나"(「누나」), "어린아이가 신발도 없이 뿌연 흙먼지 속을 터벅터벅 걸어가는 모습이 보이고 그 뒤를 성마나아 아아아 따라오는 누이"(「나주배꽃」) 등은 가족사의 '슬픔'을 찾아볼 수 있는 장면들이다. 그렇다고 이 사람들을 시인의 가족이라고 한정할 게 아니라, 이웃들이기도 하다는 사실을 유념해야 한다. 그래야 그의 시적 정서를 구성하는 '슬픔'의 내포가 심화되고 외연이 확대된다. 가령, "사랑가보다 쑥대머리, 쑥대머리보다 상여소리를 즐겨 부르던 그녀"(「가인」), "눈 먼 아비 귀머거리 어미 벙어리 딸"(「겨울과 봄 사이」), "댓살 쪼개던 아내의 실수로 남편이 실명하였다"(「강과 호수」)는 대목은 동네 사람들의 '슬픔'을 시편으로 인용한 사례이다. 그로서 그가 사유한 '슬픔'의 스펙트럼이 가족에서 연원하여 이웃과 사회로 영역을 확장되어 보편적 차원으로 승격된 줄 알려진다.

이러한 사례는 고성만이 학업을 위해 출향한 뒤로 그곳에서 생을 영위하여 발생된 사향심의 발로에 가깝다. 물론 타향땅을 밟지 않은 이도 애향하는 마음은 유별날 테지만, 그의 것과 출향자의 것은 질적으로 차이가 나고 결이 다르다. 적어도 고향을 떠난 이는 부모를 두고 자기만

잘 살고자 도시로 나갔다는 자책감을 청산할 수 없다. 그는 틈날 적마다 고향의 유년기 풍경을 연상하며 그것을 잊지 않으려고 맡은 바에서 최선의 노력을 기울인다. 시인 고성만만 해도 "타다 만 부지깽이로 부엌 군불 때다가 덜 마른 청솔가지 들어 올리자 에이 냉갈 눈물 훔치는 그애"(「나는 저녁연기를 사랑했네」)를 생각하면서 하루를 마무리하고 온가족이 모여앉아 밥을 먹기 위해 피어오르는 '저녁연기'의 푸근함을 '냉갈'이라는 지역어로 표현했잖은가. 그의 '냉갈'은 '연기'의 고유어인 동시에, 필히 '덜 마른 청솔가지 들어 올리자' 솟아나서 눈을 급습하고 '눈물'을 짜낸다. 이런 광경은 예전에 흔히 볼 수 있었으나, 지금은 찾아보기 힘들어 설화적 상상력의 동원을 필요로 한다. 그 통에 시인의 고향생각은 당대에 멈추지 않고 선대로 올라가 역사와 만날 수 있고, 조상들의 생애가 편린으로 아로새겨진 문화와 조응하게 된다. 이것이야말로 고성만이 변산을 설화의 고장으로 처리하는 이유일 테다.

III. 결어

위에서 살핀 바와 같이, 고성만은 「가끔은」에서 보는 바와 같이 수려하게 선보인 감수성을 바탕으로 다양한 심상을 빚어냈다. 그의 시에 내장된 서사성을 구조적 특질로 가를 수 있다면, 감수성은 서정시의 근간을 옹호하는 질료가 된다. 이 중에서 서사성은 그의 시편에 간헐적으로 소환된 설화적 상상력에 힘입어 논의를 풍부하게 만들어준다. 미처 거론하지 못한 「가을」, 「습지보호구역」, 「흘레」 등이 합당한 예시작이다. 그런 까닭에 고성만의 시를 읽노라면 "거의 매일 붉고 푸른 다라이 앞에 놓고 앉은 사내의 얼굴"(「씨앗 파는 남자」)이 보인다. 그 '사내'는 그일 수 있고, 시인일 수도 있으며, 전혀 모르는 이일 수도 있다. 모두 고성만의 분신이라고 해도 그르지 않다. 그 모습에 내면화된 '숙성된 슬픔'은 '파란·만장'한 삶의 주름일 테지만, 그가 파란할수록 시의 나이테가 늘어날 테니 마냥 물리칠 것도 아니다. 나이테처럼 '숙성'된 결과를 명증하게 보여주는 증표가 드물지 않은가.

  끝으로 부언할 게 있다. 고성만은 첫 시집 『올해 처음 본 나비』를 낸 뒤, 앞장에 "투명한 가을하늘 같은 시를 쓰고 싶습니다"라는 다짐을 써서 우송해 왔다. 그가 기억하지 못할지 모르지만, 아직 휘발되지 않은 사인펜으로 쓴 달필이 쓰인 곳을 넘기면 "내 시의 은사 강인한 시인"(「시인의 말」)에게 감사하다는 글귀가 나온다. 이 지점에서 그와 나는 접점이 생긴다. 고성만의 '시의 은사 강인한 시인'은 나에게 시를 가르친 은사이다. 굳이 따지자면 직접이냐 간접이냐의 차이 혹은 그와 그는 시연(詩緣)으로 맺어졌고, 나와 그는 지연과 학연으로 겹겹이 묶여졌지만, 많고 많은 사람들 중에 한 사람을 두고 은사라고 부르는 두 사람이 만나는 기쁨에 세상이 환해진 듯하다. 그와 강인한 시의 닮음과 다름은 별도의 논의를 필요로 한다. 허나, 이 자리에서는 역사적 사건을 간접화하는 수법이 사제간의 대물림으로 볼만하다고 적어둔다.

외로움, 그리움, 고향 사랑
― 김동필론

1

　고향의 범주는 시류에 따라 달라진다. 먼 옛날부터 한반도에 유입하여 농경생활을 영위하던 조상들은 한 곳에 정착하여 살았다. 농사는 일년 내 손길을 요하는 일이라서 그들은 딴 곳으로 돌아다닐 여유가 없었다. 농사는 사람들에게 자족하는 삶을 가르쳤다. 조상들의 대다수가 궁핍하게 살면서도 제자리를 떠나지 않았던 이유도 결국 돌아다녀본들 마땅히 할 일도 없었거니와, 크게 욕심내지 않고 한곳에 뿌리를 내리고 산 경험칙에 지배된 때문이었다. 그런 탓에 예전에는 자신의 태를 묻은 곳이 고향이었고, 아버지가 태어난 곳이 자식의 고향이 되는 대물림 현상이 널리 승인되었다. 그곳이 본적이라 불리는 고향이다.
　하지만 지금은 명실 공히 산업사회인지라, 산업을 따라 사람들의 거주지가 달리지게 되어 이전의 정착 개념이 설자리를 잃어버리고 말았다. 급기야 부자간에 고향을 이어받는 전통이 사라지고, 태어난 곳이 아니라 사는 곳이 고향으로 바뀌게 되었다. 그 대표적인 작가로 김동필

(雲汀 金東必)을 꼽을 수 있다. 그는 1939년 부안군 보안면에서 태어났다. 보안면과 부령면을 합하여 부안군이 된 역사적 사실을 떠올리면, 그가 탯줄을 묻은 보안은 지금 부안의 중추에 속하는 곳이다. 그는 보안의 하입석리에서 출생한 뒤, 부안농림학교를 마치고 상경하여 동국대학교 정치학과를 졸업하였다. 이러한 학력사항은 1998년 그가 정읍의 사학 명문인 호남중고등학교에서 교편을 잡다가 명예퇴직한 것과 별 상관이 없는 듯하다. 그는 교사로 재직하는 동안에 스스로를 채찍하고 연마하여 유능한 국어교사로 이름을 날렸다.

정읍 출신이 아니면서도 김동필은 누구보다도 정읍을 사랑하였다. 그의 미덕이다. 그는 문향 정읍의 전통을 살리고자 문예단체를 앞장서 조직한 것은 물론이고, 스스로 작품을 발표하는 일에 열심이었다. 1979년 전북수필문학회를 발기한 경력에서 보듯, 김동필은 본래 수필가였다. 그는 그해에 내장문학동인회를 결성하여 문향이라고 말하면서도 변변한 문학단체 하나 없던 정읍에 문단의 씨앗을 심었다. 김동필은 1981년 『내장문학』 창간호를 펴내고 동인들의 문학 활동을 적극적으로 독려하는 한편, 스스로 『월간문학』에 수필 「죽의(竹意)」를 투고하여 당선되어 문인으로 입신하였다. 1982년에 그는 한국문인협회 정주지부를 창립하고 초대 지부장으로 선출되었다. 1993년에 그는 월간 『한국시』에 시 「井邑詞」 외 3편이 당선되어 시인으로도 이름을 올렸다. 그의 헌신적인 노력에 힘입어 정읍은 예전의 문학적 유산을 되살기에 충분한 단체를 가질 수 있었다. 이 점만으로도 그가 정읍에 뿌린 문학의 씨는 결코 가볍지 않다. 그가 남긴 시집은 『억새풀 하얀 머리』(신아출판사, 1993), 『참으로 좋은 당신』(교음사, 2001) 등이다.

그밖에도 김동필은 정읍의 굵고 자잘한 일을 도맡았다. 그는 1982년 정주시 시민헌장 제정위원, 1986년 정읍문화원 이사, 1991년 정주시 문화재 보존위원, 1993년 한국예총 정주지부 부지부장과 동학농민혁명 100주년 기념탑 건립 자문위원, 1996년 정읍문화의 집 운영위원, 2000년 정읍시립도서관 운영위원장 등을 맡아서 정읍의 문화 발전에 힘을 보탰다. 또 그는 1983년『내 고장 전통문화』, 1985년『정읍군사』, 1992년에는『정주시정10년사』와『정읍 지방의 민속』등의 편찬에 참여하면서 1995년에는「정읍시민의 노래」(김강섭 작곡)를 작사하였다. 김동필은 1992년부터『노령신문』, 1998년부터는『정읍타임스』에 컬럼을 연재하여 정읍시민들에게 고급한 읽을거리를 선물하느라 건필을 멈추지 않았다. 이러한 전방위적 헌신으로 그는 1988년 전북수필문학상, 1992년 문학·예술진흥공로상, 1993년 신아문학상, 1993년 향토문화 진흥 공로상, 1993년 정주시민의 장 문화장 등을 받았다.

2

김동필은 전우의 제자였던 김낙구(金洛龜, 1897~1975)의 6남 2녀 중 차남으로 태어났다. 김낙구의 호는 백파(白坡)이고, 자는 소연(巢蓮)이다. 그는 1906년 12월 정읍 화호리에 소재한 농상주식회사의 발기인으로 이름을 올렸고, 1934년 10월에는 부안군향약장을 지냈다. 그의 영향인지 김동필은 한문에도 교양을 갖추었고, 고향에 대한 애정이 남달랐다. 그의 독실한 애향심은 모교인 보안국민학교 50주년 기념비와 동교 60주년 기념비에 시를 남기도록 이끌었다. 그가 태어난 보안은 인접한 줄포, 고부를 거쳐 정읍과 닿는다. 지금이야 행정기관의 횡포로 이웃간에 이질감이 높아지고 있으나, 예전에는 상호 왕래하며 나녀를 나누지 않았다. 더욱이 보안이나 줄포사람들은 대처인 정읍으로 나가 살려는 의지가 강했다. 김동필이 고향과 멀지않은 정읍의 사립학교에 자리를 잡게 된 동기이다. 두 곳이 가까웠으나, 살다보면 자주 오가지는 못하는 게 사람들의 버릇이다. 그럴 때일수록 김동필은 "고향땅 당산나무 길목"(「그리움이 타는 길목」)을 바라보며 시상을 구체화했다.

> 줄포 장터를 돌아
> 아랫선돌 가는 언덕에 오르면
> 개암사 저문 종소리가
> 푸른 산을 넘어와
> 가슴에 은은한 불을 놓았다.
>
> 하얀 달빛이
> 마루에까지 기어들면
> 어머니는 강냉이를 찌고
> 누님은 빨래를 다리고
> 나는 좋아서 마당을 서성거렸다.
>
> 개천을 따라
> 검정 고무신으로 물을 퍼올려
> 피라미를 잡던 기억이
> 오늘은 안개처럼 피어 올라
> 눈 감고도 환한 그리움이다.
> ―「고향 생각」 전문

고향은 과거형으로 존재한다. 고향을 노래한 시편마다 예스런 풍경을 묘사하느라고 시인들이 집중하는 이유이다. 시는 대상의 현상적 특징을 포착하는 까닭에 항상 현재형 시제를 사용하느라 과거형에 약하다. 두 시제의 알력 속에서 과거형이 현재형에 앞서는 것은 현실과의 불화를 지양할 수 있는 도피처이기 때문이다. 자아와 세계의 긴장이 사라진 시간은 과거밖에 없다. 시제로 인하여 고향은 한없이 푸근해지는 것이다.

고향이 어머니와 맞물려 연상되는 것은 시상(時相) 때문이다. 어머니의 부재가 고향을 모성화하고, 끝내 인격화하기에 이른다. 김동필의 그리움이 "한으로 울고 있는 그리움"(「어머니」)이 된 전후사정이다. 그리움은 현재의 자아가 과거의 대상을 호명하는 행위이기 때문에 관념 속에서만 이루어진다. 과거형 시제는 현재의 갈등사태를 완화시켜줄 수도 있고, 지금의 자아가 처한 상황을 해결할만한 가능책을 제시하기도 한다. 죄다 시제가 만들어낸 시상의 힘으로, 서정시의 시간을 눈여겨보도록 옷소매를 이끈다.

위의 시편을 주도한 어머니의 시상이 소거되었을 때 지금의 분위기를 장담할 수 없다. 말하자면 '어머니는 강냉이를 찌고', '누님은 빨래를 다리고', '나는 좋아서 마당을 서성거렸다'는 평화한 행위들이 벌어진 시간은 과거이다. 또 그 시간은 진작 소멸되었다. 이처럼 과거형 시제가 아니라면 '고향 생각'은 '눈 감고도 환한 그리움'을 가져오지 못한다. 그와 같이 김동필의 향수는 "회상으로 빚은 향수"(「간이역」)라서 '안개처럼' 피어오른다. 안개가 물방울의 결정체이듯, 향수는 안개처럼 햇빛에 약하다. 향수가 본래 여리고 섬약한 까닭이다. 향수의 실체를 파악한 김동필은 "꿈마다/가보는 길/남창에나 매어두리"(「향수」)라고 읊어서 자신의 사향이 '안개처럼 피어 올라' 사그라질지 알고 있었다. 그것은 "노오란 향수"(「강냉이」)였다.

이에 김동필은 고향에 대한 그리움을 새로 정착한 정읍에 이식하였다. 정읍은 "스물 일곱의 총각이 지금은 서러운 예순 해"(「푸른 물빛으로—명예퇴직하던 날」)를 산 곳이다. 그는 이곳 초산 품에 위치한 호남중고등학교에서 33년간 훈장 노릇하며 지냈다. 그 기간에 그는 정읍시의 대소사에 동원되어 성력을 다해 임했다. 그의 성품에 도움을 달라는 측에 거절 의사를 표시하지 못했을 터이다. 그것이 나중에는 독이 되어 건강을 해치게 되었을 테지만, 그는 자신이 살고 있는 고장을 위하는 일에 몸을 사리지 않았다. 그가 시인으로 출세한 작품이 「井邑詞」이듯, 틈 날 적마다 김동필은 정읍을 노래하며 "내장사 독경소리"(「내장사 단풍잎」)가 온 누리에 퍼지기를 빌었다.

여인이 그리운 날 밤엔
달빛이나 꺾어 보내 보자.

꿈꾸듯 흐르는 달이야
어이 望夫의 深憂를 모를까.

情에 여위고
기다림으로 발겨진 가슴에
후련한 소식 듬뿍 퍼주고
뚝배기에 달이나 담아 보내 보자.

천년을 울먹여 온 백제의 사랑
송홧가루 사이로 내려와
파랑새 되어
井邑의 언덕엔 永劫으로 피는가.
— 「井邑詞」 전문

흔히 데뷔작에서 발견되는 생경한 한자어가 눈에 거슬린다. 하지만 전체적으로 4연에 이르기까지 단정한 형태를 유지하고 있다. 마치 백제가요 「井邑詞」가 안정된 시형을 갖추어 한국의 고유한 시형의 근원을 추적하기 쉽도록 단서를 내장하였듯이, 김동필은 시제와 시형에서 앞선 작품을 따르고 있다. 그것이 단순한 모방은 아니다. 첫 행에 전제했듯이, 시인은 화자의 변경을 시도하였다. 그의 시도에 힘입어 작품의 서사는 원작과 다르게 진행된다. 끝내 '기다림으로 발겨진 사랑'이 '파랑새

되어 '정읍의 언덕'으로 날아든다. 가히 '천년을 울먹여 온 백제의 사랑'이 성을 달리하여 갑오동학농민혁명의 봉기로 꽃핀 것이다. 간이한 시편 하나에 천년의 시간이 응축되어 있는 셈이다.

서정시의 시간은 이처럼 절대적으로 흐른다. 한 연이나 한 행에 천년의 시간을 간직하는 시의 성질을 이용하여 김동필은 정읍의 '詞/史/事/思'를 시화한 것이다. 더욱이 그는 각 연마다 시간을 가두는 방식을 취택한 끝에 '영겁'의 시간으로 마무리함으로써 '정읍사'의 시간이 죽 흘러갈 것이란 사실을 강조하였다. 그것을 은폐하기 위한 전략으로 각 연의 끝에 마침표를 찍어서 국어교사다운 문형을 선보이는 노력을 범했다. 이것만으로도 그가 교실에서 성실한 교사였던 줄 짐작할 수 있다. 이런 모습은 연과 연 사이의 의미를 단절하는 부정적 결과를 연상시키기도록 힘을 발휘한다. 그리하여 '여인이 그리운 날 밤'의 울적한 심사가 '후련한 소식'으로 성질을 변경하기까지 적잖은 시간이 소요되는 것이다.

3

개인적으로 김동필은 "가을을 안고 가는 사람"(「내장산 길손」)이었다. 그의 시편을 통독하다 보면, 형언할 수 없는 그리움이 "홍건한 외로움"(「그리움」)과 겹쳐져 있는 줄 쉬 발견하게 된다. 어쩌면 그는 "슬픔을 사랑하는 사람"(「슬픔을 사랑하는 사람」)이었는지 모른다. 그만큼 김동필은 자아에 대한 결벽증세를 보이며 시작에 나섰다. 그는 밤낮으로 "위선으로 드리워진 그림자"(「자화상」)를 부끄러워하였다. 고래로 부끄러움을 아는 자는 인자이다. 수오지심의 보지 여부는 사람이 사람다운 으뜸가는 심급이었다. 그러나 날마다 밤마다 자신의 부끄러움을 성찰하는 이는 외롭다. 그의 청결한 삶이 세상의 오예와 어울리지 않기 때문이다. 김동필이 끈떡만 하면 "희끗희끗한 고독"(「빛바랜 사진」)을 여과 없이 내비쳤던 배경이다. 이런 경향은 그의 시가 불교적 상상력에서 출발하여 현생에 충실한 직장인으로 살고 있다는 사실을 서술하도록 이끈다.

일례로 그의 호 운정은 부안 태생의 고승 종성이 "구름같이 맑고 물처럼 조용히 살으란다"(「물이 되어 흐른다면」)고 지어주었다. 불연을 계기로 그의 시에는 불교적 세계를 노래한 시편들이 적지 않다. 그 중에는 "있는 것이 없는 것이고/없는 것이 있는 것이다"(「훌훌 떠나면」)라는 공 사상을 시화한 것이나, "淨土로 가는 구름 하나"(「개암사」)를 응시하며 자신의 허물을 꾸짖고 세심(洗心)하는 작품들도 있다. 이러한 양상은 김동필의 시에서 내장사 시편을 생산케 하여 자연스럽게 정읍을 찬송하는 주제의식을 형상화하도록 견인하였다. 그것은 말할 것도 없이 그의 시세계가 잉태된 삶터에 대한 각별한 사랑에서 연원한다.

탈향과 회향의 변증법
―김찬옥론

1

　김찬옥은 1958년 부안에서 2남 3녀 중 셋째딸로 태어났다. 그녀는 "부안남초등학교 15회"(「첫사랑이라고 말하기엔」) 졸업생으로, 1994년 2월 『순수문학』에서 박재삼의 추천으로 시단에 데뷔하였다. 이태 뒤에 그녀는 『현대시학』에서 추가로 추천을 완료하더니 활발히 시인으로 활동하고 있다. 그동안 그녀는 시집 『가끔은 몸살을 앓고 싶다』(새암바다, 2000), 『물의 지붕』(종려나무, 2009), 『벚꽃 고양이』(현대시학사, 2016), 『웃음을 굽는 빵집』(현대시학사, 2020), 디카시집 『물보라 은보라』(시산맥, 2024) 그리고 산문집 『갈색의 계절』(교음사, 1970), 『사랑이라면 그만큼의 거리에서』(새미, 2002) 등을 펴냈다.
　시집의 발간 시기를 주의깊게 살펴보노라면, 그녀가 시에 관심하게 된 과정을 추측할 수 있다. 먼저 그녀는 수필집을 내면서 문단 활동을 시작하였고, 등단한 뒤로 상당 기간이 지난 뒤에야 첫 시집을 내었으며, 그 시집과 다음 시집의 사이에 꽤 터울이 생긴 줄 짐작 가능하다. 그녀가 속사정을 고백한 수필집에 따르면, 생에 불의의 사고가 생긴 탓이었다. 그것은 단군이 개국한 이래 초유의 빚쟁이 국가로 전락하여 국민들의 자존심을 여지없이 할퀴었던 소위 IMF사태라는 "표독스런 마녀"(「마법의 성에 갇혀―IMF 체제」)가 그녀의 가정을 침략한 것이다. 이런 사정으로 말미암아 김찬옥이 처음으로 펴낸 시집 『가끔은 몸살을 앓고 싶다』에는 "벼룩신문 한 뭉치"(「벼룩신문」)를 뒤적거리는 모습과 "공장, 건물, 집까지 경매로 넘어가"(「테크노댄스를 추자」)며 붙여진 "붉은 딱지"(「봄은 찾아 들지 않았다」)의 흔적이 곳곳에 남아 있다.

  그 당시의 절박한 상황으로 인한 고통은 비단 김찬옥네 집에만 한정된 것은 아니었다. 나라에서는 우선 바닥난 외자를 유치할 요량으로 국제통화기금이 요구하는 구제책을 받아들이면서 국민들에게 허리끈을 졸라매라고 강요했다. 지금까지도 이 나라를 이분화하느라고 분주히 활동하며 아예 눌러 앉아버린 자유주의가 수입된 것도 그 즈음이다. 그 때문에 대학마저 학문 연구보다는 외부 자금의 수주 경쟁에 내몰리고 있다. 김찬옥은 서울 이태원에 자리한 에스테라는 상호의 사우나를 정상화시키기 위하여 "표도 안 나는 집안일"(「죽겠다」)을 뒤로 한 채, "응고된 가슴"(「말(言)」)을 쥐고 삶의 현장으로 나아갔다. 그녀는 "지금도 어디선가 싹싹 비비고 있을 어느 가장의 손"(「단풍잎」)을 대신하여 당시에 닥친 위기상황을 신속히 돌파하고자 "가게에서 필요한 일어 공부, 카운터, 피부실에 손이 딸리면 마사지, 메이크업에 손이 딸리면 메이크업 아트사, 식당 아줌마가 자리를 비면 팔을 걷어 부치고 30여명의 식사까지"(「여자라는 이름에 날개를 달다」) 감당하였다. 그녀의 빼어난 사업 수완과 억척스러운 생활력으로 사업체는 두 달 만에 정상화되었다.

  김찬옥은 "시베리아 바람만큼이나 매서운 IMF"(「국제통화기금」) 위기를 겪으며 가외의 소득을 얻었다. 그 중에서도 가족끼리 단합하면서

정을 돈독히 다지게 된 점이 제일이었다. 먼저 그녀가 "IMF로 인해 하루도 마음 놓지 못하고 늘 불안해하는 당신"(「희망을 그대 품안에」), "고3때는 학원에서 배우는 것보다 혼자 하는 것이 더 유익하다"(「모녀간의 사랑이야기」)며 학원비마저 아껴주던 딸 선화 그리고 "엄마를 보호해주는 애인 같은 남자"(「사랑하는 내 아이들아」) 아들 선식이와의 사랑을 확인할 수 있었던 점은 값비싼 교훈이었다. 그로 인해 시업을 뒤로 물렸던 김찬옥은 제2시집 『물의 지붕』을 내는 자리에서 독자들에게 "밥 한 솥 짓는데, 너무 오랜 시간이 걸렸습니다"(「시인의 말」)라고 사과하였다. 그 후로 그녀는 3권의 시집을 더 발행하면서 중견시인으로 발돋움하고 있다.

2

김찬옥의 시집을 관통하는 정서는 고향사랑이다. 애초 그녀는 '얼굴도 안 보고 데려간다는 셋째딸'이 아니라, "셋째딸로 태어나 구석으로 밀쳐졌던 핏덩이"(「뱀」)였다. 그녀의 시집에 어머니를 포함한 여성들이 자주 등장하게 된 배경이다. 시간을 조금만 거슬러 올라가면 여자아이들은 강보에 쌓인 채 '구석'으로 내팽겨쳐졌다. 그 딸들을 바라볼 수밖에 없었던 딸로서의 어머니가 감당하지 않으면 안 되었던 무력감은 딸에게 전이된다. 어머니는 "시집온 지 몇 달 만에 앙꼬가 터져버린 떡, 사흘이 멀다 하고 눈탱이가 시퍼런 떡, 자식 등살에 까맣게 타버린 숯검정 떡, 속이 텅 비어버린 공갈 떡"(「안연귀지 떡집」) 중의 하나이다. 그녀는 시집살이를 시작하는 순간부터 친정지역명을 앞에 단 '~댁(떡)'으로 불린다. 그녀의 행실 하나하나는 출생지에 대한 평가와 직결되며,

그 지역을 평생 동안 등에 지고 실명을 감춘 채 "앞뒤가 꽉 막힌 소가죽"(「따뜻한 구속」)처럼 '귀머거리 3년, 눈머거리 3년, 벙어리 3년'의 긴장된 삶을 살아간다.

　이와 같은 여성들의 불우한 생애는 대물림되면서 한으로 육화되어 온 게 현실이다. 거기에 지아비의 폭력벽이라도 추가되면 여성의 고통은 배가되었다. 김씨 가문으로 출가하여 "다섯 생명을 세상에 내놓은 어머니"(「최후의 심판」)는 여느 어머니들처럼 자식을 보호할 요량으로 폭력을 받아들이고, 남편의 성향을 외부 요인 때문에 생겨난 것이라고 강변한다. 하지만 가정 사정을 속속들이 아는 딸은 어머니처럼 살지 않으리라고 결심하고 집을 나선다. 김찬옥도 아버지의 폭력이 싫어서 "홀로 남아버린 어머니"(「빈 들판」)를 뒤로 하고 눈물바람으로 상경하였다. 그녀의 상경은 가정폭력으로부터의 탈출로 한정되지 않는다. 그것은 그녀에게 "나를 밟고 서 있는 세상"(「세상아」)에서 "만날 수 없던 나"(「처서, 내 안의 나로 온다」)를 찾아가는 여정의 출발이다.

　설사 그럴지라도 어린 나이에 농촌을 떠난 김찬옥에게 도시에서 살아가기란 여간 벅찬 게 아니었을 터이다. 그녀가 "하루에도 몇 번씩 헌 집을 허물고"(「여백」) 혹은 "창자 가득 무엇을 싣고 먼 길을 떠나왔단 말인가"(「축구가 보이지 않네」)라고 되묻는 걸 보노라면, 도회지에서의 살아가기가 만만치 않았던 줄 능히 짐작할 수 있다. 김찬옥의 시집에 어머니를 소재로 삼은 시편들이 푸진 사정이다. 그것은 그녀가 어머니에 대한 애정이 각별하다는 사실을 안팎에 알려준다. 새로 살게 된 도회에서의 삶이 팍팍하고, 세상사가 그녀를 힘 팽기게 할수록 생각나는 고향집의 어머니는 아래처럼 상상력의 원동력으로 작용한다.

　"젖무덤을 풀어 헤쳐 아기의 입에 꼭지를 밀어 넣듯"(「꽃밥의 의미」)

"젖가슴이 울기 시작했어요"(「흙부처를 만나다」)
"젖가슴 속에 고인 땀방울"(「브래지어 속에 숨은 고양이의 손톱」)
"당신의 젖가슴을 타고"(「물의 기억」)
"싱싱한 젖무덤을 풀어헤친"(「젖줄을 찾은 구름 물고기」)
"불덩이처럼 젖몸살을 심하게 앓지"(「어미는 돌아야 살 수 있다지」)
"밤마다 젖가슴에 이슬방울을 품었을 뿐"(「꽃은」)
"젖무덤을 파헤치는 아기"(「그곳에 있나요?」)
"봉긋하던 젖무덤"(「무덤에 빨대를 꽂고」)
"모래능선의 봉긋한 젖무덤"(「팝콘으로 지은 왕국」)

위와 같이, 김찬옥의 시편에는 유달리 '젖무덤'이 잦게 출현한다. 그녀가 '젖가슴'을 매개로 발동하는 모성적 상상력은 동성의 모녀관계가 공유하는 정서에서 비롯된 것이다. 그녀는 '젖가슴'을 시어로 동원하여 어머니를 홀로 두고 탈향한 후로 마음속에 똬리를 튼 죄의식을 외표하는 동시에, 어머니의 '젖가슴' 속에서 자라던 유년기의 고향으로 되돌아가고 싶은 회귀욕을 외현한다. 그것은 그녀가 "딸, 며느리, 어머니, 아내, 친구, 시인"(「내게 붙여진 이름」) 등의 여러 호칭을 달고 사는 동안에 짊어지게 된 "어미라는 젖값"(「반쪽이기에 둥글어질 수 있는 반월」)의 무게가 야기한 추체험에서 말미암았다. 그런 고로 김찬옥이 여러 시집에서 어머니를 그리워하는 모습은 낯설지 않다. 외려 그것은 그녀가 타향에서 어머니와 떨어져 사는 동안에 가슴속에 쌓아 두었던 사모의 정이 다양한 모습으로 변주되는 광경과 다르지 않다. 아래에 따다 놓은 시가 그것을 입증하고도 남는다. 어머니는 결코 죽어도 죽지 않는 불사의 존재란 사실을 김찬옥은 시편으로 보여주고 있다.

살아 계실 때는 세상에 단 한 분뿐이었는데

떠나실 때, 언제 자식이 즐기는 곳곳에 당신의 종자를 뿌리고 가신 것일까

며칠이 지나지 않았는데 여기저기에서 어머니가 파랗게 움이 텄다

내게 슬픔이란 깊은 못이 있다는 걸 알게 한 게 잘못이다

눈만 들면 당신을 분산시켜 진짜 내 어머니를 찾을 수가 없다

달맞이꽃 문을 열면 그 꽃방 앞에 어머니가 달처럼 떠 있고

바다에 가면 등대 위에서 어머니가 반짝이고

수렁에 가면 연꽃 봉오리 속에 오도카니 앉아 계시고

숲에 가면 푸른 오솔길이 꼬리에 꼬리를 물고

법당에 들어서면 부처님 옆자리에 떡 버티고 앉아계신다

어머니란 이름에는 죽음이란 단어가 붙는 것이 아니었다

잠시 몸을 숨길 뿐 딸에게 더 많은 어머니를 심어주고 가셨다

감자 상자 안에도 김치 종지 안에도 냉동실 쑥개떡 안에도 어머니는 계셨다

옆집 아이가 엄마를 불러도 내 엄마가 먼저 달려와 대답을 한다
　—「어머니가 풍년이다」 전문

시제 '어머니가 풍년이다'는 결코 김찬옥의 사모곡이 아니다. 세상의 모든 자식들에게도 '어머니는 풍년이다'. 그들은 인용시처럼 어머니의 사후에도 사방에서 만난다. 마치 현몽하듯 꿈속에서도 "수레바퀴를 굴

리며 소금에 절여졌을 어머니"(「기쁜 날」)가 나타난다. 어머니는 당신의 "고여 있는 서러움"(「오늘이 서러운 이유」)에 관해서는 생전처럼 침묵하면서도 자식에게 사랑의 손길을 내밀고, 집 안팎에서도 시간과 장소를 가리지 않고 자식이 생각하기만 하면 기다렸다는 듯이 출현한다. 그와 같이 어머니는 '꽃방', '등대 위', '연꽃 봉오리 속', '오솔길', '부처님 옆자리' 등, 딸이 가는 곳이라면 어디에서든지 나타난다. 심지어 '옆집 아이가 엄마를 불러도 내 엄마가 먼저 달려와 대답을 한다'. 이 정도라면, 가히 '어머니란 이름에는 죽음이란 단어가 붙는 것이 아니었다'는 딸의 말을 과장이라고 치부할 수 없다. 어머니는 적어도 자식에게만은 결코 죽지 않는 존재이다. 김찬옥의 시 속에서 어머니가 딸 앞에 무시로 나타나는 광경은 모녀간의 화해를 가리킨다. 어머니와 화해한 마당에 그녀는 마음 한구석에 남아 있는 "마른 짚 같은 아버지"(「눈물로 지은 날개」)와도 화해를 시도한다. 그만치 그녀가 나이 들어가고 있다는 신호이다.

> 당신 가슴에
> 어떤 매듭이 뭉쳐 있길래
> 날마다 술에 절어 서걱서걱 우셨나요
> 온몸 가득 술기운이 퍼질 때면
> 소리 한가락 구성지게 뽑아냈지만
> 그게 울음인 것을 몰랐습니다.
> 하얗게 새어버린 액자 속 사진을 보며
> 흥건히 젖어봅니다
> 아버지,
> 낯선 그곳에도
> 가슴 열어줄 사람 있는지요
> 오늘은 경쾌한 소리 한 대목 들려주실 수 없는지요
> 당신의 소리를 거들기 위해

고수가 되어 드릴게요
　—「아버지의 노래」전문

　일찍이 김찬옥은 "술은 아버지의 웃음이었고 노래였고 만신창이였고 폭군이었고 베짱이였고 울음이었다"(「어머니의 유산」)고 울분하며 어릴 적 가슴속에 켜켜이 쟁여두었던 속앓이를 시화하며 활자화한 바 있다. 나어린 그녀에게 아버지는 좀처럼 이해하기 힘든 존재였다. 그럴수록 어머니에 대한 사랑은 동정과 결합되어 커져만 갔다. 그녀가 과거를 일러 "파지처럼 구겨버리고 싶은 날"(「흐린 날에도 꽃은 핀다」)이라고 규정한 것만 보더라도, 아버지로 이어지는 "기억의 실"(「오늘을 느끼며」)에 칭칭 묶여 있는 줄 어렵지 않게 짐작 가능하다. 하지만 그녀도 어느덧 부모가 되고 보니, 어렴풋이나마 아버지의 음울한 모습들이 이해할 만도 해진다. 그처럼 나이는 힘이 세다.

　김찬옥에게 각인된 부정적인 아버지상은 "시도 때도 없이 속을 후벼파는 낚시 바늘"(「강물에도 지붕이 있다」)이 되어 "치유하지 못한 자국"(「12월의 끝에 서서」)을 남겼다. 그녀가 발버둥칠수록 미늘에 긁힌 '자국'은 속으로 파고들어 폐부를 휘저으며 굵은 상흔을 남겼다. 그 자국들은 김찬옥에게 "딱지"(「봄은 찾아들지 않았다」), "물집"(「봄, U턴할 것일까」), "살점"(「수선공」), "딱정이"(「소멸」), "지문"(「도난 사실은 즐거운 비명이래」) 등의 생채기를 남긴다. 이에 그녀는 아버지가 술을 먹으면 불렀던 '소리'가 실은 내색하지 못하는 가장의 '울음'이었던 줄 깨닫고, 종국에 '고수가 되어드릴게요'라고 눈물을 흘린다. 어머니가 아버지의 속울음을 다 받아주었듯이, 이제는 자신이 받아들이겠노라고 다짐한다. 그 덕분에 딸은 "뭔가 내 안에도 꽃 한 송이 피울 것만 같은 느낌"(「꽃들이 날 찾은 이유」)을 받게 된다. 그녀가 아버지와 화해하게 된

저간의 사정은 다음의 인용시에서 추측할만하다.

> 물 빠진 서해바다가 한눈에 보인다
> 질퍽한 개펄이나 가슴 가득 채워 놓고
> 수시로 들락거리는 물살
> 그를 품어보지 않고
> 서해바다의 속내를 누가 알까
> 크고 작은 섬들을 보듬고
> 그에 걸맞는 목소리로
> 다독이고 품어줘야 하는
> 그 사랑을 누가 알까
> 사람들은 남의 속내를 어깨 너머로나 알 듯
> 나는 너에게 너는 나에게
> 그렇게 비쳐지며 사는 일이지
> ―「가시거리를 한 번 넓혀 봐」 부분

바닷가에서 태어난 김찬옥이 바닷가를 자주 찾는 것은 전혀 어색하지 않다. 더욱이 그녀가 한 수필에서 "힘든 일이 있을 때면 어머니가 그리워지듯 바다는 내게 그런 존재였다"(「나를 낚아 올린 바다」)라고 고백한 대목을 연상해 보면, 바다에 친근감을 갖는 배경을 알 수 있다. 그녀에게 바다는 어머니와 동격이다. 즉, 바다를 바라보며 얻게 되는 모든 것은 어머니의 가르침이나 진배없다. 무시로 들락날락하는 물살은 자식이고, 바다는 어머니의 품이다. 어머니는 '크고 작은 섬들'을 보듬어 주면서 거기에 '걸맞는 목소리'로 어르고 다독이며 품어준다. 그러나 물살은 바다의 '사랑'을 모른다. 여기서 김찬옥은 '바다의 속내'를 발견하고, 그것을 '사람들은 남의 속내를 어깨 너머로나 알 듯/나는 너에게 너는 나에게/그렇게 비쳐지며 사는 일이지'로 행가름한다. 바다가 가르쳐 준 대로 '가시거리'를 넓히자, 비로소 어려서 떠나온 고향이 그녀의 눈

앞에 어른거린다.

　김찬옥이 서해바다를 찾아가는 것은 사향심에서 우러난 것이다. 그녀에게 서해는 "눈물의 농도를 맞출 줄 아는 바다"(「비 오는 날의 눈물화」)이므로, 그녀가 사는 인천과 태어난 부안을 잇는 누빔점에 해당한다. 그녀는 바다에서 노을로 유명한 부안바다를 떠올리며 "노릇노릇 맛깔스럽게 구워지는 그리움"(「정박, 그 자리에」)과 "발효된 외로움"(「아이리스 꽃대 끝에 피어난 귀」)을 꺼낸다. 앞에서 부모와 화해한 그녀에게 남은 과제는 자신과의 화해이다. 그것은 고향을 떠나면서 시작된 자아찾기의 궁극이고, 출향의 원인으로 작용하였던 "유년의 조각난 시간"(「쑥 냄새가 난다」)의 아귀를 맞추어 조각나기 전의 '시간'으로 귀환하려는 몸짓이다. 이 점에서 그녀의 시작품들은 서정시가 시간의 장르라는 본질적 속성을 확실하게 증명한다. 아래에 데려온 시편은 시간의 적층을 선명하게 보여준다.

　　늙은 바위새 한 마리
　　살얼음 낀 물가에 혼자 덩그러니 앉아
　　물에 찍힌 발자국을 보고 있다

　　거친 바람에
　　머리끝까지 살점이 깎여나갔다
　　꺾인 날개가 유적이 되었다

　　숭숭 뚫린 뼈대를 끌어안고
　　뒷자리로 밀려나 앉아
　　물에 달라붙었다

　　평생 한 번도 날아보지 못한 바위새

>   파도가 휘돌아 나간 자리에
>   또 하나의 무늬를 새겨놓았다
>   ―「채석강」 전문

　시의 주인공 '바위새'는 아버지이고 어머니이며 딸이다. 비록 '평생 한 번도 날아보지 못한 바위새'지만, '파도가 휘돌아 나간 자리'마다 '무늬'를 새겨놓는다. 그 '무늬'는 파도의 침략으로 말미암아 '유적'이 되었다. '파도'는 김찬옥의 내장을 후벼 파든 '낚시 바늘'이고, '발자국'은 '자국'이다. 또 최종행에 새겨진 "또 하나 무늬"는 '딱지'이고, '물집'이며, '살점'이고, '딱정이'이며, '지문'으로, 젊은 김찬옥의 '살점'이 떨어져 나간 흔적이다. 이처럼 위의 시작품은 김찬옥의 시적 귀의처를 적확히 알려준다. 이 시로 인하여 그의 시적 여정은 '자리'를 잡게 되었다. 그녀의 시집은 성장 서사처럼 심리적 요철을 군데군데 담고 있는데, 위의 시는 그녀에게 자심했던 심연의 상흔이 사리로 굳어져 '무늬'로 새겨진 현장이라고 자리매김할 수 있다. 바야흐로 김찬옥은 '슬픔이란 깊은 못'에서 벗어나 '채석강'에 '자리'를 잡고 "내가 살았던 부안땅에 시 하나 푸른빛으로 살아남을 수 있다면"(「북으로 간 소떼」) 하던 소원을 이루었다.

3

　김찬옥의 시집에는 향리의 정든 지명들이 곳곳에 장치되어 있다. 그곳을 거례해 보자면, "백천내"(「백천내에서」), "석동산"(「배고픈 다리」), "채석강"(「채석강」), "동진강"(「가을 동진강」), "매창뜸"(「매창뜸을 굽어보며」), "변산반도"(「바람의 등에 업힌 바보새」), "개암사"(「49일간의 순례길」), "부안남초등학교"(「추억을 파먹을 수 있어 좋은 친구들」) 등이다. 시작품에서 지명은 "내 맘에 꽃물을 들여 놓고 서울로 전학 가버린 아이"(「북두칠성」)와의 추억이 자리한 장소를 만천하에 드러내는 동시에, 독자들에게 친밀감을 공유하도록 거든다. 물론 김찬옥이 거명한 지명들은 이곳 말고도 여러 곳이다. 위의 곳들은 그녀의 탯자리가 어디인지를 명료하게 증언하는 동시에, 김찬옥이 가출하며 떠났던 고향과 화해를 시도한 명확한 표지로 읽으라고 권한다.

또한 김찬옥은 "보타버린"(「대추」), "싸목싸목"(「싸목싸목」), "솔찬히"(「늪」) 등의 지역어를 되살려서 "칡넝쿨 속에 잠들어 있는 어제"(「순백에 갇힌 산책」)로 귀의하려는 욕망을 표출하고 있다. 한 시인의 성장 과정에서 지역어가 차지하는 비중은 형언할 수 없을 정도로 무겁다. 김찬옥이 부안의 지명과 사투리를 사용할수록 시 속의 시간은 과거로 향하게 된다. 그녀의 시간이 과거시제를 지향한다는 것은 유년기의 평화한 원시적 세계로 돌아가고 싶은 낭만적 꿈을 지니고 있다는 정서적 표지이며, 동시에 부모가 구존한 어린 시절로 되돌아가고 싶은 욕망을 드러내준다. 다행히 그녀는 진지한 시적 탐구를 통해서 채석강에 설 자리를 차지함으로써, 시작 초부터 품었던 간절한 소망을 성취하였다. 이로써 그녀의 시세계를 '출향과 회향의 변증법'이라고 명명할 근거를 얻게 되었다.

'울지 못하는 것'을 찾아가는 여정
—김기찬론

1

　김기찬은 1960년 부안에서 태어나 "한번 붙인 궁둥이를 다른 방향으로 틀어 앉은 적 없"(「나만 아는 이야기」)이 부안에서 살고 있다. 그의 약력사항이 단출할 수밖에 없는 이유이다. 태어난 곳에서 사는 사람이니 이력서라도 쓸 양이면 쓸거리를 찾기가 힘들어진다. 이런 축에 드는 시인들이 범하는 과오 중에 지적되어야 할 것이 고향을 객관적 시선으로 보지 못하고 예찬 일변도의 주관적 태도로 대상을 찬미하는 것이다. 그런데 김기찬은 시집 『멀리 달을 보는 사람』(문학의전당, 2022)의 앞에 붙여 둔 「시인의 말」에서 "이제 겨우 뒷짐 지고 멀리 달을 보게 되었다."고 말하고 있어서 기우를 버리게 만든다. 무릇 고향을 사랑하는 자는 고향을 욕하는 자라고 했다. 그 오래된 논리를 김기찬식으로 말하자면 "제 독을 맡을 수 있는 者가/남의 냄새 또한 탓하지 않으리니"(「젓갈」)일 텐데, 사람마다 제 탯줄을 묻은 곳을 자랑하게 정해졌다는 말이다. 부안이 아름다운 줄은 세상 사람들이 다 안다. 예로부터 '생거

부안'이라고 전해 왔으니 새삼 이를 필요도 없다. 부안은 산과 바다와 평야를 거느리고 있어서 산물이 풍부하니 사람이 목숨을 부치기 알맞다. 삼천리강산에 부안처럼 천혜의 자연 환경과 풍광이 사람들과 어우러진 곳이 드물다.

부안의 자연을 노래하면서도 '뒷짐'을 질 줄 아는 김기찬은 1994년 『자유문학』에 시가 추천되면서 시단에 나왔다. 그 동안에 펴낸 시집만 해도 『채탄부 865-185』(신아출판사, 1997), 『피조개, 달을 물다』(고요아침, 2009), 『바닷책』(고요아침, 2010)과 『멀리 달을 보는 사람』 등이 있다. 이만하면 등단 후에 그가 수확한 시의 양이 적지 않은 줄 알 수 있다. 다만 첫 시집과 둘째 시집, 최근의 두 시집 사이에 터울이 눈에 띈다. 개인사가 시의 생산과 시집의 출산을 가로막은 것이 아닌지 모르겠다. 여전히 "60년생 한 그루 무성한 나무"(「내 몸의 나뭇잎」)로 슬하에 '무성한' 그늘을 드리운 그의 시집이 앞으로도 꾸준히 나와서 사계의 평이 줄 잇기를 바라는 심정으로 시세계를 간략하게나마 구경하는 자리로 삼는다.

2

부안에 갈 일이라도 생기면 격포항에서 꼭 피조개를 먹었다. 지금이야 근사하게 수산물시장이 지어져서 사람들을 불러 모으지만, 예전에는 잡아온 조개를 길거리에서 팔았고, 좀 돈을 번 이는 "연인과 함께 오면 이별한다는 채석강"(「적벽적벽」) 입구에 포장마차를 차리고 호객하였다. 그 맛은 지금의 격포항에서 찾아볼 수 없다. 맛이란 그처럼 향수를 앞에 내세우는 게 뻔한 마케팅 전략의 산물이다. 맛은 세월이 흐르면서 추억으로 각인되는 묘물이라서 웬만하면 뇌리에 저장된 그 시절로 돌아가지 못하도록 가로막는다. 피조개도 그 축에 든다. 한때 일부러 부안읍내에 가서 피조개를 사다 먹어보았다. 하지만 왕년의 맛을 상기시키면서 타협하지 말라고 완강히 지시하는 미뢰에게 포박된 지라, 아예 사먹지 말고 처음 먹었을 때의 기억을 소중히 간직하자고 다짐하고 말았다. 지금도 해루질로 밥벌이는 하는 이들에게는 미안하지만, 사노라면 추억에 밥 말아 먹을 때도 있지 않느냐고 변명해 본다. 이처럼 피조개와의 만남을 오래 잊지 못하던 차에 김기찬의 시에서 피조개를 만난 것은 행운이다.

피조개가 희디흰 달의 목덜미를 물었다

어떤 격렬한 폭풍에도 꿈쩍 않던 달이 소스라치게 놀라
뿌리에 매달린 섬이며 폐선이며 갈매기며 등대가
시퍼렇게 출렁인다. 목숨줄을 물고 허공 위로 끄응 달을
끌어 올렸다 내려놓는다 덩달아 썰물이 밀려갔다 밀려온다
그 등쌀에 수 만년 동안 고래가 뛰어넘지 못한
둥근 수평선이 모질게도 팽팽하다

저 푸르딩딩한 알몸뚱이 뻘뻘 진저리치는 밭

아가리 가득 생피다
　　―「피조개, 달을 물다」 전문

조개는 문학적으로 성인식담과 연관된다. 옛날 어른들은 참새나 꿩이 오래 되면 조개로 변한다고 얘기해주었다. 원래 판소리 「장끼타령」이었다가 장르를 바꿔 소설이 된 『장끼전』을 보자면, 재혼한 까투리가 새로 얻은 장끼와 해로하다가 조개가 된다. 조개가 되는 과정에서 날개는 껍

데기가 되고, 몸은 조갯살이 되는 것이다. 그런 연유로 어려서부터 조개를 먹다가 꿩을 연상하는 버릇이 생겼다. 일평생 사람이나 매의 눈초리를 받느라 먹이도 눈치를 보며 먹던 꿩이 펄로 내려와 온몸으로 기면서 먹이를 찾아 먹는 광경은 마치 윤회의 사례로 여겨지기도 했다. 그러니 물내가 없는 산속에서 다시 날고 싶은 욕망을 감추기 힘들었을 테다.

김기찬은 부안사람답게 빈번히 해산물을 시의 소재로 끌어들인다. 피조개도 그 중 하나이다. 위 시의 행간에는 김기찬이 포착한 '피조개, 달을 물다'의 심상이 선명하게 박혀 있다. 첫 행의 흰빛이 끝행의 선홍빛으로 물들어가는 과정은 시간의 변화와 색의 바뀜과 상응한다. 달이 피조개의 속으로 들어가서 살이 되었다고 비유한 시인의 묘사력이 돋보이는 작품이다. 그의 발칙한 상상력이 발동하자 "무구한 흰빛"(「다시, 매화나무 흰빛에게」)은 피조개의 속으로 들어가 살이 된다. 이른바 살 되기, 육화이다. 육화된 존재들은 신체를 얻는다. 피조개는 '달의 목덜미'를 물어서 자신의 살로 취하는 대신에, '아가리 가득 생피'로 범벅이 된다. 달과 피조개는 살을 나눠 가지면서 연결된 유기체란 점에서 "제 살 뜯어 먹고 사는 게 시인"(「퇴고」)이라는 김기찬의 시집에 오르기 알맞다. 이 점에서 그의 시편들은 '어떤 격렬한 폭풍에도 꿈쩍 않던 달'이 놀라 바닷물을 끌고 밀어서 '푸르딩딩한 알몸뚱이'로 '뻘뻘' 진저리친 흔적이다.

다시, 달을 문 피조개가 "그믐밤이면 달을 베어 먹은 둥근 아가리를 벌리고서는 야성의 피를 받으려고 갯벌 진창에 연한 속살을 들이댔"(「피조개」)을 때, 김기찬은 "썰물진 마음 빈집인 밤하늘 달에 대고 흰 속살을 비췄을 女子"(「계화도 女子」)를 떠올린다. 피조개와 달의 인공적 결합은 시인에게서 조응적 상상력을 인출하여 여자를 추가한다. 셋은

"인생살이 막판같이 쓸쓸한"(「저, 반딧불 반딧불들」) 표정으로 "제 몸의 살"(「틈 속의 바다」)을 꺼내어 놓고 밤마다 "빛과 어둠을 끌어올렸다 내리는"(「푸른 톱날」) 모습을 반복한다. 김기찬의 시편에서 "한뎃잠에 잔뜩 움츠리고 방황하는 발자국"(「겨울 수묵화」)이 다수 찍혀 있는 줄 발견하게 되는 사정이다. 그것은 그가 아래에 열거한 것처럼 "한번도 가본 적 없는 내 안의 길"(「나는 시간보다 빨리 간다」)을 찾아나선 성찰의 기록이기도 하다.

"국화차만 우려먹은 나"(「무밥」)
"불끈 상것인 나"(「씨할 놈」)
"속 알맹이 없는 나"(「오월」)
"아직까지 아무 것도 아니었던 나"(「나만 아는 사이」)
"썰물 같은 나"(「가을 골짜기에 적벽강을 들이고」)
"날마다 몸집만 불리는 나"(「퇴고」)
"잘못 산 게 많은 나"(「아내의 기도」)
"그대 이름을 배운 후부터 외로웠던 나"(「그대 이름에 밑줄 그으면」)
"기분 좋은 날에도 크게 웃어본 적이 없는 나"(「간지럼 타는 나무」)

'나'의 모습은 이처럼 다종다양하여 갈피를 잡을 수 없다. 인생이 궁금한 이들이 죄다 공감하는 것 중 하나가 "생각해보면 내게로 가는 길은 멀기만 하고"(「화무십일홍」), 끝내 '내게로 가는 길'이 보이지 않는다는 사실이다. 그 길을 나선 이마다 "세상에무를대로무른우리아버지"(「틈속의 바다」)와 "내 울음집인 어머니"(「선퇴」)에서 출발하여 "한물간 우리 삼촌"(「물메기」)과 "툇마루 끝에 앉아 염소처럼 담배만 태우시는 형님"(「큰형님」) 등으로 대상을 넓혀보지만, 돌아다보면 "말라비틀어진 노가리보다 더 꼬질꼬질한 모습"(「늙다리 총각 고 씨」)의 자신과 대면하는 데 그치고 만다. 즉 "生이란 언제 빛이 들지 모르는 오리(五里)가 무중(霧中)"(「오리가 무중이라」)인 형국에서 '나'의 정체성을 찾아내기란 여간 힘든 게 아니다. 이에 사람들은 "불 나간 빈집 같은 캄캄한 마음"(「미끈도마뱀」)을 청산하고자 관심폭을 넓히려고 시도한다. 시인들이 개아에서 사회로 확대되는 관심의 이동에 절로 편승하는 찰나이다.

김기찬도 예외가 아니다. 그가 발표한 대부분의 시는 "저물녘 꽃파도 치는 적벽강에 오지게 익은 석양"(「사철 뜨거운 열매」)을 배경으로 "물방석 깔고 앉아 적막을 건져 올리는 섬사내"(「내 몸에 물이 들고 날 때」)의 '적막'이 기저에 흐르고 있다. 그것은 그가 유달리 자주 찾는 "나보다 꿈이 먼저 부서지는 격포"(「격포」)의 바닷가에 드리운 '석양'이 물들인 것이다. 그가 "둥그런 바닷가, 가는 백사장이여, 고백하건대 사십 여 년의 시간 속에는 불같은 사랑이 있었고, 어둠 같은 이별이 있었고, 다시 아침 같은 사랑이 있었고, 이제는 흘러간 옛 추억의 노래 같은, 없는 그대가 있네"(밤하늘 별똥별에 민박 들다」)라고 고백하게 된 것만 봐도 바닷가에서 시를 쓰는 줄 알 수 있다. 바닷가는 "나의 봄이었던 너"(「너의 가을이 나의 봄에게」)와 사랑을 다짐한 곳이자 "부안이 고향이라는 그녀"(「간지럼 타는 나무」)의 고향이므로, 바닷가는 존재의 근원이었다. 따라서 바닷가는 김기찬에게 시작의 출발점이자 도착점이고, 삶의 현장이자 시의 노트라 해도 무방하다. 이 점에서 아래에 인용한 김기찬의 시는 "12년 동안 투쟁해 온 KTX 해고 노동자들의 한 맺힌 울부짖음"(「우리 동네 매미는 모음으로 운다」)에 주목한 시와 함께 이질적으로 다가온다.

상한 몸을 하고,
한 마리 짐승과 또 한 마리 짐승과 또 한 마리 짐승을 거느렸다

저 벼랑을 키우는 귀먹은 바위들과
계곡에 모여 물과 바람으로 피고름을 씻어내는 바위들은
한때 새파랗게 질린 짐승이었거나
순하디순한 사람이었으리라

지리산 피아골에서 보았다
짐승한테 물려 숨어든 봉두난발의 전봉준이도
죽창을 들고 집결한 흰옷의 혁명군도
산으로 가 모두 바위가 되어 있었다
바위가 되어 한 덩어리 단단한 침묵으로 견디고 있었다

사람이 곧 하늘이 되는 세상을 꿈꾸며
우뢰처럼 산문(山門)을 박차고 우르르우르르 쏟아져 내릴 새날이 있으리란,
있으리란……산 같은 믿음 하나로

하얗게 웃을 때까지만 사람이던 짐승
그 짐승한테 덴 영혼들은 다 산으로 갔다
산으로 가 대신 울어주는 범종을 끌어안고
더운 숨 몰아쉬며 모두가 견디는 것이었다

나도 모르게 나를 어루만져 보았다
미처 내가 돌인 줄 알지 못했다
내가 뜨거운 피가 도는 차가운 바위임을 뒤늦게 알았다

아마도 울지 못하는 것들은 다 산으로 갔다
산으로 가 벼랑이 되거나 계곡에 숨어
단단한 바위 속에 더 단단한 뿌리를 박았다
　　　―「울지 못하는 것들은 다 산으로 갔다」 전문

　위의 인용시를 찬찬히 읽노라면, 그동안 시인이 시화하느라 고심하였던 "뼈의 알몸"(「백주대낮」)과 상통한 줄 알게 된다. 단군이 개천한 이

래 최대의 역사라고 선전하는 새만금사업을 한답시고 고유한 모습이 사라지고 말았으나, 부안을 대표하는 자연환경으로 손꼽기에 '뻘'은 자연스럽다. 뻘은 필히 '펄'로 읽어서는 아니 되고, 반드시 '뻘'로 소리 내어야 부안 사람들의 굽어진 등에 박혀 있는 소리가 들린다. 그래야 뻘이 제 값을 받는 듯하다. 뻘은 내변산에서 기원하여 "앞서가던 졸졸졸은 뒤에 오는 졸졸졸을 끌고 변산바다에 이르는 동안"(「나만 모르는 이야기」)에 만난 주변의 온갖 것들을 데불고 애타게 기다리고 있던 바닷물과 교합하여 빚어낸 바다의 흙밭이다. 그런 탓에 뻘은 여러 사람들의 생애가 "흐무진 꿀"(「무밥」)로 층층이 적립되어 질척거린다. 층과 층마다 쌓이는 '동안'의 사연들이 "파도를 따라가는 시늉"(「자갈들은 자갈자갈 웃는다」)을 세심하게 관찰하여 서정적 형상으로 시화하는 김기찬의 능란한 필법이 돋보인다.

바위도 뻘처럼 "빽빽한 속사정"(「저, 반딧불 반딧불들」)을 안고 있기는 마찬가지이다. 초입에 호출된 '지리산 피아골'의 등장으로, 이 시가 단순히 바위를 글감으로 한 게 아니라 '속사정'을 은닉한 줄 암시한다. 게다가 시제조차 범상치 않다. 바위는 '순하디순한 사람'들의 화석으로, '울지 못하는 것'과 동일시된다. 시 중에 전봉준을 위시하여 산으로 간 이들은 '사람이 곧 하늘이 되는 세상'을 꿈꾼 죄로 바위가 되었다. 그들의 운명을 통해서 "사람들은 제 가슴에 무거운 돌 몇 개 안고 산다"(「36.5」)는 세인들의 말이 "차-암 참 참 참"(「참에 대하여」)이 된다. 그런 고로 바위는 "평생 사무친 그리움"(「소라귀」)을 속에다 쟁여 놓고 밤낮으로 운다. 바위를 건너온 바람마다 울부짖고, 바위 옆을 지나칠 때마다 어딘가에서 칭얼거리는 소리가 들리는 것은 죄다 '그리움' 탓이다. 그리움은 그처럼 완강하다.

혹여 "만져보고 싶은 마음"(「부르면 대답할 거리에 두고」)에 바위에

다가가 어루만지기라도 할 양이면 어느 새 바람이 불어오는 것만 봐도, 바위의 폐부에 쌓인 '그리움'의 양이 얼마나 많은지 짐작할 수 있다. 그런 연유로 김기찬의 시에는 "걸을 때마다 뿌드득 이를 가는 수만의 모래알갱이"(「푸른 발자국」)가 알력하는 "쌩울음"(「선퇴」)이 들린다. 그는 '쌩울음' 소리를 타고 '내 안의 길'로 접어든다. 울음소리는 바위가 된 산사람들을 '대신 울어주는 범종'의 소리로, 바위가 "잿빛 상복 입은 구름이 늘어서 곡(哭)을 하고 밤새 비는 雨雨雨 눈물 흘리다 가고 어쩌다 달이 조문객처럼 들렀다 가는 곳"(「구암리 고인돌」)이라고 알려준다. 그제야 김기찬은 자신이 돌인 줄 모르고 있다가 "상처가 많아 누구를 아프게 하지 못하는 사람"(「멀리 달을 보는 사람」)의 초상을 발견하고 '내가 뜨거운 피가 도는 차가운 바위'인 줄 깨닫는다. 앞서 보여준 '방황하는 발자국'들의 시원을 찾아낸 것이다. 그처럼 김기찬의 시적 여정은 오랜 도정에서 얻어진 웅숭깊은 사유를 낳게 해주었다.

김기찬의 시 속에는 야생화 변산바람꽃이 자주 나온다. 부안 사람들이 자긍심을 가질만한 게 하나둘이 아니지만, 지명을 단 꽃에 애정을 보이는 것도 손꼽을 만하다. 그 꽃은 이른 봄에 피는 희귀식물이다. 변산반도국립공원의 깃대종으로 지정된 변산바람꽃은 이름과 달리 변산에만 자생하는 꽃은 아니다. 내장산, 마이산, 지리산, 수락산 등, 장소를 가리지 않고 한반도에서 널리 자랄 정도로 10여종이 넘는 토종 바람꽃인데, 변산반도에서 처음으로 발견되는 통에 변산바람꽃이라는 이름을 얻은 후 호사를 누리고 있다. 꽃은 여리여리하고 소슬하기도 하고, 바람에 흔들리는 모습이 고와서 세인들은 '변산아씨'로도 부른다. 그에 따라 여러 시인들이 변산바람꽃의 조붓하고 앙증맞은 모습에 매료되어 시화하는 추세이다. 지금까지 나온 시집 중에서 변산바람꽃을 제목으로 삼은 것을 꼽아보면, 김덕남의 『변산바람꽃』(고요아침, 2016), 김호천의

『변산바람꽃』(서정문학, 2017), 황인칠의 『변산바람꽃』(문경출판사, 2021) 등이 있다.

「변산바람꽃」 말고도 김기찬이 변산바람꽃을 시작품에 끌어다 쓴 용례는 여럿이다. 우선 그가 「변산바람꽃」 1, 2로 이름한 제목의 2편이 있고, 시 안에 등장하는 작품명을 적자면 「내 몸의 나뭇잎」, 「나만 아는 이야기」, 「그대 이름에 밑줄 그으면」 등이 있다. 이만하면 김기찬이 변산바람꽃에 갖는 애정이 만만치 않은 줄 알 수 있다. 그도 그럴만한 것이 인동초처럼 이 꽃이 추위를 이기고 처음으로 피어나는 바람에 여럿의 관심을 받는 듯하다. 아마 김기찬도 그런 부류에 속할 테고, 더욱이 고향의 이름을 딴 꽃이라서 쏟는 애정이 각별할 테다. 그는 "노을밥 짓는 마을"(「변산 마실길」)에 살아가면서 연약한 바람꽃을 끔찍하게 애정한다.

또 김기찬의 시에는 부안의 지명이 빈출한다. 그 예는 겁나게 많다. 굳이 예를 들자면 "계화도"(「계화도 女子」), "채석강"(「바닷책」), "적벽강"(「오리가 무중이라」), "곰소"(「젓갈」), "칠산바다"(「아흐, 불구덩이 칠산바다 사랑이여」), "고사포"(「경문을 보다」), "내소사"(「돌꽃」), "위도"(「밤하늘 별똥별에 민박 들다」), "직소폭포"(「피조개」), "변산"(「끈 떨어진 산」), "솥섬"(「바닥의 높이」), "월명암"(「멀리 달을 보는 사람」), "개암사"(「내 몸의 나뭇잎」), "부안댐"(「나만 아는 이야기」), "위도"(「부르면 대답할 거리에 두고」), "솔섬"(「변산마실길」), "격포"(「격포」), "보안면 매상마을"(「깨꽃」), "백천내"(「내 눈썹은 변산이다」), "구암리"(「구암리 고인돌」) 등을 들 수 있다. 이 지명들은 그의 시집 『피조개, 달을 물다』와 『멀리 달을 보는 사람』의 2권에서만 뽑았으므로, 다른 시집들까지 포함하면 수는 훨씬 늘어날 터이다. 위에 나오는 지명들은 다른 시 속에서 거듭 출현하기도 한다. 지명의 출연은 김기찬 시의 장소성을 고양시키며 시적 리얼리티의 확보를 돕는다. 그것은 이적지 움직이지 않은 '궁둥이'가 튼튼하게 뒷받침해 준 덕이다. 앞으로도 그가 '뒷짐'지고 보는 부안이 더 아름답다는 사실을 기억하며 시작에 임할 것으로 신뢰하기에 든든하다.

3

　이상에서 살펴본 것처럼, 김기찬은 영락없는 부안 시인이다. 그는 부안에서 태어나 지금도 고향마을에서 살아가며 시작에 임하고 있다. 그 덕분에 그의 시에는 변산을 중심으로 한 여러 곳이 성성히 등장하여 지역성을 담보해준다. 더하여 그는 변산바람꽃을 애호하고 다수 시에 출연시켜서 널리 이름을 알리고 있다. 이런 호명법은 그의 독실한 지역애를 짐작케 하고도 남는다. 또 그는 '울지 못하는 것들'에 관심이 많다. 동학년 이후로 부안에도 근대사의 예리한 날이 할퀴고 지나간 상흔이 곳곳에 남아 있다. 그가 나이 들어갈수록 변산의 안팎에서 들려오는 "범종 같은 울음"(「누가 또 울러 간다」)에 귀 기울이는 이유이다.
　만일 "눈빛 참한 그대"(「변산바람꽃 2」)가 부안에 가게 되거든, 김기찬이 "상징과 은유로 지은 오곡밥"(「눈으로 먹는 밥」)으로 마련한 시의 성찬을 구경할 일이다. 그는 젊어서 낸 시집에 만발했던 "시뻘겋게, 싯뻘겋게 이글거리는 불의 언어"(「시인의 말」)를 지양하고, 요새는 '뒷짐'지고 달을 볼만치 '오지게' 익었다. 앞으로 그가 내놓을 "45억년의시간이한자한자새기고바다가펴낸갑골문자의책"(「바닷책」)이 궁금해지는 즈음이다.

'풍경'의 쓸쓸함 혹은 추억의 소환
—박철영론

1

 전라북도 문단에는 경찰로 근무하며 창작 활동에 나선 이들이 더러 있다. 그 중에서 작가로서 명성을 날린 이로는 단연 박상남(尙山 朴相南, 1917~1977)이 제일이다. 그는 익산 삼기 출신의 소설가로, 김해강의 추천을 받아 지금은 없어진 『전라민보』를 통해 소설가로 데뷔했다. 도경 공보실에 근무하던 중, 그는 후배들의 문학 활동을 격려하면서 스스로 작품의 발표에 공을 들였다. 그는 도내 신문에 소설뿐 아니라 수필도 여러 편 발표하여 경찰문학의 위상을 드높인 공이 크다. 그는 공무로 바쁜 중에도 창작을 게을리 하지 않고 창작집 『도야지 三神』(1948), 『삼일천하』(1952) 등을 발간했다. 그는 전주경찰서장을 끝으로 시골로 돌아가서 평범히 살아서 뭇 경찰들의 모범이 되었다.
 박상남의 후배 중에서 박철영(朴哲永)은 1956년 부안에서 태어난 경찰-시인이다. 그는 1994년 『우리문학』 여름호에 추천을 받아 시인으로 문단에 나왔다. 그 뒤로 시적 수련에 힘쓴 그는 2000년 전국경찰공무원 문예대전에서 시가 입상하기도 했다. 박철영이 경찰-시인이란 사실은 첫 시집에 실린 시 「풍경 1」을 보면 금세 알 수 있다. 이 시에는 '수갑', '체포', '현상금', '수배', '몽타주' 등의 어휘가 잇따라 출현한다. 아직 시어로 승화하지 못한 이것들은 그의 직업을 노골적으로 드러내는 소도구이다. 그 밖에도 "감옥으로 입감하는"(「불황시대」), "空/權/力"(「바퀴 11」), "가압류"(「하늘에 계신 아버지 3」), "심문"(「테러리스트 3」) 등이 그의 직업을 암시한다. 이런 용례를 통해서 그가 영락없는 경찰-시인이란 사실을 알게 된다.

2

박철영의 시집을 읽노라면, 여기저기서 경찰이라는 직업의식에 투철한 줄 알 수 있다. 이것은 그가 시어의 구사에 직업용어를 굳이 배척하지 않고 쓴다는 직접적 증거이다. 물론 그의 이러한 성향은 양 갈래로 나뉘어 평가될 터이다. 하나는 그가 시적 현실과 물리적 현실을 구별하지 않아서 수확하는 사실감에 가점을 둘 수 있다. 다른 하나는 아어론을 고수하는 축에서 비판할만한 것으로, 시어의 고상한 맛을 느끼기 힘들다는 견해이다. 둘 중에서 하나를 고르는 것이 힘들 듯이, 시인의 입장에서는 후자보다 전자가 시작업에 용이했을 법하다. 그렇다고 전자를 무시하고 후자에 집착하는 자세를 바람직스럽다고 옹호해서는 곤란하다. 평가의 관건은 박철영에 의해 선택된 시어들이 "견성"(「촛불」)하여 시적 주제를 형상화하는 과정에서 가장 유효적절하게 쓰였는지의 여부에 있을 것이다.

근자에 들어오면서 시어로서의 아어를 중시하는 세력들이 힘을 잃어가고 있는 게 사실이다. 그 원인이야 여러 가지를 들 수 있을 테지만,

산업사회에 진입하면서 예술의 대중화 추세가 급속해진 것을 으뜸으로 들 만하다. 시단에 시인들의 수효가 몰라보게 늘어난 것만 봐도 사회의 변화와 예술의 대중화 정도가 밀접히 관련되어 있는 줄 알게 된다. 그에 편승하여 여항에서 사용되는 범속한 말조차 스스럼없이 시집 안으로 들어와서 의연히 자리를 잡고 앉아 있다. 그러다 보니 "수천 번 나를 그렸을 당신"(「연서」)의 안타까운 심정을 전달하기에 알맞은 언어를 찾아내느라고 "먼 곳의 닭 우는 소리"(「부임지에서」)에 새벽을 맞기보다는, "일용할 양식을 위한 변명"(「행장을 꾸리며」)조차 시 속으로 용인되는 형국이다.

　박철영의 시는 시집의 출간이 이어지면서 시나브로 진국이 되었다. 그의 시작품을 한마디로 일컫자면 "진홍빛 손수건"(「선운사 동백」)이다. 그는 첫 시집에 산재하던 관념어와 이별하고, 삶의 현장에 뿌리박은 장면들을 시화하면서 시세계의 영토를 확장하였다. 그것은 시집을 내면서 헤어지지 못한 직업어와 어릴 적 추억을 되살린 시편에서 살펴볼 수 있다. 말하자면, 박철영은 자신이 가장 잘 쓸 수 있는 소재들을 고르는 선구안이 뛰어나다. 만약 이와 같이 태세 전환을 하지 않거나 머뭇거렸다면, 그는 상기도 "코 묻은 신호등에서 다시 돌아"(「바퀴 13」) 어디쯤에서 방황하고 있을 모른다. 이 점에서 그가 "천년의 기다림"(「망해사 2」)이야말로 "확실한 절망"(「바퀴 1」) 속에서 결실을 맺는다는 '절망'적인 '기다림'의 덕목을 발견한 것은 현명한 처사였다. 아래는 현재의 풍경이나, 그의 어린 시절을 떠올려주는 그리움의 연상물이다.

　　　　냅모레 수몰될 운암면 쌍암리
　　　　검버섯 만개한 슬레이트 지쳐 내려앉고
　　　　토방 무성한 쑥대 반쯤 드러난

얼기설기 흙벽 손바닥만한 방 한 칸
　　한때 식솔들 거느리고 고단한 몸을 뉘였던 아비의 쓸쓸함
　　땟국 절은 몸뻬 그대로 새우가 되던 아낙
　　올망졸망한 어린 것들의 밥투정
　　겨울밤 남폿불 아래 방바닥까지 굽은 노모
　　손주 서캐 잡던 꿈속 같은 풍경들

　　녹슨 작두시암 모퉁이
　　앵두나무꽃 이파리 사이로
　　끊어질 듯 흐르네
　　　　―「폐가」 전문

　어쩌다가 수몰지구라도 보게 되는 날은 마음이 사나워진다. 그곳에는 위 시에 등장한 가옥들이 주인으로부터 버림을 받은 채 이전의 시간을 소슬히 증언하고 있다. 폐가도 분명히 "복숭아꽃 화사하게 피던 시절"(「동지 소묘」)이 있었지만, 외양으로는 "기억조차 힘든 과거"(「호두」)를 주름으로 간직하고 바람에 흔들리며 신음하는 '노모'나 진배없다. 집안에서는 나날살이가 힘들었던 한 가족이 빠져나간 자리가 검게 변색된 '슬레이트' 지붕으로 남아 있다. 그들에게도 "고등어 가운데 토막 같은 지난 호시절"(「섣달」)이 있었을 테지만, 시인의 눈에 띄는 것은 "지친 세월"(「신춘일기 1」)의 흔적들이다.

　박철영이 '폐가'에서 "썩어야 이름값하는 치열한 삶"(「홍어」)을 찾아내자, 비로소 "가슴의 화인"(「봉숭아」)들이 꿈틀거리며 추억을 소환하기 시작하였다. 그것을 거례하자면, "서캐"(「무료한 날의 가려움」), "봉창"(「폭설」), "자개장"(「이사」), "민경"(「흑백필름 1」), "만월표 고무신"(「흑백필름 2」), "스피아민트 껌"(「저 하늘에도 슬픔이」), "월사금"(「식구 6」), "정짓간"(「유년」), "툇마루"(「봄날 2」), "오포소리"(「봄날 3」) 등, 하나같

이 자잘한 서사를 속속들이 쟁이고 사라졌던 과거적 삽화들이다. 이 어휘군은 시인으로 하여금 "서문 밖, 동문 안, 구시장, 성황산"(「부임지에서」) 등의 고향을 떠올리도록 부추긴다. 지금이야 "더 이상 배고픔이 존재하지 않는 봄"(「신춘일기 3」)을 맞을 수 있는 그이지만, '녹슨 작두 시암 모퉁이'를 돌아가노라면 강제로 유년기의 '배고픔'을 데려와서 추억으로 받아들이라고 강요당한다. 이것이야말로 고향의 생리적 장소성으로, 박철영의 시편에 보편성을 가미하는 요소이다.

3

위에서 알아본 바와 같이, 박철영은 시집의 출간이 진행될수록 응숭해지고 있다. 등단 초기에는 "풀 한 포기 없는 쓸쓸한 가슴팍"(「아름다운 감옥 12」)을 지닌 시인인 듯한 그였다. 하지만 시일이 경과하면서 그는 "지친 그리움"(「아름다운 감옥 1」)과 "녹슨 그리움"(「아름다운 감옥 2」)을 구별할 만치 세심한 감수성을 보여주고 있다. 그런 노력이 쌓이면서 시에는 깊이가 더해졌고, 그의 시적 사유는 현저히 심화되었다. 한때 그를 괴롭혔던 "정체불명의 서러움"(「가을」)은 「금마장 고등어」 같은 가작을 낳는 원초적 정서로 변주되기에 이르렀다. 따라서 박철영에게 "아직 남아 있는 길"(「시인의 말」)은 "아프게 일어서는 외로움"(「봄날 1」)의 뒤끝을 포착해내는 감수성과 "지금의 하찮고 가없은 일상"(「꿈」)의 속살을 찾아서 외화하는 일이다. 이런 측면에서 그가 펴낼 후속시집에 대한 기대감이 커진다.

그리움의 안과 밖
—김월숙론

1

 사람은 그리움의 동물이다. 사람들은 나날의 삶 속에서 누군가를 그리워하며 일상의 곤고함과 비루함을 견딘다. 그리움마저 창안하지 못했다면 사람이란 동물은 뭇 동물들과 다를 바 없이 먹이싸움에 혈안이 되었을지도 모른다. 그리움은 어머니의 뱃속에서 나오는 순간부터 생겨난 것이라서 원초적이고 본능적이다. 그러므로 사람이라면 그리움을 숙명처럼 데불고 살아가야 한다. 이처럼 그리움은 사람들에게 생존의 이유가 된다. 그 대상이 사랑하는 사람이거나 사랑하다가 헤어진 사람이라면 그리움의 붉기는 더해진다. 설령 그리움이 물상으로 초점화된다고 할지라도, 그것의 발원지를 따라가 보면 필연적으로 사람과 조우하게 된다. 그러므로 그리움은 사람을 향하기 마련이다.
 거칠게 말하자면, 서정시는 그리움으로 범벅된 장르라고 해도 과언이 아니다. 그리움이 기다림과 한통속인 탓에 서정시에는 그리움과 기다림이 앞서거니 뒤서거니 하면서 동반 출연한다. 그리움은 사람에 대한 감정이기에 옛날부터 지금까지 시편에서 계속되고 있다. 시인들이 갖가지 화자를 내세워 누군가를 그리워하는 심정을 시화하는 이유이다. 그의 펜 끝에서 빚어지는 그리움은 독특한 문양과 결로 태어나며 간접화된다. 그것을 일러 개성이라고 한다면, 결국 그리움의 양상에 따라 시의 빛깔이 달라지고, 독자는 그것과 즐거이 조응하는 셈이다. 이때 시인은 그리움을 시집이라는 하얀한 공간에 표출하면서 화자를 앞세우고 뒤로 숨는다. 시의 행간마다 은닉된 그리움의 본면목을 찾아나서는 일이 시 읽기의 시작이다.

그리움을 시화하느라 끙끙거리는 시인으로, 1962년 부안에서 태어난 김월숙을 꼽을 수 있다. 그녀는 전북대학교 사범대학 국어교육과를 졸업하고 나서 줄곧 도내 중등학교에서 교편을 잡은 교사-시인이다. 교직에 종사하는 시인답게, 그녀의 시편을 읽노라면 형이 단정하고 비유가 매끄럽다. 사실 시인에 대한 평가에서 이런 성향은 고평받지 못한다. 시란 갈래가 태생부터 저돌적이고 모험적이며 전위적인 까닭이다. 세상 사람들 중에서 보수적 계층을 대표하는 교사-시인에게 과감한 실험의식을 기대하기는 난망한 것이 사실이기도 하다. 이런 태도는 시를 가르치는 일에 종사하여 습득되고 내면화되는 것이기도 하나, 생리적으로 갖고 있는 본초적 자세이기도 하다. 전자와 후자가 혼화된 김월숙의 시집에 수록된 작품들이 지닌 단아하고 조촐한 포즈를 취하게 된 배경이다. 덧붙여 그리움을 먹고 사는 시인이다 보니 돌출하거나 모난 시형을 추구하기에 어려웠을 수도 있다. 그녀의 그리움이란 "보고 있어도 보이지 않는 무심함"(「튜울립 나무 아래서」) 같아서 날렵한 모양이거나 돌발적 상황을 자아내기 힘든 축에 들기 때문이다.

1998년 『문예사조』로 등단한 후 김월숙은 교사답게 시작에 근면한 편이다. 지금까지 그녀가 펴낸 시집으로는 『아직도 그가 서 있다』(신아출판사, 2004)를 비롯하여 『달에 꽃피다』(계간문예, 2010), 『그 발자국 따라』(인간과문학사, 2016), 『낯선 시간이 하얗게 빛난다』(시산맥사, 2022) 등이 있다. 4권의 시집을 가진 중견시인으로 성장한 그녀의 시집을 훑어보노라면, 그리움이 두더지처럼 불쑥불쑥 고개를 내미는 줄 알 수 있다. 김월숙의 시가 그리움으로 충만하다는 사실은 네 권 중 앞에 적은 두 권의 시집에서 머릿자리를 차지한 「시인의 말」에 노골화되어 있다. 그녀가 양산하는 그리움의 영자(影子)를 보기 위해서 아래에 따다 놓는다.

    개심사 해우소에는 낙엽이 소복하게 쌓였습니다.
    썩지 못할까 염려하는 마음도 쌓였습니다.

    많은 세월 묶어둔 제 그리움
    삭지 못하고 뒹구는 감정의 부스러기 아닐까
    걱정이 됩니다.

    이제 세상 속으로 내 보내렵니다.
    세상 속에서 푹 삭아
    작은 싹이라도 키울 수 있는 거름이 되었으면 좋겠습니다.

  시인은 먼저 '개암사'라는 공간 표지를 첫 단어로 선택하여 자신의 그리움이 부안에서 기원할 줄 표백한다. 즉, 그녀의 그리움은 "눈 감으면 스멀스멀 고향집 그리울 나이"(「탱자나무 그늘이 무섭다」)에 생겨난 것이 아니라, 태를 묻은 고향을 떠나오면서 따라 온 숨결이다. 화장실의 이용객이 드물어 낙엽이 쌓였다는 진술은 사찰의 소슬한 형편까지 아우르면서 그 안에 든 시인의 소연(蕭然)한 심경까지 전해준다. 김월숙의 낙엽, 즉 그리움은 사람들이 다니는 길을 마다하고 고린내가 펄펄 날리는 해우소에서 썩어서 생겨난다. 사실 그리움이 남에게 노출된다면 이미 그리움이 아니다. 그것은 가슴 깊은 곳에서 낮에는 울렁거리고 밤에는 출렁거리면서 찾아오는 이의 발소리에 귀를 쫑긋하다가 동천이 희부염해지면 신속히 가슴속 자리로 돌아가서 모습을 감추어야 제격이다. 해우소 널빤지 아래로 흘러가는 "바람구멍 숭숭한 시간"(「붕어빵 같은 날」)을 필요로 하는 낙엽처럼, 시인은 해우소에 앉아서 제 시편들이 '푹 삭아'지기를 기다린다. 이런 연유로 그녀의 첫 시집에 들어간 작품들은 곰소 젓갈처럼 삭은 내가 진동한다.

김월숙은 그리움으로 도포된 시편들을 묶어 시집으로 발행하면서도 '작은 싹'이 아니라, 그것을 키워주는도 아니고 '키울 수 있는' '거름'이 되기를 바란다. 자신의 폐부에서 응얼거리던 그리움이 다른 사람의 그리움을 만나 따듯하게 서로 위로하며 키울 수 있으면 만족하는 것이다. 그처럼 그녀의 바람은 소박하고 은은하다. 다만 그녀는 '많은 세월 묶어둔 제 그리움'이 '삭지 못하고 뒹구는 감정의 부스러기'로 부서질까 저어할 뿐이다. 시인 아니랄까봐, 그녀가 언표한 두려움은 "비린내 나는 세상"(「간월도의 달」)으로부터 작품에 대한 비난이나 오해로 인하여 부정적 반응이 일까봐 걱정하여 생겨났다. 그것은 맞선 보러 나가는 처녀의 콩닥거리는 심장박동처럼, 처녀시집을 상재하고 난 뒤에 "소다 넣은 밀가루 반죽처럼"(「민들레」) 부풀어 오르는 시인의 떨림이나 진배없다. 이제 그녀가 장만한 그리움의 성찬을 맛보러 떠날 찰나이다.

2

김월숙이 그리움의 시인인 줄 증명하기는 어렵지 않다. 그녀가 상재한 시집을 읽어본 이라면 누구나 그리움을 토로하는 시편과 쉬 만날 수 있다. 그녀가 형상화한 그리움의 표정은 대개 애잔하고 갑갑하지만, 가끔은 "달달하고 차지고 향기로운 속살"(「감을 깎는 사내」)을 선보이는 등, 여러 가지 모습으로 나타난다. 그녀의 그리움이란 "태어남과 사라짐과 사랑과 슬픔"(「로마에서」)의 서사가 속살로 배어 있다. 김월숙은 그리움을 좌판처럼 시작품의 앞, 가운데, 끝을 가리지 않고 늘여 놓는다. 가끔은 푸념의 꼴을 빌리기도 하고, 더러는 간원(懇願)의 형태이기도 하고, 혹은 시원조차 보이지 않을 정도로 요연(窈然)하기도 하고, 또는 가늠할 수 없을 만치 가없기도 한 그리움이다. 이처럼 김월숙의 그리움은 각양각색으로 시집의 이곳저곳에 들어 눕거나, 서 있거나, 기대거나, 가라앉아 있다. 그 예를 구경할 양으로 그녀가 처음으로 펴낸 시집에서 그리움을 노골적으로 표출한 곳만 발췌하면 다음과 같다. 이러니 그 후에 나온 시집에서 그리움의 흔적을 찾아낸 것까지 합하면 양이 더 늘어날 터이다.

"오래된 그리움"(「명아주」)
"더 붉게 고이는 그리움"(「꽃물 드는 날」)
"말 못한 그리움"(「가을은」)
"조여오던 그리움"(「낙화」)
"떨림도 그리움도 없는"(「벚꽃 진 자리」)
"너를 향한 내 그리움"(「코스모스가 하는 말」)
"그리움의 뿌리는 마르지 않게"(「그대 떠나는 아침」)
"그리움으로 물들어"(「아직도 그가 서 있다」)
"그리움 물결 흔들어 놓고"(「놀이터」)
"그리움이 나부낍니다"(「바람 부는 날」)
"그리움의 나락으로"(「어떤 이별」)
"주체할 수 없는 그리움"(「가을에」)
"그리움만 총총 박히고"(「눈 속에 길이 있다」)

"더듬어 내리는 그리움의 촉수"(「서라벌에 남긴 또 하나의 인연」)
"끓는 그리움"(「운수산 뻐꾸기 1」)

위의 인용례에서 보듯이, 김월숙은 그리움을 애써 감추지 않는다. 외려 그리움이 습기찰까봐 겉으로 내놓고 양광에 말린다고 봐야 제격일 정도이다. 그렇다면 그녀의 그리움은 비밀스럽지 않다고 보아야 그럴 듯해진다. 즉, 김월숙의 그리움은 "아무에게도 보인 적 없는 소녀의 젖몽우리"(「見香亭에서」)처럼 비밀스럽거나, "흰옷에 스민 초경처럼"(「산당화 지는 날」) 부끄럽거나, "열여섯 얼굴에 솟아나는 뾰루지"(「삼월」)처럼 감추고 싶지 않다. 도리어 만인들이 가슴에 하나씩 안고 살아야 할 공안처럼 보인다. 사실 사람들은 저마다 그리움이란 과제를 풀기 위하여 날마다 입선하고 밤마다 번뇌한다. 사람마다 그리움의 대상이 다를 뿐, 그들은 시시로 누군가를 그리워하고 때때로 무엇을 기다린다. 다만 그것을 남에게 들키고 싶지 않아서 가슴속에 꼭꼭 숨겨둔 채, 겉으로는 아닌 척할 뿐이다. 주야를 반복하며 해결될 화두로서의 그리움은 신병처럼 김월숙을 휩싸고 사룬다. 마치 그리움은 가늘어진 호리병목으로 시간을 통제하는 사루(沙漏)처럼 그녀의 사유를 장악한 채, 가느다란 실의 가닥을 가리키는 사루(絲縷)마냥 애오라지 가는 구멍을 지나쳐 바깥세상으로 인도한다. 그리움은 "구비마다 따스한 불빛"(「나란한 밤」)이 되어 그녀를 구원하는 셈이다.

사실 시인의 그리움은 "솔기마다 배어 있는 슬픔"(「비 갠 아침」), "절절이 끓어오르는 애태움"(「바람은」), "어둠속에 숨어 있던 아픔"(「콩나물을 기르며」)이 공존하며 자아낸 것이라서 '슬픔'과 '아픔'과 '애태움'이 시집 안에 흥건하다. 그런 까닭에 그리움은 "누구에게도 말할 수 없던 불덩이"(「여름 나기」) 같아서 김월숙의 가슴을 후빈다. 한바탕 '불덩이'

가 지나간 뒤에야 시인은 세 가지가 "눅눅하게 굳은"(「시들지 않는 창」) 그리움을 유목화하여 시로 빚어낸다. 그녀의 시집에서 그리움이 여러 가지로 분화하고 변주되는 원인이다. 그 과정이 지나면 그리움은 "다하지 못한 말"(「우수」)처럼 바닥에 앙금을 남기고 "번번이 흔들리는 세상"(「내 중심은 새끼발가락이다」)으로 여행할 차비를 마친다.

  까마귀가 노을을 물고 간다
  지평선이 자꾸 오그라든다

  삼키지 못한 오늘을
  깍깍 쏟아내는 까마귀들

  등 토닥여줄
  불빛 하나 없는 사막은

  오래전에 버렸던
  시집을 닮았다

  바람과 구름의 불면을
  밤새 읽으며

  사소한 기억을
  되작이고 되작인다

  달은 오래 돌아오지 않았다
  어제가 빗금을 그으며 넘어가고 있다
   —「그믐」 전문

  가작이다. 김월숙이 이 경지에 오르게 된 경위는 "산 자와 죽은 자 둘로 나뉘"(「구급차 소리 들리는」)는 이승에서 "비뚤어진 것은 세상이 아니라 닫힌 마음"(여름과 겨울 사이」)인 줄 알게 되면서부터이다. 이 시는 서정시가 시간의 지배를 받는다는 문학교실의 가르침을 온몸으로 보여주고 있다. 시제부터 '그믐'이라서 시간표지가 선명한데, 시인은 첫 연에서 까마귀가 노을을 물고 가고 지평선이 오그라든다고 서술하여 석양이 지는 사이로 시간이 흐르는 줄 알려준다. '자꾸'라는 부사어의 도움으로 시간이 발걸음을 서두르는 모습이 역연해졌다. 지평선에서 해가 지는 풍경을 본 이는 안다. 시인이 '자꾸'를 삽입하여 일몰의 시간을 앞당기는 사연을 말이다. 지평선에 서 있노라면, 금세 해가 떨어지는 장면을 확실하게 관람할 수 있다. 2연에서 '까악까악'을 멀리하고 '깍깍' 우는 까마귀의 조급한 울음은 '삼키지 못한 오늘'에 대한 회한을 비유하면서 '불빛 하나 없는' 지평선을 사막으로 만들어버린다.

　사막은 "사막으로 떠나시는 아버지"(「자미화」)에서 보듯, 김월숙에게 아버지와 만남의 장소이다. 아버지는 사막으로 변한 지평선 위에 "힘겹게 모래언덕을 건너가는 늙은 낙타"(「대상포진」)의 모습으로 딸 앞에 등장한다. 본디 낙타는 지평선을 향하여 커다란 눈을 깜박거리며 무작정 걸어야 하는 천형을 받은 짐승이다. 그런 탓에 낙타는 한번도 지평선이 아닌 곳을 바라본 적이 없으며, 사막 말고는 다녀본 곳이 없다. 딸이 "고개를 넘어오지 못한다는 당신"(「공일」) 앞에서 절망하는 이유이다. 더욱이 '등 토닥여줄' 이 하나 없이 사막을 허적허적 걸어야 하는 낙타의 운명은 식구들을 건사하느라고 등 한번 펴지 못한 채 한번도 삶터를 벗어나지 못하고 떠난 아버지의 생전과 닮았다. 그러나 딸은 커 갈수록 "주름진 고랑마다 지나간 꿈 간직한"(「바다를 떠난 비치파라솔」) 아버지로부터 멀어져 하릴없이 출가하고, 자식들을 키우느라고 아버지 영가가 낙타로 바뀐 줄조차 몰랐던 것이다. 그러나 "발자국 하나 없는 사막"(「고비」)을 걸어가야 하는 아버지와 낙타는 오래 전에 버린 시집과 닮은 줄 깨달은 딸은 습작기에 시집을 읽으며 보냈던 '바람과 구름의 불면'을 떠올리고 "아직 잠을 이루지 못하는 사람들"(「시들지 않는 창」)의 모습을 찾아 나선다.

　김월숙이 되작이는 '사소한 기억'은 "아직 닫아걸기에는 아까운 기억들"(「살구꽃차」)이다. 일상의 소소한 기억은 쇄말사라고 도외시할 수도 있으나, 소사한 것들이 모여서 생애를 이루는 줄 깨닫는 나이가 되면 세간조차 버리기 힘들어진다. 세간살이마냥, 일상은 "먼지 같은 내 발자국"(「원적암 가는 길」)처럼 무의미한 듯하나, "발자국과 발자국 사이"(「그림자」)에 찍힌 궤적이 인생을 구성한다는 점에서 하나도 소중하지 않은 것이 없다. 프랑스공산당원이었던 앙리 르페브르가 일상의 사회학적 의미에 주목하고 『현대 세계의 일상성』을 저술한 배경이다. 김월숙도 "바다에 와서도 일상에 붙잡힌 나"(「모항해수욕장」)를 보고 일상에 대한 관심을 드높인다. 그러자 하루 내내 "회의중, 진료중, 운전중, 상담중, 독서중, 공부중, 운동중, 식사중, 볼일중, 수면중, 휴식중⋯⋯"(「중」)인 군상들의 일상이 포착되고, 현대인들의 일상사가 속도의 지배에서 벗어나지 못한다는 걸 알게 된다. 산업혁명으로 시작된 폭치(暴馳)는 직장인들의 하루살이를 시간 단위로 쪼개버렸고, 분절된 시간은 당초부터 복원될 의사가 없었다. 현대인들은 '~중'을 되풀이하며 바쁜 일상을 영위하는 듯하지만, 실상 끝 연에 이르러서야 '어제가 빗금을 그으며 넘어가고 있다'. 시 한 편의 시간 속에 그들의 일상이 갇혀 있는 셈이다. 그들을 일상에 가두기 위해서 '달은 오래 돌아오지 않았다'. 바야흐로 '그믐'이다. 그들이 성실하게 영위한다는 일상은 칙칙한 어둠 속에서 제 모습을 잃어버리고 단일화되고 마는데, 그것을 통틀어 '일상'이라고 통치고 만다. 모름지기 현대인들의 일상은 개성이 없는 나날에 지나지 않는다.

그 이후로 김월숙은 "붕어빵 같은 날"(「붕어빵 같은 날」)을 확인할 양으로 여럿의 일상을 탐험한다. 그녀의 작품에 "합장하고 계신 어머니"(「생일」)를 위시하여 "내 어머니의 어머니"(「빛나는 순간」), "꽃으로 수놓은 산자를 바구니에 차곡차곡 담으며 몰래 몰래 눈물을 훔치던 할머니"(「톡톡 튀는 봄」), "이제 막 태어난 아가"(「호박꽃 핀 아침」), "먼저 다녀간 시인"(「선암사 해우소에서」), "청운사 흰 연 보러 가자고 보채는 남편"(「연」), "기왓장 편지를 남긴다는 공양주"(「기왓장 편지」), "벚나무 초록 그늘을 걷고 있는 남자"(「어떤 그림」), "남농기념관의 나이 지긋한 해설사"(「슬픈 시」), "삶의 비밀을 벌써 눈치채버린 아이들"(「5지 선다형」), "아무렇지 않은 듯 말하는 의사"(「이식증」), "삼각김밥을 입에 문 얼룩무늬 총각"(「아침」), "앵두꽃처럼 흐드러지던 막내딸"(「앵두꽃 피는 집」), "생닭집 여자"(「달개비」) 등, 갖가지 사람들의 "차곡차곡 쌓인 얘기"(「매화 아래서」)가 시집의 골목마다 수북하게 들앉게 된 사정이다.

김월숙이 뭇사람들의 일상에 궁금증을 표한 이유는 번연하다. 그것은 나날살이를 거듭하면서 저마다 간직하게 되었을 법한 일상의 스펙트럼을 살펴보고 싶은 충동의 발로였다. 그러나 일상이란 "방금 내린 커피 향 한 모금"(「유혹」)처럼 흔적도 남기지 않고 산화하는 것이기에 그녀는 시작을 통하여 '기억'이 미치는 의미역을 되살리려고 마음먹는다. 그러자 시쓰기는 그녀에게 "가장 내밀한 상처를 보여주는 일"(「시를 쓰는 일」)이 되어 "그리움의 언어"(「백일홍」)를 절제하라고 강권한다. 그 결과, 그녀의 제3시집 『낯선 시간이 하얗게 빛난다』에 이르러 "멈칫멈칫 길을 잃은 나"(「사이」)의 방황이 여여해졌다.

그에 반하여 김월숙의 시집에서 무거운 엉덩이로 자리를 잡고서 변치 않고 노래되는 것이 있으니, 바로 '당신'이다. 김소월의 명편 「개여울

」에 나오는 '당신'은 식민지시대의 곤핍한 사정을 배경하여 사회적 의의를 부여받았다면, 김월숙의 시집에 두루 나타나는 '당신'은 처음으로 발행한 시집에서부터 빈출하면서 시인의 "누군지 모를 당신"(「11월」)에 대한 애정을 도처에서 확인시켜주는 개별적 대상이다. '당신'은 갖은 형용으로 그녀의 시집에서 줄기차게 거듭하면서 출현한다. 이로 미루어 '당신'은 "간혹 내 이름을 불러주는 이"(「마른 풀의 노래」)인 듯하지만, "당신이 나인지 내가 당신인지"(「백당꽃 아래서」) 구체적 형상으로 다가서지 않는다. 분명히 "어딘가에 당신이 있어"(「호랑가시나무의 사랑」) 시인으로 하여금 "당신에게 가는 마음"(「땅 끝에서」)을 부추기고 있는 게 사실이다. 그렇지만 '당신'의 참모습은 "손가락 사이로 빠져나가는 모래알"(「보길도에서 꾸는 꿈」)처럼 실체를 인지하기 힘들다. 앞으로 나올 시집에서도 '당신'에 대한 김월숙의 애정이 어떻게 구현될지 두고 볼 일이다.

3

시집을 읽은 이라면 단박에 알아차렸을 텐데, 김월숙은 "여과되지 못한 내 언어"(「속상한 날」)를 다듬고 가다듬어 조붓한 시편 안에 정갈하게 차려놓는 시인이다. 그 덕에 그녀의 손을 탄 언어들은 "가장 공손한 말씀"(「돌을 읽다」)으로 태어난다. 그것은 순전히 불심의 음조로 보인다. 그녀의 시집을 관통하는 불교적 상상력이 시어의 조탁을 도와준 뒷받침이다. 가령, 김월숙의 시집에는 「부처님 오신 날」부터 「망해사에서」, 「상이암」, 「보리암 제비꽃」, 「운주사에서」, 「견향정에서」, 「선암사 해우소에서」, 「원등사 가는 길」, 「화암사 가는 길」, 「수덕사 설악초」, 「관촉사 석조 미륵보살입상 앞에서」, 「미소사에서」, 「익산 고도리 석불입상의 독백」, 「선암사의 가을」, 「화엄사 홍매」, 「정림사지의 아침」, 「원적암 가는 길」, 「선암사 노매」, 「금산사에서 (1-2)」까지, 사찰명을 표나게 드러낸 작품들이 허다하다. 둘째 시집의 앞날개에 붙인 약력에서 전북불교문학회 회원인 줄 표백한 것과 시작품에 삼투된 내용들을 두루 감안하면, 김월숙은 돈독한 불자가 확실하다. 그녀의 독실한 신심이 "겸손한 언어"(「가을 산」)와 어우러져 편편마다 다소곳한 표정을 유지하는 원동력으로 발휘되었다.

    이제, 제 안에 있던 그리움
    눈을 틔워 잎을 달고 세상으로 나옵니다.
    읽는 이의 마음 안에서 잘 자라기를 바랍니다.

    그리움은 마음의 빛이라 생각합니다.

  김월숙이 두번째 낸 시집에 얹은 「시인의 말」이다. 앞에서 살펴본 바에 이 말과 함께 "비우면 커지는 자리에/그리움을 키우겠습니다"라는 셋째 시집 『그 발자국 따라』의 「시인의 말」까지 더하면, 김월숙을 그리움의 시인이라고 칭해도 무방하겠다. 위처럼 김월숙은 그리움의 서정화에 진력한다. 그 이유인즉, 그리움이 빛의 세계로 나아가기 위한 통로인 까닭이다. 그녀에 의하면, 그리움의 터널을 통과하지 않으면 "너머의 새로 돋는 이야기"(「모항 가는 길」)를 들을 수 없다. 그녀의 풍성한 시적 호기심이 '너머'의 '빛'을 향하여 쉴 새 없이 위족을 뻗는 것이다. 사람이란 한시도 빛이 없으면 살 수 없는 존재이고, 시인은 시업을 계속하기 위해서 그리움을 집착하지 않으면 안 된다. 사방의 빛으로 뻗어나가는 위족은 "카랑카랑한 바람"(「초승달 돋으면」)처럼 예민한 감수성의 시인에게 포박된다. 그것이 물리적 나이먹음의 도움을 받아서 문자화된 시이므로 김월숙의 시집은 듬직하다.

　시집 『낯선 시간이 하얗게 빛난다』는 "방언이 이어지는 이순"(「미시감」)에 접어든 줄 인식하며 김월숙이 내었다. 그 나이에 들어서면 사람들은 "제 그림자조차 담지 못한다"(「만세 선인장」)는 소리를 들을까봐 세인들의 평언에 민감해진다. 김월숙도 그 사람들에 속하는 범골(凡骨)인지라, 앞으로의 시쓰기가 절로 원숙해지고 자연스러워질 터이다. 지금까지 그녀가 선보인 그리움이 어떤 모습으로 다가올지 기대되는 요즈음, "뜨거운 파문"(「느닷없이」)을 낳으며 세상을 흥건히 적시게 되기를 간원한다. 그녀의 그리움이 '마음'을 비추는 빛으로 나아갈 수 있다면, 앞으로 "어둠을 사르는 한 줄기 빛"(「응급실 가는 길」)이 되어 만인에게 광명을 선물하는 공덕으로 화하게 될 것이다.(『전북문학』, 2024. 겨울호)

'진펄밭'에서 들려오는 '방울소리'
—고찬규론

1

　고찬규는 1969년 부안 행안에서 태어났다. 그는 경희대학교 국어국문학과를 졸업하고 같은 대학의 대학원 과정을 수료한 후, 지금은 한양여자대학 문예창작과에서 학생들에게 시를 가르치고 있다. 1998년 『문학사상』을 통해 시단에 나온 그는 첫 시집 『숲을 떠메고 간 새들의 푸른 어깨』(문학동네, 2004)를 시작으로 『펑퐁펑퐁』(파란, 2016), 『꽃은 피어서 말하고 잎은 지면서 말한다』(걷는사람, 2023) 등을 펴냈다. "자(尺)라면 햇살의 길이도 잴 수 있을 것이며 저울이라면 침묵의 무게도 달 수 있을 것"(「작은 연가」) 같은 그가 12년 만에 둘째 시집을 내고, 7년 만에 펴낸 최근의 시집까지 생긴 터울을 보면, 말 못할 속사정이 있었는지 궁금하다. 보통 시인들이 등단 후 득달같이 시집을 내고, 잉크도 채 마르지 않아도 잇따라 내느라고 수선을 피우는 것과 그는 대조적이다. 시에 관해서라면 결기 가득한 고찬규는 "시가 되지 못한 시"(「돌 속 봄 이야기」)가 "녹슨 언어"(「얼룩말 2」)에서 비롯된 줄로 인식하고 "새삼스럽게 말(言)을 배워 보겠다"(「평퐁어학원 어느 시인의 혼잣말」)고 언어 학원에도 다니고 있다고 하니, 시를 대하는 자세가 진중한 신호로 읽을 만하다.

이처럼 시집의 발행에 인색한 고찬규의 시에는 "해가 지지 않는 곰소의 빛나던/염전과 곰소항의 낡아가는 목선"(「萌芽」)의 풍경이 행 사이에 난 고랑 속에 육화되어 있다. 그 역시 학업을 위한다는 핑계로 탈향한 축에 든다. 상경하여 도시에 일자리를 잡은 시골 태생의 이향자들은 "최루탄이 터질 때마다 한 층 한 층 올라가던 빌딩"(「달려라 얼룩말」)을 낯설어 하면서 "도시, 그 찬란한 가면"(「찬란한 가면」)이라고 규정하기를 서슴지 않는다. 그들을 키워준 것은 정착생활이 필수적인 농경문화이다. 농경자들은 한곳에 자리를 틀고 생활하면서 누대에 걸쳐 문화를 전승한다. 그곳에서 자란 아이들이 "흰쌀밥에 고깃국보다 더한 음식은 세상에 없다던 아버지 말씀"(「설」)을 철석같이 믿고, 거기서 태어난 시인들이 식물성 상상력에 토대하여 시를 쓰게 되는 이유이다. 이 부류의 시인들은 게다가 "한가로이 풀을 뜯는 소"(「바람아래언덕」)를 보고 자란 탓에 시의 어조를 재촉하지 않으며 율격이 숨 가쁘지 않다. 고찬규의 시는 그 점에서 전례(典例)를 보여준다.

2

고찬규의 시는 부안의 뻘밭에서 출발하였다. 뻘이 굳이 밭을 데불고 뻘밭으로 정착된 것은 그곳이 경작 가능한 '밭'이라고 여기고 살아온 조상들의 농경문화에서 유래한 것으로 보인다. 지금이야 새만금 간척사업을 한답시고 예전의 풍성한 모습은 사라졌지만, 그래도 부안 앞바다는 온통 뻘천지이다. 부안 사람들은 뻘농사를 지으며 조손간의 뻘문화를 계승해 오고 있다. 앞으로 부안이 도시화된다고 해도, 뻘을 중심으로 형성된 문화는 사라지지 않을 것이다. 뻘에서 농사짓는 이들은 죄다 허리가 굽었다. 하루종일 허리를 굽힌 채 뙤약볕 아래서 뻘밭을 갈다가 생긴 몸의 곡선화 현상이다. 고찬규가 이승에서 처음으로 간행한 시집에서 아래와 같이 뻘농사를 노래하지 않을 수 없던 배경이다.

> 구부린 등은 종이었다
>
> 해질녘,
> 구겨진 빛을 펼치는
> 종소리를 듣는다, 한 가닥
> 햇빛이 소중해지는
>
> 진펄밭 썰물 때면
> 패인 상처를 생각할 겨를도 없이
> 호밋날로 캐내는, 한 생애
>
> 쪼그린 아낙의 등뒤로
> 끄덕이며 끄덕이며 나귀처럼
> 고개 숙이는 햇살
> 어둠이 찾아오면, 소리없이
>
> 밀물에 잠기는 종소리
> ―「晩鐘」 전문

 가작이다. 시인은 제목부터 시상까지 밀레의 그림에서 영향을 받은 줄 굳이 숨기지 않는다. 다만 다르다면 '만종'이 울리는 곳이 밭에서 '진펄밭'으로 바뀌었을 뿐이다. 제목이 '만종'인 이유를 알아보라고 시인은

1연을 1행으로 처리하면서 '구부린 등은 종이었다'고 전제한다. 굽은 등이 아니라 '구부린 등'은 행위자가 특정한 행위를 목적으로 '구부린' 사실을 알려준다. 고찬규의 시에서 등은 대부분 구부려져 있다. 그가 "물음표처럼 등 굽은 당신"(「카론의 봄」)을 예찬하는 습관은 어릴 적에 많이 보았던 어머니를 포함한 여자들의 밭일에서 말미암았다. 그녀들은 깨꽃을 솎아내는 '어머니'(「깨꽃」)나 "은행알을 줍는 할머니의 둥근 등허리"(「대조동 아라리」)에서 확인 가능하듯이, 농촌에서 흔히 볼 수 있는 일하는 여인상이다. 그녀들의 등장으로 새삼 그의 세계관을 형성해 준 부안에서의 "어떤 시계로도 돌려놓을 수 없는 화려한 추억"(「금은방」)이 시작 과정에 삼투된 줄 짐작할 수 있다.

고찬규는 5연을 다시 1행으로 처리하여 1연과 쌍관시킨다. 전통적인 방식을 동원하여 구도하고 시상을 전개한 시인의 전략은 두 연 사이에 놓여진 2, 3, 4연의 풀이가 중요한 이유를 드러낸다. 1연은 '구부린 등은 종이었다'이고, 5연은 '밀물에 잠기는 종소리'이다. 같은 종인 듯하나, 두 연의 종은 엄연히 다르다. 1연은 앞에서 말했듯이 행위자의 구부러진 모습을 가리키고, 5연은 소리나는 종을 말한다. 1연에서 5연으로 시상이 전개되면서 종의 지시어가 달라진 경위를 파악하기 위해서는 당연히 두 연 사이의 2-4연을 세심히 읽지 않으면 안 된다.

2연에서 시인은 '해질녘'에 '구겨진 빛'을 펼치는 '종소리'를 듣는다. 1연에서 '구부린 등'이었던 '종'이 이 연에 이르러 소리를 내는 종으로 변환한다. 앞서 종 모양으로 변신한 행위자의 굽어진 허리를 고찬규는 늦은 무렵에 울리는 종(만종)으로 이월하여 소리를 내도록 시도한 것이다. 시인은 만종의 중의성을 유효히 활용하고 있다. 그 소리는 그림처럼 소리나지 않는 소리이고, 행위자가 허리를 구부린 채 일하느라고 '구겨져' 있던 빛을 '펼치는' 소리로 치환된다. 해가 질 무렵이 되었으므로 행위자가 구부렸던 허리를 펴는 것은 노동의 종료를 의미하여 마침내 고찬규가 겨냥한 그림 「만종」의 구도가 "완성하지 못할 그림"(「재배치」)으로 완성된다. 곧바로 '한 가닥'의 '햇빛이 소중해지는'이 뒤따라 온 것을 보면, 채우지 못한 목표량에 대한 행위자가 내는 아쉬움의 소리이기도 하다.

3연에서 시인은 '썰물'로 드러난 '패인 상처'를 통해서 '호밋날로 캐내는, 한 생애'를 보여준다. 밀물은 '생애'를 덮어버리지만, 썰물은 밀물로 수장되어 있던 존재의 모습, 그것도 밀물이 할퀴고 간 자국을 온몸에 각인한 존재의 실체를 드러내준다. 그처럼 바다는 "흔적을 남기며 살아가는 것들"과 "흔적을 지우며 살아가는 것들"(「아버지의 바다—서해에서 1」)의 각축장이다. 고찬규는 그 현장을 '말하기'가 아니라 '보여주기'를 통해서 '생각할 겨를도 없이' 흘러간 하루와 한 생애로 제시하고 있다. 그의 수법은 여느 시편에서도 자주 출현한다. '호밋날'로 행하는 노동은 시인이 1연의 '구부린 등'을 '종'으로 빗댄 근거가 되어주었다. '진펄밭'의 '진'은 두 가지 뜻을 갖고 있다. 하나는 '길다'의 전라방언 '질다'에서 오고, 다른 하나는 '되다'의 반대말 '질다'에서 온다. 전자는 펄의 길이를 나타내므로, 행위자의 노동 범위가 만만치 않은 줄 시사한다. 후자는 펄이 물기를 머금어 질다는 상태를 가리키므로, 된 땅보다 노동하기가 쉽지 않을 정도로 발이 푹푹 빠지는 걸 가리킨다. 행위자가 소중한 해가 뜨면 '진펄밭'으로 나가서 '해질녘'까지 일하는 노동의 강도를 시인은 이 연에서 갈무리하고 있다.

4연은 행위자의 정체가 '아낙'인 줄 탄로된다. 시인 역시 '어머니의 바다'가 "뻘밭"(「어머니의 바다—서해에서 2」)인 줄 인정했듯이, 뻘밭에서 허리를 구부려 호미질하는 이는 대개 '아낙'들이고, 그녀들이 '호밋날로 캐내는' 것은 바지락을 위시한 조개류이다. 고래로 부안의 바지락은

근동에 소문났거니와, 그곳의 아낙네들은 어두워질 때까지 땡볕 아래에서 그것들을 캐어 살림에 보태고 대처로 나간 아이들의 학비로 부쳤다. 아낙의 등 뒤로는 조개를 캐도록 빛을 비춰주던 해가 기력을 잃고 시나브로 어둠에 밀려난다. 4연은 어느 연보다 시간성을 강조한 연이다. '쪼그린 아낙'이 허리를 들면, 그녀의 등 뒤로 '고개 숙이는 햇살'이 진다. 마치 "타오르며 사그라지는 것들의 고단함"(「길 안의 둥지」)을 시연하듯이, 해가 넘어가는 속도는 나귀가 걸어가면서 고개를 끄덕거리듯이 느릿하고, 온종일 조개 캐는 아낙의 노동현장을 지키느라고 기력이 쇠해져 고개를 숙인 채 터벅거린다. 일출에 비하여 일몰의 속도가 더딘 것처럼 느끼는 것은 햇빛이 광활한 하늘을 붉게 물들이며 확산되는 탓이다. 4연에서 시인은 의도적으로 시간성을 강조하여 해넘이를 오연히 보여주고 있다.

5연은 4연의 끝행 '어둠이 찾아오면, 소리없이'를 이어받아 '종소리'를 무화시키고 있다. 썰물이 아낙과 '진뻘밭'의 '패인 상처'를 드러냈다면, 밀물은 그것을 덮어버리고 「만종」의 풍경을 삭제한다. 어둠의 힘이고, 밀물의 위력이다. 물론 '밀물에 잠기는 종소리'는 내일의 해가 떠오르면서 다시 들리겠지만, 내일도 '종'의 '소리'는 나지 않을 것이다. 애초 그림 「만종」에서 소리가 들리지 않듯이, 그것을 동기로 삼은 이 시편에서도 소리는 들리지 않아야 맞다. 아낙이 종의 형상을 빌렸으니 소리가 들리지 않아야 할뿐더러, 썰물 시간 내내 허리를 펴지 못하는 아낙이므로 소리가 나지 않아야 하며, 그녀가 허리를 펼치는 찰나에 밀물이 들어와 '종소리'가 잠기므로 들리지 않는다.

이 시편은 고찬규의 시작법을 여실히 보여주고 있어서 주목을 요한다. 4연 4행과 5연, 즉 '어둠이 찾아오면, 소리없이'와 '밀물에 잠기는 종소리'는 고찬규의 시에서 쉬 찾아지는 비유이다. 그는 소리가 나야 당연한 종에서 소리를 거세하고 있다. 종이 어둠이라는 시제와 어울리려면 소리가 안 나는 게 낫다. 어둠은 정밀(靜謐)하기에 종의 소리가 그것을 깨뜨리게 되면 시상이 전체적으로 소란해지고 만다. 시상의 균열은 전적으로 종소리로 말미암아 벌어진 것으로, 구도에 영향을 끼쳐 엄숙한 분위기를 저해하게 된다. 그처럼 고찬규는 고요한 분위기를 중시하는 시인이다.

또 하나, 그것은 연과 연 사이를 걸치는 방식이다. 위에서는 2-3, 3-4, 4-5연에서 찾아볼 수 있다. 구체적으로 2연과 3연은 '햇빛이 소중해지는'과 '진펄밭 썰물 때면'이고, 3연과 4연은 '호밋날로 캐내는, 한 생애'와 '쪼그린 아낙의 등뒤로'이며, 4연과 5연은 '어둠이 찾아오면, 소리 없이'와 '밀물에 잠기는 종소리'이다. 이와 같이 두 연에 양다리 걸치기를 통해서 고찬규가 노리는 시적 효과는 시상의 매끄러운 연결일 테다. 또는 각 연에서 소결하지 못한 척해서 시상이나 심상을 이월하는 것이다. 마치 "끝에서 하늘과 하나 된 끝 모를 시작을 보는 것"(「땅끝에서」)처럼 말이다.

이러한 예는 2연에서 '종소리를 듣는다, 한 가닥/햇빛이 소중해지는'에서도 찾아진다. 두 행은 이어져서 '한 가닥'의 '종소리를 듣는다'와 '한 가닥'의 '햇빛이 소중해지는'이 되어 한 가닥의 '한 가닥'이 걸쳐지는 바에 따라 연결어미가 달라지게 된다. 더욱이 '종소리를 듣는다, 한 가닥'에서 보는 것처럼 '한 가닥'이 뒤에 오게 되면 '종소리를 듣는다'가 강조된다. 그 강조는 '햇빛이 소중해지는'으로 후속되어 '한 가닥'이 '종소리를 듣는다'와 '햇빛이 소중해지는'을 제어하는 완력을 발휘한다. 그로 인하여 '햇빛이 소중해지는'은 마무리되지 못한 채 다음 연의 출현을 기다렸다가 심상을 이어준다. 이 예는 4연 4행에서 되풀이된다. 그리하여 "구겨질 대로 구겨진 세상 이야기"(「장마, 떠도는, 지워지지 않는」)는 해의 출몰을 빌려 무한히 반복된다.

3

위에서 살펴본 바와 같이, 고찬규의 시는 부안의 '진펄밭'에 뿌리를 두고 있다. 고향을 상상력의 의지처로 삼는 버릇이야 뭇 시인들에게 두루 나타나기에 특별하지 않다. 문제는 그것을 형상화하는 방법이고, 제출된 성과일 테다. 이 점에서 고찬규는 학업을 위하여 "방울 소리 울리며 떠난 지 오래"(「회의」)지만, 시편에 인용한 고향의 심상은 찬찬히 살펴볼만하다. 그에게 부안은 "못다 부른 노래"(「자서」, 『숲을 떼매고 간 새들의 푸른 어깨』)의 원천이자, "정말 하고 싶은 이야기"(「천일야화」)의 보고이다. 그가 최근에 낸 시집에 이르러서 "말문이 틔었다"(「얼룩말 3」)고 선언했으니, 앞으로 나올 '노래'와 '이야기'의 근거지로 작용할 부안의 모습이 기다려진다.

고찬규는 앞의 시 「晚鐘」에서 살펴봤듯이, "그리하여,/인디언의 말로 어떤 말을 하고 싶은가"(「빙벽—알래스카에서」)마냥 연과 연 사이에 양다리 걸치기를 통하여 소기의 효과를 노린다. 또 그는 "가늠해준다 가문비나무는 젖어"(「시베리아 횡단열차」)처럼 행과 행의 사이에서도 그런 수법을 되풀이 등장시키고 있다. 이런 습관은 그에게 일종의 작법으로 굳어지는 중이다. 그와 함께 고찬규의 시에는 소리 없는 소리 혹은 소리나지 않는 소리를 듣는 모습이 잦게 출현한다. 예컨대, 그는 "어디선가 백목련 지는 소리"(「고장 난 사내」)나 "여운"(「시월」) 그리고 "돌아오지 않는 메아리"(「황보탁구클럽」)도 들을 수 있다. 그의 예리하고 섬세한 감수성이 청각적 효과를 수확하는 데 유용하게 쓰이는 예이다.

그 소리를 듣기 위해서는 섬세한 청력보다는, 행과 행 그리고 연과 연의 사이를 직관하는 통찰력이 필요하다.

근래에 들어서 고찬규는 『핑퐁핑퐁』에서 선보이기 시작한 '얼룩말' 연작을 시집 『꽃은 피어서 말하고 잎은 지면서 말한다』에서 심화하며 말장난의 재미에 빠져 있다. 그의 시적 기교가 농익어 가는 대목일 텐데, "나눌 수 있는 것은 밥이나 빵 같은 음식뿐만 아니라 마음이나 눈길도 있다"(「시인의 말」, 『핑퐁핑퐁』)고 언급한 그의 '나눌 수 있는 것'이 궁금해지는 요즈음이다. 그처럼 시쓰기에 진지하고 상상력의 발동에 신중한 시인이라면, 능히 「晩鐘」보다 숙성된 아름다운 그림을 그려낼 수 있으리라고 확신한다.

'고독'과 '슬픔'의 근원을 찾아가는 길
—조재형론

1

　조재형은 1963년 부안에서 태어난 시인이다. "평교리 초등학교 5학년"(「코스모스 삽화」) 소년이었던 그는 2011년 『시문학』으로 등단하고 나서 시집 『지문을 수배하다』(지혜, 2012)와 『누군가 나를 두리번거린다』(포지션, 2017)를 발행했다. 그 후 그는 '시골 법무사의 심심한 이야기'를 모아서 산문집 『집은 텅 비었고 주인은 말이 없다』(소울앤북, 2021)를 펴냈다. 산문집의 발행인이 두 번째 시집의 편집자인 걸로 보건대, 둘의 인연이 여간 아닌 줄 짐작할 수 있다. "일찍이 홀어머니 밑에서 자란"(「자장면 한 그릇의 오랜 기억」) 조재형은 법무사를 하기 전에 16년 동안 검찰수사관으로 재직하였다. 주위사람들로부터 "내 눈에서 칼날이 보인다"(「작가의 말」)는 말을 듣게 만든 직업은 시인과 부자연하게 어울린다. 둘 사이에 가로놓은 벽은 튼튼하다.
　시는 생리적으로 불온하여 체제전복적 성향을 내포하여야 생존의 근거를 찾고, 법을 다루는 이들은 체제수호적 태도를 표나게 내세워 존재를 증명한다. 조재형이 겉으로는 '해가 뜨면 법무사로 일하고 해가 지면 글을 쓰며 산다'고 의연한 양 공언하지만, 상이한 세계를 가른 벽을 오가기가 여간 사나운 게 아니다. 곧, 그의 발언은 둘 사이를 오가느라고 힘들다는 엄살의 표현이다. "호구지책인 법전과 판결문"(「최악의 독자」)을 안고 살아야 하는 그가 '시인이 된 것은 불운'이었다.

시를 알게 된 것은 행운이었고, 시인이 된 것은 불운이었다. 내가 아는 시인들은 모두가 고독이라는 이상한 지병을 앓고 있는 병자들이다. 그들은 수백만 개의 반란 바이러스와 의심과 불만의 질병을 몸에 지닌 채 거짓말을 훔치려 진실을 뒤지고 다닌다. 그들은 다들 몸속 깊은 곳에 커다란 슬픔을 감추고 있다. 슬픔보다 더 깊은 강 하나씩을 가슴속에 지니고 있다. 굽이치는 내면의 강에서 범람하는 슬픔을 대신 저장해 둘 적절한 집을 찾고 있다.

누군가는 그 공간을 시집이라고 했다.(「시집의 기원」)

윗글을 보면, 조재형은 '굽이치는 내면의 강에서 범람하는 슬픔을 대신 저장해 둘 적절한 집'이 필요하였던 모양이다. 그 '집'이 시의 '집'이라면, 그의 시집에는 '슬픔'이 만연하고 있다. 그의 슬픔은 여느 사람들처럼 개인사적 요인들이 얼버무려져서 형성된 것이다. 이때 그가 찾아낸 것이 '시'였다. 그는 시를 알게 된 '행운'으로 시업에 나섰다. 그 과정에서 시인들은 '고독이라는 이상한 지병을 앓고 있는 병자'란 사실을 그가 알게 되었다. 일신상의 이유로 공직을 그만둔 그가 다시 치유하기 힘든 질병에 노출된 셈이다. 시인의 고독은 '몸속 깊은 곳'에 감춰진 슬픔으로 말미암아 발병하였다. 고독과 슬픔이 어우러진 줄 알게 된 조재형이 시인을 가리켜 불운한 존재라고 명명하게 된 이유일 테다. 양자는 그의 성장 과정에서 발아한 것으로, "할아버지의 할아버지"(「숨바꼭질」)

로부터 대물림된 가난에서 비롯되었다.
 조재형은 "네 살 때 내 곁을 떠나간 내 아빠"(「부탁」)로 인하여 "어머니의 구멍가게"(「내 청춘의 겨울날」)에서 자랐다. 그에게는 죽은 누님인 "희숙 씨"(「세월에 몰수당한 슬픔」) 말고도 "한때 극장의 매표소에서 일했다"(「내 유년의 거점」)는 산 누님 등, 남매가 여럿이다. 이런 가정환경에 속에서 성장한 후 검찰공무원 시험에 합격하여 십수년을 재직하던 그가 '시를 알게 된 것은 행운'이었다. 그는 시를 통해서 수사 과정에서의 스트레스를 삭힐 수 있었고, 격무로 축난 건강을 위무할 수 있었다. 그 뒤로 그는 "내면에 박힌 대못"(「낮은 자리를 지키는 사람들」)을 빼기 위하여 '낮은 자리를 지키는 사람들'을 만나고 다니면서 "나만의 세계를 건설"(「울려라 종소리」)하느라고 고생한다. 그 고생한 결과물로 제출된 조재형의 시집은 '고독'과 '슬픔'이 저장된 '나만의 세계'를 구경하는 단서이다.

2

 시는 고도의 언어예술이다. 동시에 시는 상위의 문학이 사회제도의 일종인 것처럼, 숙명적으로 삶의 예술이기도 하다. 시인의 삶이란 사회의 구성원으로서의 체험과 방불하다는 점에서 시는 생의 도정에서 취득한 언어와 경험과 정서를 반영하게 된다. 따라서 시인이 취택하여 작품에 수용한 언어에는 필연적으로 시인의 삶이 삼투되기 마련이다. 그의 시어는 삶의 결이라고 해도 무방하다. 어떤 시인이 구사하는 언어들을 조감해 보노라면, 그가 참여한 삶의 현장을 알아차릴 수 있다는 말이다. 당연히 시인은 세계를 인식하는 수준에서 시어를 채용하게 된다.

시를 읽은 이들마다 시인의 작품에 사용된 언어를 간과하지 않는 까닭이다. 이런 측면에서 시인의 직업은 상당한 역할을 수행한다. 직업이 마땅치 않았던 근대시의 선구자들이 섭렵했던 시어와 작금의 유직 시인들의 그것이 달라지게 된 배경이기도 하다.

조재형의 시 속에는 수사 과정에서 사용되는 용어들이 불쑥 튀어나온다. 가령, 그가 첫 시집의 제목으로 삼은 「지문을 수배하다」만 해도 시인의 직업을 바로 떠올려준다. 이런 예는 "임의동행"(「불온한 저녁」), "범칙금"(「지천명의 반칙」), "대위변제"(「런닝머신女」), "국선변호인"(「빵재비」), "자살흔"(「낙화통신」), "압송"(「횡단보도」), "구인영장"(「당신의 폐허는 나의 유적」), "구두변론"(「박힌 돌을 빼다」) 등에서 찾아볼 수 있다. 이런 어휘들은 "발굴되지 않았으면 한낱 교정되어야 할 비문"(「침묵을 엿듣다」)처럼 읽는 이를 거북스럽게 만든다. 무릇 독자들은 시의 언어가 아름다우리라는 기대감으로 작품을 대한다. 이때의 아름다움이란 참신한 비유가 충격하는 일시적 전회, 시어의 반복이 야기하는 율격을 포함한다. 그러나 그런 기대는 조재형의 시를 대하면서 여지없이 무너지고 만다.

    글구멍이 막혀 살아온 농투성이, 말년에 인감을 내러 면사무소를 찾았다. 직장에서 말소된 자식의 생계를 복원해주려 남은 천수답을 내놓은 것.

    맨몸으로 황무지를 개간하랴 중노동이 열손가락을 갉아먹었다. 십지문이 실종되었다고 민원은 반려되었다. 고무 먹은 소리로 삿대질을 해본들 소용이 없다.

    몰락한 가문의 정본으로 태어난 노인, 가난을 대대로 복사한 탓에 사본 취급을 받으며 살았다. 이면지처럼 남의 집 헛간을 전전하며 노인을 진본으로 탁본한 곳은 땅이다. 논배미 밭고랑 갈피마다 삽과 괭이로 밑줄을 그었다. 땀방울로 간인한 흔적들이 그를 소명한다.

팔순 고개 완등하고 유효기간이 다해가는 상노인. 올봄도 황소가 끄는 쟁기에 첨부되어 논두렁으로 출석했다. 부록으로 어깨에 멘 삽날이 지문처럼 문드러져 있다.
　　—「지문을 수배하다」 전문

　작품은 지문이 닳아진 한 노인의 서사를 담고 있다. 시인은 자식에게 천수답을 증여하러 면사무소를 찾아간 노인의 뭉툭한 손을 통해서 '농투성이'의 고단한 생을 그려내었다. 천수답의 우리말은 하늘바라기로, 하늘의 날씨에 농황이 좌우되는 논의 운명을 고스란히 표현한 단어이다. 그것은 벌판에 논이 없는 이들이 산을 쳐서 만든 논이니, 시 속의 주인공의 신분은 말하지 않아도 쉬 짐작할만하다. 즉, 시상의 전개를 쉽게 추측할 수 있다. 이에 시인은 시상의 진행 속도를 더디게 만드는 수완을 발휘한다. 그것은 정본, 사본, 진본이다. 이것들은 널리 사용되는 듯하지만, 실은 법률을 취급하는 기관에서 더 많이 사용한다.
　조재형은 수사 중 획득한 경험을 발동하여 '정본'으로 태어났으나 가문이 몰락하여 학교를 다니지 못한 채 가난을 복사하여 '사본'인 양 대접받는 노인을 '진본'으로 탁본한 곳이 "땅"이라고 묘사하고 있다. 그의 도움으로 노인의 박복한 일생이 시화되었다. 노인은 황소 쟁기로 일상을 갈다가 마침내 '십지문'이 닳아져버렸고, 하루하루를 지탱해주던 삽날의 '지문'조차 문드러져버렸다. 조재형은 "단풍놀이 한 번 가지 않은 염부 제씨"(「소금」)처럼 초라한 삶에 관심을 보인다. 그의 정약한 심성은 막내딸에게 자기 집을 증여하는 98세의 노인에게서 "지문을 받는데 닳고 닳아서 문양을 찾을 수 없었다"(「부탁」)는 '백산면 하청리'에서 만난 의뢰인에서도 확인된다. 위의 인용시는 시인이 직업적 소양을 힘껏 동원하여 동정한 바를 형상화한 범례이다. 그에 비하여 아래에 든 시는 위와 전혀 다르다. 한 시인이 쓴 게 맞느냐고 물어야 할 만치 판이한 작법이 노골적이다.

> 재 너머 강골댁 빈집. 구름터댁 빈집. 중기 양반 빈자리.
> 창녕이 성님네 빈집. 창골댁 빈집. 산월댁 빈집. 난산댁 빈집.
> 부안댁 빈집. 종산댁 빈집. 월산댁 빈집. 장자터댁 빈집.
> 독대동양반 빈자리. 백산댁 빈자리. 흔랑이 당숙 빈자리.
> 남평양반 빈자리. 영양질아짐네 빈집. 덕안양반 빈자리.
> 석산양반 빈자리. 일천댁 빈집. 중살댁 빈집. 이평댁 빈집.
> 석전양반 빈자리. 구장아재 빈자리. 최씨아저씨 빈자리.
> 성암댁 빈집. 낙중이네 빈집. 관동댁 빈집. 탑신댁 빈집.
> 빵집 할매 빈자리. 떡방앗간 빈집. 담뱃가게 빈집.
> —「고향의 현주소」 전문

아무런 전언을 외표하지 않았다. 시인의 발화가 하나도 드러나지 않은 채, 오로지 실재하는 '빈집'과 '빈자리'로 한 편을 다 채웠다. 그처럼 그의 집요한 나열은 "나는 끝도 없이 집을 향해 묻고 또 묻고 싶어진다"(「집은 텅 비었고 주인은 말이 없다」)는 욕망의 발현이자 시적 발언이다. 사정이 이러하므로 '고향의 현주소'를 확인한 조재형에게 찾아온 소회는 이르지 않아도 단박에 짐작 가능하다. 이곳저곳에서 시집와서 고유한 댁호로 불렸던 이들이 죽거나 떠나간 줄 선명히 알려주는 '빈'이 자아내는 여운은 골목을 따라 번져간다. 그 골목에는 여러 '댁'들이 담을 맞대고 살아갔었는데, 지금은 죄다 '빈집'으로 남아서 그 집의 주인을 부르고 있다. 골목에는 집만 빈 게 아니다. 집에서 살던 이의 빈 '자리'가 보여서 '빈' 상태를 악화시킨다. 호출된 빈 공간은 호명된 장소의 빈 상태로 초점을 좁혀서 그곳에 존재했던 부존재를 부른다. 시인이 택호를 부르자 "추억이 도사리는 옛 골목"(「그리운 전당포」)을 구성하던 사람들이 비로소 형상을 갖추고 하나씩 출현한다. 비어서 나타나는 부재하는 존재야말로 현단계 시골의 빈집의 실상을 증명하고 있다.

조재형이 시치미 떼기를 통해서 말하고자 하는 바를 충분히 말한 작품이다. 앞선 예에서 들었던 법률적 용어들이 남발되어 "고장난 축음기에서 연신 새 나오는 헛바람"(「불발」)처럼 읽는 이의 호흡을 훼방한 데 비하면, 이 시에서 채택한 말하지 않기는 새롭고 예쁜 작법이라고 평할 만하다. 그것은 전적으로 "마음에 드는 시 한 편"(「광고」)을 빚느라고 쏟은 시인의 공력에 힘입었다. 말하지 않고도 말할 수 있는 하나의 보기를 입증한 인용시는 그에게 "양서"(「묵독」)이다. 그가 이전의 수법이나 기교를 멀리하고 새로 시도한 '보여주기'는 '말하기'보다 훨씬 윗길로 평된다. 이 점에서 조재형이 앞으로 보여줄 시적 선회는 여럿의 기대를 충족시키게 되리라 믿는다.

3

이상에서 살펴본 것처럼, 조재형은 공직생활을 마치면서 시작한 시작 생활로 제2의 생을 꾸려가느라고 분주하다. 그의 시적 여정은 『누군가 나를 두리번거린다』를 통해서 '누군가'와 '나'를 '두리번거린다'고 봐도 무방하다. 그의 시세계는 시집의 출간 횟수가 더해지면서 은밀히 놀랍게 변모하는 중이다. 그의 첫 시집은 검찰수사관의 직업적 영향으로부터 떨어지지 못한 자국이 역력하다. 뒤를 이어 나온 시집은 "표준어법으로 억양을 각색"(「즐거운 세일」)한 탓인지, 종전의 시집과 견주어 보면 달라진 모습이 명료해졌다. 이것은 조재형이 "사회가 각박하고 세상이 말라갈수록 더 빨리, 더 높이, 더 넓이만 지향하는 물신주의 팽배한 자본주의에서 가장 느리고, 가장 낮고, 가장 깊은 자리"(「누군가 나를 두리번거린다」)를 모색하면서 깨우치게 된 "시인은 권력과 대척점에 있는 존재"(「지명수배」)라는 사실에 기반하고 있다.

  그 명백한 증거가 위에서 검토한 2편 중 아래에 따다 놓았던 시이다. 조재형의 고향은 '권력'으로부터 멀리 떨어진 지점에 자리하고 있다. 더욱이 그는 부안읍과 상거한 곳에서 태어났다. 위의 시에 나타나 충돌하던 검찰 용어들은 권력의 언어이다. 그 언어는 "판결문보다 난해한 시"(「최악의 독자」)로, 피권력자와 거리를 유지하도록 조장하는 비시적(非詩的) 세계를 구성한다. 그에 비하여 "ㄱ자 할머니"(「불온한 저녁」)나 "담쟁이 향우회가 지키는 초록 분교"(「폐교회보」)는 권력의 자장권과 격해 있다. 그 장소라야 "슬픔은 어머니의 안에서 어머니를 괴롭히고, 때로는 어머니를 눕히고, 어머니의 한을 숙성시키는 재료로서 역할을 다했다"(「세월에 몰수당한 슬픔」)는 사실을 확인시켜준다. 이제 시인이 탐사해야 할 언어가 정해졌다. 시는 권력이 아니고, 아무 권력도 갖지 못한 연약한 장르이다. 아무 힘이 없기에 시는 권력보다 강하다. 권력은 겨우 법쪼가리를 무기로 사람들을 물리적으로 접박하지만, 시는 가냘픈 언어로 사람들의 가슴을 사로잡는다. 시인들이 날마다 두리번거리고 밤마다 잠을 자지 않으며 수소문하는 언어야말로 사람들의 마음을 사로잡는 권력 그 자체이다. 조재형의 '두리번'거림이 자신을 에워싼 채 육화되었던 '슬픔'의 근원을 찾아 나선 징조로 보이기에 제3시집의 출간이 기다려진다.

'카렌시아'에서 '적요'로
― 최준렬론

　1959년 부안에서 출생한 최준렬은 의사-시인이다. 한국의 대표적인 의사-시인으로는 유림일(본명 유기수)을 들 수 있다. 그는 정읍 태인 출신으로, 모진 시대를 만나서 험한 생을 살았다. 그는 해방 전 경성의 학전문학교에 다니던 중에 일본병으로 차출되더니, 남북이 총부리를 겨눌 적에는 인민군에게 징집당하였던 기구한 팔자의 소유자이다. 그의 파란한 인생을 구경하노라면, 만인이 부러워하는 의사가 직업으로 삼을 게 아니란 사실에 모골이 송연해진다. 유림일은 전후 정세가 안정되자 전주 풍남문 앞에서 유산부인과를 경영하였다. 그는 바쁜 틈에도 시집과 소설집을 펴내어 가슴속에 쟁여두었던 폭폭한 인생사를 세상에 알렸다. 한편으로 그는 쉬는 날마다 지리산을 타면서 빨치산들의 혼령을 위로하여 자신의 온몸에 각인된 전쟁의 상흔을 씻으려고 몸부림쳤다.
　최준렬은 전주고등학교와 전북대학교를 거쳐 가천대학교에서 학위를 받기까지, 쉬지 않고 공부에 매달리는 한편으로 시흥시의 시민운동에도 힘을 보탰다. 그는 시흥YMCA 초대 이사장과『시흥시민뉴스』초대 발행인 등을 역임하는 중에도 중앙산부인과 원장으로 본분을 다했다. 그의 왕성한 활동력은 1999년 『순수문학』에 수필 「금연」이 당선되고, 2009년 『문학세계』에 시가 당선되는 원동력이 되었다. 갈래를 바꿔 거푸 문단에 나온 그는 소래문학회장직을 수행하며 지역 문단의 활성화에 앞장서다가, 시작에 진력하여 『너의 우주를 받아든 손』(소울앤북, 2018)을 위시하여 『당신이 자꾸 뒤돌아보네』(문학의전당, 2020), 『기척 없는 것들』(애지, 2021), 『손끝』(시문학사, 2022), 『마음두기』(시간의 물레, 2024) 그리고 산문집 『세상을 임신한 남자』(밀알, 2000) 등을 발간했다.

이만하면 최준렬의 본업이 의사인지 시인인지 가늠하기 힘들어진다. 마치 등단을 기다렸다는 듯이 그는 시집을 연달아 상재하면서 중견시인의 반열에 올랐다. 기왕의 시업에 주목하여 그의 시적 변주에 관심을 기울일 즈음이다. 최준렬의 시세계를 알아보고 싶은 이들에게는 최근 시집으로부터 역독하는 길을 추천한다. 즉, 근작시집 『영혼의 카렌시아』을 읽노라면, 일생 동안 산부인과 의사로 살아온 의사-시인의 감회가 행간에 푸석푸석하게 나뒹굴고 있다. 그의 시가 직업과 밀접히 관련되어 있는 줄 알려주는 징후들이다. 가령, 다음을 읽다 보면, 이 시집부터 읽어야 되는 이유가 선명하게 도드라져 보인다.

산과 의사로 36년간 분만실을
지켜왔다

극저출산으로
이제 그럴 일도 없어졌다

불이 꺼지지 않던
분만실 옆 당직실

이제는 시의 산실을 지켜야겠다

시집의 허두에 붙여 놓은 「시인의 말」이다. 36년에 걸친 개업의 생활을 마감하는 시인-의사의 고백이다 보니 '극저출산'으로 인하여 문을 닫는다는 말이 사실적으로 들려서 더욱 씁쓸해진다. 사실, 웬만히 말하기가 무서울 정도로 극에 달한 저출산 문제는 나라를 온통 고민 속으로 밀어 넣고 있다. 좁은 땅덩어리 안에 사람들이 다닥다닥 부대끼며 사는 통에 인구밀도가 세계에서도 빠지지 않는다는 둥, 아르헨티나로 농업이민을 보낸다는 둥, 이런저런 얘기를 자랑스럽게 늘어놓던 때가 엊그제인 듯하건만, 급기야 인구수가 줄어들어 미래가 걱정인 판국에 내몰린 것이다. 저출산은 가족의 해체를 시작으로 국가의 존립까지 위협하는 거국적 문제사태를 야기한다. 이런 문제가 생길 적마다 울화통이 터지는 것은 누구나 다이다. 한국보다 앞선 나라들이 각종 지표를 통해 기미를 보였음에도 불구하고, 이 나라의 정치가와 공무원들은 무엇을 하고 있었는지 한숨이 나온다. 선진국이 되겠다고 발버둥치는 한국이므로, 그 나라들이 배출하는 부정적 징후들을 면밀히 분석하고 훗날의 경계로 삼아야 마땅하거늘, 이 나라의 정치모리배와 공무원들은 으시딱딱하게 직무유기를 자행해 온 것이다.

출산율의 저하는 최준렬 같은 산부인과 의사에게 충격파를 안겨준다. 차제에 그는 지금까지 지켜왔던 산실에서 시의 산실로 거처를 옮기기로 마음먹는다. 그의 카렌시아가 현실계에서 이상계로 옮겨지는 것이다. 그렇다고 한 세대 넘게 몸담았던 직업으로부터 자유할 수는 없다. 그의 시 곳곳에는 산부인과 의사의식이 상존하고 있다. 이 점은 그가 의사-시인으로서의 자의식을 쉬 청산하지 못한 증거일 텐데, 주제의식의 방향을 선도하는 쪽으로 작동하고 있어서 주의를 요한다. 그의 시에는

「바닷가 산후조리원」이나 「해변에서 생긴 일」 그리고 「개화」처럼 시상의 전개에 직업적 상상력을 발휘한 작품이 있는가 하면, 「무딘 손끝」이나 「잉여인간」 그리고 「도시의 무의촌」처럼 임상 경험을 사회현상으로 확장하거나 「개화」마냥 자연현상으로 확대하는 작품이 있고, 「신생아 청력검사기」나 「주말당직」 그리고 「마지막 당직」처럼 산부인과 의사의 체험을 투사한 작품, 그밖에 「일그러진 우리들의 모습」같이 의사의 소임을 반성하는 작품도 있다. 이처럼 허다한 예시는 최준렬이 영락없는 의사-시인인 줄 내외에 공표하는 증거이다. 또 그 보기들은 그의 시가 체험으로부터 빚어진다는 사실을 증명한다. 이러한 경향은 일찍이 그가 펴낸 수필집 『세상을 임신한 남자』에 가득 채웠던 분만실 체험에서 싹을 보였었다.

　최준렬의 시편에는 "팍팍한 사람의 사막"(「애도」)을 찾아보기 쉽다. 그의 시 속에서는 '팍팍한' 사람이 사막을 건너기도 하지만, 팍팍한 사람이 '사막'을 횡단하는 중에도 '사람'인 줄 망각하지 않는다. 그것은 "팍팍한 하루"(「황사」)의 연속으로 적층되어 "인생은 팍팍한 사막이었다"(「인공눈물」)는 회한으로 귀결된다. 그처럼 팍팍한 생의 옹이를 초점화하느라 고심한 최준렬의 시는 "고향과 서울 사이"(「소년」)에 발을 딛고 있다. 그의 시작품이 산부인과 경험을 주로 하면서도 "석양에 둘러싸인 마을"(「가을 숲」)로 향하는 회귀심을 종으로 하여 직조되는 생리적 이유이다. 그러나 고향은 더 이상 "에덴의 해변"(「해바라기가 있는 해변」)이 아니다. 시인은 고향을 방문한 길손에 지나지 않는다. 그의 귀향에 함의된 오갈 데 없는 팍팍함은 인생의 거역할 수 없는 팍팍함으로 이월되어 발길을 팍팍하게 거든다.

　　오래된 팽나무가 서 있네

긴 세월 마주 보던
신전 처마가 무너져 내리고

씨앗 뿌리지 못하는
노거수의 정원에는
잡초들만 무성하네

신화 가득했던
마을은
몰락한 왕조의 성벽처럼
스산하고

청동 투구와 창이 무거워
돌아가신 아버지
외로움 견디지 못하고
성을 떠난 어머니

오래전 아이들이 떨어뜨리고 간
웃음들 야생화로 피어나고
꿀벌들 잉잉거리며 날고 있네

죽음을 앞둔 사람
마지막 신탁을 듣기 위해
고향 집 문설주
어루만지다 돌아갈 뿐

고향을 찾는 이
이제 없네
　　—「고향」 전문

　위 시는 지금-여기의 농촌 현실을 여지없이 증언하고 있다. 농촌의 마을과 마을을 포박한 "강물처럼 흐르는 적요"(「벚꽃 아래서」)는 고향이 상실한 회복력을 노정한다. 얼마 전까지만 해도 시인의 고향은 "통역이 필요없는 언어"(「은어」)로 구성된 곳으로, 도회로 가출한 소년이 "되돌아가고 싶을 때"(「홀로 라이딩」)면 하시라도 돌아와 의지할 수 있는 "원시의 공간"(「카렌시아」)이었다. 고향은 눈만 감으면 동무가 없어도 시끌벅적하던 옛 시절을 떠올릴 수 있었고, 어른이 없어도 골목마다 채워졌던 공동체의 흔적을 확인하며 미소할 수 있었다. 그러나 지금은 "생기 잃어가는 육신"(「숲으로 가는 길」)처럼 퇴색한 문설주를 '어루만지다 돌아갈 뿐', "붉은 노을이 질 때까지"(「해변의 수목장」) 사람 하나 만날 수 없다. 오죽하면 허기진 배를 채우려고 뜯어 먹었다는 이팝나무조차 "상여꽃 갖은 이팝나무"(「애도」)로 의미를 전환하는 현실이다.

최준렬은 인용시에서 중층적 수법을 차용하여 고향의 소슬한 풍경을 자아내는 데 성공하였다. 하나는 신화의 세계이고, 다른 하나는 사람의 세상이다. 양자는 입구에 버티고 선 팽나무 덕분에 존재한다. 마을은 팽나무 뿌리로 집집마다 이어지고, 팽나무 그늘로 사람사람이 모여든다. 팽나무의 '오래 된' 시간 속에서 마을의 신화가 생겨나고, 사람들은 그 신화 속에서 어울렁더울렁 살아간다. 마치 팽나무는 "평화와 치유의 동심원"(「플리트비체 호수」)이 되어 희망으로 어깨를 치세우고 마을을 떠나는 이를 배웅하고, 지친 어깨를 늘어뜨리고 돌아오는 이를 맞아준다. 그러나 과학의 이름으로 신화를 폐기하고, 도시의 편리성으로 농촌의 불편성을 대체한 지금은 팽나무로 하여금 '동심원'의 역할을 포기하도록 강요하였다. 시인이 팽나무를 마을의 입구에서만 발견하고 출구에서는 언급하지 않은 이유이다. 즉, 최준렬은 "대문들은 추억처럼 덕지덕지 녹슬어가고/빈집들은 소리 없는 저녁 어둠으로 번져가"(「미야자키, 고양이」)는 현실을 고발하고자 시의 말미를 마치지 않았다. 그리하여 '고향을 찾는 이/이제 없네'라는 결구는 "마음의 정원"(「가지치기」)을 잃어버린 현대인의 비애를 여실히 보여주고 있다.

  이 점에서 문학은 잃어버린 신화를 회상하는 장르이다. 인간의 삶을 벗어난 문학이 존재할 수 없으니, 인간의 뒤를 좇는 문학이 인간의 소멸하는 숙리(宿理)로부터 자유로울 수 없다. 그렇다면 회상의 순간이야말로 삶이 신비스러워지는 찰나라고 볼 수 있다. 삶이 신비스러울수록 그 단면은 요연히 드러난다. 최준렬의 시집 『당신이 자꾸 뒤돌아보네』는 "어머니와 함께했던 추억"(「영정사진」)을 떠올리며 쓴 사모곡이다. 사모곡이야 고려조에 이미 널리 알려진 「사모곡」이 있을 정도로 시공을 초월하여 꾸준히 양산된다. 아버지에 비해 상대적으로 애창되는 어머니의 사랑은 순전히 생산성과 그로부터 이어지는 무조건적 애정과 함께 평생 한결같은 자식우선주의에서 비롯된다. 최준렬이라고 해서 예외가 아니다.

      보청기를 잠시 빼놓은 상리댁
      열어놓은 문으로
      개망초꽃 무성한 묵정밭을 이따금 내다보며
      화투패를 뗀다

      낡은 집 서까래 지탱하는
      작대기 같은 지팡이에 의지해
      위태롭게 서 있는 중리댁
      대문 밖 응시하며 경계 늦추지 않는다

      형체만 남아 있는 돌우물
      아침이면 구정물처럼 쏟아내던 시어머니 험담이
      지층처럼 쌓여 있는 미나리꽝을 바라보는 하리댁도
      이제는 시어머니처럼 늙었다

      장다리댁 넷째 아들이라고 소리 지르듯 인사해도

경기하듯 흔드는 흰머리처럼
그녀의 과거도 하얗게 비어간다

용마루 서슬 퍼렇던 원리댁네
흔적 없이 사라진 빈터에는
잠자리에 들기 전
마지막 화장실을 찾는 개들이 어슬렁거린다
　　—「고향」 전문

　위의 인용시는 최준렬이 고향에 갔다가 느낀 소회를 시화한 작품이다. 앞에서 인용한 작품과 시제도 같고 정조도 비슷하다. 단지 앞의 시에 비하여 위의 시는 동네를 조감하고 있다는 점에서 상거를 지닌다. 앞의 시에는 아버지와 어머니가 등장하여 시인의 가족에 초점을 겨눴다면, 이 작품에서는 여러 이웃들이 나와서 동네의 소슬한 풍경을 자아낸다. 제 이름으로 호명되지 못하고 친정마을이름으로 불리는 부녀자들은 하나같이 노년의 헛헛한 모습을 지니고 있다. 예를 들어 보청기를 낀 상리댁, 지팡이를 짚은 중리댁, 사용하지 않는 돌우물을 가진 하리댁 그리고 '흔적 없이 사라진 빈터'의 원리댁은 '개망초꽃 무성한 묵정밭'을 손보지 못한 채 '고향'의 무너져가는 풍경을 고스란히 보여주는 소도구로 기능할 뿐이다. 노인들은 용변을 보러 기어드는 개조차 쫓아낼 기력이 없다. 그녀들의 무력한 모습에서 "신화처럼 무성한 가계도"(「라이따이한」)를 그리는 시도는 무의미하다. 그리하여 시인의 '고향'에서는 신화의 세계를 뒷받침해주던 "신생의 언어"(「사려니숲」)가 더 이상 발아하지 못한다.
　이런 측면에서 최준렬이 자꾸 "나는 누구이고 인생은 무엇인가?"(「피레네산맥에서」)라고 묻는 속내를 짐작할 수 있다. 그가 산티아고 순례길에서 "고요 속에서 들려오는 건/오직 내 발자국 소리"(「순례자」)를 듣고 나서, 순례가 결국 "내면을 향해 걸어갔던 길"(「야고보 서」)인 줄 깨달은 걸 보면, 시가 "여행객이 된 나"(「해변의 모스크」)의 고백록과 다르지 않는 줄 알 수 있다. 그는 이제 신화의 질서로 아늑하고 튼튼했던 카렌시아에서 나와 "완벽한 타인"(「완벽한 타인」)으로 포위된 현실에 카렌시아를 마련하게 되었다. 그것은 폐쇄된 '분만실'에서 '시의 산실'로 카렌시아의 역할을 용도 변경하면서 준비된 것이다. 그렇다면 최준렬의 시적 행로는 "적요로 둘러싸인 영원"(「강가에서」) 속으로 나아가는 길찾기라고 할 수 있다. 앞으로 그가 찾아낼 '적요'의 세계가 어떤 모습으로 채색될지 자못 궁금해진다.

제3부 시집평

지리산에 바치는 송가
―송희철 시집 『지리산에 무릎 꿇고 머리 수그리고』평

1

송희철(宋熙徹)은 1933년 부안에서 태어났다. 그는 시작 초기에 해당하는 1950, 60년대에 '송사리(宋思里)'라는 필명으로 작품을 발표하기도 하였다. 그는 1984년 『월간문학』으로 등단하여 1988년 첫 시집 『지푸라기의 노래』(미래문화사)를 상재한 뒤, 『지리산에 무릎 꿇고 머리 수그리고』(신아출판사, 1997), 『하부지의 노래』(시와산문사, 2010) 등을 펴냈다. 이 중 둘째 시집은 그가 지리산국립공원관리사무소장으로 재임하면서 오르내렸던 지리산에 대한 경외감을 시화한 것이고, 셋째 시집은 책 제가 시사하듯이 손녀를 키우면서 느낀 사사로운 감회를 쓴 작품들로 채워졌다. 마지막 시집을 내기 전까지, 그는 문단의 대소사에 활발히 참여하면서 전북문인협회 수석부회장과 시분과위원장 등을 맡았었다. 그 후 가정 사정으로 삶의 닻을 내렸던 전주를 떠나 수도권으로 이사하는 통에 도내 문인들에게 잊혀진 시인이 되고 말았다.

그래도 시인이 어디에 살거나 지역문학사에서는 무차별하게 호명할 일이다. 농경사회를 벗어나 고도산업사회에 접어든 마당에 주거지를 옮기는 일이 다반사인 세상의 흐름을 거역하지 말고, 그가 태를 묻었거나 발자국을 남긴 곳이라면 외면하지 말아야 한다. 만약 그처럼 떠났다고 논의선에서 제외하게 될 경우, 당자가 직면하게 될 당혹한 장면은 마땅히 해결할 방도가 없다. 더욱이 송희철처럼 여태 전북에서 살다가 퇴직하고 난 늘그막에 자식들의 곁으로 거류지를 이동한 시인이라면 당연히 논의 대상에 포함시켜야 타당하다. 그런 접근 자세야말로 전북문학사의 영지를 풍요롭게 일구어 가는 바람직한 태도라 할 것이다. 게다가 그가 태어난 부안이라면 더욱 그러하다.

2

지리산은 국립공원 제1호로 지정된 명산이다. 한국인이라면 누구나 한번쯤 그곳에 오르고 싶을 정도로 즐겨 찾는 지리산 노고단은 마고할미 전설과 얽혀 있다. 마고할미는 대모신이자 창세신으로 거구형이다. 그러나 사람들에게 나쁜 짓을 하지 않는다고 알려져 있으며, 지리산권에 속하는 산청에 가면 마고할미가 가지고 놀았다는 바윗돌이 남아 있다. 또 지리산은 "숲속에선 누군가 가슴 에이는 서러운 노래"(「지리산에서—모닥불 피우고」)가 즐비한 역사적으로 피비린내 나는 산이다. 유달리 전란이 잦았던 나라답게 지리산 나무 사이에는 역사의 뒤안으로 사라져간 이름없는 혼령들이 묻혀 있다. 그 말고도 지리산은 제석봉, 천왕봉, 반야봉 등의 이름에서 알 수 있듯이, 불교와 관련되어 골짜기마다 사찰이 세워졌다. 지리산을 등반하는 대열 중에는 "눈물겨운 나그네"(「지리산에서—나그네여」)도 끼어 있지만, 새해 첫날의 일출을 보면서 기원할 양으로 오르기도 한다.

그처럼 민족의 영산으로 추앙받는 지리산은 옛 시인들에게 찬양의 대상이었다. 송희철의 지리산 연작도 그 연장선상에 놓인다. 그가 지리산에게 헌정한 『지리산에 무릎 꿇고 머리 수그리고』는 4부로 구성되었다. 제1부는 무릎 꿇고 머리 수그리고, 제2부는 어떤 빨치산의 죽음, 제3부는 까먹을까 까먹지 말까, 제4부는 죽어도 죄가 남는 것이다. 각 부마다 '―智異山에서'라는 제목과 부제를 달고 있는 시편들로 빼곡하다. 지리산이라는 단일한 소재를 시화하면서 시인은 각 편마다 합당한 부제를 달아서 주제의식의 향방을 선보인다. 차라리 부제를 제목인 양 받아들이면서 읽어가는 자세가 시인의 의중을 헤아리는 지름길이라 할 만하다.

이 시집이 헌정시집이라는 점은 송희철이 「智異山에서」란 제목의 '序詩'를 제1부 앞에 얹어둔 것에서도 확인 가능하다. 시인은 애초부터 "두려운 마음"(「지리산에서―나의 오두막」)으로 지리산을 소재로 삼아 연작시를 쓰겠다는 결심을 세우고 틈틈이 제작에 든 것이다. 그는 이 시에서 '통한의 역사'와 '소원을 빌던 성소', '처절한 전쟁' 그리고 영호남의 갈등, 관광 개발을 거쳐 '지리산의 꺼지지 않는 위용'을 찬양하며 마무리한다. '서시'는 그가 써 나아갈 지리산의 시적 내용을 개괄적으로 보여주기에 충분하다. 이만하면 지리산의 시적 형상화 과정에 소용되는 사건들이 포괄되어 있다. 지리산 연작은 그의 근무 환경과 맞물리며 시상을 가격하고 심상에 침투된 결과물이라 평해도 과언이 아닐 법하다. 이밖에 시집의 모두에 송희철이 붙인 아래의 「책머리에」를 같이 보면 시작 의도를 파악하기가 용이해진다.

말하거니와 한 번 크게 다친 상처는 세월이 지나도 날씨가 흐려지면 겉으로 보기에 다 아물어 멀쩡한 듯한 자리라도 다시 도져 아프고 쑤신

법이다.
　동족상잔의 현장인 이 지리산도 망각의 세월 속에 묻혀가지만 억울하게 죽은 푸른 목숨들의 울음소리가 아직도 들리는 곳임을 우리는 알아야 할 것이다.

　시인은 지리산의 여러 모습 중에서도 '크게 다친 상처'에 주목하고 있다. 마치 사람들의 육신이 '날씨가 흐려지면 겉으로 보기에 다 아물어 멀쩡한 듯한 자리라도 무시로 도져 아프고 쑤신 법'이듯, 시인은 겉으로는 멀쩡한 것처럼 보이는 지리산도 '억울하게 죽은 푸른 목숨들의 울음소리'에 힘겨워하고 있다고 전한다. 그의 전문은 지리산의 속마음인지도 모른다. 산이 자신의 몸에 각인된 아픔을 망각하지 않는 것처럼, 사람들도 기억하라는 당부야말로 한국인 모두가 말하지 않아도 잊지 않는 바일 터이다. 인용문은 송희철의 지리산 연작시편들이 애상적 분위기 속에서 음울한 어조에 지배될 것을 어렵지 않게 추측할 수 있다. 게다가 평이한 발언으로 시작하여 시편에 함의된 바를 효과적으로 전달할 것인 줄 예고한다. 그것이야말로 시인이 앞자리에 머릿글을 앉혀둔 속뜻이다.

　　우리는 알지
　　목숨의 끝이 어딘가를
　　사람이 죽어
　　본시 난 자리로 되돌아간다면
　　고향집
　　저녁밥 짓는 연기 아늑히 피어오르는
　　어머니 따뜻한 가슴
　　그 품안으로 되돌아가야 할 텐데

　　바람 일고

해는 져서
하늘도 허기진 밤

목숨의 끝을 움켜잡고 있는 지금
우리는 알지
꺾인 팔다리 땅을 짚고
주린 배 쏠어내리며
어머니이…… 목메어 부르다가
한 줄기 풀바람 같은 신음으로
떠나가야 한다는 것을.
— 「지리산에서—어머니」 전문

송희철이 시집에서 읊은 내용을 하나로 갈무리한 작품이다. 1연과 3연, 곧 시작하는 연과 끝내는 연에 들어와 앉은 '어머니'는 송희철의 시가 어머니로부터 시작하여 어머니로 끝나는 줄 명료하게 알려준다. 이런 인식 태도는 그가 지리산을 대모신으로 받아들이고 있다는 사실을 암시한다. 그가 아니더라도 지리산은 마치 치마를 펼쳐 놓은 듯한 어머니의 산이다. 어머니산이니 지리산은 생명이 탄생하는 자궁이고, 영원한 안식의 혈에 해당한다. 2연에서 시인은 통과의례처럼 신산한 인생살이를 간단하게 보여주고 있다. 불과 석 줄로 요약된 젊은 날의 삶은 하나도 순탄하지 않다. 그 모습은 '해는 져서/하늘도 허기진 밤'이라는 시제의 도움으로 '바람'이 만만치 않게 일었던 생애로 밝혀진다.

사람은 본시 '난 자리'로 되돌아가려는 속성을 가지고 있다. 그것을 일러 귀소욕이라고 하건 자궁회귀본능이라 하건 간에, 사람은 이마에 주름살이 가득해지면 고향으로 돌아가려고 발버둥친다. 그의 귀향은 전적으로 어머니라는 절대적 존재의 품으로 향하는 것인데, 이때 어머니의 있고 없음은 문제가 되지 않는다. 다만 어머니의 품안에서 장성하던 곳이면 된다. 그가 갖은 노력으로 고향집을 찾아 마지막 장도에 오르는 것은 결국 '어머니이……'라는 '한 줄기 풀바람 같은 신음'으로 '목숨의 끝'을 보고 싶은 까닭이다. 그가 이승에서 내뱉은 '신음'은 인생을 완성하는 최종 쉼표이자, '어머니'의 품에 안겨서 "무거운 세상 벗어버린 사람"(「지리산에서—청학동 가는 길」)이 되었다는 안도의 숨이기도 하다. 위의 시가 송희철이 지리산을 바라보는 관점을 드러낸 것이라면, 아래에 든 시는 아예 지리산과 동일체가 된 상태를 노골적으로 드러내고 있다. 결국 그의 시적 스펙트럼은 지리산의 이 골짜기와 저 골짜기의 사이를 오가며 자아낸 것이다.

　　선 자리
　　그만큼만 차지하고
　　서서히 뿌리 내리며 무심히 살았다

　　하늘을 다 주어도
　　주는 대로 받아 흘리고
　　비바람으로 목을 축이며
　　계절 따라 뼈에 스미는 그리움으로
　　잎 피고
　　꽃 피고
　　열매 맺지만

　　결국은
　　다시 헐벗어
　　하늘 아래 빈 몸으로 서 있는
　　그대 나무.
　　　　—「지리산에서—나무로 서서」 전문

　나무의 신세를 시화한 것 같으나, 실은 자신의 마음가짐을 토로한 시라고 보는 편이 온당하다. 자연의 섭리를 따라 변하는 계절마다 찾아와

'뼈에 스미는 그리움'은 "밤마다 으깨는 그리움"(「지리산에서—돌이 되어」)이나 마찬가지일 터이다. 그리움의 대상은 "마른 살을 찢어 태우는 자"(「지리산에서—빨치산」)이건, "지는 꽃잎 떨듯 가만히 한숨 쉬는 그 여자"(「지리산에서—꽃 따먹는 여자」)이건 중요치 않다. 다만 지리산중에서는 그리움 자체가 소중할 뿐이다. 아울러 고사목지대에 서 본 이라면 이 시의 심상을 얼른 이해할 수 있으리라. 고사한 나무 앞에 '나무로 서서' 사람의 일생을 겹쳐 먼 곳을 응시하노라면, 바람결에 "산바람이나 한 짐 짊어지고 하산하거라"(「지리산에서—산바람 한 짐 짊어지고」)고 속삭이는 지리산의 울림을 들을 수 있다. 바야흐로 지리산에 들어간 사람이 철학적 사유 속으로 들어가는 순간이다.

  송희철은 말라 죽어서도 쓰러지지 못한 채 '빈 몸으로 서 있는' 고목을 우러르며 생을 성찰하다가 인용한 시를 얻었다. 자연 속에서는 누구나 시인이 되는 법이다. 순간마다 바뀌는 바람의 지저귐은 찰나의 전환으로 아우성이 되기도 한다. 선풍이 폭풍으로 변하는 자연 속에서 '나무로 서면' 그는 인생이 '산바람'에 불과하다는 사실에 용연해진다. 거기에 아무도 없이 혼자 서 있었다면, 나무의 교훈이 커다란 울림으로 귀를 때리고 그로 하여금 활연대오하도록 할하였을 것이다. 송희철의 위 시는 자잘한 세목을 시로 쓴 것처럼 보인다. 그렇지만 행간에 흐르는 바람과 '그리움'의 실물을 경험한 이라면 여간 만만치 않은 의미를 내포하고 있는 줄 바로 깨닫게 된다.

3

  위에서 살핀 것처럼, 송희철은 직장에 다니던 중에 정력을 다하여 지리산 연작시를 썼다. 시집 한 권을 온통 채워버린 지리산은 그의 직장

소재지였고, 시적 귀의처였다. 그의 지리산시는 대부분 "숨 막힐 듯 푸르른 앞산"(「지리산에서—초록 무덤」)보다는 "숯검정같이 검은 하늘"(「지리산에서—그대는 뉘신가」)로 우중충하다. 그 이유야 물을 것도 없이 지리산에게 강제한 역사의 비극에서 찾아진다. 이처럼 명확한 사실을 송희철이 자꾸 소환하려고 시를 쓰게 된 동기는 뚜렷하다. 비극의 역사를 잊지 말아야 다시는 그것을 되풀이하지 않는다는 평범한 진리를 기억하자는 것이다. 이런 의식이 강하다 보니 그의 시집 속에 실린 시작품의 대부분이 "뼈끝 시린 아픔"(「지리산에서—섬진강 바람」)들로 채워지고 말았다. 이것은 그가 식민지기에 출생하여 해방기의 혼란과 전쟁기의 참상을 직접 목도한 세대란 점을 연상하면 충분히 수긍할만하다.

'산'의 아비와 화해하는 딸의 '숲'
—김선 시집 『산으로 간 아이에게』평

1

사람들은 저마다 가슴속에 말 못할 사연 하나씩은 품고 살아간다. 사연의 종류도 다종다양하다. 사연들은 개인적, 가족적, 집단적, 사회적, 국가적, 민족적 차원의 것으로 분류할 수 있다. 이 나라는 근대 후로 유달리 크고 작은 사건들이 줄을 이었던 곳이라서 그로 인한 고통을 그곳에 사는 이들이 고스란히 감당하지 않으면 안 되었다. 더욱이 국가를 보위하고 국민을 위한다는 명분으로 권력을 사유한 자들에 의한 독재정치가 오래 계속되는 통에 사람들은 각종 사연을 부담하고 스스로 치유하는 길을 선택하였다. 그 치유 수단은 결국 언어이다. 원통한 사정을 털어놓는 것도 언어를 필요로 하고, 침묵하여 흉중에 저장하는 것도 내면의 언어를 필요로 한다. 그것을 죽을 때까지 말하지 않는 이도 있고, 죽기 전에 말하는 이도 있다. 말하는 방식도 여러 가지이다. 어떤 이는 글로 적어서 문자로 남기고, 어떤 사람은 말로 전하고 만다. 후자보다는 전자가 기록의 중요성이나 필요성을 중시하는 축에 든다. 그에 비해서 후자는 기록의 불멸성을 간파하고 말로 하기를 고집하거나, 그것에 의미를 두지 않고 무의도적으로 말하여 흉심(胸心)을 털어 놓는 편이다. 그러나 그들이 시인이라면 얘기가 달라진다. 시인은 그들과 달리 세밀한 감수성을 바탕으로 고도의 은유화를 시도하여 말하고자 하는 바를 간접화한다. 그 범주에 드는 시인으로 부안 태생의 김선을 들 수 있다.

1946년 부안읍내에서 출생한 김선(金璇)의 첫 시집 『숲으로 간 아이에게』(에디터, 2005)를 읽을 양이면, "상실의 아픔"(「소심」)과 "피 토하듯 가슴으로 흘리는 눈물"(「소나무 숲에서」)과 마주치게 된다. 그녀는 1995년 『앞선문학』으로 등단한 뒤, 꼬박 10년을 경과하여 시집을 내었다. 다수의 시인들이 문단에 이름을 알릴 요량으로 시집을 내느라 수선을 떠는 판에, 그녀는 세태와 아랑곳하지 않고 시적 수련을 거치며 기예를 연마한 뒤에 시집을 세상에 선보인 것이다. 물론 그녀의 행태를 마냥 찬양하는 것은 아니지만, 다량의 시집으로 자신의 역량을 뽐내려는 추세에 비춰보면 상례적인 것은 아니다. 이 시집은 "세월 모르는 어린애"가 "흰머리 하얀 노인"(「흘러가는 것은」)이 되어 산사람이 되느라고 가정을 뒤로 한 아비와 화해하고, 그의 혼령을 위로하고자 낸 위령시편으로 채워졌다. 시집의 곳곳에는 비극적인 가족사로 인한 "상실의 아픔"(「소심」)이 기본 정서로 장치되어 읽는 이로 하여금 이 땅 위에서 벌어졌던 통사(痛史)를 선이해하라고 강권한다. 그런 이유로 "큰 상처로 굳어진 내 이름자"(「어처구니없는 세상 속에서 Ⅱ」)를 공언한 시집의 표지를 넘기는 입문 단계조차 조심스럽다.

2

　김선의 『숲으로 간 아이에게』에는 소위 '아비 없는 자식'으로 사는 동안에 '빨갱이의 자식'이라는 손가락질을 받으면서도 하소연할 데가 없어서 "혼자서 삭이는 아픔"(「이 한 통의 편지가」)을 받아들여야 했던 여린 소녀의 한이 배여 있다. 그녀의 앞에 닥친 운명이란 순전히 아비의 선택에 의한 결과였지만, 좁은 부안땅에서 가족들이 당해야 했던 고통은 이루 말할 수 없었다. 단지 그 시대에 그 사람의 자식으로 태어났다는 이유만으로 그들은 온몸을 동리사람들한테 저당잡힌 채 욕받이로 살아야 했다. 그때는 세상이 참 단순하여 피아로 나뉘었고, 아이들처럼 내 편이 아니면 모두를 적으로 몰아가던 판이었다. 그런 판세를 뒤집거나 거스르기라도 할 양이면 온 집안이 소매를 잡으며 만류하고, 이웃들은 어느새 낯빛을 돌변하여 공격하였다. 그처럼 험악한 시절을 살아 나온 김선인지라 노인이 되어서야 "평생을 두고 미워하던 사람"(「월포에는 밤이 있다」)과 조우를 꾀하게 되었다. 이것은 그녀의 잘못이 아니며 불효가 아니다. 평생 동안 그녀의 서러운 사정을 외면하고 구박한 이웃들이 부끄러워 할 일이지, 그녀가 "심장이 터질 것 같은 두려움"(「심연」)에 떨 일이 아니다. 외려 "대쪽 같은 이념 하나에/처자식 버린 아버지"(「대숲에는」)와 "한줌 재로 뿌려졌던 언니"(「江의 幻」)를 포함한 비극적인 가족사를 정면에서 다루어 치유하려는 그녀의 의도는 칭송받아야 마땅하다. 그녀가 가진 것은 다행히 시적 공간밖에 없으므로, 작품은 부녀가 만나기에 제격이다.

　김선의 부친 김아는 일본 유학 중에 「경제론야유격기」(『비판』, 1931. 10)를 발표하고, 부안의 유식청년들과 어울리면서 에스페란토강습회를 여는 등, 지역사회의 변혁운동에 앞장섰던 운동가였다. 그는 신석정의 형의 친구로, 신석정의 제2시집 『슬픈 목가』(낭주문화사, 1947)에 "이제 석정의 가슴에는 다시 푸른 꿈이 깃드리기 시작하였고, 그에게는 푸른 산 흰 구름만이 그의 시가 아니요, 조선의 세계의 인민도 또한 그의 시가 될 수 있으리라는 것을 믿는 나의 심사는 과연 한낱 부질없는 꿈일 것인가?"라는 서문을 써준 장본인이다. 그는 1950년 남북전쟁이 터지자 동지들을 규합하여 유격대를 조직하고 산으로 들어갔다. 그는 낙동강전선을 거쳐 강원도까지 진격했다가 국군이 서울을 수복하자 남하 중 제6지대에 편입되어 문화부 지대장을 맡아 충남북 일대에서 유격전을 벌이다가 덕유산으로 내려왔다. 1953년 여름, 김아는 덕유산에서 전투를 수행 중에 유명을 달리 했다.

2000년 여름, 김아의 영애 김혜원은 "산사람이 되어버린 아버지"(「변산」)의 시신을 수습하려다가 실패하자 그곳의 흙을 선산에 떠다가 가묘를 쓰고 비석을 세웠다. 비로소 아비에게 제상을 차려줄만한 행색을 갖춘 것이다. 일제로부터 해방이 되자 감격한 목소리로 딸에게 "너희는 이제 맘 놓고 ㄱㄴ에서 조선의 넋을 찾고 ㄷㄹ에서 조선의 역사를 알아 난초같이 향기롭고 새ㅅ별같이 빛날지이다"(「혜원이와 성아에게 보내는 글」, 『파랑새』 창간호, 1946. 2)고 말하며 무한한 사랑을 표백할 만치 따뜻한 가슴을 지닌 아비였다. 그러나 해방공간의 혼란한 틈을 타서 남북 간에 총부리를 겨누게 되자, 아비는 신봉하던 이념을 좇아 기꺼이 산사람이 되었다. 그 통에 딸은 아비와 헤어지게 되었고, 전쟁이 끝나면 바로 돌아올 줄 알았던 아비는 영영 불귀하고 말았다. 한낱 관념덩어리에 불과한 사상에 머리를 잡힌 아비는 혼백마저 집으로 돌아오지 못했고, 딸자식들은 아비의 품에서 우러나는 온기조차 공유하지 못했다.

딸은 "핏줄을 갈라놓은 생이별"(「변산, 해넘이 축제에서」) 속에서도 아비를 향한 애끓는 그리움을 주체하지 못하고 있다가 가족들과 덕유산을 찾았다. 그들의 산행은 살아남은 산사람들의 안내를 받아 이루어진 것일 테지만, '구천을 떠도는 영혼'을 찾아 나선 길은 "되돌아 올 수 없는 길"(「길」)이었다. 더 이상 아비를 산 속의 고혼으로 남겨두지 않으려는 결심이 서기까지, 가족들은 "별 속에서 꿈을 꾸는 행위는 이적행위"(「푸른 별」)였던 시절이 어서 종료되기를 애원하며 "꿈을 꾸어도 좋을 새벽"(「새벽」)이 오기를 기다렸던 것이다. 김선은 아래의 시를 비롯한 여러 편에서 "그리운 영혼"(「한 그루 나무가 되어」)을 기다리고 그리워하는 동안에 마주쳤던 "삶을 팽개쳐버리고픈 고뇌"(「내 안에 정지된 시간」)의 흔적을 공개하고 있다.

    무주구천동에는
    반세기 동안을 잊혀져 온
    구천을 떠도는 영혼들이 있다

    칠월의 무더위 속에서도
    꽃은 피는데
    설마 응달진 곳 가냘픈 나리꽃이 알까
    까치수영이 알까
    그 아픈 사연들을

    묻혀져 버릴 뻔한 그리움 찾아
    오십년 만에
    이끼 푸른 바위 위에
    조촐한 제상 차려놓고
    술 한 잔 올린다

    두 번 절하다 엎드려
    더 이상 속으로만 울지 않고

목 놓아 울었다
다 보듬어 안아줄 넉넉한 물소리 있기에

장마철
금방이라도 빗낱이 들 것 같은
어둑한 계곡에
반짝 햇빛이 들어 세상을 비추고,
긴 세월 함께 해온
등 굽은 노송도 같이 세상을 받았다

무두구천동에는
아직도 잠들지 않는 이념
구천에서 눈을 뜨는
내 아버지의 영혼이 있다.
　　—「무주구천동에는」 전문

　　김선은 첫 연부터 '무주구천동', '반세기', '구천'으로 시작하여 시간과 공간의 굴곡을 시사한다. 즉, 이 시의 '무주구천동에는/반세기 동안을 잊혀져 온/구천을 떠도는 영혼들이 있다'에서 '무두구천동에는/아직도 잠들지 않는 이념/구천에서 눈을 뜨는/내 아버지의 영혼이 있다'의 사이에 놓인 시행과 연의 고랑과 이랑에는 김선네 가족들의 "가슴앓이 할 가슴도 이제는 남아 있지 않은"(「기다림에 대해서」) 애통한 생애사가 덮여 있다. 그녀는 어린 시절부터 '가슴앓이 할 가슴'을 떼어내라고 강요하는 이웃들의 비난으로 말미암아 "생을 내던져버리고픈 고뇌"(「세월 저편에는」)에 빠진 적이 한두 번이 아니었다. 이웃들은 그녀의 가족들에게 날마다 눈물바람으로 살아갈 것을 종용하였다. 그녀의 애통터지는 슬픔은 '나리꽃'이나 '까치수영'조차 알아주지 못할 만큼 '아픈 사연'으로부터 말미암았다.

시월이 흐르고 아비의 이야기를 더 이상 숨기지 않아도 되는 날이 오자, 김선의 식구들은 '오십 년만에' 아비를 찾아갔다. 하지만 동료들이 시신을 매장했다는 장소에서 아비의 흔적을 발견하지 못하고 만다. 50년의 세월이 표시를 지워버렸고, 동료들의 기억회로에 녹을 칠한 결과였다. 별 수 없이 가족들은 '조촐한 제상'을 차리고 예를 갖추었다. 그러다가 그만 김선은 '넉넉한 물소리'를 핑계로 속울음 대신에 '목 놓아 울었다'. 울음은 반세기 동안 참았다가 터져 나온 봇물이며, 막힌 혈로를 뚫어 화해의 장으로 인도하는 마중물이었다. 마침내 유자녀들은 통곡으로 아비에 대한 불효를 탕감받고, 아비는 딸로부터 "잊었던 세상소식"(「꿈꾸는 집터 Ⅰ」)을 듣고 그간의 파륜(破倫)을 용서받았다. 그로서 '묻혀져 버릴 뻔한 그리움'은 "추억은 아름다운 것이라고 설령 펄펄 끓는 가마솥 속에서의 괴로움이었다 할지라도 나는 그것을 그리워할 것이라는 기록을 남겨주었던 아버지"(「바다와 안개」)로부터 남상한 것인 줄 밝혀지며 마무리되었다. 시인이 끝 행에 '.'를 찍은 속사정이다.

　자신을 두고 산속으로 간 아비를 원망할 법도 하건만, 김선은 그와의 "마디마디 좋은 추억"(「회귀」)을 기억하며 천륜의 끈을 놓치지 않으면서 나날을 버텼다. 예를 들어 그녀가 아비를 가리켜 "무수한 은하수 거느리고 온 어린왕자"(「너의 빈자리에」)나 "기억하지 못하는 어린왕자"(「화산과 어린왕자 그리고 나」)라고 명명하는 태도는 "그리움의 대상을 기다릴 수 있다는 것은 황홀하다"(「눈 내리는 밤에」)는 부녀간의 혈연관계가 아니면 도저히 설명되지 않는 맹목적인 기다림에서 우러나온 행위이다. 그것은 온전히 아비를 닮은 딸의 소신으로부터 기원한다. 둘이 다른 게 있다면, 아비가 이념을 신념으로 삼은 데 비하여 딸은 "존재하지 않는 것을 그리워하는 것은 믿음이다"(「존재와 부재」)라는 시적 발언으로 귀납하였다. 부녀가 물리적으로 물경 50여 년간 떨어져 있었을지라도, 둘 사이에는 끈끈한 가족애로 그 기간을 메우며 연결되어 있었던 셈이다.

3

김선은 위에서 살펴본 것과 같이, 시집을 통해서 아비의 혼을 위로하고 화해하고자 부녀간의 혈연을 매개로 시집이라는 공간 위에서 씻김굿을 행하였다. 그녀의 시가 개인을 뛰어넘어 가족의 서사란 사실은 시집의 행과 행 사이에서 쉬 찾아낼 수 있다. 그 점은 시집을 평하는 마당에 개입하여 예시만으로 아우르도록 견인하였다. 다만, 앞으로는 시인이 "하늘을 우러러 한 점 부끄러움이 없기를 피 토하는 가슴으로 시를 썼던 그"(「매미의 노래」)를 위한 레퀴엠보다는 "더 이상 슬픈 시를 쓰지 않기를"(「위령 성월에」) 바랄 뿐이다. 그러므로 기회가 된다면, 김선이 "파르르 떠는 남색의 붓꽃"(「봄의 숲」)의 떨림을 들려주기를 앙망한다. 붓꽃이 '파르르' 떠는 날, 온 세상의 아비와 딸이 만나서 덩실덩실 춤판을 벌일 터이다.

『집 속의 집』(책가, 2015)은 김선이 "마지막이라 생각하는 두 번째 시집"(「책을 펴내면서」)이다. 이 시집 속에서 시인은 "아버지 없는 유년의 뒷동산"(「능소화」)과 "어머니가 있는 유년의 봄볕"(「잠」)의 대조를 통하여 부재와 존재의 극명한 환경에서 성장한 아픔을 여전히 시화하였다. 앞에서 언급한 바와 같이 그녀가 아비 없이 자라는 통에 그리움이 일상사에 관련되어 있다. 그런 전차로 그녀에게 그리움은 "외로우면 떠올리는 사유 같은 것"(「그리움을 위하여」)이다. 그리움은 시인의 연약한 육신에 한으로 육화되어 있는 까닭에, 시로 형상화될만한 '사유'가

요청된다. 이 글에서 이 시집에 관한 논의를 생략한 이유인즉, 김선으로 하여금 '마지막'이 아닌 시집을 내놓으라고 강권하려는 욕심 때문이다. 그녀가 연로한 게 사실이지만, 기력을 발휘하여 "어처구니없는 세상"(「어처구니없는 세상 속에서 Ⅵ」)에도 "분꽃 같은 당신께"(「분꽃 같은 당신」) 드리는 연시가 필요한 줄 안팎에 광포하기를 기대한다. 그런다면 김선은 늦게나마 아비가 아닌 동화 속의 '어린 왕자'를 고대하는 소녀시대로 돌아갈 것이다.

시, 아버지와의 화해 장소
―최광임 시집 『내 몸에 바다를 들이고』평

1

1967년 최광임은 "어머니 젖꽃판 같은 변산"(「그 집」)에서 태어났다. 그녀는 대전대학교 문예창작학과를 졸업하고, 같은 학교의 대학원에서 수학했다. 2002년 시 전문지 『시문학』을 통해 문단에 나온 그녀는 1987년 경남 진주에서 해마다 열리는 개천예술제에서 연극 부문 최우수 연출상을 받기도 했다. 그녀는 시단에 나와서 2년이 흐르자 첫 시집 『내 몸에 바다를 들이고』(모아드림, 2004)를 펴내었고, 『도요새 요리』(북인, 2013)에 이어 『디카시』 주간으로 활약한 성과를 담은 『세상에 하나뿐인 디카시』(북투데이, 2016)를 세상에 내놓았다. 최광임이 디카시집의 뒤편에 붙인 아래의 「저자의 말」을 보자면, 한국 디카시 열풍을 선도하고 있는 듯하다.

나는 시인과 독자가 함께 할 수 있는 디카시의 장을 만들어 왔다. 2009년부터 2011년까지 매해 여름 '시가 흐르는 서울'에서 디카시 낭독회를 진행했으며, 2013년부터 2015년까지 '교보낭독공감'을 이끌었다. 또 2016년 2월

엔 국립중앙도서관 SNS 시인시대 디카시전과 특강을 진행했다. 이밖에도 경남 고성을 중심으로 하는 행사와 각 지역에서의 행사 등을 합친다면 일 년 내내 디카시 행사를 치르며 보낸 셈이다.

최근 들어 디카시 바람이 불고 있다. 중진이나 신예를 막론하고 여러 시인들이 디카시 생산 대열에 합류하느라고 신명을 다하는 추세이다. 또 디카시는 한 편의 짧은 시와 한 장의 사진이 합쳐진 탓에 특정 장소의 방문을 요한다. 각 지자체마다 이 점에 착목하여 공모전을 개최하는 것도 디카시 유행을 부추긴다. '일 년 내내 디카시 행사를 치르며 보낸 셈'이라는 숨가쁜 소리로 자신의 한해살이를 알려주는 최광임의 발놀림은 디카시 업무에 종사하느라 얻어진 것이기도 하다. 위에 따다 놓은 바와 같이, 한 해 동안 다카시 관련 행사가 열리는 곳이라면 어디를 물론하고 쫓아다닌다는 그녀의 행보를 옹호하기보다는, 외려 디카시에 열중하느라고 "풀 먹인 속치마 스치는 소리"(「대숲에서」)까지 포착하고 "소리의 크기만큼 서로를 밀어내는 힘"(「못질」)을 찾아내는 섬세한 감수성이 훼손될까봐 걱정된다.

시대에 유행하는 매체를 적극 활용하여 시의 대중화를 추구하는 디카시에 대한 평가는 유예해야 마땅해 보인다. 현하 들불처럼 번지는 디카시가 다다나 구체시 등과 다르게 전적으로 시대와의 인연에 편승한 것이란 점은 시의 본령에 속하는 서정시를 위축시키기에 충분하다. 일률적으로 단시형을 고집하는 성향은 자유시의 자유한 속성에 반할뿐더러, 시 장르가 태생부터 전위적이란 사실을 부정하여 사유의 분량을 구속하게 될 가능성이 농후하다. 이런 점을 가리켜 고리타분한 본질주의자의 고집스러운 장르관 때문이라고 힐난할 테지만, 최광임의 장기는 "생채기도 없이 아물지 않는 생"(「봉분 만들기」)을 시에 육화하는 도중에 발휘되는 줄 알기에 내놓는 발언이다.

2

최광임의 첫 시집을 읽다보면 속이 알알해지는 느낌을 감출 길 없다. 마치 "오래도록 돌아오지 않는 엄마의 젖냄새"(「고양이」)를 기다리는 아이의 초상이 떠오른다. 그녀의 시에 등장하는 '젖꼭지'는 다른 여성의 것이 아니라 반드시 '엄마'의 것이다. 가령, "엄마 젖꼭지만한 푸른 감"(「감꽃」)은 "지금은 꽃 피우지 못하는 늙은 감나무 빈집"(「감나무가 있는 집」)에서 감꽃으로 목걸이를 만들던 유년기의 추억을 소환하는 용도로 기능하고, "어머니를 부르며 깊은 젖무덤에 손을 얹었으면 좋겠네"(「소나무」)라는 바람은 원시적 평화가 깃들었던 요람기를 회상시켜 시인의 입가를 벌게 만든다. 그와 같이 '젖냄새'는 아이를 세상에서 가장 행복한 표정으로 안식에 들게 한다. 그러나 그 냄새를 맡지 못하는 기다림의 시간이 '오래도록' 지속되는 바람에 아이의 외로움은 절절해진다. 그녀의 시편에서 '젖'이 출현할 때마다 이 대목이 연상되어 시의 문맥과 독해의 감흥이 알알(憂憂)하다. 그녀의 시와 삶의 근사(近似)한 관계는 가까운 대상에 관한 사유로서의 근사(近思)에 힘입은 듯하다. 그만치 그녀의 첫 시집에서 시는 생과 긴밀하게 조응하고 있다. 그 원인을 따져보는 한편, 그녀의 시세계에 본격적으로 들어가기 위해서 시집에 얹어둔 「자서」를 아래에 적는다.

    내 삶의 배경은 늘 바다였다
    술 취한 아버지의 바다
    비탈밭에 엎드린 어머니의 푸석한 바다
    내 꿈은 지지리도 척박한 그곳을 떠나는 것이었다

도무지 만선의 배 한 척 들어올 것 같지 않던
허기의 바다
바람에게나 파도에게나 말을 걸던 유년
벗어나고 싶었다 그러나 이제야 안다
나는 세습무였음을
그 바다가 시가 되고 내가 되었다
이제 내가 바다다
내 몸이 지금 분주하다
수많은 해초들과 물고기들
미끈덩 솟아오르는 아침과 알몸으로 빠져드는 새벽달
이 쉼없는 몸짓들
내가 퍼내어야 할 바다다

부끄러운 첫 시집을 전해야 할 이가 있다면
증오하던 아버지의 술잔과 가장 튼튼한 집이 되어준 오빠에게 올린다.

  시집의 첫머리를 예쁘장한 말로 시작하고 싶은 게 시인들의 상정이다. 더욱이 그 시집이 처음으로 펴내는 것이라면 더욱 그렇다. 그러나 최광임은 독자들의 기대를 거스르고, "결혼식장에서 어린 오빠의 손을 잡고 한 생을 건너 온 여자"(「이력」)처럼 '부끄러운 첫 시집'을 정직한 글쓰기로 시작하고 있다. 머리글을 읽어가노라면, 가정사가 시인의 온몸을 휘감고 있는 줄 알게 된다. 그것은 '술 취한 아버지', '비탈밭에 엎드린 어머니'로 말미암아 '바람에게나 파도에게나 말을 걸던 유년'의 "세습 같은 질긴 외로움"(「훌라후프를 돌리며」)을 키워준 '바다'이다. '도무지 만선의 배 한 척 들어올 것 같지 않던' 절망감을 안겨준 '허기의 바다'로부터 도망치고 싶어서 절규하던 '나'는 "평생 네 어머니 골수를 뽑아 술로 마셨던 한량"(「술병 속의 새」)과 화해하기 위하여 "실같은 기억"(「그리움은 소금꽃이다」)들을 아래와 같이 늘어놓는다.

"아버지…… 아버지……"(「술병 속의 새」)
"술 취한 아버지의 둑방길"(「수·2」)
"아버지는 중환자실에서 깨지 않았다"(「이력」)
"무덤가 아버지 축축이 젖은 손"(「내 몸에 바다를 들이고」)
"아버지 꽃짐 지고 누운 채로 걷고"(「는개 내리고」)
"나는 아버지를 꺼내들고 왔다"(「인연」)

위처럼 최광임은 "잔혹한 그리움"(「까미유 끌로델」)에 바탕하여 '아버지'와의 '기억'을 가리지 않고 소환한다. 그 덕택에 얻어진 고백효과는 그녀의 무능한 아버지에 대한 '증오'의 도를 낮추어준다. 일찍이 "제 갈 곳으로 가지 못하고 사는 목어"(「다시 보석사에서」)처럼 사느라고 '술 취한 아버지' 때문에 "어둠에 퉁퉁 분 아이"(「된장국, 2004년 여름을 넣다」)였던 그녀였으나, "삶은 놀이공원에서의 한때와 같"(「물풍선」)은 줄 깨달은 나이에 접어들면서 노약해진 아버지의 '꽃짐'을 나눠질 결심을 하게 된다. 그러자 "사람 사는 집보다 비어 있는 집이 더 많은 마을"(「꽃 피는 가게」)을 떠나려고 '쉼없는 몸짓'으로 몸부림쳤던 지난날이 소중해지고, '아버지 축축이 젖은 손'에서 "어혈처럼 뭉친 상처가 녹는다"(「금」).

부끄러워 몰래 갔다
이슥한 어둠 탓도 있었지만 바다는 묵묵했다
활어보다 싱싱했던 한때 지나, 까막까막
몇 채 안 되는 외등 켜고
폐경기 맞은 여인처럼 주름져 있었다

속살 여리디여린 곳 갈라 물을 들이고
굴삭기, 덤프트럭에 만신창이 된 제 상처 핥으며
자꾸자꾸 어둠을 끌어다 덮는 바다다

부려놓은 인연, 몸 깊숙이 근 박아둔 채
풋것 주렁주렁 달고
목놓아 먹일 것도 없는 황량한 들판 되어
백주 대낮이 부끄러운 나다

가끔 진저리치듯 진눈깨비 몰아가고
바다와 나,
안으로 스며들고 있었다

내 몸에 바다를 들이고
짠물에 종기 우려내면 그제서야 낮이 아프지 않을라나
아버지 닮은 누군가 지금도 술을 어둠처럼 마시며
이 거리 저 거리 상한 비늘로 날릴 것인데
바닷가 윗뜸, 이제 술기운 가신 채 누워 계실 아버지
맑은 무덤에도 진눈깨비는 내릴 것이었다

괜찮다, 괜찮을 거다
무덤가 아버지 축축이 젖은 손 뻗어
내 시린 눈 어루어주고 있었다
멀리서 희끄무레하게 흰 파도 밀리다 말다,
바다와 나
붉게
몸 들이고 있었다
　　—「내 몸에 바다를 들이고」 전문

최광임 부녀가 화해하게 되기까지의 과정을 시화한 작품이다. 한때 지독한 가난 때문에 벗어나고 싶었던 고향. 바다에 목숨을 매달고 살아봤으나, "가난한 어미 같은 바다"(「바닷가 까마귀」)는 '세습무'마냥 빈곤을 대물림하여 거대한 절망감을 가져다줄 뿐이었다. 그러나 "나뒹굴어도 가시지 않던 비린내"(「무인도」)로부터 도저히 도망갈 수 없다는 천부적 숙명을 받아들인 후부터 바닷소녀는 실존적 인식의 켜를 늘려가면서 가슴 깊은 곳까지 퍼져버린 '비린내'조차 묵묵해졌다. 그녀가 짠물에 우려내는 '종기'는 "너는 언제나 상처에 열을 지피는 내 종기다"(「목련꽃 진다」)고 선언했던 바로 그 '종기'이다. '종기'는 '상처'의 속으로 들어가서 '열'을 지펴준다. 이 점에서 '종기'는 신열을 지펴줌으로써, 최광임에게 창작의 고통을 선사한다. 그 아픔은 '백주 대낮이 부끄러운 나'를 '바다'와 동일시된 아버지 앞으로 데려간다.

바다가 상징하는 바는 여러 가지이다. 가령, 바다는 물과 대지를 연결해주는 매개체가 되어 삶과 죽음을 잇는 역할을 수행한다. 이때 바다의 긍정적 측면은 명화 「비너스의 탄생」에서 예시한 것과 같이, 생명이 탄생하는 처소나 신화적 상상력의 원조를 받아 영원한 모성성의 근원으로 인식된다. 위에 따온 시편에서 최광임이 아버지와 화해할 수 있었던 배경에도 '바다'의 상징이 개입되어 있다. 아버지는 '자꾸자꾸 어둠을 끌어다 덮는 바다'가 되어 딸에게 한없이 무능했던 과거의 허물을 덮는다. 딸은 '굴삭기, 덤프트럭에 만신창이' 된 '바다'의 '상처'를 보고, 어려서 더없이 증오했던 아버지의 바다에 난 '상처'와 동일시한다. 그리하여 '바다와 나'는 서로 스며들 수 있었고, 딸은 '내 몸에 바다를 들이고' 아버지와 화해하기에 이른다.

3

최광임의 첫 시집 『내 몸에 바다를 들이고』는 '증오하던 아버지의 술잔'과 화해하는 과정을 담은 성장서사이고 통과의례이다. 그녀는 '아버지의 술잔'과 '가장 튼튼한 집이 되어준 오빠'에게 의지하여 "허방의 언어"(「문자를 타전하다」)와 "정갈한 언어"(「봄밤에」)를 교직하여 시를 긷는다. 그녀의 시집에서 허허로움과 싱싱함이 동시에 느껴지는 이유인즉,

'아버지'와의 화해를 전후하여 "피멍의 상채기"(「에델바이스」)에 이르기까지의 내상과 "가지 꺾이는 소나무의 넉넉함"(「잔설가지 뚝뚝 떨어지는」)으로 얻어진 평화가 병치되어 있기 때문이다. 미구에 나오게 될 시집에서 그녀가 후자에 기울인 관심의 정도를 확인할 일이 기대된다.

'사이'의 시학
—배귀선 시집 『점멸과 침묵 사이』평

  흔히 사람을 인간이라고 부른다. 하지만 사람과 인간은 엄밀히 말하여 동일어가 아니다. 다 아는 바와 같이, 인간은 '인생세간(人生世間)'의 줄임말이다. 이 단어에 분명히 들어 있는 '사이'는 세조조에 편찬한 『석보상절』에도 나온다. 사람은 애초부터 혼자 살 수 없는 존재이다. 사람과 사람의 '사이'에서 존재감을 느끼는 '사람'이야말로 숙명론적으로 '사이'의 존재라고 명명할 수 있다. 그 '사이'는 필연적으로 사람과의 거리를 내포하고 있어서 사람이 외로운 존재라는 사실을 극명하게 알려준다. 그런 연유로 사람들은 이 세상에 태어나는 순간부터 사람과의 사이, 즉 관계 맺기에 노력한다. 그 '사이'가 그의 존재증명이고 동시에 부재증명이다. 사람은 그 '사이'에서 존재하고 부재하는 동물에 지나지 않는다. 시인들이 사이에 관심하게 되는 근본적 동기이다.

  '사이'는 사람들을 침묵케 한다. 그것은 사람과 사람의 '사이'에 놓인 거리를 가리키기도 하고, 사람과 사람의 관계를 지시하기도 한다. 또 사람들은 '사이'에서 위계를 읽기도 하고, 태도를 준비하기도 한다. 그런데 사이는 사람과 사람의 사이에만 있는 게 아니다. 사이는 사람과 대상의 사이에도 있다. 사이 앞에서 사람들이 말을 잃어버리거나 말할 수 없는 사정이다. 그렇다. 그것은 이유가 아니라 사정이다. 이유는 특정한 결과를 도출해낸 원인이라서 명료하다. 그러나 사정은 그렇지 않다. 사정은 사이를 만든 전후좌우의 조건이나 환경이 자아내므로 복잡하고 미묘하며 모호하다. 사정을 함부로 단정하지 못하고 사방에서 좁혀 들어가면서 맥락을 살펴야 하는 까닭이다. 그런 고로 배귀선(裵貴仙)이 세상에 처음으로 내놓는 시집의 제목을 『점멸과 적막 사이』(한국문원, 2021)라고 제하여 '사이'를 표나게 내세운 점은 주목을 요한다.

시를 읽을 때마다 '사이'가 나오면 버릇처럼 멈칫한다. 사이가 국한하는 의미역을 알아내지 못하면 시의 위의에 포박되어 궁극에 닿을 수 없을 것이라는 절망감이 앞을 가로막는다. 배귀선은 2011년 『전북도민일보』 신춘문예, 2013년 『문학의 오늘』에서 연달아 등단 절차를 밟고 나왔다. 그가 "저울에 달아도 무게가 나가지 않을 것 같은 세월"(「석양을 줍다」)이 경과한 2021년에야 처녀시집을 펴내면서 '점멸'과 '침묵'을 양골로 걸어 놓은 것은 시집의 정조를 구획한다. 그가 시의 창작 과정에서 요란한 구석을 제거했다는 대외적 선언인 셈이다. 거기에 둘 '사이'를 오간 흔적이 시집이라고 공언한 것에 눈길을 멈추면, '점멸'과 '침묵'을 장치한 의도에 궁금증을 지닌 수밖에 없다. '점멸'과 '침묵'은 시공간에 스며듦을 함의한다. 그 속도나 범위는 그칠 지점을 종잡기 힘들다. 그러니 처음부터 둘과는 거리를 두고 관찰하여야 속이 편하다. 그런데 시인은 양편을 오간 궤적을 시제로 선정했으니, 시작부터 그 속셈을 알아차리는 데 힘을 기울일 필요가 생긴다.

배귀선은 시집의 입구에 "다시/혼자가 되는 새벽/구토를 시작한다//뱃가죽이 등에 닿고서야/눈물이 되는 고독/고독들"이라는 「시인의 말」

을 얻어서 자신의 시편들이 '구토'와 '고독'의 산물로서 "밤 내 쌓인 침묵"(「누수」)의 결정인 줄 알린다. 그것은 시집을 여는 이들에게 자신의 '구토'와 '고독'에 동참하기를 권하는 것이나 진배없다. 그의 두 행위는 '새벽'이라는 시간표지에 의하여 더욱 악화되고 심화되어 미명의 시간대에 '다시' 스며든다. 그가 날마다 맞는 아침은 새벽마다 자행되는 '구토'의 결과이다. 그의 새벽 시간을 장악한 구토는 행할수록 어둠 속으로 습입(襲入)된다. 하루 중 가장 추운 시간도 해뜨기 전이고, 가장 어두운 것도 그 시각이라면, 새벽은 배귀선이 시의 사리를 빚기에 알맞은 '구토'와 '고독'의 시간이다. 그 결과로 그가 새벽마다 "혼자 삼킨 울음"(「전지적 시점」)이 시 60편으로 응결되었다. 그 중에서도 아래의 작품은 가작으로, 배귀선의 시세계를 담보하고 있어서 서서히 음미하면서 읽어야 제맛이 우러난다.

      속도를 이기지 못한 직선이 휘어진다
      고속 주행을 멈춘 사람들이 방향을 잃는다
      갑자기 오는 순간은 없지
      믿을 수 없어서 믿어야 한다는
      보건소 진단이 깜박이는
      충혈의 횡단보도
      무작정 청신호를 기다린다
      혼자가 되는 의심이 흰 선을 덧칠할수록
      건널목은 길어져 너에게 이를 수 없는 날들 멀어진다
      타인 되기를 강요하는 오늘이
      걸어 쓴 흑백의 표정들
      마스크에 가린 어제의 궁금증보다
      점멸과 점멸 사이의 침묵은
      얼마나 두려운 언어인가
      휴대폰 속 101번째 감염원 경로가
      막다른 골목의 거울이 될 때

좀비의 눈처럼 핏발 선 신호등
감염병보다 더 위험하다는 듯
깜빡, 깜박인다
　　—「버튼을 눌러주세요」 전문

　시인은 '속도를 이기지 못한 직선이 휘어진다', '고속 주행을 멈춘 사람들이 방향을 잃는다'는 잠언으로 시작한다. 직선이 휘어지고, 사람들이 방향을 잃어버리는 것은 순전히 속도 때문이다. 그러나 속도는 가속되기 전부터 속도는 아니다. 속도는 일정한 시간의 도움을 받아 속도를 내기 시작해야 속도가 붙는다. 시인이 첫 줄에서 '갑자기 오는 순간은 없지'라고 전제하였듯이, 저 멀리 안 보이는 곳에서 눈에 보일 만치 가까이 다가오기 전까지 소요되는 시간의 도움을 받아야 속도가 생기는 법이다. 그런 줄 번연히 알면서도 사람들은 알아차리지 못한다. 시인도 갑자기 오는 순간이란 없다고 말하면서 자신이 늦게야 알아차린 줄 고백한다. 그 다음에 직선이 휘어지고 방향성을 상실한 사람들을 그가 데리고 오면서 작품의 앞길이 먹먹해진다. 막 보건소에서 나온 뒤라는 그의 몸 상태가 작품의 행간에 놓인 우울을 배가시킨다.
　배귀선은 보건소에서 수령한 '믿을 수 없어서 믿어야 한다'는 진단 결과를 되새기며 횡단보도에서 "나가야 할지 말아야 할지"(「절반의 희망」) 주저하면서 신호등을 응시하고 '서' 있다. 그가 신호등 앞에 서서 "빤히 보이는 건너편은 저승보다 멀어"(「놀러 간다는 말」)라고 말하는 사정은 '보건소 진단이 깜박이는' 것과 상관된다. 횡단보도의 신호등이 깜박이는 것은 보건소에서 받은 진단 내용이 긴가민가할 만치 중대하여 믿어야 할지 말아야 할지 당황하던 기억을 깜박이는 것과 중첩되어 시편의 분위기를 우울하게 자아낸다. 세상 사람들은 건너편을 피안으로 상정하여 차안의 괴로움이 사라진 진경으로 운위한다. 그러나 충혈된

눈으로 '횡단보도'에 서게 된 것은 진단서에 적힌 의학적 사실과 받아들이기 힘들어 불신하는 심정과의 '사이'에 그가 놓인 줄 알려주는 표지이다. 전자는 그에게 "아득한 두려움, 혹은 불안"(「깡통」)을 안겨주고, 후자는 "금세 땅으로 꺼질 것 같은 목숨"(「방점」)의 허무감을 불러다준다. 그것이야말로 시인이 '점멸과 점멸 사이의 침묵'이 '얼마나 두려운 언어'냐고 묻는 이유이다.

배귀선이 두려워하는 침묵은 점멸과 점멸의 '사이'에 있다. 이에 해당하는 영어 'existence'는 'ex/istence'로, 한국어로는 '실존, 실재, 존재'로 번역된다. 즉, 바깥을 향해야만 '실존'할 수 있는 '존재'의 '실재'를 지시한다. 인간이라는 존재는 항시 외부로 향해야 존재할 수 있어서 생래적으로 사람과 사람의 '사이'에 놓이지 않으면 안 된다. 시인은 점멸과 점멸 사이에 놓인 '침묵'을 '타인되기를 강요하는 오늘'과 '마스크에 가린 어제' 사이에서 찾아낸다. 사람들은 저마다 마스크로 얼굴을 가린 채 자신의 바깥에 존재하는 사람에 대하여 궁금해 하지 않는다. 그처럼 무료하리만치 무서운 침묵이야말로 '사이'가 '사이'를 불러 모아서 빚어낸 '사이'가 빚어낸 거리감이다.

그 사이는 "당신과 나 사이"(「우아한 거래」)이고, "무릎과 무릎 사이"(「손거울을 읽다」)이며, "전면과 배후 사이"(「거울의 배후」)이다. 이처럼 '사이'가 여러 가지 모습으로 변주되면서 '타인되기를 강요하는 오늘'의 시점에서 "가까운 적 없으니 멀어진 적 없는"(「꽃놀이패」) '사이'의 실재를 탐색하도록 독려한다. 배귀선이 이처럼 '사이'에 주의를 기울이게 된 것은 "버려진 것들의 기억"(「사각지대」)에 대한 회상력 때문이다. 그는 회상력의 도움을 받아 "길들여진 기억"(「33.9」), "무수한 기억의 이빨 자국"(「맹독」), "거추장스러운 기억"(「문신」), "아득한 기억"(「겸상」), "까마득한 기억"(「부식」), "들짐승마냥 떠도는 기억"(「기억의 냄새」) 등을 소환하여 실재했던 사건과 사람의 실재를 시화한다. 그로 말미암아 그의 시집에는 "신이 되지 못한 아버지"(「유산」)와 "가신 지 십수 년인 어머니"(「환청」)를 비롯하여 여러 사람들이 등장한다. 그를 고생시켰던 치매 걸린 아버지와 아버지 때문에 고생했던 어머니를 회상하는 광경은 "서른의 아들이 차려내온 밥상 앞에서"(「거울」) 더욱 심화되고, 마침내 "단단하게 잠들고 싶다는 생각"(「단단한 잠」)을 데불고 온다. 죄다 시인의 내면에 켜켜이 쟁여진 '기억'의 적층들이다.

거기에 더하여 "가물거리는 불씨 쏘삭거리는 황 씨"(「진통제」), "동네 방죽 근처 외딴집 달용이 형"(「이무기」), "몰타르처럼 차지게 버무리는 미장이 만수 형"(「공치는 사내」), "외상 달아주는 영희네"(「쐐주」), "옆자리 청호 형"(「해창」), "가을걷이 끝난 밭머리에서 늙은 감나무로 서성이던 김 영감"(「수작」), "기울어진 배로 남은 성칠이 동생"(「그물」)처럼 낯익은 이들과의 인연이 되살려지면서 배귀선의 시집은 '기억'으로 구축된 성채로 변모한다. 그는 가족과 이웃들을 불러내는 '기억'의 호출행위를 통해서 "시간이 할퀴어지기를 기다린다"(「문턱」). 그에게 시간은 "이접(移接)의 시간"(「판화」)이다. 이접이 타동사화를 거부하는 속성을 지닌 어휘란 점에 착목할 양이면, 시간의 할큄은 '기억'의 마모를 가져올 게 분명하다. 그 결과로 시인에게 신새벽까지 '구토'하고 '고독'하기를 강요하던 '기억'이 긴 꼬리를 감추며 소멸하게 될 터이다. 이런 점에서 시는 "기억의 모서리"(「반쪽」)에 저당잡힌 채 "끌려가는 것과 끌고 가는 것"(「조련사」)조차 가늠하기 힘들어 하는 배귀선에게 "변변찮은 세상살이"(「환청」)의 유일한 벗이다. 그가 기꺼이 희붐하게 밝아오는 신새벽까지 '고독'한 양 청승을 떠는 이유이기도 하다.

이상에서 살핀 것처럼, 배귀선은 "불투명한 저녁"(「도플갱어」)이 장만한 '구토'와 '고독'의 '사이'를 간단없이 오고 간다. 일상사처럼 반복되는 왕래는 "썩은새 같은 세월"(「수목장」)의 흐름 속에서 "때론 깊은 곳에서 글썽거리기도 했을 외로움"(「기일」)을 데려와서 그에게 '점멸과 점멸 사이의 침묵'을 강요한다. 그가 직선이 휘어지는 광경을 목도하고, 주행을 멈춘 사람들이 방향감각을 상실하는 장면을 발견할 수 있었던 것도, 결국 날마다 새벽까지 "막다른 골목"(「오월의 아편」)에 내몰리기 때문이다. 따라서 이 시점의 그에게는 "살아온 날들을 미련 없이 털어내는 몸짓"(「고수」)이 필요해 보인다. 그것은 "놓아버린 기억"(「행인 3」)에 힘입어 '아득한 두려움, 혹은 불안'을 제거하는 '기억'의 재배치를 통해서 결과될 수 있다. 그렇게 된다면 그는 "새소리 경(經)삼아 조는 봄볕 뼈근하다"(「적반(賊反)」)의 경지에 다다라 새벽녘까지 '구토'와 '고독'에 시달리지 않아도 될 터이다. 그가 이어 상재할 시집이 기다려지는 까닭이다.

'나'의 '기억'과 '나비의 기척'
―이은송 시집 『웃음이 하나 지나가는 밤』평

1999년 『전북도민일보』 신춘문예를 통해서 등단한 이은송(본명 이영희)의 시집 『웃음이 하나 지나가는 밤』(천년의시작, 2018)에는 "어둠을 온몸으로 받아내던 시절"(「저기, 등꽃이 피어요」)에서 기원한 "아스라이 떨어지는 슬픔의 비늘들"(「당신이 뒤돌아볼 때」)이 널브러져 있다. 이 감회는 시집의 제목 속에 놓인 '웃음'과 대조되어 읽는 이에게 묘한 기분을 선사한다. 즉, 그녀의 시들은 '슬픔'과 '웃음'의 사이를 오간 흔적이 종횡으로 교직된 것이다. 둘은 세상 사람들이라면 다 인정하듯이 인생사를 구성하는 주요 인자이지만, 일상생활 중에는 큰 의미를 두지 않는다. 웃을 일과 슬픈 일이 교차한 주름이 그 사람의 생애사일 텐데, 정작 사람들은 그것을 크게 의식하지 않은 채 살아간다. 날마다 겪은 일이 모래알처럼 흩어지지 않고 모여서 역사를 만들고, 역사는 옛 기억들이 켜켜이 적층되어 쓰인다는 사실을 알면서도 말이다. 이은송의 시집을 넘기면서 착목할 것은 바로 둘 사이를 들락날락한 발자취가 행간에 스며들었다는 점일 테다. 그 실마리는 그녀가 첫 시집을 내면서 앞자리에 붙인 「시인의 말」에서 찾을 수 있다.

> 내 시는 달콤하고도
> 슬픈 말들의 이마
> 그 먼 나날들을 아프게 날아와
> 내게 닿은 나비의 기척들이다

　처음으로 내는 시집에서 자신의 시를 가리켜 '나비의 기척들'이라니, 나비가 어디서 날아왔는지 궁금해진다. 그 나비는 "어릴 적 생각 없이 나비를 잡다가 날개를 부러뜨린 기억"(「나비 박제」)에서 남상한 것일 테니, 그녀의 시세계로 진입할 양이면 '기억'을 꼬누어야 할 성싶다. '기억'에 의지하여 시상을 전개하는 탓인지, 그녀의 시편에는 여느 시인들의 것과 다른 특이한 양상이 눈에 들어온다. 그것은 바로 '나'의 부단한 출현이다. 그녀의 '기억'은 마치 "내 몸에 박힌 못들"(「사과 상자와 못」)처럼 폐부 깊숙이 박혀서 몸부림치며 살 속으로 파고든 "나무와 못"(「사과상자와 못」)마냥 보인다. 그럴지라도 '나'의 등장은 과도하리만치 잦다. 가령, "그늘을 좋아하는 나"(「그늘나무 한 그루쯤」), "나비처럼 여린 나"(「나비 박제」), "침대 모서리에 남겨진 나"(「우리는 붉은 매듭일까」), "부유하는 나"(「밀랍 인형」), "오늘도 낡은 지도 하나를 품고 다시 잠드는 나"(「프로펠러」), "환한 대낮에 서서히 지쳐가는 나"(「검은 새」), "작열하는 태양 아래 서 있던 나"(「불타는 사원」), "아버지의 피를 물려받은 나"(「내 귓속에는 박쥐가 살아요」)처럼, 이은송의 시작품에는 '나'가 줄기차게 나타난다.
　서정시가 '나'의 언술인 것은 다 아는 바이다. 그렇다고 해서 '나'가 '기억'의 힘을 앞세워 작품 안에서 지분을 과시하는 모습은 바람직하지 않다. 대부분의 시에서 '나'는 전면에 나서지 않는다. 그 이유인즉, '나'

를 앞에 세울수록 대상과의 심미적 거리를 확보하는데 방해가 되기 때문이다. 그것은 급기야 시의 주관성이 두드러지도록 조장하여 갖가지 폐단을 불러온다. 우선, 그것은 작품에 대한 공감도를 낮춰버리고 독자의 관심을 크게 떨어뜨릴뿐더러, '나'와 대상의 찰나적 조응이라는 서정시의 전제조건까지 파손하고 만다. 그런 이유로 김소월의 시에서 '나'는 아예 문면에서 찾아보기 힘들다. 굳이 '나'의 정서적 반응물이라고 언표하지 않아도 시에서 표출되고 은닉된 감정들이 전부 '나'의 것인 줄 알고 있는 까닭이다. 이은송이 단호하게 "이제 나는 아름다운 서정시를 이야기하고 싶지 않아"(「별똥별 쏟아지는 캄캄한 밤」)라고 단언한 것에 주목하면, '서정시'의 전통적인 문법으로부터의 일탈을 꾀하면서까지 '이야기'하고 싶은 것이 궁금해진다.

더욱이 1958년 태어나 원광대학교에서 문예창작을 공부한 이은송이 이 점을 모를 리 없을 것이라면, '나'를 내세우게 된 전후사정에 눈길이 간다. 그 동기를 찾아가다 보면 "절구를 보며 뿌리의 그늘들을 오랫동안 생각하는 한나절"(「돌로 된 나무」), "뿌리 끝으로는 꽃들이 내려와 한참을 울고"(「라일락 마당」), "숲속 나무들의 굵은 뿌리"(「나무들의 흰 뼈」), "그곳에 적요의 뿌리를 열어 단단하게 싹을 틔워요"(「바람이 집을 지어요」), "소나무 뿌리에는 세 들어 사는 방이 여럿 있어"(「소나무 발가락에는 방들이 살아요」), "그 뿌리 때문에 앓는 동안"(「내 가난한 말들」), "뿌리는 뿌리대로"(「반대의 길을 걷다」), "불의 뿌리조차 거머쥔 대장장이"(「대장장이」) 등에서 보는 바와 같이, 그녀가 유난히 '뿌리'에 집착하고 있는 줄 발견하게 된다. 곧, 이은송이 시에 '나'를 출연시킨 사연인즉, '뿌리'에 대한 궁금증에서 유래한 것이라고 봐도 과언이 아니다. 아래에 따다 놓은 예시가 그것을 증명한다.

왜 아픈 것들만 내 몸 같은지 모르겠어요
이건 분명히 내 연민의 오래된 유전자 때문이에요

아버지는
세상의 모든 아픈 것들만 집으로 데려왔어요
낡은 주머니에서는 늘
구부러진 연장이며 구부러진 말들이 잠들어 있었어요
집 안에는 알 수 없는 기호들이 구석구석 쌓이고
삼각형의 기호들은 누룩처럼 삭아갔어요
돌아온 아버지가 헌 주머니에서
이끼와 녹이 슬어 부서지는 기호 같은 말들을 꺼내 놓을 때
그건 오로지, 나만이 알아듣게 될 말이라는 것을
무심하게도 그때는 잘 몰랐어요
의미를 잘 알 수 없는 슬픔이 가득 찬 그 말들이
낙엽처럼 내 가슴에 쌓이고 쌓일 때
나는 가랑잎처럼 야위어갔어요

가난한 것들과
서러운 것들과 휘청거리는 것들만 눈에 밟히고
내 어깨에 닿아 어지러운 것은
아버지의 탓으로 돌렸지만
잠시 잠깐 사이 노랑 민들레 한 포기가
내 심장에 질긴 뿌리로 내릴 줄은 몰랐어요
그 뿌리 때문에 앓는 동안
잠깐 사이 연민 같은 당신이 내 어깨에서
줄기로 돋을 줄은 정말 몰랐어요
　　　―「내 가난한 말」 전문

위 시는 '먼 나날들을 아프게 날아' 온 '알 수 없는 기호들'의 기원을 알려준다. 이은송의 앞에 놓인 "아무렇지도 않게 진열된 기호들"(「자유를 팝니다」)은 '나'가 채집한 게 아니라, '내 연민의 오래된 유전자'로

말미암아 '나'의 곁에 있게 되었다. 유전자이므로 그것은 '분명히' '아버지'의 유산이다. 그가 '세상의 모든 아픈 것들'"만" 집으로 데려왔기에, '나'는 '슬픈 말'만 채록하는 습관을 갖게 되었다. 그가 물려준 '낡은 주머니'에는 '구부러진 말'이 '알 수 없는 기호'로 저장되어 있었다. "어떤 사내의 호주머니에 숨어 오랜 잠"(「익명으로, 숨어들다」)에 든 나어린 딸은 '의미를 잘 알 수 없는 슬픔이 가득 찬 그 말들'이 '나만이 알아듣게 될 말', 즉 '아버지'가 '나'에게 준 비어(秘語)인 줄 모른 채 '가랑잎처럼' 야위어간다. 우주의 기운을 따라 지상에 떨어진 '가랑잎'에는 "나무의 일생이 한 잎 속에 고즈넉이 고여 있다"(「플라타너스 지도」)는 점에서 '아버지'가 '나'로 다시 태어나기 위해 몸을 빌리는 과정을 담보한다. 그것은 '말'의 비의성을 미처 알아차리지 못한 딸이 수척해지는 모습은 이어지는 연에서 '줄기'로 돋아나며 생기를 얻는다는 대목에서 확인할 수 있다. 이로서 위 인용시가 이은송의 시세계를 배태하고 지배하는 '기호'들이 '뿌리'에서 연원할 줄 밝혀졌다. 따라서 그녀의 시는 "몇 개의 실타래 같은 낡은 내 가족사"(「헌 옷집의 둘레길」)가 "사과를 닮아가는 내 상처로 스며든 붉은 기억들"(「붉은 사과나무 언덕을 지나, 나는 가네」)로 소환되어 재배치된 것이다. 그것은 그녀의 시를 기억의 서사로 봐도 무방한 근거가 된다.

'아버지'는 이은송의 시를 온전히 이해하기 전에 필히 부딪치는 인물이다. 마치 딸을 만나려고 온 이들을 자초지종 검문하듯, 그는 "깊고 음침한"(「어느 부족의 전통은」) 행간에 잠복해 있다가 튀어나와서 딸과의 만남을 사전검열하지만, 딸에게는 "잠과 의식의 경계"(「구석」)에서 "아가 나를 밟고 지나거라"(「기둥」)고 속삭인다. 딸에게는 한없이 따뜻한 '아버지'도 한때는 "누군가의 집을 짓기 위해 두근거리며 돌아왔을 사내"(「나무 켜는 애인」)였을 테다. 그러나 사실 그녀의 '아버지'는 "부도

난 살림과 아내"(「카뮈의 저녁」)를 두고 떠나간 "제 몸의 무게를 이기지 못해"(「겨울 등나무 밥상」) 집을 나간 무능한 가장이었다. 그녀가 "내 젊은 아버지는 바람을 따라 일찍 떠났어요"(「내 귓속에는 박쥐가 살아요」), "아버지의 청춘이 사진 속 꽃잎에 얹혀 눈이 부셔요"(「가랑잎 흑백사진」), "온갖 굴욕을 대못으로 박고 또 박은/저 주검의 광채"(「기둥」) 등으로 호명하듯이, "구부정한 사내"(「겨울 등나무 밥상」)는 '슬픈 말'을 물려준 장본인이다. 이은송이 자신을 괴롭히는 '가난한 것들'과 '서러운 것들'과 '어지러운 것들'을 죄다 '아버지의 탓'으로 돌린 이유이기도 하다.

하지만 천륜을 끊을 수 없듯이, 이은송은 '내 연민의 유전자'가 '연민 같은 당신'으로부터 비롯된 것까지 부정하지 못한다. 왜냐하면 그녀의 온몸에 각인된 '연민'이 '노랑 민들레 한 포기'를 키워서 '내 심장에 질긴 뿌리로 내릴 줄' 깨달은 나이에 달했기 때문이다. 그제서야 '이끼와 녹이 슬어 부서지는 기호 같은 말'이 해독되었다. '내 가난한 말'이 문자화되기에 이르자, 비로소 "숨죽이며 지냈던 청춘의 기억"(「가랑잎, 가랑잎」)이 시로 탄생하였다. 즉, 젊어서 한사코 부정하려고 외면하였던 '아버지'의 유산들이 '내게 닿은 나비의 기척들'이었던 셈이다.

위처럼 위 시는 이은송의 시적 '뿌리'와 사상의 거처를 알려주고 있다. 그녀의 '앓는' 이유가 '뿌리' 때문이었다. 그녀의 '뿌리'에 대한 집요한 천착은 '아픈 것들'만 '내 몸 같은', 다시 말하여 그녀의 몸에 육화되어버린 유전자의 '뿌리'를 찾아 나선 시적 여정이었다. 오랜 여행에서 그녀는 "병이 들어 죽어간 어느 남자"(「돌로 된 나무」)가 이식해 준 '가난한 말'을 시화할 숙명을 깨달았다. 대저 숙명이란 태어나기 전부터 강제된 과업이기에, 이은송은 '뿌리'가 길어 올리는 "낡은 구멍가게 같은 이야기"(「새의 유서」)를 담담히 작품화하기로 마음먹는다. 그녀의 시편마다 '이야기'가 깃들게 된 사정이다. 그녀의 시집에 스며든 "북극성의 이야기"(「빈 병의 헤게모니」)는 "그물을 치는 적막의 시간"(「거미 여자」)이 빚어낸 것으로, 아래 시에서 살필 수 있는 설화적 상상력을 발휘할 수 있도록 장만된 것이다.

연두 잎사귀 드문드문 돋는 계절이 오면
오랫동안 모래바람에 아파온 내 귀는 더욱 아려와요

아프게 아려오면, 나는 어두운 귓속 골목을 맨발로 걸어
당산나무한테로 더듬거리며 가요

비틀거리며 나무 가까이 쭈뼛쭈뼛 다가가면
종이꽃 이파리들을 나무에 걸어놓고 꽃상여를 타고 떠난 주름 깊은
당골네 할매가 나무 속에서 손을 내밀어 줘요

'얘야, 네가 아프구나' 중얼거리며
내 머리를 쓰다듬어요 둥근 서랍에서 심장 모양의 오르골을 꺼내 빛나는 종소리로 나뭇잎의 노래를 불러주어요

새의 울음 같은 종소리가 내 달팽이관을 구슬처럼 몇 번을 더듬어 오르고 내려오면
아린 내 귀는 그때부터 조끔씩 우는 것인데
흘리는 족족 초록 진액이에요
내 귀의 울음은 기실 오래 전 나도 모르게 들어와 둥지를 틀고 함부로 살던 바람 소리며 새소리며
알 수 없는 누군가의 구슬픈 휘파람 소리예요
나는 누구의 말도 알아듣지 못하는 병(病)에 걸려
'연두를 주세요' '연두를 주세요'
하고 바람에게 속삭이곤 했던 것인데
바람은 자꾸만 내 귀에 휘파람만 불었던 것이에요

> 연두색 솜털 같은 잎사귀들이 가지마다 폭설처럼 내릴 때면
> 난 이명 속 초록 당산나무 할매를 찾아가요
> 할매는 내 귀에 박힌 아픈 가시 이야기를
> 하나씩하나씩 뽑아내며
> 침을 발라 꼭꼭 눌러주어요
>
> 그제야 나의 귀는 연두로 조금씩 정갈해지고
> 아렸던 마음은 조금씩 눈을 뜨곤 해요
> ―「이명 속 나무 한 그루」 전문

인용시는 이은송의 시적 자세를 요약해준다. 그녀는 '연두 잎사귀 드문드문 돋는 계절'에는 '당골네 할매'를 찾아가고, '연두색 솜털 같은 잎사귀들이 가지마다 폭설처럼 내릴 때'는 '당산나무 할매'를 찾아간다. 즉, 그녀는 봄가을이면 당산나무에 세 들어 사는 '할매'를 예방한다. '할매'는 "아들을 가슴에 묻은 어느 할미"(「돌로 된 나무」)로, "낯선 숲을 건너오느라 애쓴 나무의 아픈 생채기를 닦아주"(「꽃 지는 배롱나무」)는 치유를 담당한다. '할매'는 어린 시절에 머리가 아플 적마다 찬 수건을 이마에 올려주며 잔밥을 먹여주던 친할머니의 시적 출현이고, 이은송이 유년기의 체험을 소재로 삼은 사례이다. 더욱이 이은송이 바다와 인접한 부안 출신이라는 전기적 사실은 '할매'를 '할머니'와 쉬 동일시하도록 만들었다. '할매'가 '할머니'가 되자 낯섦이 사라진 이은송은 '머리'를 내어주고, '할매'는 '나뭇잎의 노래'를 불러준다. 그 사이에 '빛나는 종소리'의 공감각적 심상이 '새의 울음 같은 종소리'로 바뀌어 청각을 자극하여 '초록 진액'을 흘리도록 만든다.

이은송을 괴롭히는 '누구의 말도 알아듣지 못하는 병(病)'은 「내 가난한 말」에서 토로했던 바의 반복이다. 그 '병'은 바람과의 소통이 불일치하여 얻어졌다. 오래전부터 그녀의 귀에 들리는 울음은 기실 '오래 전

나도 모르게 들어와 둥지를 틀고 함부로 살던 바람 소리며 새소리며 알 수 없는 누군가의 구슬픈 휘파람 소리'였다. 그런 탓인지 이은송은 소리에 민감하다. 예를 들어서 "겨울 지샌 싹들이 밀월처럼 밀려드는 달의 소리"(「연두 바이러스」), "내 심장에 뚝 떨어지는 우물 같은 소리"(「당신이 뒤돌아볼 때」), "캄캄한 어두운 저녁에 무심히 태어나는 만월의 숨소리"(「북」), "소리의 몸"(「프로펠러」), "뒤돌아보는 당신의 저 서늘함의 소리"(「당신이 뒤돌아볼 때」)와 같이, '소리'는 그녀의 시에서 '아렸던 마음'을 데불고 온다. '소리'가 그녀의 존재증명이란 사실은 귀가 아플 적마다 당산나무에서 두 번 확인된다. 봄날에는 귀를 아리게 하고, 가을날에는 '아렸던 마음'을 눈뜨게 한다.

이은송은 '연두를 주세요' '연두를 주세요'라고 속삭였지만, 바람은 '자꾸만 내 귀에 휘파람만 불었던 것'이다. '연두'를 달라고 하소연하는 그녀의 바람은 "기어이 저 초록의 음역들을 훔쳐 오고 말거예요"(「입하」)에서 보듯, '내 가난한 말'이 포진한 '음역'을 생명의 '초록'으로 바꾸고야 말겠다는 다짐에서 비롯되었다. 그녀가 '내 귀에 박힌 아픈 가시 이야기'를 어루만져주는 '할매'의 도움을 받아 "독을 지우고 초록으로 태어날 수 있는지"(「불타는 사원」) 확인하는 자세는 말련의 '연두로 조금씩 정갈'해지는 귀에서 찾아볼 수 있다. 그 시기는 '연두색 솜털 같은 잎사귀들이 가지마다 폭설처럼 내릴 때'로, 그녀가 당산나무를 찾아갈 즈음이 해당한다.

이은송은 "어둠의 상징으로 살아가는 한 마리 나비"(「검은 고양이 네로」)이다. 우선 그녀가 자백한 대로, 그녀의 시는 '나비의 기척'이고, "나비를 두고 돌아선 후로/아름다운 건 어떤 것도 가질 수 없다"(「나비 박제」)는 자기확인으로 인증된다. 그녀의 시에서 '어둠'은 "내 스무 살 시절 같은 등나무의 검은 허리"(「저기, 등꽃이 피어요」)와 "스무 살 실연에 생긴 생채기"(「내 귓속에는 박쥐가 살아요」)처럼 삶의 굴곡으로 인한 아픔의 빛깔일 수 있다. 그렇지만 그보다는 그녀가 시인이니 만큼 "습관에 길들여진 나"(「밀랍 인형」)를 제척하느라고 "허공을 짚고 제 영역을 넓혀가는 이력"(「집요하다」)이 자아내는 "산등성이에 걸쳐있는 어두운 푸른색"(「그늘나무 한 그루쯤」)으로 봐야 제격일 듯하다. 그래야 그녀가 소환한 '기억'으로 인하여 "싸하니 번지는 달콤한 아픔"(「돋아난다, 연두」)을 생생히 느낄 수 있다. 이 점에서 이은송은 과거의 짐을 지고 앞으로 나아가느라고 고통하는 "언덕을 오르는 사포 같은 여자"(「둥근 방」)이다.

이은송의 시를 읽다가 느껴지는 나른한 평균률은 위에서 살폈던 '나'의 막아섬과 함께, "움직일 때마다 우르르 쏟아지는 그녀의 말"(「보길도에서」)에 장치된 '~요'체가 야기한다. 그녀의 시벽으로 진단할 수 있는 '~요'는 여러 시작품에서 잦게 검출된다. 이것은 시적 완결미를 제고하는 데 도움을 주는 것이 아니라, 긴장감을 만연화시키고 밀도를 이완시키는 방면으로 작용한다. 또 그것은 시어와 시어가 만나면서 절로 발생하는 율격미의 생산을 훼방하고 있다. 그런 측면에서 '나'와 '~요'체를 앞으로도 계속 유지할 것인가에 관해서 시인의 결단이 필요한 즈음이다.

팍팍한 삶과 집요한 삶의 의지
―고선 시집 『내 처음의 딸이 라색을 하는 동안』평

1

고선은 부안에서 태어났다. 협성대학교 문예창작과를 나와 한신대학교 문예창작대학원에 다닌 학력으로만 봐도, 그녀가 문학에 바치는 공력이 얼마나 진지한지 능히 짐작할 수 있다. 그녀는 2007년 『시와 시학』 신인상에 당선되어 시단에 나온 뒤, 첫 시집 『내 처음의 딸이 라색을 하는 동안』(문학의전당, 2009)을 상재했다. 그녀는 그해 『한국소설』에 단편소설 「울 밑에 선 당신」이 당선되어 소설가로도 데뷔하였다. 그녀가 낸 소설집으로는 『파란 대문』(북인, 2014)과 『천년 동안』(푸른사상, 2016)이 있다. 이처럼 고선은 양 갈래로 문단에 나온 뒤로 성실히 창작에 전념하여 세 권의 작품집을 세상에 선보였다. 그녀의 창작열이 꾸준했다는 신호로 갈음되어도 무방할 듯하다.

시인들은 첫 시집을 내면서 여러 생각이 든다. 기다리던 작품집을 산출한 고통은 뒷전으로 밀려나고, 첫 출산의 기대감에 전율감을 맛보기도 한다. 그들은 자신이 열과 성을 다 바친 작품집이 세상 밖으로 나가서 받게 될 평가에 애가 단다. 한편으로 그들은 작품집을 발간하면서 각오를 새롭게 다지고, 처음의 자세를 오래 견지하겠다는 결의를 표방하기도 한다. 이런저런 소회로 충만한 작품집의 서문을 놓치지 말고 새겨 읽어야 할 이유이다. 고선은 『내 처음의 딸이 라색을 하는 동안』에서 아래와 같은 「자서」를 남겼다.

　　종교든 문학이든 사랑이든 간에 죽어라 뿌리내리지 못하고 여기까지 왔다. 끝내 나는 그럴지도 모른다. 어릴 적 외갓집 마루에서 홀로 낮잠을 자다 깨어나 바라본 텅 빈 오후의 마당을, 와락 달려든 그 빈집에서의 무섬증과 외로움을 잊을 수 없는 한, 죽는 날까지 나는 부유할지 모르겠다. 허겁지겁 신작로로 나가 손을 들어도, 나를 태워 그리운 우리 집으로 데려다 줄 버스는 그때나 이때나 없기는 마찬가지—

돌아보니, '종교든 문학이든 사랑이든' 어느 것 하나 만족스럽게 심취한 게 없다는 푸념이다. 그런 고백을 스스럼없이 세인들에게 내놓을 정도라면 적어도 중년에 접어든 여성으로 볼만하다. 아니나 다를까 고선은 "지천명, 지천명"(「푸른 흔적」)의 나이가 되면서 시집을 내는 마당에 옛 추억을 떠올리고 있다. 그녀의 '자서'는 고백담에 가깝다. 인용문에 나타나지 않는 사람들에 대한 원망이 지금의 그녀를 존재케 하고, 시를 쓰도록 추동했다는 고백 말이다. "초롱초롱한 까만 눈의 아이"(「꽃신 2」)를 무섭게 만들어버린 사람들 때문에 '부유'할 운명이라고 짐작했다는 그녀의 말 속에는 '그때나 이때나 없기는 마찬가지—'라는 끝 구절에 방점을 찍으라는 지시가 담겨져 있다. '그때나 이때나' 변하지 않고 그녀를 에워싼 채 '무섬증'과 '외로움'을 극복하지 못하도록 제어하고 있는 '텅 빈'과 '빈집'의 공허가 시적 원천으로 살아서 시집의 행간에 흐른다. 그 증거가 마침표를 동반하지 않은 '—'이다. 즉, 서문에는 어려서부터 지금까지 죽 이어지고 있는 '무섬증'과 '외로움'으로 인하여 '종교든 문학이든 사랑이든' 맘에 들게 성취하지 못한 흔적이 그녀의 시작품에 배어 있는 줄 암시하고 있다.

> 외갓집 마루에서 낮잠을 깨어 바라본 텅 빈 오후의 풍경은 낯설었어 마당에서 동그라미 그리던 보리잠자리마저 간 데 없어 와락 울음을 터뜨렸어 신작로로 나가 버스를 태워달라고 졸랐지만 사람들은 뿌옇게 사라져 버렸어
> ―「장미정원」 부분

앞서 인용한 「자서」가 시로 재탄생된 현장이다. 그만치 고선의 심리적 저반에 똬리를 틀고 앉아 있는 어릴 적의 내상이 만만치 않다고 볼 수 있다. 따라서 그녀의 시세계를 탐색할 양이면, 위의 두 편에 거푸 나오는 '무섬증'과 '외로움'을 유념할 일이다. 다른 시인들의 경우에는 그 비밀을 평자가 고투하며 찾아내는 소임을 수행하느라고 품을 들이는 데 비하여, 그녀는 반복하여 노출하여 손을 덜게 해주었다. 그렇다고 그녀의 시세계를 위의 두 가지에 얽매어 살필 것은 아니다. 사람은 복잡한 동물이라서 단일한 정의나 이분법적으로 가를 수 없다. 따라서 고선의 시적 비의는 위의 두 가지가 주를 이루고 다른 것들이 종을 이루면서 교직되어 형상화되었을 것이다. 첫 시집에서는 앞으로 그녀가 펼쳐나갈 징후를 알아보고, 그것들을 다루는 수법에 역점을 두면 될 법하다.

2

고선의 시집을 읽노라면, '엄마'에 대한 그리움이 미만한 줄 알게 된다. 그녀는 여러 시편에서 엄마를 부르는 딸로 등장한다. 예컨대, 그녀

의 시작품을 훑어보면 "폐암으로 삭정이처럼 타들어가던 흑백의 아버지"(「행간」)보다는, "날마다 잔등에 물의 집을 짓는 어머니"(「낙타 등」)를 찾는 편수가 많다. 그러나 시집의 제목에 들어간 '내 처음의 딸이 라색을 하는 동안' 지켜보는 엄마는 딸이다. 즉, 그녀는 엄마를 부르는 딸이자, 딸을 돌보는 엄마로 분장하고 있다. 그러므로 딸에게 엄마가 되는 과정이 이 시집의 시간이다. 다시 말하면, 이 시집에서 고선은 엄마와 딸이라는 친근한 상대를 앞에 세워서 여자들의 삶을 시화하고 있다. 그녀의 시에서 엄마나 딸은 여자의 팍팍한 삶을 증명하기 위해 동원된 소재일 뿐이다.

나아가 시집 속에는 나이 먹어가는 중에 드러나는 여자의 운명을 절실하게 증언하는 시인의 목소리가 약연하다. 예를 들자면, 고선의 시에는 "봉자 숙자 영자들의 웃음소리 홍등녹주 속에서 자지러지고 구로공단 야간조 기계 소리 속에도 야간학교 교실 핏기 없는 얼굴들에서도 피어나고 예기치 않게 봉순이가 되고 룸싸롱 33번 아가씨가 되고"(「끝없는 이야기」)처럼, 고향 친구들이 세월의 흐름 속에서 이런저런 여자로 변해진 모습이 여기저기서 나타난다. 이 대목에서 고선이 일상을 엄혹하게 투시하고 있는 줄 알게 된다. 인용시에서 보듯이, 그녀는 사회제도 안에서 여자의 삶이 굴곡되는 과정에 특히 관심이 많다. 그녀의 시 안이 멈춘 곳마다 "소싯적 가시내 친구들"(「화해」)이 자본주의의 완력에 굴복하여 삶의 현장에서 패퇴하고 마는 장면이 그려져 있다. 그 양상은 아래의 인용작을 읽어보면 바로 확인 가능하다.

거미줄을 치고 현장 소장이 내 살을 파먹으려 해요 기사 놈들도 내 몸에 이빨을 박으려 해요 가불해주세요 퇴직금 선납해주세요 휴대폰비 내주세요 거미줄이 휘청이는데, 내 볼기짝 살로 불고기 파티한 지도 불과 며

칠 전인데

집에 오자마자 아이들에게 불붙은 화살을 쌔앵쌔앵 날리지요 왜 이제 들어오는 거니 일찍 들어온 건데요 누가 말대답하랬어 어서 밥 먹고 자빠져 자, 아니 이 남자는 왜 또 늦는 거야 새벽녘에 들어와 빈 젖꼭지 물고 늘어지는, 머리 검은 짐승이라면 이가 갈려

비에 젖은 집, 광대뼈 쇄골뼈 엉치뼈 불거진 거미의 집
—「거미」 전문

옛날에는 거미가 하대받지 않았다. 『그리스 로마 신화』의 거미 아라크네(Arachne)는 염색의 명인 이드몬의 딸로서 베 짜는 솜씨가 탁월했다. 그녀가 여신 아테나와 직조술을 경연하는 마당에서 올림포스신들의 비행을 완벽하게 수놓자, 여신은 분노와 질투에 사로잡혀 그녀의 천을 찢어버리고 그녀를 거미로 둔갑시켜버렸다. 아라크네는 우리나라의 직녀에 해당한다. 우리나라에서에서 베를 잘 짜기로는 옥황상제의 딸 직녀였다. 여자들은 칠석날에 걸교제(乞巧祭)를 올리고 자신의 베 솜씨가 그녀의 경지에 닿기를 소원했다. 중국에서는 당나라의 양귀비가 칠석에 궁녀들을 모아서 베짜기 시합을 열고, 가장 가늘게 베를 짠 궁녀에게 지주관(蜘蛛冠)을 하사하였다. 이러한 풍습은 직조술을 우대했던 농경사회의 모습을 고스란히 보여준다.

그러나 산업사회로 진입하면서 거미의 위상도 달라졌다. 거미가 갖가지 곤충들을 포획하는 동물로 탈바꿈된 것이다. 거미줄의 포획성은 거미의 부정적 이미지를 강화시키는데 기여하였다. 거미줄은 식민지시대에 이르러 일제의 촘촘한 감시망으로 비유되었다. 전주 출신의 시인 김해강은 시 「蜘蛛網」(『조선일보』, 1926. 2. 11)에서 일제가 식민지 전역에 쳐놓은 감시망을 '지주망'으로 빗대고, 식민지 원주민들을 탄압하는

현장을 폭로한 바 있다. 김수영의 시에도 「거미」가 있다. 고선은 이 시에서 일상으로부터 벗어나지 못하도록 거미줄에 걸려서 발버둥치는 여성노동자의 삶을 고발한다. 첫 연에서는 '내 살을 파먹으려' 하는 현장소장과 '내 몸에 이빨을 박으려' 하는 기사놈들에게 욕망의 대상으로 노출되어 있다. 그들은 여성노동자가 도망가지 못하도록 거미줄을 쳐 놓았다. 즉, 그녀는 거미줄에 걸린 먹잇감에 불과하다.

2연에서도 여성은 아이들과 남편의 이기심에 소외된 존재일 뿐이다. 엄마는 밖에서 받은 스트레스를 늦게 들어온 아이들에게 '불붙은 화살'로 날리지만, 아이들은 지지 않고 엄마가 일찍 들어온 거라며 되받는다. 화가 더 치민 그녀는 '누가 말대답하랬어 어서 밥 먹고 자빠져 자'라고 막말을 하며 아이들을 제압했다고 자위하려다가 말고, 아직 귀가하지 않은 남편에게 재차 화살을 돌린다. 남편은 마누라가 밖에서 무슨 일을 당해도 '새벽녘에 들어와 빈 젖꼭지 물고 늘어지는' 징글징글한 '머리 검은 짐승'일 뿐이다. 그녀가 굳이 남편이라고 부르지 않고 '남자'라고 건조하게 호칭한 이유이다. 직장과 집, 아이들과 남편으로부터 욕망의 대상으로만 호명되는 자신의 처지를 자각한 주부노동자는 고선이 빚은 시적 화자이지만, 현금 한국 사회에서 두루 찾아진다는 점에서 보편적 호응을 획득한다.

이런 점에서 고선이 3연에서 '비에 젖은 집, 광대뼈 쇄골뼈 엉치뼈 불거진 거미의 집'이라고 명명한 까닭을 살펴봐야 한다. 앞에서 언급한 1연의 거미줄은 완력으로 포위된 집 밖의 근로 환경을 가리킨다. 그녀의 인권은 전혀 보장받을 수 없고, 오직 남성 상위자들에 의하여 하루살이가 보장될 따름이었다. 그녀는 '거미줄'로부터 벗어나 집으로 돌아가지만, 그곳도 '거미'들이 우글거리기는 마찬가지이다. 게다가 집은 '비에 젖은 집'이다. 거미들은 비가 오면 집안으로 들어오는 습성을 갖고 있다. 그녀가 집에 들어서자마자 거미들은 그녀를 줄로 감싸려고 안날 난다. 자식과 남편으로부터 벗어날 수 없는 그녀는 거미들에게 시달리다 못해 "마르고 타버린 삭정이 몰골"(「경계」)이 되어 '광대뼈 쇄골뼈 엉치뼈 불거진' 채 버려진다.

위의 시편은 고선의 시가 중점을 두는 지점을 적확히 알려준다. 그녀는 중년여성으로서의 경험에 터하여 시쓰기에 골몰하는 중이다. 그녀가 건어물집 처마에 매달려 말라가는 가오리에서 "쇄골뼈 갈비뼈로 흉흉한 몰골"(「어느 날 갑자기」)을 발견한 것도, 결국 세월의 흐름에 밀려 물기를 잃은 채 야위어가는 자신의 본모습을 반추하여 얻어진 성과이다. 이처럼 고선은 시쓰기에 한눈을 팔지 않는다. 그녀의 시는 생생한 체험에서 우러난 것이라서 진정성은 물론이고 공감까지 얻게 된다. 그것은 전적으로 "파란 인광을 뿜어대며 달려온 시간들"(「내 안의 돌」)이 숙성시켜 주었다. 시에도 물리적 나이가 필요한 이유이다.

고선의 시에는 "백년의 고독을 견디고서야 단 한 번의 오르가슴에 오를 수 있었던 내 몸"(「천경자를 만나다」)의 관능성이 숨김없이 분출되기도 한다. 그녀가 ""이리와 광식아 울 엄마 아빠처럼 뭉치기하자""(「도라지밭」)에서 확인 가능하듯이, 노골적인 성희마저 낯을 가리지 않고 발화하는 것을 보다보면 읽는 이의 시선을 돌리게 만든다. 시인의 성적 묘사를 두려워하지 않는 태도에 함의된 바를 세찰(細察)하여 드러내야 할 찰나이다. 아래에 따다 놓은 시를 굽어보면 "섹스를 하다가 자지러지는"(「세월」) 인생의 단면을 포착하여 시인의 의도를 파악하기 용이할 법하다.

    할까? 해 버릴까…… 뽕짝사랑에 이 악물고 돌아서면 다시 도지는 병 컴컴한 그믐밤 대낮 같은 보름밤 홀로 지새자면 대마라도 먹은 듯…… 취한 듯…… 팔다리 배배 꼬여 개다리 춤도 추고 거 어디 꽹과리라도 주워 들고 깨갱깨갱 발정 난 수캐 흉내라도 낸다면 살 것도 같고, 꽃무녀 요령 뺏어들고 내 속의 잡귀 엣쉬엣쉬 물러가라 물러가라 한바탕 신명나게 미쳐볼까 차라리 오만 잡신 불러들여 한판 디스코라도 비빈다면 살겠는 걸, 살겠는 거야
—「초승 지나」 부분

마치 서정주의 「화사」를 연상케 한다. 더욱이 고선이 다른 작품에서 "연두빛 가지를 타고 그대에게 이른 한 마리 실뱀"(「나도 모르는 내가 있네」)이라느니, "꽃사과나무 가지에서 붉은 혀를 날름거리던 비단뱀"(「청동의 문」) 등을 출연시키는 것을 예거하면, 설화적 상상력을 발동하여 시쓰기에 나서는 줄 깨닫게 된다. 그러므로 위 시가 관능적 유혹에 흔들리는 듯하지만, 실은 육체적 향락과는 상거한 삶의 의지를 부단하고 집요하게 토하고 있는 줄 알게 된다. 물론 고선의 시에는 "선술집 아가씨/가랑이 새"(「도시의 꿈」), "미장원집 여자의 가랑이 새"(「꽃과 달」) 그리고 "'내 배 위루 사단 병력이 지나갔어'"(「백화를 꿈꾸며」)처럼 관능적 표현 곧잘 등장하는 게 사실이다. 그러나 그녀가 구사한 성적 표현들은 윗 시의 끝부분에서 간취되듯이, 생의 의지를 주제화하는 과정에서 우군으로 동원된 소도구에 지나지 않는다. 성욕처럼 삶을 자극하는 최음제도 없다. 사람은 욕망의 동물이라서 죽을 때까지 성욕을 거세하지 못한다. 성욕이 사람의 수명을 연장하는 것이다. 그런 점을 전제하면, 고선의 시에 나오는 관능적인 사설들은 "파뿌리 같은 머리"(「시인이 된 친구」)가 되어서도 생의 의지가 절절하고 엄숙하다는 증거로 수긍될만하다.

전생을 잊을 수 없는 까닭일까

간이역으로 가는 길
철길 옆
처마 낮은 붉은 벽돌집
그 벽돌집이 유달리 정겨운 건,

분꽃 피는 마당
내 생각의 울타리 감고 오르는 덩굴장미
예사롭지 않아

아주 오랜 옛날
나는 그 집의 첩이었거나 계집종이었거나

분꽃이 피고 장미가 피는 내내
내 몸에 분내가 나고
본처의 손톱 같은 붉은 가시에 찔려
나는 필시
누군가를 친친 감아올린
시앗, 또는 그 몸종이었으리

폭풍우와 지축을 흔드는 우렛소리 지나
현생으로 건너와
이렇게 망연히 바라보는 날,
뒤란 두레박 소리, 나지막이 담장을 넘어오는 먼 그 집 앞
　　―「그 집 앞」 전문

 간이역으로 가는 길에 본 '처마 낮은 붉은 벽돌집'을 본 시인은 낯익은 건물인 줄 알아차린다. 처마가 높지 않은 것으로 봐서 평범한 집에 불과하나, 먼지 묻은 자신의 기억을 떠올리며 '생각의 울타리'를 감아올린다. 그 결과 닿은 곳에서 그녀는 자신이 그 집의 '시앗'이었을 것이라고 상상한다. 시앗이 동반하는 관능성과 생명성은 고선의 시에 약동성을 불러일으키는 속성이 된다. 관능은 그녀의 시에서 생의 의지와 맞물

리며 세계를 구성하는 원동력이고 이끄는 수레이다. 끝연에서 들려오는 '폭풍우와 지축을 흔드는 우렛소리'와 '두레박 소리'는 그녀의 무의식 속에서 울리는 소리로, 심리의 안과 밖 그리고 전생과 현생을 넘나드는 상상력으로 마련되었다. 이처럼 그녀의 시에는 각종 소리가 심심찮게 등장하여 시상의 정체를 막아준다. 소리야말로 살아 있다는 존재의 신호이므로, 작품 안에 노래를 포함하여 여러 가지 소리를 장치한 동기는 '본처의 손톱 같은 붉은 가시에 찔려'도 시로 살아남겠다는 고선의 단호한 결의를 담고 있다.

생에 목숨을 걸어본 이는 안다. 시시한 하루하루가 거느리고 있는 막강한 의미를 말이다. 일상으로 속칭되는 나날은 나이가 들어갈수록 소중해진다. 더욱이 "중학교 선생에서 입시학원과 보습학원 강사로 학습지 교사를 거쳐 대리 운전기자를 한다는 남동생"(「추락하는 것은 날개가 있다」)과 "패랭이처럼 웃던 죽은 누이"(「패랭이꽃」), "먼 길 간 누이"(「꽃신」) 그리고 "일찍이 이 별 떠난 큰오빠"(「엄마, 상여꽃 냄새가 나요」) 등이 남기고 간 슬픔을 온몸에 각인한 처지라면, "상여집 안을 들여다보지 말라던 엄마"(「우울 2」)의 음성을 도처에서 듣고 자지러질 것이다. 고선에게 계속하여 닥치는 피붙이와의 이별은 시 속에 "세월은 흘러가도 산천은 안다/깨어나서 외치는 뜨거운 함성"(「당신의 등뼈」)이라는 민중가요의 노랫말을 삽입해서라도 살라고 권유한다. 그녀의 시에서 노래는 음악성을 제고하는 장치인 동시에, 생의 연장을 강권하는 격려사이기도 하다. 곧, 노래는 그녀에게 무능한 아비를 만나서 불가피하게 맞게 되는 온갖 재난으로부터 피난하도록 돕는다. 그녀의 소설 「파란 대문」의 한 대목을 보노라면, 이 점을 바로 알아차릴 수 있다.

수돗가 위, 등나무 덩굴이 연두색 이파리를 피워낼 즈음이면 아버지는 어김없이 대문에 파란색을 덧입혔다. 펭귄표 파란 페인트에 신나를 섞어 나붓나붓 붓질을 해갔다. 그럴 때면 아버지의 방 창문 너머로 보이는 스킨답서스가 넘실거리는 것을 나는 볼 수 있었다. 병약한 몸에 대한 위로였을까? 대리욕망이었을까? 넘실거리는 파란 빛……. 아버지는 그 그늘에서 넘실거리는 듯했다. 그때마다 아버지의 창백한 이마를, 그 위로 흘러내린 버석한 머리칼을 쓸어 올려주고 싶었다.

아버지의 무능한 이유가 밝혀진다. 이 다음에서 다방 레지들이 아버지더러 시인이라고 쑥덕거리는 장면에 힘입어 '병약한 몸'의 소유자가 행하는 붓칠은 과외의 의미를 획득한다. 이른바 질병의 낭만화로 인하여 쓸모없는 아버지의 무료한 '붓질'이 '나붓나붓'해진 것이다. 그 이면에서 어머니는 아버지를 탓하지 않고 고생하며 자식들을 건사한다. '등나무 덩굴이 연두색 이파리를 피워낼 즈음'이 되자 기다렸다는 듯이 대문에 '파란'색을 덧칠하는 아버지의 행위는 '병약한 몸에 대한 위로'이고, 또 '대리욕망'이며, 생의 연장에 대한 소박한 희망이다. 마침 아버지의 방 창문 너머로 스킨답서스가 넘실거리고, 파란빛이 넘실거리고, 마침내 아버지가 넘실거린다. 관찰자로 입회한 화자가 아버지의 넘실거리는 머리칼을 쓸어 '올려주고' 싶다고 후술한 것은 부녀간의 화해를 암시한다. 아버지의 부재가 그녀로 하여금 화해의 순간을 내밀도록 견인한 것이다. 그것으로 말미암아 그녀는 현상황으로부터 벗어나는 꿈을 꿀 수 있게 되었다. 꿈은 그녀에게 하룻밤과 하룻낮을 견디게 하는 생활력의 원천이다.

  다시 태어난다면
  지붕 낮은 학교
  국어선생님이 되어

눈망울 순한 아이들을 가르치고
밤에는
밤새워 시를 써야지
결혼은 해도 그만
안 해도 그만
이마 말간 남자와 한번쯤 결혼을 하고
강물도 흐르고
구름 흐르는 시골 언덕배기
흰 찔레꽃처럼 펴다 져야지
강가 흰 조약돌로
달그락 달그락 살다 가야지
　　─「꿈」 전문

　시집 『내 처음의 딸이 라색을 하는 동안』의 맨 뒤에 붙여진 이 작품은 고선의 시가 건강히 나아가리라는 희망을 시사하고 있다. 순전히 그녀의 어릴 적 꿈 혹은 중년의 소망이 아로새겨진 작품일 텐데, 앞의 시에서 두드러졌던 음울한 정서가 걷혀 있는 것이 첫째가는 증거이다. 가상이나마 그녀를 환희케 하는 것은 '눈망울 순한 아이들'과 '이마 말간 남자'이다. 양자는 '흰 찔레꽃'과 이어진 '흰 조약돌'이 자아내는 순결미의 도움을 받아서 더욱 '순한' 그리고 더욱 '말간' 빛을 획득한다. 거기에 시를 쓰는 여유는 덤이다. 마침내 고선은 "벌거숭이로 지구별에 내려 금빛 뜰을 뒹굴며 파초처럼 자라고 눈먼 사랑 사랑을 해서 달덩이 같은 아이들을 낳고 폭풍우 같은 생의 고비 고비를 저만큼 넘긴 이 황혼의 저녁나절"(「우울 1」)이 되어서야 평화하게 된 것이다.

3

위에서 살핀 바와 같이, 고선이 난 후 처음으로 펴낸 시집에는 "아침마다 담장 너머로 까치발 딛던 여자"(「그 여자」)의 아픔이 삼투되어 있다. 그것은 그녀의 생에 대한 의지를 견인하는 힘이었다. 그녀는 고통 속에서 더 단단해지는 강인한 생명력을 작품에 육화하고 있다. 그녀가 편편에 장치한 주제의식은 체험에서 길어 올린 것으로 독자들의 호응을 도출하기에 앞장선다. 앞으로 나올 고선의 시집은 「꿈」에서 가만히 서술했던 '꿈'의 모습이 구체화될 것으로 기대한다. 더하여 그녀가 펴낸 소설집에 대한 검토도 이루어진다면, 시집평에서 개진했던 논리의 타당성이 승인될 수 있을 터이다. 또 그러한 작업은 고선의 문학세계에 관한 평단의 관심을 촉발하는 계기로 작용하리라고 믿어 의심치 않는다.

제4부 아동문학가론

5월의 시인, 시의 5월
─백양촌론

Ⅰ. 서론

　백양촌(白楊村)의 본명은 신근(辛槿, 1916~2003)이다. 그는 전라북도 부안에서 태어나 일본에 유학한 뒤에 귀국하여 전북 지역의 교육계, 언론계, 문학계에 종사한 시인이다. 그는 해방되던 해 12월 김해강의 추천에 의해 전주사범학교 교사로 부임한 것1)을 시작으로 삼례중학교와 전주고등학교를 거쳐 전주 성심여자고등학교에서 퇴임하였다. 학교 외에는 해방 후에 창간된 『전라신보』편집국 부국장과 『전북일보』편집고문 겸 논설위원 등을 역임하면서 재직하던 신문의 문예면이 활성화되도록 힘썼다. 그는 1945년 8월 27일 시인 김해강, 연극인 김구진 등과 함께 문화동우회를 발기하여 결성하였다. 이 모임에는 당시 전북 지방의 문화예술계를 대표하던 쟁쟁한 인사들이 대거 참여하여 해방으로 혼란한 상황 속에서 문화계의 정지작업을 신속히 수행하고자 노력하였

---
1) 김해강, 「나의 문학 60년」, 최명표 편, 『김해강시전집』, 국학자료원, 2006, 788쪽.

다. 이듬해 2월에는 이병기, 김해강, 김창술, 정우상, 신석정 등과 함께 전북문화인연맹(대표 채만식)을 조직하여 문화인들의 통합과 친목 도모에 진력하였다. 또 그는 전북 문단에 얽힌 귀중한 기억을 증언하여 문학사의 서술자료로 남겨주었다.[2] 이밖에 그는 1953년 11월 전남 목포에서 전남북 출신의 작가들의 작품을 모아 간행된 『시와 산문』에 이병기, 김해강, 신석정, 서정주 등과 같이 참여하였다.

위의 경력으로 알 수 있듯이, 백양촌은 해방 후 전라북도 지방의 교육계와 언론계를 섭렵하면서 활발하게 활동하였다. 그의 헌신적이고 선구적인 노력에 힘입어 전북 지역의 문단이 조기에 형성될 수 있었다. 이러한 공적보다도 그가 자랑스럽게 생각한 것은 아동문학의 중흥에 헌신한 일이었다. 백양촌은 1946년 전라북도아동교육연구회를 주도적으로 결성하고, 기관지 『파랑새』[3]의 발행에 참여하였다. 이 잡지는 재정적 사정으로 곧 폐호되었으나, 도내 초중학교에 배포하여 학생들의 문학교육을 선도하고 정서 함양에 크게 이바지하였다. 또 백양촌은 1948년 어린이들의 예술 발전을 위해 봉선화동요회를 조직하고, 동요와 동극 운동을 전개하였다. 이러한 혁혁한 공에도 불구하고, 지금껏 그의 아동문학 활동에 대해서는 연구가 이루어지지 않았다. 물론 이것은 그에게 국한된 것이 아니다. 전북 문단의 형성 과정에 이바지한 작고 문인들에

---

2) 「전북 문학계의 회고와 전망」, 『삼남일보』, 1955. 1. 1; 「전북 문단의 개관」, 『전북예총』 창간호, 1965. 1; 「전북 문단 스무살」, 『삼남일보』, 1965. 8. 15
3) 『파랑새』는 전라북도아동교육연구회의 기관지로, 1946년 2월 창간하여 제4호(1946. 5)까지 발행되었다. 발행인은 김수사, 인쇄인은 오영문이었다. 주요 필자는 김해강, 백양촌, 김목랑, 김표 등이었고, 신석정이 "먼 앞날을 이어줄 어린 동무들의 가슴깊이 파들어 갔든 가장 무섭고 가장 더러운 티끌을 우리는 하루바삐 추방하는 것으로써 그들의 가슴 한 구석에 달달 떨고 쭈그리고 앉았던 여윈 파랑새를 저 푸른 하늘을 향하고 자유롭게 나려주는 것으로써 위치와 생명을 삼는 것이 이 『파랑새』지의 설계도"라는 창간사를 썼다.

관한 연구자들의 무관심이 그의 기여도를 제고하지 못한 것이다. 아울러 아동문학적 성과를 하대시하는 연구자들의 오도된 자세가 불미스러운 결과를 초래한 것이다.

이러한 태도는 크게 꾸짖어 서둘러 바로잡아야 한다. 예를 들어보면, 이병기는 한성사범학교를 졸업하고 부임한 전주제이보통학교 훈도로 재직하던 1915년 아이들을 위하여 소년단체 미성회를 조직하였다. 김해강은 대일항쟁기에 소년문예지 『별나라』와 『신소년』의 청탁에 빠짐없이 응하였으며, 채만식은 『어린이』 등에 아이들을 위해 동화와 소년소설을 내놓았고, 백양촌은 아이들을 위한 일이라면 발 벗고 나섰다. 이런 사례가 사방에 널려 있음에도 불구하고, 연구자들이 이에 착목하지 않는 것은 변명할 거리가 없다. 그들은 더 이상 어줍잖은 자세와 그릇된 장르관으로 전북 출신 작가들의 아동문학적 성과들을 외면함으로써 고고한 척 학자연하거나 도도한 양 위선 떨지 말고, 그들이 남겨준 성과물들을 전북문학사의 귀중한 자료로 수용하여야 한다.

이에 본고는 동시와 동극을 중심으로 백양촌의 아동문학세계를 살피고자 한다. 그는 해방 전에 동극을 발표하였고, 해방 후에는 동시와 시의 창작에 매진하였다. 이 중에서 시를 제외하고 논의하여 그의 문학적 다양성을 유목화함으로써 훗날에 계속될 논구의 방향으로 삼고자 한다. 그가 와병하자, 1989년 후손과 후학들이 힘을 합하여 『백양촌시전집』과 『백양촌수필전집』을 발행하였다. 본고에서 인용하는 작품들은 이 전집에 의하고, 그 외에 필요하다고 인정될 시에는 일차자료를 제시하게 될 것이다. 왜냐하면 전집은 편집위원회를 결성하여 그의 작품들을 수습하려고 노력하기는 했지만, 체계적이라고 하기에는 미흡한 구석이 많기 때문이다. 먼저 전기자료가 불충분하다. 이것은 전집의 편찬 과정에 유족이 개입되면서 취사선택이 이루어진 결과로 추정된다. 이어서 지적할 점은 기초적인 서지사항조차 정리하지 않은 것으로, 연구자들이 텍스트로 삼기에는 부족한 점이 많아서 원문을 대조하고 발표일자를 확인하여 재편하는 작업이 새로 이루어지지 않으면 안 된다. 그가 작품을 발표했던 각종 지지들이 대부분 전북 지역의 신문 매체인 바, 그것들의 보존과 정리가 부실하여 연구자들을 힘겹게 만든다. 그런 어려움을 감안하면서 가능한 범위 내에서 원문 자료를 입수하여 인용할 것이다.

II. 순수와 동심의 예찬

1. '소년적 순결'의 동시

알다시피, 백양촌은 전문적으로 동시를 발표하지 않았다. 그는 시인으로서 동시를 바라보고 써야 할 때를 가려 작품을 발표했다. 『백양촌 시전집』에서도 이런 취지를 헤아려서 동시를 따로 나누어 수록하지 않았다. 혹은 편집위원들이 그가 동시인의 반열에서 평가될 기회를 미리 차단한 것인지도 모른다. 그것이 진실일지라도, 백양촌은 충분히 동시인이다. 그의 행적을 기억하는 이들의 회고를 종합하거나, 그가 발표했던 작품들을 일별해 보면 영락없이 동시인이다. 차라리 동시인보다도 더 동시인이라고 불러야 맞을 정도로 아이들을 사랑했다. 그것을 알아보기 위해 먼저 선배시인의 회고담을 경청해 보기로 한다.

내가 그 백양촌을 바로 내 눈 앞에 마주 대할 수 있는 팔자를 누리게 된 것은 다른 때가 아니라, 우리 동족이 남북전쟁을 일으켜 동족상잔을 일삼고 지내던 세칭 6·25동란 중의 1951년 쯤, 내가 고향 가까운 전주로 피난하여 그곳 전주고등학교의 일개 국어교사로 밥을 먹고 지내게 된 때의 일이었다. 누구의 소개로 우리가 인사를 나누게 되었던가는 잊었지만, 그때 그는 깜정빛의 두루마기를 받혀 입은 수수한 선비의 한복차림의 매우 겸허한 호남자였는데, 좋은 미목(眉目) 아래 불그스레 고은 그의 두 뺨이 소년적인 순결을 그대로 보이고 있는 듯하였기에, 그 나이보다 훨씬 더 젊어보이던 그때 그 인상이 지금도 눈에 완연하다.4)

서정주는 『백양촌시전집』이 간행된다는 소식을 듣고 기꺼이 「서」를 써줄 정도로 그를 아꼈다. 위의 진술을 되읽어 보면, 서정주는 '깜정빛의 두루마기를 받혀 입은 수수한 선비'이고 '겸허한 호남자'이며 '좋은 미목 아래 불그스레 고은 그의 두 뺨이 소년적인 순결을 그대로 보이고 있는 듯'하여 '나이보다 훨씬 더 젊어보이던' 젊은 시절의 백양촌의 모습을 고스란히 기억하고 있다. 이 말 중에서 '소년적 순결'에 주목하면, 그의 용모가 젊게 보인 사정을 짐작할 수 있다. 한 사람의 얼굴 표정이란 그의 내면이 절로 드러난 것이므로, 서정주의 기억에 의하면 백양촌은 태생적으로 '순결'한 영혼을 소유한 동시인이었던 셈이다. 이러한 그의 심적 바탕은 일제에 강제로 점령되어 나라를 잃은 아이들이 '조선의 참될 일꾼'으로 자라기를 바라는 마음을 숙성시켜 동시를 창작하도록 견인하였다.

> 붉게 타는 태양을 가슴에 안고
> 맑게 개인 하늘을 우러러보며
> 나아가자 희망의 거리 위에로
> 아름다운 오월은 우리의 시절
>
> 파랑기폭 바람에 나부끼면서

---

4) 서정주, 「서」, 백양촌시전집간행위원회 편, 『백양촌시전집』, 대광출판사, 1989, 9쪽.

> 가지런히 발맞춰 노래부르며
> 씩씩하게 모이자 푸른 들판에
> 향기로운 오월은 우리의 시절
>
> 왼세상에 기쁨이 넘쳐흐르고
> 산과 들에 신록이 싱싱하도다
> 우리들의 가슴엔 희망의 꽃이
> 새날을 약속하며 즐겨웃는다
>
> 태양같이 마음을 크게 키우자
> 나무같이 정정히 뻗어나가자
> 우리들은 조선의 참된 일꾼들
> 새 세상의 주인될 어린이 만세
> ―「오월의 노래」5) 전문

　백양촌이 '1945. 5. 5'이라고 표기한 것으로 보아 이 작품은 해방되던 해 어린이날을 맞으며 쓴 것이다. 그러나 자세히 보면, 내용상으로 해방을 맞아 '어린이 만세'를 부르고 있어서 창작일자와 맞지 않다. 이 점이야말로 전집의 출판 과정에 참여한 비전문가들의 만행이다. 추측컨대, 백양촌은 위 창작일에 쓴 작품을 전후에 발표하면서 상위하는 줄 모른 채 그대로 적었고, 신문사에서도 확인 과정을 밟지 않고 수록하면서 문제점이 발생한 것으로 보인다. 이런 점은 전집의 편찬이 작품의 전량을 날짜순으로 싣고 마는 게 아니라 전문적 식견과 학문적 수련이 필요한 줄 알려준다. 한국의 문학연구에서 가장 낙후된 원전비평이 아동문학작품에서도 필요한 줄 위 사례는 안팎에 공언하고 있다.
　백양촌은 이민족의 강점 상태에서 신음하던 어린이들의 밝은 미래를 염원하며 쓴 것으로, 그는 어린이들에 관해 각별히 관심을 기울이고 있

---

5) 『삼남일보』, 1954. 5. 5

었던 줄 판명된다. 이런 마음 자세가 그로 하여금 전라북도에 동요동인회를 결성하도록 부추겼을 터이다. 또 제목이 「오월의 노래」인 점과 작품의 주된 리듬 7·5조를 결부시켜 보면, 백양촌은 어린이들에게 동요가 지닌 영향력을 염두에 두고 있었다는 사실이 드러난다. 말하자면, 그는 동요의 중요성을 남들보다 앞서 알아차리고 해방 전부터 어린이들의 비극적 표정을 개선해줄 수 있는 방편으로 이 작품을 생산한 것이다. 그에게 동요는 당대의 정치적 환경으로부터 어린이들을 보호해줄 수 있는 책임감의 발로였던 것이다. 그는 더욱이 교사 신분으로 대부분의 생애 경력을 충당한 이였기에, 아이들에 대한 관심을 방기할 수 없었으리라. 그가 해방 후에 교사를 양성하는 사범학교에 재직한 전기적 사실을 고려해 보면, 그에게 동요는 천성을 발휘하기에 적합한 장르였을 터이다.

> 누나야 언니랑 달마중가자
> 달도달도 보름달 고운 달님이
> 별나라 푸른나라 행차하려고
> 동산 위 하늘이 훤히 터졌다.
>
> 누나야 동무랑 달마중가자
> 둥글둥글 보름달 예쁜 달님이
> 새 세상 어린이들 만나보려고
> 새 단장 곱게하고 떠오르신다.
>
> 누나야 노두들 달마중가자
> 잔디잔디 금잔디에 모두 모여서
> 달맞이 노래를 합쳐부르면
> 달님이 봄꿈을 선물주리라.
> (1946. 2. 10)
> ―「달마중」6) 전문

포플러 나무가지 물이 오르면
니-나 피리내여 불어보지요
흰나비 노랑나비 춤을 추면은
오얏꽃 복사꽃이 방긋웃어요
바람이 하늘하늘 꽃잎을 안고
시냇물 남실남실 흘러내리면
누나와 푸른잔디 기슭에 앉아
파-란 하늘아래 봄꿈맺지요
(1946. 3. 1)
　　―「봄인사」7) 전문

해방 이듬해에 백양촌이 쓴 작품들이다. 그가 형태상으로 변화를 기하지 않았으나, 작품의 분위기는 훨씬 밝아졌다. 이것은 말할 것도 없이 정세의 변화에 기인한 것이겠으나, 이전의 작품에서 간절한 염원의 어사에 충실한 것과 비교된다. 그는 해방을 맞은 아이들이 좀 더 활기차기를 바라는 마음에서 달마저 '새 세상 어린이들 만나보려고' 비친다고 표현하였다. 그는 "푸른 하늘에 한없이 나르는 새와도 같이 푸른 벌판을 줄기차게 흐르는 맑은 냇물과 같이 자유롭게, 힘차게 자라나는 슬기로운 이 땅의 어린이들"8)에게 자신의 유년기를 드리웠던 암울한 분위기가 삭제되기를 갈망하였다. 그에게 동요는 선세대가 후세대에게 줄 수 있는 문학적 배려였다. 그는 동요를 통해서 자신은 물론, 동세대가 겪었던 형극의 주름이 거세되기를 희원하였다. 그의 아픔은 그 시절을 살았던 어른이라면 누구나 가질 수 있는 보편적인 희망이었다.

백양촌의 바람은 개인사적 비극과 관련되어 절실한 울림으로 다가선다. 위에서 볼 수 있듯, 그의 작품에는 '누나'가 자주 등장한다. 이것은

---

6) 『백양촌시전집』, 332쪽.
7) 위의 책, 335쪽.
8) 백양촌, 「어린이는 나라의 보배」, 『백양촌수필전집』, 대광출판사, 1989, 28쪽.

그의 아련한 슬픔에서 비롯된 것이다. 그는 하나밖에 없는 두 살 아래의 누이동생을 해방 전에 잃었거니와, 그로 인한 슬픔은 자별하였다. 그는 장편수필에서 "늘 입을 다물고 있어 필요 이상의 말이 적었고, 누구를 대하든지 나긋나긋한 웃음을 살풋이 띄우고 항상 겸손하고 상냥한 태도"9)를 잃지 않았던 경희를 회고했거니와, 여동생과의 유년기 추억을 회상하며 '누나와 푸른잔디 기슭에 앉아'로 표현하였다. 이처럼 백양촌에게 여동생은 각별한 추모의 대상이었다. 그녀가 성장 과정에서 조사한 사실은 그의 창작욕을 자극하여 아이들의 노래에 관심을 기울이도록 작용하였다.

    동무야 손을 잡고 들로 나가자
    빛나는 파란 정기 훈풍을 타고
    무궁화 송이송이 가슴에 피는
    우리의 오월명절 돌아왔도다.

    동무야 푸른하늘 우러러보자
    눈부신 오월햇님 가슴에 안고
    꽃구름 밀고오는 초록바다에
    씩씩한 기상으로 발맞춰가자.

    동무야 신록처럼 힘을 기르자
    삼천리 방방곡곡 흩어진 우리
    너와 나 별과 같은 수많은 동무
    마음을 한결같이 뭉쳐나가자.

    동무야 소리높여 만세부르며
    우리들 오월명절 길이 지키자
    다음날 새세상의 주인이 되면

---

9) 백양촌, 「경희와 애국심」, 위의 책, 331쪽.

승리의 파랑기폭 높이 날리자.
　　—「어린이의 부르는 노래」10) 전문

푸르른 5월의 향취는
눈감고도 느끼는
어린이의 고운 입김

다사로운 햇볕 담뿍 깃들인
어린이의 미소는
천국이 보내주는 지중한 보물

맑디맑아라
어린이의 마음 흐르는 하늘

곱디 고와라
어린이의 숨 퍼지는 루리

꿈인듯 무지갠듯 아련히 떠오름은
아름다운 꽃바다……
(아 내사 괴론날의 슬픔도 찬란해져 기쁜 눈물로서 네게 입맞추노라)
—『삼남일보』
　　—「헌사」11) 전문

누나의 손길처럼 언제나 부드럽고 반가운 오월
새파란 잎잎이 무성한 들과 산을
힘차고 빠른 물제비나래에 실려
너희들의 명절 어린이날이 돌아왔구나

불운의 세월 아래 받은 상처 가시지 않아
폐허의 그늘속에 어둠을 안고 누은 어버이 마음

---
10) 『백양촌시전집』, 338-339쪽.
11) 위의 책, 128-129쪽.

항시 슬프고 답답할지라도
어느 값진 보석보다도
더 귀엽고 자랑스런
너희들의 명절이기에
티없이 맑고 고운 얼굴
무딘 마음에 꼭 껴안고
뜨거운 눈물로 볼부비며 입맞추며
나도 따라 만세 부르노니

자랑스런 무궁화 동산의 새싹들이여!
가없는 푸른 하늘 아래
웃음 짓고 활짝 피어나거라
꽃밭에 잉잉거리는 벌나비처럼 자유롭게 날개펴라
밤하늘 별처럼 지혜로워라
무성한 초목처럼 싱싱하여라
마음껏 마음껏 줄달음치며 노래불러라

온 누리를 뒤덮을 꽃행렬 서고
어느 명절보다도
더 눈부시게 황홀하여야 할 이날
어딘지 검은 그늘 깃들어 쓸쓸함은
어버이 근심이 물들었음이냐
어직도 너희 마음 북돋워줄
웃음의 꽃동산 없기 때문이냐

아기야!
굳이 오늘만은 모든 시름잊고
너희들과 더불어
어린 마음 지니려 하노니
손을 다오 어서 나아가자!
새날을 약속하는 오월 태양이
줄줄 쏟아지는 거리 위에로
희망과 미소가 어울려 흐르는

들과 산으로!

　(아아, 내사 너희들의 진실이 꽃피어오르는 날 진흙에 묻혀 벼랑에 떨어져도 설워 울지 않으리……)
　　―『삼남일보』
　　　―「헌사―어린이날에 보내는 노래―」12) 전문

위에 인용한 백양촌의 세 편의 시는 지역에서 간행되었던 신문의 어린이날 특집판에 수록되었다. 이 사실은 그를 동시인의 범주에 포함할 것을 요구한다. 그의 의지와 상관없이 지역에서는 백양촌을 시와 동시를 겸행하는 시인으로 인식하고 있었고, 두 장르를 나누어 바라보지 않았다는 증거이다. 당시에는 도내에 전문 동시인이 출현하기 전이었고, 그가 동시인으로 대접받아도 손색이 없을 정도로 아이들에게 사랑을 베풀었으므로 신문사에서도 그것을 알고 동시의 제출을 졸랐을 것 터이다. 이렇게 단언해도 무방한즉 그가 '아아, 내사 너희들의 진실이 꽃피어오르는 날 진흙에 묻혀 벼랑에 떨어져도 설워 울지 않으리'라고 표현한 점에서 힘을 얻을 수 있다. 위의 글은 그가 "어린이의 명절"13) 어린이날을 맞아 평소의 소회를 솔직하게 피력한 것이다. 이러한 모습은 기회있을 적마다 표출되었는 바, 그것은 백양촌이 어린이들에게 깊은 관심과 애정을 가졌다는 확실한 증좌로 볼 수 있다. 그는 동심을 최고선으로 파악하고, 그것의 보호에 갖은 노력을 기울였던 동시인이다.

　세상 어른들은 여러분들을 가르켜 '나라의 보배', '새 나라의 일꾼', '앞날의 주인공'이라고 부르며 여간 소중하게, 여간 귀엽게 여기지 않으며, 여러 해 동안 온갖 불운과 고생을 겪어왔을지라도 그대들 어린이들의 자

---

12) 위의 책, 59-61쪽.
13) 백양촌, 「오늘은 어린이날」, 『백양촌수필전집』, 40쪽.

라나는 모습을 바라보고 다시금 희망과 용기를 얻어 오는 달마다를 이렇게 근실하게 살아가는 것입니다.14)

백양촌은 전주중앙국민학교 어린이들의 미술전을 관람하고 난 뒤에 "어린이들이 지닌 새롭고 깨끗한 심정이 이슬 흐르듯 차분차분 넘칠 때 저렇듯 어른들의 굳어진 마음벽을 뒤흔드는 뛰어난 재분과 고운 정서가 황홀히 피어나는 것"15)이라고 술회한 바 있다. 그러한 바람이 드러난 인용문을 보노라면, 그는 '세상 어른들'의 소원을 구체화하기 위해 동요를 창작한 것이다. 그런 사정 때문에 백양촌의 동요나 동시에는 아이들의 목소리보다, 시인의 음성이 우위에 서 있다. 그가 이런 사실을 알면서도 굳이 화자의 서술상 위치를 높이 설정하게 된 것은, 그만큼 각종 억압 상황으로부터 아이들이 벗어나기를 바라는 소망이 깊고 넓었다는 뜻이다. 그의 노력이 웅변조로 일관하지 않고 나름대로 의미망을 구성할 수 있는 이유도 거기에서 찾아볼 수 있다. 또 이러한 경향은 백양촌의 작품세계가 처음부터 끝까지 아이들의 동심을 옹호하고, 그들의 순수한 성정을 보위하기에 온갖 힘을 기울였다는 배척하기 힘든 증거이다.

2. 동극 장르 인식과 습작

백양촌은 해방 전에 습작기를 보내면서 여러 장르를 더투었다. 그런 버릇이야 여느 작가들에게서나 나타날 개연성이 충분하므로 흠이 아니다. 오히려 그런 움직임을 통해서 당해 작가의 장르 선택에 대한 의지

---

14) 백양촌, 「동심 노심」, 위의 책, 158쪽.
15) 백양촌, 「순백한 동심의 표상」, 위의 책, 238쪽.

를 살필 수 있을 뿐만 아니라, 장차 집중하게 될 장르와의 차이를 비교하여 문학적 완성도를 짚어낼 수도 있다. 백양촌이 문학 창작에 뜻을 둔 것은 여러 가지의 이유가 있을 테지만, 아래에 토로한 어린 시절의 추억담을 읽노라면 어렵지 않게 유추할 수 있을 듯하다.

> 나의 태생은 부안읍인데 일곱 살 때 무주에서 학교에 들어갔었지요. 소백산맥에서 비롯하여 구천동의 계곡을 씻고 무주읍을 흘러내리는 시내―남천에서 조약돌을 매만지며 맑은 물에 쏟아지는 햇볕 아래서 해 저물도록 물장구를 치는 게 내 즐거움이었습니다. 참으로 산자수명―산이 푸르고 물이 맑은―한 인심 좋은 고장이었읍니다. 그 아름다운 풍광 속에서 나의 꿈꾸기 좋아하는 성품이 싹텄을 것 같애요. 그 해 부모님을 따라 다시 고향으로 돌아왔읍니다. 그 무렵―1920년대―신문화운동의 기운이 삼천리 방방곡곡에 번짐에 따라 젊은이들이 청년회·소년회를 조직하고 갖가지 일들을 벌이는데 신극(연극)도 하기에 구경을 잘 갔지요. 내 아버지(선친)께서 무대에 주인공으로 나오시는 걸 보고 나도 한 번 그렇게 해보고 싶었읍니다.16)

인용문을 보면, 백양촌은 어린 시절을 무주와 부안에서 보냈다. 무주는 그의 부친을 따라 이사하여 잠깐 살았다. 위에는 이사한 이유가 밝혀지지 않았다. 다만, 무주로 갔다가 그 해에 다시 귀향한 것으로 봐서 부친의 직장 문제가 아니라 가정 사정 때문으로 보인다. 그는 그곳에서 물놀이하고 놀면서 '꿈꾸기'하는 습관을 들였다고 고백한다. 1916년생의 그가 일곱 살 때 두 번의 이사를 했으므로, 더하면 1923년 이후에 부안으로 돌아갔다. 그 시기는 그가 말했다시피, 식민지의 전역에서 청년회와 소년회가 조직되어 소위 신문화운동을 벌이던 시기이다. 그가 무개념하게 신문화운동이라고 명명했으나, 사실 부안 지역에는 사회주의 계

---

16) 백양촌, 「나의 어린 시절」, 『전북일보』, 1970. 7. 5

열의 청년들이 청년회를 결성하고 나서 노동운동, 농민운동, 소년운동 등을 활발히 전개하고 있었다. 정확히 신문화운동은 1917년부터 1921년 사이에 중국에서 천두슈(陳獨秀)를 비롯한 일군의 청년들이 일으킨 반제국주의 운동을 가리킨다. 따라서 백양촌처럼 식민지의 청년들이 벌였던 소인극운동을 신문화운동으로 판정할 것은 아니다. 청년들은 문화운동의 차원에서 소인극을 상연한 게 아니라, 야학 경비의 마련을 비롯하여 변혁운동의 수단으로 소인극에 관심했었다. 백양촌이 그것을 신문화운동이라고 말한 것은 이전에 보지 못했던 운동 양상이었고, 당시 사람들이 부른 것을 그대로 옮긴 듯하다.

백양촌은 전문적으로 동극을 창작하지 않았다. 그러나 그는 1936년 전1막 동극「이겼네 이겼네」를 발표하였다. 이 작품은『동아일보』에 2회(1936. 3. 15, 1936. 3. 29)로 나뉘어 실렸다. 백양촌이 앞으로 전력하게 될 장르를 모색하는 단계에서 이 작품을 쓴 듯하다. 그런데 앞의 인용문에서 그가 청년들이 '신극(연극)도 하기에 구경을 잘 갔'고, 또 '내 아버지(선친)께서 무대에 주인공으로 나오시는 걸 보고 나도 한 번 그렇게 해보고 싶었'다고 언급한 것으로 봐서 극작에 관심을 두었던 것으로 보인다. 위에서 언급한 그의 동극 작품은 이러한 맥락을 헤아리며 읽어야 타당할 듯하다.

『동아일보』, 1936. 3. 15

백양촌의「이겼네 이겼네」의 시간적 배경은 어느 따뜻한 봄날이고, 공간은 잔디밭으로 설정되었다. 나오는 사람은 꽃님 ㉮(금순이), 꽃님 ㉯(옥순이), 꽃님 ㉰(복순이), 별님(금동이), 나비님(옥동이), 작난꾸럭이

(복동이), 영감님(수동이), 바람님(만갑이), 종달새님(만순이)이다. 이들이 노는 곳은 '들경치를 그린 막을 느리면 그만이다'에서 알 수 있듯이, 백양촌은 청년회에서 공연했던 소박한 극에 착안하여 무대를 구상한 듯하다. 내용은 아이들이 노는데 바람이 불어와 심술을 부리고 나가고, 이어서 아이가 꽃을 꺾는다.

> 작난꾸럭이 애: (엎어진 채 꽃님들을 보며) 웅! 요것들 막 웃는다. (일어슨다) 왜 우섯니? (꽃님 ㉯에게로 가서) 고거 곱다. (꽃을 손으로 토긴다) 조흔데―. 요놈이 조흔가? (꽃님 ㉮게로 간다) 올치! 한 가지씩 꺾어다 내 꽃병에다 꽂아놔얏다. 요고 참 고흔데! (꽃님 ㉮의 한 팔을 부들고 찢으려 한다.)
> 꽃님 ㉮: (울며) 아야야! 난 몰라. 내 가질 찌즈면 어떠케 해! 웅! 웅!
> 애: 가만 잇서! 꽃은 사람이 보자는 것인데 멀 그래! 사람 맘대루 하지. 영치기! 요게 안 찌저지겟단다.
> 꽃님 ㉮: 아이구 앞어 죽겟네! 엉엉! 애들아! 와서 말려다우.
> 꽃님 ㉯, ㉰: (가치) 아이구 어더케! 자라나야지. (손을 내민다.)
> 나비님: (놀래다가) 올치! (꽃님 ㉯에게 무엇을 속은거린다.)
> 꽃님 ㉯: (웃으며 고개를 끄덕인다.) 다녀오케. (나간다.)
> 애: 요게 안 찌저진다. 어디 조걸 해볼가? (꽃님 ㉰게로 간다.) 요건 좀 가늘다. 영치기! (잡아다린다.)
> 꽃님 ㉰: 아이구구! (운다.) 엄마! 애 봐! 내 가지 찌저저!
> 애: 아따 가만 잇서어! 내 네 가지 찌저다 내 꽃병에 꼬자노쿠 매일 새 물 주까? 자 찌저저!
> 꽃님 ㉰: 시러시러! 그까짓 드러운 병물!
> 애: 홍! 그만 둘염. 네 까짓 거 아니면 꽃이 없어! (꽃님 ㉰에게로 가서) 그러치! 저것들은 미워! 병물은 수돗물인데 웨 더러워! 이까지 개똥 쇠똥 말똥 다 눈언덕 물이 더럽지! 그러치!
> 꽃님 ㉰: (턱을 쑥 내밀고 입을 삐죽삐죽하며 외면을 해버린다.)
> 애: 애! (골이 낫다.) 요것들 봐라. 그랫겟다. 어디 보자! (나간다.)[17]

---

17) 백양촌, 「이겻네 이겻네」(2), 『동아일보』, 1936. 3. 29

위 대목을 볼 양이면, 동극의 대상성과 상거한 내용인 줄 단박에 알 수 있다. 제목 「이겻네 이겻네」와 상관지어 보면, 당시 신문에 실릴 게 이상할 정도로 섬뜩하다. 더욱이 발표 시기가 식민지시대인 것을 감안 하면, 장난꾸러기의 '네 까짓 거 아니면 꽃이 없어'라는 대사에서 확인 가능하듯이 백양촌의 동극에 대한 배움이 덜 되었다. 시대적 특수성은 아이들에게 희망을 준다거나 혹은 현실에 대한 이해를 촉구하는 것으로 반영되어야 할진대, 이 작품은 양자를 도외시하고 있다. 백양촌이 동극의 창작을 멈추고 동시로 나아간 이유를 거기에서 찾아볼 수 있을 듯하다.

앞에서 1920년대의 연극운동을 신문화운동으로 지칭한 것처럼, 백양촌은 시대에 대한 인식이 철저하지 못했다. 이 작품이 발표된 1936년, 일제는 이듬해 중일전쟁을 일으키기 위해 식민지의 사상운동을 탄압하면서 청년들의 행동반경에 대한 감시망을 옭죄고 있었다. 백양촌이 살던 부안에서도 1929년에 일경이 기획한 전라북도 중심의 조선공산당 재건 운동 사건으로 청년들이 피체되어 운동권이 궤멸 상태에 처해졌다. 이런 시대의 형편은 아이들의 미래를 더욱 암울해지도록 압박하므로, 백양촌은 '동'극의 대상성에 대한 선이해를 단행한 뒤에 집필에 착수했어야 옳았다. 그 점을 지적하면서도 평가할 점은 이렇다. 그의 작품이 전라북도 동극의 효시인 게 사실이므로, 해방 후 시작된 동극의 사적 정리 과정에 필히 포함되어 정당한 평가를 받아야 한다.

III. 결론

이상에서 살펴본 바와 같이, 백양촌은 아이들을 위해 평생 동안 진력하였다. 그는 해방 전부터 아이들을 위해 동요를 창작하고 있었을 뿐만 아니라, 해방 후에는 동요단체를 결성하여 문화적 혜택을 받지 못하는 아이들을 위해서 여러 가지 다양한 문학적 향유 기회를 제공하였다. 그의 선편에 힘입어 전라북도에는 아이들을 위한 문학이 소생할 수 있었다. 그는 문단 활동 외에도 동요와 동시를 발표하여 아이들의 순수한 세계를 노래하였다. 그의 작품들은 5월이라는 계절적 속성에 의탁하여 아이들의 꿈이 건강하게 자라나기를 기대하는 기성세대의 책임감으로 충일하였다.

이것만 보더라도, 백양촌의 아동문학 활동은 충분히 의미롭고, 단지 그가 시 창작도 병행하여 좀 더 많은 동시요 작품들을 남기지 못한 점이 아쉽다. 그처럼 선구적인 안목과 헌신적인 자세를 소지한 사람이 드물었기에, 이 점은 여전히 안타깝다. 그가 더 이상의 아동문학물을 생산하지 않은 배경으로는 중등학교에 재직하게 된 것을 들 만하다. 그가 식민지기에 발표한 동극은 시대 상황을 미흡하게나마 반영하고 있다. 그렇더라도 이제부터 그가 남긴 아동문학작품에 대한 연구자들의 관심이 시작되고, 나아가 다른 이들로 확산되어 전북아동문학사가 빼곡하게 기술되기를 간망한다.

꿈, 동화를 구성하는 방식
—김용재론

Ⅰ. 서론

동화는 예나 지금이나 여러 가지의 제약을 받는다. 문학의 장르 중에서 여린 축에 드는 탓이기도 하지만, 그 생래적 연유는 독자의 특수성에 있다. 이름부터 '어린이들의 이야기'라고 부를 정도로, 동화는 태생부터 독자를 의식하며 생겨난 장르이다. 동화는 근대에 이르러 부르주아의 세력이 커지는 동안에 발견된 어린이들을 의식하며 발생했다. 그러다 보니 동화는 이런저런 한계나 범주를 전제하며 논의하지 않으면 안 된다. 그 중에 휴머니즘도 속한다. 동화가 휴머니즘에 기반한다고 할 때, 그 말은 휴머니즘이 작가의 시선은 물론이고, 주제나 이야기의 전개 방식 등의 모든 국면에 간섭한다는 것을 인정하는 말이 된다. 그만치 휴머니즘은 동화를 지탱하는 최초의 심급인 동시에, 동화의 존립을 담보하는 최후의 보루이다. 곧, 휴머니즘적 시선을 견지하지 않으면 동화의 범주에 넣기가 난망해진다. 차라리 동화와 휴머니즘의 관계는 태생적으로 불가분하다고 보아도 무방하다.

그러나 요새 발표되는 동화를 볼 양이면, 이에 부응하는 작품이 많지 않다. 그것은 작가들이 세태를 반영하는 일에 과도한 관심을 쏟기 때문이다. 예전과 다르게 현재 발표되는 작품들을 과소평가하자면, 수필이나 생활문에 가깝다. 동화는 아이들의 낭만적 성향을 충실히 반영하여야 함에도 불구하고, 근자의 작품들은 아이들의 생활장면을 시시콜콜하게 묘사하거나 시류에 야합하는 경향이 강하다. 그런즉, 동화의 기본 조건이라고 할 법한 환상이나 환상적 기법은 찾아보기 힘들다. 실제 생활에서도 아이들은 현실을 뛰어넘는 상상력과 난데없는 직관을 발휘하며 자아의 성장을 도모하건만, 작가들은 쓰기 쉬운 생활문의 발표에 진력하는 추세이다. 이런 나라에서는 『해리포터』와 같은 작품이 나올 리 만무하다. 조상들은 무수한 설화를 유산으로 남겨주면서 아이들을 위해 유용하게 쓰일 것을 희망했으나, 후손들은 동시대의 생활 묘사에 안주하기를 마다하지 않는 실정이다. 이러한 문제사태는 사회의 구성원들에게 아동문학을 시시하다거나 유치하다고 바라보는 관점이 만연되었기 때문에 야기되었다.

한국에는 아동문학 연구자들의 수효가 적다. 그러다 보니 문단의 흐름을 정리하는 평론이 미발표되고, 개별 작가에 대한 연구가 소홀히 이루어질 수밖에 없다. 이런 판국이니 지역에 터를 잡고 살아가면서 독자적인 세계를 구축하느라 힘을 쏟는 작가들은 외면당하기 십상이다. 이에 해당하는 작가들이야 한둘이 아니지만, 전북 지역의 원로 작가에 속하는 김용재(金容在)의 경우도 그 범주에 속한다. 그는 1938년 전라북도 부안 백산면에서 태어난 뒤, 1976년 월간 『아동문예』에 동화가 추천되어 문단에 나왔다. 그 뒤로 부지런히 작품 활동에 정진하여 1977년 10월 『춤추는 우주선』을 펴낸 것을 위시하여 여러 권의 동화집을 상재했다. 김용재는 창작에 몰두하는 동안에도 전북 지역의 아동문단이 활성화될 수 있도록 힘을 기울였다. 그는 1971년 10월 전주 교육문예사에서 열린 전북아동문학회 발기인회의에 참석하여 11월에 16명의 회원으로 회를 발족시켰다. 그는 이 회의 부회장으로 선출된 이래 전북 지역의 아동문학 발전을 위한 일이라면 앞뒤를 가리지 않고 수범하였다. 그때의 이력이 그를 전북아동문학회장, 한국아동문학회 부회장, 한국문인협회 익산지부장 등의 보직을 맡도록 견인하였다. 이런 공로를 인정받아 김용재는 한국아동문예작가상, 한국동화문학상, 마한문학상, 전북문학상 등을 수상하였다.

 김용재가 걸어간 배움의 길을 따라가노라면, 시골 태생의 한 소년이 걸어간 모습을 살펴볼 수 있다. 그는 마을 앞을 흐르는 동진강의 건너편에 자리한 정읍 화호리의 국민학교를 다녔다. 이 경험은 뒤에 논의하게 될 청소년소설의 소재가 되었다. 다시 그는 고향의 백산중학교를 거쳐 전주사범학교를 졸업했다. 사범학교 출신답게 평생 동안 초등학교에서 교편을 잡다가 2000년도에 정든 교직에서 물러났다. 그의 행로는 교육을 위해 대처로 자식들을 내보냈던 조상들의 애정을 반영하고 있다. 김용재의 작품에서 이런 점들은 행간에 녹아서 서사의 움직임을 돕는다. 한 편의 동화에 각인된 작가의 발자취도 아울러 발견하여 기억할 일이다. 특히 그는 작품에서 꿈을 유난히 강조한다. 그런 노력은 교사 의식의 내면화된 흔적인 것을 부인하기 힘드나, 동화가 태어날 때부터 아이들에게 꿈을 심어주는 숙명을 지닌 장르적 과업을 충실히 이행한 것으로 보아야 타당하다. 이에 중점을 두고 평단의 접근이 거의 이루어지지 않았던 김용재의 동화에 관한 논의를 시작한다.

Ⅱ. 휴머니즘에 바탕한 꿈의 모습

1. 교사의식, 자아의 꿈

　동화는 사랑의 장르이다. 소설과 달리 동화의 주인공들은 결말이 나기 전에 화해하여야 한다. 그러한 결말은 사람에 대한 사랑, 곧 휴머니즘을 고수해야 하는 장르의 특장과 결부되어 있다. 이 점을 가리켜 동화의 태생적 한계라고 지적하기도 한다. 그러나 동화가 애초부터 미성숙한 아이들을 독자로 존재하는 까닭에, 감정이 미분화하고 이성이 미발달한 독자의 발달 특징을 고려한다면 도리어 장처라고 보아야 합당하다. 동화는 출발점부터 독자에 대한 무조건적인 사랑을 저변에 깔고 있다. 작가의 분에 넘치는 사랑은 작품에 삼투되는 과정에서 인물의 행동이나 대사, 배경의 묘사, 시간의 선택 등에 고루 관여한다. 독자는 이처럼 사랑으로 가득한 작품을 읽어가는 도중에 자연에 대한 사랑을 자연스럽게 습득하게 된다. 그것은 세상에 대한 편견이 없는 아이들의 눈높이를 감안한 것이지, 무턱대고 사랑하기를 권하는 작가의 그릇된 사랑의 표시가 아니다.

　어린이들은 사랑하며 자란다. 사랑은 아이들로 하여금 세상의 온갖 물상을 사랑하게 만든다. 그의 사랑은 저도 모르게 행동으로 나타나는 것이며, 그것은 어린이기에만 유일하게 존재하는 물활론적 세계관의 작동현장이다. 아이들은 이것을 바탕으로 다종다기한 꿈을 꾼다. 그것도 날마다 꿈꾼다. 그들의 꿈은 풍부한 가소성과 함께 성장기의 특징을 이룬다. 그것은 어린이기가 낭만적 성향이 충만한 시기라는 사실을 알려준다. 아이들은 꿈을 통해서 현실의 고통을 잊고, 훗날 이루고 싶은 꿈을 그린다. 이 점이야말로 동화와 아이들이 만나는 접점이다. 그러므로 모름지기 작가는 아이들의 꿈을 소중하게 어루만져주어야 한다. 그것은 동화작가가 가져야 할 조건 중의 하나이다. 김용재는 동화를 꿈의 장르로 인식한다. 꿈이란 이루고 싶은 것에 대한 열망이다. 또 그것은 이루지 못한 것에 대한 아쉬움이기도 하다. 동화작가로서 그가 갖고 있는 꿈에 대한 생각은 양자가 모두 해당할 터이다.

꿈이란 무엇인가. 희망이요 행복이 아닌가. 행복을 추구하는 어린이들에게 희망을 줄 수 있는 동화를 쓰기 위해 몸부림은 있었다. 물질문명적인 것보다는 자연적인 테마로 행복이 넘치는 그런 글을, 빨리 나는 참새보다는 두 날개를 여유있게 펄럭이는 나비 같은 그런 천진스런 동화를 쓰려고 했다.(「꿈을 잡을 수 있는 동화」)

꿈 많은 어린이들이여!
아침 이슬 같은 영롱한 꿈을 가지고 아름다운 꿈속에 묻혀 고운 꿈을 키우며 살아가길 바랍니다. 그래서 마음속에 항상 맑고 밝은 동심을 담아서 서두르지 말고 지내십시오.(「고운 꿈을 미우며」)

앞엣치는 『도깨비와 아이스크림』이라는 제5동화집의 서문이다. 뒤엣치는 김용재가 '내 생애에 마지막이 되지 않을까 하니 서글픔이 앞선다'는 '서글픔'을 달아 펴낸 작품집 『동물학교 종소리』의 모두에 얹어 둔 것이다. 그처럼 '서글픔'이 앞서도 그는 꿈을 그린다. 그 기원은 1977년에 낸 첫 동화집의 모두에서 "좀 불우하고 좀 고된 환경이더라도 거기에 굴복하지 않고 참을성 있는 마음씨와 자세라면 반드시 즐겁고 행복스런 날이 올 것"(「춤추는 우주선을 탑시다」)이라는 믿음에서 남상하였다. 이런 발언은 진부하고 어른스러운 잔소리에 불과한 것이 사실이다. 그렇지만 그가 교사였다는 사실과 동화라는 장르의 태생적 속성을 전제하면, 이런 류의 훼사를 마냥 둔사로 가를 수는 없다. 생각해 보면, 어린 시절만큼 꿈이 소중한 시기도 없다. 또 기성인의 입장에서는 아이들에게 미래를 향한 꿈을 갖도록 권면하는 자세가 그른 것도 아니다. 사람들은 저마다 꿈을 꾸면서 자신의 미래를 도모하며 현재의 순간을 극복하지 않으면 안 된다. 그것은 인생의 철리라서, 아이들이라고 예외가 아니다. 아이들은 잔소리를 들으면서 김생을 살아가는 지혜를 체득하는 것이다.

　김용재의 사랑은 인물의 등장 빈도에서도 확인된다. 그는 소외되고 몸이 불편한 이들을 곧잘 출연시킨다. 그가 시골의 출판사에서 상재한 『춤추는 우주선』을 읽노라면, 육신이 온전하거나 부모가 구존한 이가 드물다. 가령 코납작이, 언청이, 애꾸눈(「섬 아이들」), 곱추인 상두(「꼽추」), 다리가 불편한 웅택(「소년과 눈사람」), 다리가 불편한 누에섬의 할아버지(「피리부는 소년」), 육손이 관수(「육손이」) 등과 같이 몸이 불편한 이들이 주인공으로 등장한다. 또 할머니와 사는 인묵(「피리부는 소년」), 승길이 남매(「은하수마을」), 아버지와 사는 혜진(「팔려간 염소」), 아버지 없이 어머니랑 형과 사는 돌이(「돌지 않는 쳇바퀴」), 구두닦이 동철 형제(「가난한 아이들」)처럼 불구한 가정에서 자라나는 아이들이 서사를 지배한다. 더하여 어른들의 직업을 보아도 무당 할머니(「무당 할머니」), 엿장사 선희 아버지(「아름다운 꿈」) 혹은 농부들이다. 이처럼 내세울 것도 없는 고만고만한 인물들이 김용재의 동화를 일구어 지켜준다. 그들의 특징이자 공통점은 한결같이 어려운 국면에서도 꿈을 잃지 않는다는 점이다.

　　"엄마는 시방 우리가 고생하는 걸 알꺼나?"
　　"그런 생각 말래도. 이 추운 날에도 우리처럼 일하실 거다."

어느 새 민철의 얼굴에서는 두 줄기 눈물이 흐르고 있었습니다. 동철은 연신 민철의 눈물을 닦아주었습니다.
"민철아, 울지 마. 용기를 내야지. 어떤 일이라도 나를 따라서 한다고 했잖았니?"
"엄마가 정말 보고 싶다."
"엄마 생각 말라니까."
민철은 엉엉 소리내며 울어버렸습니다.
동철이도 따라 울었습니다.

작품에 나타난 바와 같이, 형제는 부모 없는 도시에서 살아간다. 둘은 서로 의지하며 생의 난국을 꿋꿋이 헤쳐 나간다. 간암으로 아버지가 사망하자, 어머니는 돈 벌러 간다고 아이들을 외갓집에 맡겨 두고 대처에서 식모살이를 하기 위해 떠났다. 동철은 외갓집에서 나와 구두닦이를 하며 생업전선에 뛰어든다. 이런 설정은 과거에 시골의 흔한 모습이었다. 동네마다 서울로 돈벌이를 하러 떠난 이들이 한둘이 아니었다. 그들은 식모살이를 하거나 구두닦이를 하며 생계를 꾸렸다. 배우지 못하고 기술이 없는 그들로서는 남녀의 성차, 빈부의 격차 등을 출신상의 한계로 받아들이며 사회적 멸시와 천대 속에서도 의연하게 살아냈다. 김용재는 작품에서 시대의 아픔을 애써 담담히 되살리는 축이다. 이런 성향은 그가 시골에서 태어난 탓과도 관련이 되겠으나, 동화가 아이들의 삶을 반영해야 한다는 당연한 사실을 수용한 것이라 보아야 하겠다. 지금에 와서 읽으면 그의 동화들은 추억의 흑백 필름이 되거니와, 이 점만 보아도 동화가 당대의 모순 속에서 살아가는 아이들의 삶을 외면하지 않아야 할 당위를 획득하게 된다.

동철의 동생 민철은 형을 찾아 외갓집을 나왔다. 그는 형과 해후한 뒤로 구두닦이를 하다가 자활원으로 들어갔다. 하지만 원장의 꾐에 빠져 넝마주이로 전락한 형제는 기약없는 생활에 지쳐간다. 그 즈음의 형제 모습을 증명하는 인용부이다. 형은 힘든 상황에서도 동생을 건사한다. 그는 민철이를 다독거리면서 용기를 준다. 형의 모습은 일찍 아버지를 잃은 자의 웃자란 성숙미에 해당한다. 말하자면 형은 아버지를 대신하는 인물이므로, 어머니마저 집을 나간 처지에서 하나뿐인 동생을 챙기며 난관을 뚫어야 할 임무를 부여받았다. 그와 같이 김용재는 아이들이 꿈을 갖고 있으면 현재의 어려움을 극복할 수 있으리라는 희망의 메시지를 전한다. 그의 전언은 인물로 하여금 서사를 끝까지 추동하도록 버텨주는 힘이다.

2. 가출, 자아의 성장 기록

김용재처럼 동화의 소재를 '찬란한 민족문화인 우리의 전통적인 놀이와 생활'에서 찾는 작가들은 사라져가는 것들에게 애정을 표하기 마련이다. 그들은 전통문화를 '찬란한' 것으로 인식하기 때문에, 소소한 것도 사정권에 가둬 놓는다. 그런 취향은 산업화시대를 압축적으로 거치면서 얻어진 옛것에 대한 안타까움이 가열된 것이다. 이 나라의 권력을 불법적으로 찬탈한 군사정권은 정치적 정당성을 경제적 성장으로 상쇄하고자 무던히 힘썼다. 그들은 경제성장을 국정의 최우선 목표로 삼고, 경제발전에 장애가 되는 논리나 지역이나 사람들은 철저히 배격했다. 그들의 자의적인 편 가르기는 지금도 이 사회의 구석구석에 남아서 구성원들을 이분하거니와, 그들의 경제정책이 얼마나 일방적이고 무모했는지는 지금에 와서 입증되고도 남는다. 그들의 장기집권은 정책의 일관성으로 치장되어 부의 편중과 발달 개념을 왜곡키면서도 사회의 전부면에 이데올로기처럼 퍼져 있다.

위정자들의 무지한 개발 논리는 금수강산을 동강냈다. 그 와중에 수

천년 동안 전해오던 풍습은 미신으로 뜻매김되어 경범죄로 처벌되었고, 공동체를 지지하던 가치관은 합리적 잣대에 의하여 난도질당했다. 그 시절을 살아온 사람들이 없어져 간 것들에 아쉬움을 갖는 것은 당연하다. 국가의 위엄에 눌렸던 그들이 생을 돌아볼 나이에 이르자, 과거의 발전이란 것이 얼마나 무모했던 것인 줄 깨닫게 된 것이다. 그들의 한탄 속에서 옛것은 추억을 불러일으키며 다가온다. 추억은 언제나 연장자의 몫이고, 현실에 대한 불만심이 그것의 근원이다. 추억이 많은 사람일수록 잃어버린 것이 많은 편이며, 그의 추억은 시간의 압력을 받으며 재생된 것이라서 생명력이 짧다. 그처럼 추억은 삶의 주체를 후회막급의 상태로 몰아넣는다. 김용재도 과거에 대한 상념이 가득한 동화작가이다. 그는 등단 이후부터 역사의 뒤안으로 사라져가는 것들에 관심을 기울여 왔다. 학업한다고 고향을 떠난 뒤에는 직장을 핑계로 도회지에서 살아가는 그이므로 고향의 쇠락해 가는 모습이 더욱 안타까웠을 터이다. 김용재의 노력은 동화집의 도처에 삼투되어 있거니와, 장편동화 『꽃방울 모자』는 그것을 입증해주는 작품이다. 이 작품에서 그는 이제 보기 힘들어진 서커스단의 애환을 그리고 있다.

> 『꽃방울 모자』는 도회지나 시골의 장터에서 어린 시절 늘 볼 수 있었던 서커스를 소재로 하였습니다. 지금은 이런 서커스를 찾을 수 없어 사라져버린 우리의 것을 글로 재현해보고 싶었습니다.
> 어린이들을 위해 지금도 고을마다 서커스극장이 있어서 마음대로 볼 수 있었으면 얼마나 즐겁겠습니까? 텔레비전을 통한 눈속임수의 칼싸움이나 묘기가 고작이어서 아쉬움이 많습니다.(「꿈과 사랑의 호수」)

서커스는 예로부터 바우덕이니, 남사당패니, 어릿광대니 하는 용어로 통칭되던 전통 연희이다. 그것이 근대에 접어들어서 서커스라는 서양말로 고쳐졌다고 해서 출발점행동이 변하는 것은 아니다. 여전히 그것은 동심을 춤추게 하며 온몸을 들썩이게 만드는 흥거리이다. 더욱이 예전처럼 볼거리가 전무한 때라면 흥의 사회적 의미는 각별해진다. 각 고을을 떠돌아다니며 아이들에게 꿈을 심어주었던 동춘서커스단의 이름은 그들의 거칠 것 없는 기막힌 묘기를 본 사람만이 박수로 인정할 수 있다. 작가는 그때 그 시절의 이야기를 풀어가면서 아이들에게 '텔레비전을 통한 눈속임수의 칼싸움이나 묘기'가 아니라 '사라져버린 우리의 것'에 관심을 기울이기를 바란다. 물론 그런다고 해서 찰나적이고 감각적인 쾌락에 익숙해진 아이들이 냉난방도 아니 되는 서커스를 보기 위해 찾아갈 리 만무하지만, 서커스단원들의 이마에 박힌 주름살은 아이들도 간과하지 말 일이다. 왜냐하면 그들의 골을 이룬 주름의 켜가 지금의 아이들에게 평안을 가져다 준 원동력이기 때문이다. 아마 김용재의 동화적 소원도 이것이라 믿는다.

 이 작품은 액자식 구성법을 사용하고 있다. 작가는 서커스단원이 되고 싶은 성철이와 동식이라는 서커스단 문지기 영감의 얘기가 서사의 전부면을 장악하고, 그 안에 동식의 파란많은 인생이 삽입되는 방식을 취하였다. 김동인의 「배따라기」(1921)에서 보듯이, 액자식담은 속이야기와 겉이야기가 겹쳐진 구성법이다. 작가의 속셈은 겉이야기로 바람을 잡고 속이야기에서 전언을 제시하는 데 있다. 독자는 두 이야기를 읽어가는 중에 작가의 서사전략에 포박당하게 되어 작품의 사실성을 승인하게 된다. 작가가 액자를 선택하는 방식이 서사의 운명을 좌우하는 것이다. 액자는 벽에 걸리는 것이므로 벽의 종류나 크기 등에 따라 그것도 결정난다. 말하자면 액자식 작품은 공공연하게 작가가 견지하는 배제의 시선을 용인한다. 그런 까닭에 이 방식은 겉의 이야기가 속을 이야기를 싸안는 식으로 전개되어 필연적으로 이중적인 시점을 채택하게 된다. 그 와중에 작가의 개입이 이루어지는 것이다. 그렇다면 김용재의 동화에서 서사를 주도하는 것은 문지기 아저씨가 된다. 이 점이 작가가 그의 신분을 아저씨로 설정하게 된 전후사정이다.

"아저씨, 저도 아저씨와 함께 다니고 싶은데요."
"뭐라고? 이 서커스단을?"
"예."
"넌 너무 어리고 부모님이 허락하지 않으실 텐데……."
성철이는 말문이 막혀버렸다. 가슴이 세차게 뛰었다. 조금만 배우면 나팔을 불거나 재주를 넘으며 서커스단원으로서 묘기를 능히 해낼 수 있을 것만 같았다.
더 이상 학교에서 가난뱅이라고 놀림을 받는 일도 없을 것이다.
성철이는 땅바닥으로 고개를 떨구고 서서 그 꽃방울모자를 쓴 소년을 생각했다. 소년보다는 훨씬 잘 할 수 있을 것 같은 생각이 앞섰다. 고개를 번쩍 들었다.
"아저씨, 충분히 저도 할 수 있어요. 조금만 배우면 할 수 있어요. 그리고 저희 집은 너무 가난해요. 그래서 학교도 다니기가 싫어요. 서커스 재주를 배워야겠어요."
"성철아, 네 생각은 알겠다만 넌 아직 어려."
문지기 아저씨는 잠시 멍하니 하늘을 바라보았다. 그리고는 성철이의 손을 꼬옥 잡았다.
"널 보고 있으니 어릴 적 내 모습이 떠오르는구나. 성철아, 어떻게 해서 오늘 내가 여기 서커스단의 문지기가 되었는지 얘기해주련?"

성철의 가출 욕망은 복합적이다. 서커스를 구경할 돈이 없어서 주위를 기웃거리다가 문지기의 눈에 들어 공짜로 서커스를 구경하며 희열을 맛본다. 그것은 그로 하여금 서커스단을 다시 찾도록 만들었고, 문지기와의 우정을 쌓도록 이끌었다. 그는 가난으로 인해 학교에서도 놀림을 받는 아이이다. 그의 궁핍한 가정 형편은 서커스단원에 대한 무한한 동경과 어우러져 가출 충동을 배가시킨다. 이런 움직임은 문지기의 소년기와 중첩되어 서사적 시간을 30년 전으로 거슬러 올라가도록 견인한다. 현실적 시간과의 거리와 달리, 서사물의 시간은 액자를 삽입하는 방식에 따라 결정된다. 작가의 의도에 의하여 시간은 문지기 아저씨를 소년 시절로 인도하여 성철과 동일시하도록 강제한다. 어린 독자는 이런 줄 알아차리기에 힘들다. 하지만 그의 착각은 서사의 속도를 긴박하게 몰아가고 사실성을 인정하게 만드는 요인이다.

나는 그때 아홉 살이었다. 내 이름은 김동식, 우리 집은 농사를 짓고 있었다. 학교에서 집으로 돌아가기가 바쁘게 집안일을 해야만 했다.
어린 나에게는 그 일이 몹시 힘들게만 느껴졌다. 그러던 어느 날 마을 공터에 있었던 서커스 공연을 한 번 보고는 서커스단원이 되어야겠다고 결심했다. 서커스 공연을 하는 동안 나는 늘 원숭이와 함께 재주도 넘고 묘기도 부리는 단원 아저씨와 알게 되었다. 서커스 단원이 되게 해달라고 나는 아저씨를 졸랐다. 그런 부모님 허락을 맡아오라고 아저씨가 말했다. 하지만 나는 외아들이었고 끝내 부모님에겐 서커스 단원이 되겠다고 말할 수가 없었다.

성철의 가출 동기와 흡사하다. 가난, 그것은 창피한 것은 아니나 갖고 있기에는 너무나 불편한 골칫덩어리이다. 그것 때문에 농촌 아이들은 집을 나가기 일쑤였고, 그로 인하여 화목한 가정에 싸움이 벌어지고 멀쩡한 집안이 해체되기도 하였다. 가난은 한 소년의 성장 과정을 지배하고 그의 정체성이 바람직스럽게 형성되기를 훼방하는 심술꾼이다. 김용재의 동화에 나오는 인물들은 대부분 가난하다. 그가 온 국민이 가난했던 시절을 살았기에 구체화되는 현상일 터이다. 그런 연유로 가출 모티프가 빈번하게 사용된다. 가출은 한 소년의 성장을 촉진하는 고로, 성장소설적 혹은 입사식담에 자주 쓰인다. 이런 용례를 보듯이, 김용재의 작품 속에서 주인공의 가출 행위는 세상의 고난을 뚫고 나아가도록 뒤에서 밀어주는 힘으로 작용한다. 외려 가출이 작품의 성공을 담보한다고 해도 과언이 아니다.

가출은 집을 나가는 행위이다. 그러므로 반드시 집으로 돌아와야 한다. 출가와 귀가의 변증법은 고래로 숱한 서사물에서 반복되는 양상이거니와, 그것은 한 어린이가 늙은이가 되어서 생명을 다하는 인생사를 재연하기에 작가들이 애용한다. 그처럼 인생이 길 위의 존재라는 자연의 이법은 아이들에게 서사물의 형식적 요소를 가르치기에 긴요하다. 아이들이 독물을 대하는 동기는 교실 현장에서 강조하듯이 작품의 주제를 수용하는 것이 아니라 작품의 형식을 일반화하는 것이므로, 가출 모티프는 순환하는 인생을 통해서 서사적 기법을 전수시켜주는데 유용하다. 가출이 어린 때에 단행되는 것에 비하여 귀가는 늘그막에 힘없이 이루어진다. 그의 무력감은 광 속의 먼지에 켜켜이 내려앉은 시간과 같아서 유력한 다른 존재에게는 무력하게 보이고 만다. 단지 그를 따르는 다른 존재가 자신의 신산스러운 시간을 답습하지 않기를 바랄 뿐이다. 그래서 그의 행동은 늦게나마 단호해진다.

"동식아, 너 집에 가거라."
"네? 저도 집은 가고 싶지만, 단장님과 함께 살겠어요."
"안 된다. 널 기다리는 부모님을 생각해야 혀. 내가 죄가 많다. 아직도 안 늦었다. 어서 집으로 가거라."
김 단장이 손목을 잡고 애원을 하였다. 나는 눈물이 마구 쏟아졌다.

작품의 말미이다. 김용재는 동식을 집으로 돌려보내는 서커스단장의 행동을 통해서 가출을 시도하는 성철이에게 할 말을 대신한다. 그는 단원들이 꾐에 빠져 다 떠나간 서커스단을 복원할 엄두를 내지 않는다. 도리어 그는 자신을 끝까지 따르겠다는 동식을 집으로 돌려보냄으로써,

좀 더 일찍 귀가하지 못한 자신의 허물을 씻으려고 노력한다. 두 인물의 행동을 보노라면, 영락없이 동일인물이라는 줄 알게 된다. 동식이가 부모의 허락을 얻지 못한 채 서커스단을 따라나선 것처럼, 성철이도 그를 좇아 가출을 감행하려고 시도한다. 동식이가 부모와의 별리에 미련을 갖게 될 때마다 '사내란 한 번 마음먹으면 용기가 있어야 한다'던 아저씨와 달리, 동식이는 성철이의 행동을 막아선다. 이 차잇점이 이야기의 겉과 속을 가른다. 또한 동시에 부모와의 천륜은 욕망보다 소중하다는 철리를 말한다.

3. 지역애, 자아의 귀환

흔히 문학은 역사보다 진실하다고 말한다. 자타가 공인하듯이 역사는 쟁취자의 공식적 기록이므로, 뒤편에 떨어져 뒹구는 패배자의 슬픔을 적지 않는다. 예를 들어, 역사가는 역사를 서술하는 단계에서 서간이나 에피소드를 각하하는 버릇을 당연히 여긴다. 하지만 서간은 당자의 내밀한 사생활이며, 에피소드는 여러 사람들의 평판이 결집된 망울이다. 역사가 늘 문학에 지고 마는 것은 바로 승자의 서사를 일방적으로 대서하기 때문이다. 겉으로 보아서 승자가 역사를 굴리는 듯하지만, 깊이 새겨보면 패자들의 응어리가 시월이 지나면서 역사의 전환기를 마련한다. 이 점을 승자의 역사는 알 턱이 없다. 그에게는 당장의 서사가 중요할 뿐, 수면 아래에서 입술을 앙당 물고 빙산을 옮기는 패자의 움직임이 보이지 않는다. 역사가 문학에게 패하는 이유를 깨닫기 위해서는 눈에 보이지 않고 침묵하는 물 아랫것들의 반란을 알아차려야 한다.

역사는 문학의 소재로 곧잘 이용된다. 그것은 작가가 역사가의 일방적 서술에 가려 숨소리조차 내지 못하는 민중들의 사연을 담는 용기인 까닭이다. 특히 소설은 민중들의 소음을 마다하지 않고 용인하는 장르라서 역사가 놓치는 주요 국면을 포착하기에 용이하다. 특히 소설가들이 소위 전환기나 위기 상황을 지속적으로 서사화하는 이유인즉, 그것을 타개하려는 사람들의 움직임을 묘사하는 동안에 역사적 사건을 주동하는 무리가 전경화되기를 갈망하기 때문이다. 그들은 약자라서 역사의 폭력에 희생당하는 듯하지만, 사실 그들이 사건을 일으키지 않았다면 역사의 나아갈 길은 달라지지 않는다.

김용재의 '청소년소설'『나루터마을』도 이에 속한다. 나루터마을은 그가 탯줄을 묻은 부안군 백산면 원천리의 나루터를 둘러싼 작품이다. 원천리는 이평 말목장터와 강 건너 화호리로 이어지는 들판에 위치한 마을이다. 애초에는 여느 마을처럼 평범한 동네였지만, 갑오동학농민전쟁과 식민지기 등을 거치면서 역사의 회오리 속에 들어가면서 마을사람들마다 가슴속에 상흔을 갖고 있다. 지금이야 신작로가 뚫리고 다리가 놓여 옛 모습을 잃어버렸지만, 이 동네는 적어도 식민지시대를 살았던 민중들의 애환이 도처에 박혀 있는 곳이다. 하지만 김용재는 최대한 향리를 평범한 나루터로 묘사하려고 힘썼다. 그의 주관이 박제화될수록 동네사람들의 살림살이가 온전하고 생생하게 되살아날 수 있는 줄 알기 때문이다.

> 고향처럼 다정하고 고향처럼 포근한 곳은 없을 거다. 누가 뭐라 해도 고향은 어머니의 가슴처럼 따뜻함이 가득하다. 지금 나는 그러했던 고향을 자주 가보지 못한다. 내 어릴 적 고향의 나루터도 없어졌고, 어머니의 따뜻한 가슴도 잃은 지 오래다.

한 개인의 정체성은 장소를 배경으로 형성된다. 그는 그곳에서 살아가는 동안에 불가피하게 이웃들과 관계를 맺게 되는데, 그 과정에서 자신이 공동체의 구성원으로서 지녀야 할 자격을 습득하게 되며, 그것은 정체성을 규정하기에 이른다. 그의 정체성은 집단의 정체성으로부터 전혀 자유로울 수 없는 셈이다. 이 점을 알아차린 연구자들은 근자에 이르러 장소에 대한 관심을 높이고 있다. 김용재의 고향담도 이와 다를 바 없다. 그도 여느 사람들처럼 고향을 이상적 공간으로 추상화한다. 그만치 귀향에 대한 채무의식이 강하다는 반증이다. 그렇지만 그의 귀향은 이루어지지 못한다. 그의 채무감은 시간적으로 해방 전후에 놓여 있다. 한국사에서 가장 혼란스럽고 중요한 시기를 다루고 있는 셈이다. 하지만 작가가 이 작품의 장르를 '청소년소설'이라고 규정한 탓에 역사적 사건은 배경으로 장치되고, 사람들의 움직임에 서사의 초점이 맞춰졌다. 작가는 이 소설에서 소년가장의 집안 일으켜 세우기를 보여준다. 그것은 두 가지를 함의한다. 하나는 복동이가 가문을 일으켜 세우는 일이고, 다른 하나는 새 국가 건설이다. 이것을 잘게 가르면 두 가지이나, 사실은 하나로 묶여도 무방하다.

  작품을 이끌어가는 인물은 박복동이다. 그는 박준열의 형이다. 이름부터 촌스러워 구시대의 작명법을 증명하는 복동은 나룻배 사공이다. 그의 어머니는 준열을 낳으면서 얻은 산후통으로 죽게 된다. 다리가 불편한 복동은 젖동냥을 하면서 준열을 키운다. 형제의 어머니가 죽은 뒤에 점순이가 새엄마로 들어온다. 그녀는 주정뱅이와 혼인했다가 서방이 요절하자 소경인 복동이 아버지에게 시집왔다. 하지만 그녀는 동네에 창궐한 염병에 걸려 남편과 같이 일찍 숨을 거둬버린다. 복동이는 동네 구장의 권유로 나룻배를 젓게 되었다. 복동이는 황순자와 결혼하여 봉철을 낳았다. 그녀는 곰보로서 남편과 집안을 일으키고자 열심히 살림하지만, 마을 앞을 흐르는 동진강으로 조개를 캐러 나갔다가 조류에 휩쓸려 죽고 만다. 복동은 부모, 새엄마에 이어 부인까지 연달아서 잃는 아픔을 겪는 것이다. 게다가 그의 동생 준열이 마저 징병에 끌려가면서 가문에 위기가 닥치고 만다. 그에게 겹쳐서 다가온 고난은 인력으로 해결될 일이 아니다. 그저 먹고 살아가면서 의젓이 견디며 역사의 진보를 신뢰할 뿐이다.

"먹어야 혀. 먹고 힘을 내야지. 돈 잃고 사람 잃는단 말 있잖여, 먹고 뽈딱 일어나서 일을 혀야 혀."
만덕 아주머니가 복동청년의 등을 또닥이며 김칫국밥을 자꾸자꾸 떠 넣었다.
"아줌니, 고마워라우. 근디 인자 우린 으떻게 산대요?"
복동청년은 또 울부짖었다.
"이러면 안 된당께. 야 동상을 위여서도 힘을 내야지. 나룻배는 어쩌려고 그려?"
"예. 알았어라우. 일어나서 일할 꺼구만이라우."
"그래야지."
복동청년은 일어났다.

인용부는 복동이가 마을사람들로부터 도강료처럼 받아서 모아 두었던 뱃삯을 도둑맞은 뒤의 장면이다. 일찍부터 부모를 잃고 동생을 키워 학교에 보낼 만치 생활력이 강한 복동이므로, 설사 도둑을 맞아 가산을 다 앗겼을지라도 재기할 것은 분명하다. 그런 장면은 앞서 살펴보았던 「가난한 아이들」의 동철이가 구두를 닦아 번 돈을 다 빼앗기고 울분을 토하다가도 다시 일어나는 모습과 흡사하다. 형은 아버지가 남겨주고 간 동생을 가르쳐야 하고, 그를 통해서 가문을 일으켜 세워야 할 소임을 부여받았기 때문에 힘을 내는 수밖에 다른 방도가 없다. 그 임무를 수행하는 단계마다 그에게는 종류가 다른 고난이 시시때때로 닥쳐오는 것이다. 이 점에서 이 작품은 소년가장이 가문을 일으키는 성장 서사라고 자리매김할 수 있다.

해방이 되자 일제에 의해 강제징용되었던 준열이 돌아온다. 그의 귀향은 해방이라는 정치적 사건의 결과이다. 그는 출신계급의 한계를 뚜렷이 인식하고 장래를 결정한다. 그것은 국방경비대에 입대하는 것이다. 그의 결정은 형제에게 도움을 주었던 만덕의 아들 해식이가 준열과 함께 입대하기로 하면서 작은 파란을 일으킨다. 해식의 선택은 만덕이가 복동이 형제를 도와주었던 바를 계승하는 상징이다. 해식은 준열과 같이 입대하여 군문의 어려움을 함께 해결하게 될 터이다. 두 사람의 출가는 해방 조국의 현안과제로 대두되었던 나라 세우기와 상관되어 있다. 한 국가가 생존하기 위해서는 국방력을 필요로 하는 바, 일제의 폭압에서 광복한 신생 조국으로서는 자위력을 확보하기 위한 군대가 필요했다. 준열의 입대는 복동의 가문 일으키기와 유사한 시대적 소임인 것이다.

"성님, 앉으십시오. 일본은 물러갔지만, 우리나라를 지킬 군인이 있어야 해요. 군인이 없으면 저놈들이 또 쳐들어와요. 그래서 미국 군정청에서 우리나라의 치안을 목표로 '국방경비대'를 모집하고 있거든요."
"국방대고 뭐고 안 돼!"
"성님 진정하십시오. 솔직히 말해서 제가 배움이 있습니까? 아니면 농사라도 지을 땅덩이가 있습니까? 무엇을 하고 살겠습니까? 군대에 가는 것만이 나라를 위하고 저를 위하는 길입니다."
"그래서 어떡헐려고?"
"국방경비대에 가기로 했습니다. 용서해 주십시오."

입대를 앞둔 날에 주고받는 형제간의 대화이다. 복동은 동생의 입대를 막고 싶지만, 다 자란 그의 결심을 취소시킬 묘안이 없다. 그는 자신보다 더 배운 동생이므로 판단력도 뛰어난 줄 굳게 믿고 있다. 그로서는 동생이 자신과 함께 살아가기를 바라지만, 변변한 농토조차 갖지 못한 처지라서 입대 의지를 철회시킬 수 없다. 그가 논 한 마지기 없는 집안을 일으키고, 동생을 강 건너에 있는 화호까지 통학시켜서 배움의 기회를 선사한 것은 원천리라는 공간에 한정된 서사적 책무에 따른 것이다. 그와 달리 동생은 '군대에 가는 것만이 나라를 위하고 저를 위하는 길'이라며 분명하게 자신의 나아갈 길을 제시하며 고향마을을 떠나기로 한다. 그가 장차 활동할 공간은 원천리에 터를 잡은 형과 달리 전혀 새롭고 낯선 곳인 셈이다. 형제의 삶터가 갈라진 것은 형이 동생을 가르쳐서 가문을 일으켜 세운 일이 과거의 역사로 적층되고, 그로부터 일어선 동생은 광복된 나라를 새롭게 건설하는 역군이 되겠다는 다짐으로 상징화된다. 즉, 동생에게 허락된 가출은 새로운 나라 만들기와 결부되어 형제에게 주어진 운명이 다른 줄 내외에 천명하고 있다. 그것은 주권을 다시 찾은 나라의 명령이었기에 형은 막을 수 없는 것이다. 사실 이 대목은 포괄적인 김용재론이 아니라 따로 떼어내 논의할만한 가치가 있다. 왜냐하면 해방 후의 나라 만들기를 소재로 삼은 '청소년 소설'이 거의 없는 상태이고, 그 사건이 자라나는 독자들에게 필히 학습되어야 할 만치 중차대하기 때문이다.

이와 같이 『나루터마을』은 '소라껍데기 속에서 울려나오는 바람소리'가 함의한 바를 청소년소설로 형상화한 작품이다. 김용재는 대일항쟁기 동안에 기쁜 일보다 슬픈 일이 많았던 고향의 수북한 사연을 작품의 도처에 장치해 두었다. 가령, 원천리는 대일항쟁기에 소년운동, 농민운동, 야학운동이 활발히 일어났던 항일운동의 성소였다. 원천리 동민들은 먹고 살기가 힘들었어도 마을에 야학을 열어서 아이들을 가르쳤다. 그뿐 아니라 강 건너의 화호가 김제 부량면, 부안 백산면, 정읍 용북면의 삼각지에 위치한 점에 착안하여 3군 합동으로 삼각소년회를 조직하고 소년들에게 독립 의지를 일깨워주었다. 이 사실은 행정구역이란 것이 절대적 위력을 발휘하는 요즘의 풍토를 꾸짖으면서, 생활권을 중심으로 내외없이 오갔던 조상들의 가풍을 회상시켜준다. 작가는 이런 점 외에도 '독립운동가 김팽수', 말목서당 '서태환' 등의 실존 인물들을 호명하기도 했다. 김팽수는 조선공산당 책임비서를 지낸 김철수이고, 작품 속에서 준열을 가르치는 서태환은 구례군수를 지내고 낙향하여 이웃한 정읍군 이평면에 서당을 연 서택환으로, 김철수를 각성시킨 스승이다. 이런 점들만 보더라도 작가의 고향에 대한 긍지가 남다른 줄 단박에 알아차릴 수 있다. 그는 복동이가 나룻배를 젓던 곳에 놓인 원천교를 '먼저 가신 고향분들의 영혼이라도 하늘에서 내려와 밟아보'기를 바라는 꿈을 꾸는데, 이 소원이야말로 이 작품이 고향에 바치는 헌사라는 점을 내외에 천명한 것이다.

III. 결론

이상에서 살펴본 것과 같이, 김용재는 40여년에 걸친 창작 기간 동안 일관되게 '꿈'을 노래하였다. 그는 꿈의 동화적 구현을 위해서 여러 가지 노력을 기울이고 있는 바, 그것은 가출 모티프 등의 도움을 받아 구체화되는 줄 확인할 수 있었다. 김용재는 나이 어린 독자들의 꿈이 꺾이지 않기를 간절히 소망한다. 그것은 기성인으로서의 작가가 해줄 수 있는 갸륵한 배려이면서, 작가적 신념의 실천이다. 그러기 위해 그는 등장하는 인물을 가난하여 소외당하거나, 신체가 불구한 어린이 중에서 취택하였다. 그들은 작가의 전언을 체화하는 동안에 갖은 고난과 난관으로 내몰리는 와중에도 삶에 대한 의지, 곧 자신의 꿈을 실현하기 위하여 몸부림친다. 이런 모습은 못 먹고 못 살았던 시대를 거치면서 절로 습득된 세대적 책임감이라고 말해도 무방하다.

　김용재는 '어쩌면 이번의 동화집이 내 생애에 마지막이 되지 않을까'라고 조심스럽게 진심을 표백한 바 있다. 하지만 그런 발언은 철회되어야 한다. 왜냐하면 그는 아직 고향에 대한 빚을 다 갚지 못했다. 그의 고향 원천리는 여느 동네인 것처럼 보이나, 속사정을 아는 이들에게는 전혀 그렇지 않은 동네이다. 그 마을에서 살았던 그의 선조들은 갑오년의 농민봉기를 비롯하여 대일항쟁기와 해방기에는 나라를 지키고 농민을 위하는 일에 앞장섰으며, 전래하는 미풍양속을 지키느라 심신을 바쳤다. 그들이 가혹한 수탈과 가난 속에서도 자식들의 환한 날을 마련하기 위해 고투한 노력들은 기록되어야 맞다. 그들의 주름을 서사적으로 기록하는 일은 그곳 출신의 작가가 이승에서 죄다 치러야 할 서사적 숙제이다. 즉, 김용재에게는 동진강물에 불어 터진 채 휩쓸려 간 고향사람들의 이야기를 오늘에 되살려서 후손들에게 전해주어야 할 책임이 있다. 그러므로 그는 서둘러 궤안을 끌어당기어 원천리 사람들의 '꿈'을 서술하지 않으면 안 된다.(『문예연구』, 2016. 겨울호)

불구한 가족의 행복 찾기
―최균희론

Ⅰ. 서론

한국의 아동문학 연구사는 일천하다. 그러다 보니 마땅히 논의되어야 할 의제가 누락되고, 거론되어야 할 작가가 빠지는 일이 흔히 일어난다. 여전히 연구 인력이 태부족인 것이 사실이고, 그로 인해서 이런 문제가 발생하는 것도 부인하기 힘들다. 그렇지만 연구자가 모자란다고 해서 거명되어야 마땅한 작가를 논외로 삼는 것은 동의할 수 없다. 그것은 전적으로 연구자가 바르지 못한 접근 태도를 지닌 탓이다. 모름지기 연구자라면 연구의 대상이 되는지 안 되는지를 가를 수 있는 안목을 갖추고 있어야 한다. 그렇지 못하니 그렇지 않아도 모자란 연구 인력들이 유명작가에 과도히 집결하는 양상을 보이는 것이다. 그런 모습은 이미 일반문학 연구판에서 되풀이되어 지양해야 할 문제로 찍힌 지 오래 되었다. 그럼에도 불구하고 지금의 아동문학 연구자들에게 반복되고 있는 것은 아동문학의 연구 방법을 별도인 양 알고 기성 연구사를 공부하지 않은 결과이다. 문학의 연구방법론은 일반문학이나 아동문학을 가리지 않는다. 아동문학 연구자들은 이 점을 명심하여 비평사적으로 필히 언급되어야 할 작가들이 제외되지 않도록 꼼꼼히 검토할 일이다. 그들이 살펴보아야 할 작가 중에 최균희가 들어간다.

최균희(崔均喜)는 1949년 전라북도 부안에서 출생한 중견 작가이다. 그녀는 1971년『한국기독교아동문학』의 작품 공모전에 동화「빨간 털구두」가 당선되고, 1974년 한국아동문학가협회에서 주최한 제1회 신인작품 모집에 동화「안개」가 당선된 뒤, 1975년『조선일보』신춘문예에 동화「아기 참새」가 당선되는 등, 화려한 추천 경로를 밟아 동화작가로 데뷔하였다. 끝의 작품은 "고아로 자란 아기 참새가 말 많은 참새떼들의 세계를 벗어나 인간세계에 뛰어들어 자신을 희생함으로써 보람을 찾으려는 동화로 의인화된 수작이다"[1]는 평을 받았다. 그 뒤로 그녀는 열심히 작품을 발표하여 20여 권의 동화집을 상재하였다. 그녀의 동화에는 시골의 사라져가는 풍경이 고즈넉하게 되살아나 있다. 아마 일찍 시작한 서울 생활이 그녀로 하여금 고향의 산야를 작품의 배경으로 설정하도록 부추겼을 터이다.

> 아이들의 귀중한 생각이 사회를 밝게 하고, 도시와 시골이 따로 없으며, 서로의 마음들이 우윳빛 안개처럼 감싸고돌아 훈훈한 인정들이 무궁화 강산 방방곡곡에 넘치게 하자구요. 그 메아리가 북녘 하늘은 물론, 세계에까지 번져 나가 평화의 꽃을 피우게 해야지요. 그곳에 나의 동화들이 함께 어울려 사랑의 구름다리를 놓을 수 있다면 더욱 더 정다운 이야기가 되겠지요.[2]

최균희가 동화에 거는 기대감을 엿볼 수 있는 인용문이다. 상당한 시일이 경과되었으나, 작가의 소박한 바람을 살피기에는 어렵지 않다. 그녀는 동화작가가 된 것을 "신이 내게 주신 아름다운 선물"[3]이라고 생

---

1) 이재철,『세계아동문학사전』, 계몽사, 1989, 347쪽.
2) 최균희,「책 끝에」,『꼬리표가 붙은 아이』, 교학사, 1980, 157쪽.
3) 최균희,「진실한 삶과 사랑의 마음을」,『동전 한 닢의 편지』, 곰솔, 2010.

각할 정도로 어린이들을 지극히 사랑하는 성정의 소유자이다. 최근에는 동시집 『아이와 달맞이꽃』(정우, 2009)까지 발행할 만큼, 그녀가 아동문학에 애정을 쏟은 흔적은 쉬 찾아볼 수 있다. 그럼에도 불구하고 지금까지 그녀의 동화세계에 관한 연구는 전혀 이루어지지 않았다. 이것은 등단한지 무려 40년이 되어 가는 그녀의 경력에 비추어볼 때, 연구자들의 무지와 무관심에 책임을 돌릴 수밖에 없도록 만든다. 이제라도 그녀가 동화단에 나온 뒤부터 추구했던 동화세계를 살펴보아서 연구자들의 관심을 촉구하는 계기로 삼고자 한다.

II. 가족공동체의 복원 의지

1. '할머니', 고아를 건사하는 원정

사람은 노년기를 피할 수 없다. 노인은 노년기에 접어든 사람이기에, 살아갈 날보다는 살아온 날이 더 많은 사람들이다. 앞날이 지난날보다 짧은 그이므로 하루하루가 소중하다. 그의 삶이란 이처럼 시간이 퇴적된 결과물이다. 그래서 노인은 "전적으로 시간을 살아가는 존재자이자 시간의 소유자이며, 시간을 인식하는 사람"[4]으로 불린다. 이것은 공간의 지배자라고 할 수 있는 아이와 대조해 볼 때, 그들이 처한 물리적 현실을 극명하게 드러내준다. 노인들의 시간은 전적으로 자신이 소유했던 시간을 사용하여 얻어진 것이다. 그러므로 그들이 쓴 만큼, 남은 시간은 줄어들게 된다. 노인에게 시간이 아깝게 여겨지는 이유이고, 시간

---

[4] Jean Améry, 김희상 옮김, 『늙어감에 대하여』, 돌베개, 2014, 39쪽.

이 그들의 삶을 얽어매는 배경이다. 시간은 그것의 증거를 노인의 이마에 주름으로 각인하여 그들의 몸의 소유자가 자신인 줄 내외에 천명한다. 노인들은 시간에 저당잡힌 자신의 여생을 계획하는 대신에, 날마다 자신이 사용하고 버린 시간을 회수하려고 노력하기를 그치지 않는다. 하지만 그의 몸부림은 도로에 지나지 않아서 허망하다. 그제야 노인들은 사람 중에서 시간을 가장 많이 갖고 있는 아이들에게 관심을 표하기에 이른다. 그의 관심은 아이가 시간의 가치를 알고 소중하게 사용하기를 바라는 회오와 기대감의 표지이다.

최균희의 동화에 자주 등장하는 인물은 할머니이다. 좀 더 과장하여 말한다면, 그녀는 아이들의 수효만큼이나 할머니를 자주 많이 출연시킨다. 이런 성향은 그녀의 성장기와 상관되는 것일 터이고, 이런 경험은 예전의 한국 사회에서 심상하게 벌어지던 모습이라서 특별하지 않다. 할머니가 서사를 이끌어가는 주인물이란 점에서 동화답다. 이 말인즉, 동화가 기성세대의 성장기를 후속세대에게 전달해주는 서사적 통로라는 사실을 가리키는 것이다. 아이들은 어른들로부터 옛이야기를 들으며 성장한다. 옛날에는 그것이 '무릎학교기'였으므로 의당 할머니가 교사였다. 할머니는 숱한 경험에 터하여 손자손녀에게 이런저런 이야기를 해주고, 아이들은 그녀의 입에서 마르지 않고 흘러나오는 동화의 샘을 떠나지 않는다. 이 장면을 일컬어 고상하게 문화전승이라고 칭하거니와, 최균희가 할머니를 등장시키는 동기가 거기에 있다. 그녀는 요즘 아이들에게 부족한 할머니의 사랑을 보여주기 위한 동화적 수단으로 할머니를 화자로 곧잘 등장시키는 것이다. 그런데 최균희의 할머니는 공통적으로 고아를 건사하고 있다.

아이들은 다시 아까처럼 반복한다. 목청껏 고함을 지르며 박자에 맞추어 앞으로 나아갔다가 뒤로 물러났다가 전진하는가 싶으면 이내 후퇴를 하고 후퇴하는가 싶으면 어느새 전진하여 달려갔다.
　이번엔 반대쪽에서 남자 아이가 이쪽 편으로 건너와 이쪽 식구가 더 늘었다.
　아까부터 아이들의 노는 모습을 넋을 잃은 듯 바라보고 있던 은지 할머니의 눈동자가 촉촉이 젖어 있다.
　'강강술래 저기 춘향 논다. 달도 밝고 냇가 머리로 갈거나.'
　할머니는 지금 은지 엄마의 어린 시절, 달밤이면 동네 어귀 공터에서 친구들과 손을 잡고 노래하며 춤을 추던 그 기억들을 떠올리고 있는 것이다.
　'마루를 구르며 노는 아이들, 세상을 모르고 노누나.'
　우렁찬 목소리로 언제 어디서나 노래를 잘도 부르던 은지 아빠의 모습도 어렴풋이 떠올랐다.5)

　은지의 외할머니는 은지를 키우며 살아간다. 은지 아빠가 새 차를 빼서 가족들이 꽃마을 동화실로 외할머니를 찾아 왔다가 그만 교통사고를 내고 만다. 그 사고로 은지만 살아남아서 외할머니에게 의탁된다. 할머니는 소란스러운 아이들의 놀이 소리에서 '달밤이면 동네 어귀 공터에서 친구들과 손을 잡고 노래하며 춤을 추던' 은지 엄마의 모습을 회고한다. 그녀의 기억은 서사적 공간의 뒷받침을 받아서 '우렁찬 목소리로 언제 어디서나 노래를 잘도 부르던 은지 아빠의 모습도' 함께 떠올려준다. 그처럼 소리는 기억을 깨워서 과거적 시간 속으로 주인공을 데리고 간다. 그 시간은 외할머니와 은지네 세 식구가 화목하게 살아가던 장면을 호출하기에 할머니의 눈물을 불러온다. 그처럼 시간은 "인간적 척도에 의한 연령이나 지속 시간, 변화의 양"6)을 가리키므로 상대적

---

5) 최균희, 「할머니의 꽃그늘」, 『동전 한 닢의 편지』, 125쪽.
6) Colin Wilson 편, 권오천·박대희 옮김, 『시간의 발견』, 한양대학교출판원, 1994, 29쪽.

이다.

외할머니의 시간은 '넋을 잃은 듯' 흘러간다. 그에 비해서 아이들의 시간은 '목청껏 고함을 지르며 박자에 맞추어 앞으로 나아갔다가 뒤로 물러났다'를 반복한다. 아이들의 시간은 소란하고, 외할머니의 시간은 고요하다. 그녀는 소리를 소거한 응시를 통해서 자신에게 닥친 노화를 경험한다. 노화는 노인에게 시간 앞에 선 존재인 줄 극명하게 알려준다. 세상의 그 누구도 노화로부터 자유로울 수 없다. 외할머니는 딸 내외의 모습을 회상하며 노화해 가는 자신의 시간을 체감한다. 그녀의 시간이 늙었다는 사실은 '은지 엄마의 어린 시절'까지 불러낸 대목에서 확인 가능하다. 그처럼 시간은 그녀에게 노화를 선사하여 자식 내외의 부재를 절감케 해주고, 서사의 시간을 과거로 역류시킨다. 그 와중에서 부모를 잃은 은지의 고독한 처지와 외할머니의 늙은 상태가 돋보이게 된다. 두 사람 다 고아인 셈이다. 다만 하나는 고아로 죽어가고, 다른 하나는 고아로 살아가고 있는 게 다르다.

그처럼 고아는 아동문학과 불가분의 관계를 맺고 있는 존재이다. 세상에서 명작으로 칭송되는 작품들일수록 어김없이 고아가 주인공으로 나온다. 따로 예거할 필요도 없을 만치, 고아는 아동문학의 토대를 풍부하게 만들어주었다. 작가들이 고아를 주요 인물로 도입하게 되는 이유는 무엇일까. 그것은 아무래도 고아가 일체의 조건을 갖추지 못했으므로 작가의 전언, 동화적 신념, 사회적 현상 등을 소화하기에 알맞기 때문이다. 작가들은 고아의 궁핍한 처지를 극도로 이용한다. 그들은 고아에게 될 수 있으면 갖은 고생을 시키고 나서 종반부에 이르러 반전을 일으키도록 조종한다. 고아는 작가가 하라는 대로 고분고분 말을 잘 듣는다. 그는 작가의 정치적 이념, 작품의 주제 등을 고스란히 짊어지고 역할에 충실하다. 그처럼 충성스러운 등장인물이 없다. 작가가 부과한 하중을 다 견뎌내면서 고아는 반듯한 인물로 성장한다. 그 과정이 동화의 시종에 해당한다. 고아는 작가가 원하는 바대로 주조할 수 있는 인물형인 셈이다. 이것은 고아가 동화에 내장된 성장소설적 요소를 구현하기에 가장 적합한 인물인 탓에 갖게 된 숙명적 약점이거나 강점이다.

최균희의 동화에서 고아는 "엄마 없는 서러움"(「엄마 생각」)에 눈물 짓는 존재이다. 그러나 그녀의 동화에서 고아들은 거의 울지 않는다. 작품의 제목을 보면, 작가는 그것을 할머니들이 '꽃'을 가꾼다고 표현한다. 그녀의 「꽃을 가꾸는 할머니」도 '꽃'을 가꾸는 할머니의 이야기이다. 할머니와 단둘이 사는 꽃님이야말로 할머니가 '가꾸는' 꽃이다. 이 정도는 제목만 보아도 사연을 짐작할 수 있으며, 서사의 추동 방향도 추측 가능하다. '꽃'을 가꾸는 할머니에게 '꽃님'이는 예사로운 존재가 아니다. 할머니가 꽃을 가꾸므로 꽃'님'이가 각별한 대접을 받는 줄 알 수 있다. 나아가 할머니는 꽃, 즉 버려진 아이들을 건사하는 할머니로 일감을 늘려간다.

"싫어요, 아저씬 나쁜 사람이죠?"
꽃님이는 아저씨의 얼굴을 향하여 침을 퉤퉤 뱉었어요.
"누구냐는데 왜 대답을 못하느냔 말이어요?"
그런데 이상한 일이지요. 정말 버릇없이 구는 꽃님이에게 아저씨는 화도 내지 않고 오히려 웃음으로 대하였어요. 그리고는 고구마순을 뚝뚝 따서 꽃님이의 바구니에 담아 주는 것이었어요.[7]

꽃님이와 아저씨가 처음 만나는 대목이다. 아저씨는 꽃님이가 고구마순을 따는 일을 도와주더니, 급기야 꽃님이의 뒤를 좇아 집까지 따라온다. 꽃님이의 지나칠 정도로 버릇없는 짓조차 웃음으로 포용해주는 인

---

[7] 최균희, 「꽃을 가꾸는 할머니」, 『동전 한 닢의 편지』, 17쪽.

물은 아버지밖에 없다. 아저씨가 꽃님이의 추궁에도 대답하지 않는 것은 언어 구사가 부자유하다는 징후이다. 작가가 등장인물의 정보를 의도적으로 누출시켜서 서사의 속도를 가속화시키는 한편, 그의 정체를 암시하여 치밀하게 정해진 통로를 따라 진행하는 서사의 방향을 지시하고 있다. 꽃님이의 버릇없는 행동은 부모로부터 가정교육을 받지 못한 줄 내외에 알려준다. 그녀는 고아이고, 아저씨는 아버지이며, 두 사람은 할머니를 매개로 연결되는 관계망을 맺는다. 이처럼 뚜렷한 삼각관계가 도드라지는 판국이라서, 여태껏 알려지지 않은 아저씨의 정체가 분명해질 국면에 다다랐다.

"글쎄, 꽃님이 아버지가 살아 있단 소린 못 들었는데요?"
큰고모의 말소리에 꽃님이의 눈이 동그래졌어요.
"더욱이 말까지 못하는 사람이었어. 종이에 연필로 간단하게 써서 알려주더구나. 꽃님이를 낳은 해에 생활이 복잡해서 외국으로 돈을 벌러 떠났었는데 일년 후 부인으로부터 소식도 끊어지고 귀국해서도 계속 찾아다니다가 올해야 성심고아원에 들려서 알아냈다는 거야."8)

할머니와 큰고모의 대화를 엿들은 꽃님이는 자신의 귀를 의심한다. 자신의 출생 신분이 고아로 판명되는 찰나, 꽃님이가 감당하게 될 상처는 폭력적이다. 더욱이 꽃님이는 아버지를 '나쁜 사람'으로 규정한 것도 모자라 '아저씨의 얼굴을 향하여 침을 퉤퉤 뱉'은 마당이므로, 도덕적으로 비난받아 마땅한 아이가 돼버렸다. 부모자식 간의 천륜을 높이 사는 한국에서 자식을 찾아온 친부를 향해 환영인사는커녕 굴욕을 선사한 불효자 꽃님이는 설자리와 갈 곳을 잃어버리게 되었다. 작가가 작은 고모를 통해서 "나는 길에 내버려진 아이였고, 철이는 고아원에서, 그리고

---

8) 최균희, 「꽃을 가꾸는 할머니」, 『동전 한 닢의 편지』, 19쪽.

순아는 입양시킬 아일 그냥 맡아다 길렀다"9)는 관련 정보를 공개할지라도, 어린 꽃님이가 당장 감당하지 않으면 안 되는 슬픔을 탕감할 수 없다.

그렇지만 그런 것은 문제가 아니다. 우는 꽃님이를 붙들고 고모와 삼촌들이 우는 장면을 "사랑하는 사람들끼리의 정말 이슬처럼 곱고 보석처럼 값진 눈물"10)이라고 의미를 부여한 작가이므로, 서사의 초점은 일생 동안 고아들을 수습하여 건사한 '꽃을 가꾸는 할머니'에게 맞춰져 있을 따름이다. 이미 작가는 그녀의 큰사랑을 꽃을 가꾸는 원정의 행위와 다르지 않다고 예정한 뒤라서, 고아들은 사람의 손길이 필요한 '꽃'에 비견된다. 말하자면 위 동화는 애초부터 철이, 순아, 꽃님이 등을 계속하여 받아들이고 정성껏 키워 사회로 진출시킨 할머니의 은공이 꽃님이의 처지보다도 우선순위에 놓여 있었다. 그런 판국이니 꽃님이의 정체가 탄로난다고 한들 서사의 결말이 바뀔 리 만무하다.

이와 같이 최균희의 동화에서 할머니가 차지하는 비중은 만만치 않다. 할머니는 숱한 경험에서 우러나오는 지혜의 샘인 동시에, 가없는 사랑에서 발원한 '원정'의 역할을 함께 수행한다. 그녀에게 할당된 소임이 결코 가볍지 않은 것이다. 그런 까닭에 최균희의 동화작품에서는 "항상 덕이란 인심을 베푸는 데서 나온다"(「누가 그랬을까」)라거나, "항상 남의 이야기를 잘 듣는 것이 내 이야기를 앞세우는 쪽보다 훨씬 나은 법"(「아기 참새」)이라는 경험칙이 '항상' 행간에 서술되어 있다. 어렸을 때부터 할머니나 할아버지로부터 자주 들었던 행동지침이다. 곧, 최균희의 동화에 장치된 주제의식이란 전적으로 할머니로부터 전해진 도덕률이라고 해도 과언이 아니다. 그녀는 '나의 살던 고향은 꽃피는 산골'의

---

9) 최균희, 「꽃을 가꾸는 할머니」, 『동전 한 닢의 편지』, 20쪽.
10) 최균희, 「꽃을 가꾸는 할머니」, 『동전 한 닢의 편지』, 21쪽.

원시적 세계를 그리워하는 작가이다. 동화 「할머니의 꽃그늘」에 설정된 배경처럼 "인정 넘치는 고향 마을"(「꽃씨를 심으며」)이야말로, 최균희가 할머니를 빈번하게 출연시키는 숨은 뜻이라고 할 수 있다. 그 덕택에 그녀의 동화는 전편이 따뜻하다.

2. '양공주'와 '튀기', 한국 사회의 파르마코스

한국인들은 입만 열면 단일민족이라고 떠든다. 그들의 말버릇은 전적으로 학교교육을 받는 동안에 내면화되었다. 반도에 위치한 지정학적 중요성을 가르치려다가 외침을 극복한 사례에 중점을 두다 보니 그처럼 배타적인 이데올로기가 교육 현장에 만연하게 된 것이다. 그 배후에는 말할 것도 없이 국가가 자리하고 있다. 국가에 의해 강요된 단일민족 신화는 전혀 생각지도 못했던 일로 허물어지는 중이다. 산업이 발달하면서 국민들이 힘들고 어려운 직종에 종사하기를 마다하는 통에 동남아시아 국가로부터 산업연수생을 받아들이게 되면서부터 그 신화는 금가기 시작하였다. 따지고 보면 유사 이래 한민족이 단일민족인 때가 한 해도 없으련만, 유교문화권에서 나고 자란 한국인들의 완고한 습벽이 기존의 신념을 고수하도록 제어하였다. 그렇지만 강한 것이 쉬 부러지듯이, 단일한 민족이라는 허황된 논리는 연수생들이 들어와 반도의 구석구석으로 흩어져 살면서 시나브로 무너지는 중이다. 지금은 외국인의 범죄가 날마다 일어날 만치 그들의 숫자가 날로 증가하는 추세라서 어리석은 단일민족론을 운위하는 이들이 드물어졌다.

외국인들이 한국에 정착하고, 한국인들이 외국에 사는 기회가 늘어나면서 시작된 문제가 이세들이다. 지구촌시대에 걸맞게 국제결혼이 예사가 되자, 한국 사회는 기다렸다는 듯이 서둘러 다문화사회로 편입되고 말았다. 그 결과로 작금에는 국제결혼을 일상사처럼 무감각하게 바라본다. 하지만 이전에는 외국인과의 교제폭이 좁았던 탓에 미국인과 만나는 소위 '양공주'나 일본인의 '현지처' 등으로 가르면 충분했다. 그들의 이면에는 가난한 나라나 부모에게서 태어난 업죄 때문에 먹고 살기 위해 몸부림쳤던 개인사적 비극과 기생관광을 장려한 정부의 어처구니없는 외화벌이 정책이 엄폐되어 있다. 그것을 포착하려고 노력한 작가가 최균희이다. 그녀가 발표한 동화 「양지원 아이들」은 떠올리기 싫은 부끄러운 한국 사회의 사회상이 아로새겨져 있다.

> 어제 오후에 담장 너머로 얼굴을 내밀었던 동네 아이들의 모습이 하나하나 떠올랐습니다.
> 허름한 옷차림에 땟국이 줄줄 흐르던 아이들, 이름은 알 수 없지만 생글생글 웃음 짓던 양 갈래 머리의 귀여운 여자 아이, 아이들을 주먹으로 쿡쿡 짓누르며 자기에게 말을 건네 오던 털털하게 생긴 사내 아이, 눈알이 금붕어처럼 툭 튀어나와 가지고 이쪽 정원의 놀이터를 호기심 있게 바라보던 아이…….
> 여자 아이는 그들의 모습이 아무래도 우스워서 저 혼자 피식 웃었습니다.
> 인형처럼 생긴 예쁜 눈과 오똑한 코, 곱슬곱슬하게 내려뜨린 머리카락만 봐도, 누구든 한눈에 서양 아이임을 금방 알아낼 수 있었습니다.
> 그러나 여자 아이는 완전한 서양 아이가 아니었습니다.
> 엄마는 한국 사람이었지만, 아빠는 캐나다 사람이니까, 흔히들 말하는 국제결혼을 한 것입니다.
> 그러나 여자 아이는 사진 속의 아빠 얼굴만 보았을 뿐, 언제 만나게 된다는 기약조차 없었습니다.[11]

작가에 의해서 동네의 권력 판도가 묘사된 장면이다. 작가는 '동네

---

[11] 최균희, 「양지원 아이들」, 『동전 한 닢의 편지』, 45-46쪽.

아이들의 모습'을 '허름한 옷차림에 땟국이 줄줄 흐르던 아이들, 이름은 알 수 없지만 생글생글 웃음 짓던 양 갈래 머리의 귀여운 여자 아이, 아이들을 주먹으로 쿡쿡 짓누르며 자기에게 말을 건네 오던 털털하게 생긴 사내 아이, 눈알이 금붕어처럼 툭 튀어나와 가지고 이쪽 정원의 놀이터를 호기심 있게 바라보던 아이……' 등으로 장황히 나열한다. 그에 비해서 해리의 모습은 '인형처럼 생긴 예쁜 눈과 오뚝한 코, 곱슬곱슬하게 내려뜨린 머리카락만 봐도, 누구든 한눈에 서양 아이임을 금방 알아낼 수 있었'다고 단정해버린다. 그녀의 단호한 구별에 따라 다수와 소수가 단박에 나뉘었다.

하지만 해리는 세력 판도를 알아차리지 못하고 '저 혼자' 웃는 아이다. 더욱이 그 아이는 아빠와 동거하기는커녕 '사진 속의 아빠 얼굴만 보았을 뿐'으로, 상봉할 날짜도 기약하지 못한다. 곧, 그녀는 영락없이 고아인 셈이다. 이에 작가는 냉정하게 해리를 '서양 아이'로 분류하여 '동네 아이들'과 다른 줄 내외에 공표해버린다. 전후 사정이 이러하므로, 내외에 자신을 도와줄 조력자를 갖지 못한 해리는 다른 애들과 함께 웃을 형편이 아니다. 그래서 그녀는 늘 '저 혼자' 웃는다. '혼자' 웃는 것이 아니라 '저 혼자' 웃는 모습은 해리가 집단으로부터 격절되어 '저'만 '혼자' 웃는 것을 연상시킨다. 작가는 그녀의 외로운 처지를 돋아보이게 할 수단으로 쓸쓸한 웃음을 마련하여 다수자와의 대결에서 패퇴한 소수자의 서러움을 보여주고 있다.

> 엄마의 말대로라면, 이젠 더 이상 이사 다니지 않고 이 마을에서 오래오래 살 거라고 했습니다.
> 그렇지만 여자아이는 친구를 사귀는 일이 제일 힘들었습니다.
> 얼마만큼 잘 지내던 아이들도 어느 날 갑자기 돌아서며,
> "너희 엄마, 양공주지?"

"너 같은 튀기하고 누가 같이 논대?"12)

'양공주'는 한국 현대사의 비극을 고스란히 감당하는 칭호이다. 그녀들이 낳은 '튀기'는 한국인도 아니고 미국인도 아니었다. 그들은 사람이 아니었으므로 정당한 대우를 받을 수 없었고, 호적에 올리기도 꺼리는 존재였다. 그들의 어머니 양공주는 집안의 명예를 더럽힌 죄로 가족들과 떨어져 살아야 했고, 서양인과 살을 섞은 죄로 이웃들의 괄시를 받아야 했으며, 단일민족신화에 어긋나는 튀기를 낳았으므로 사회로부터 격리되어야 마땅한 존재였다. 그처럼 사회적 굴레를 온몸에 각인한 채 살았던 양공주가 아기라도 낳을 양이면, 그녀를 향한 손가락질은 두 배로 커졌다. 양공주와 튀기는 한국 사회의 불가촉천민으로, 위기의 순간마다 희생되어야 할 파르마코스였던 셈이다.

파르마코스(Pharmakos)는 고대 그리스에서 민심을 수습할 양으로 희생되던 사람을 지칭한다. 그는 평시에 구비되어 재앙이 덮치는 날까지 무료히 죽음을 기다린다. 주로 외국인이나 비렁뱅이 중에서 취택된 그의 희생을 담보로 사회 구성원들은 안전감을 회복하고 일상사를 영위한다. 그의 대속은 소수자라서 감수하지 않으면 안 되는 숙명이고, 다른 소수자를 보호하는 희생이며, 다수자가 자신들의 동질성을 지키기 위해 내린 사형(私刑)이다. 다수가 동맹한 침묵의 카르텔이 파르마코스에게 목숨을 내놓도록 강요한 결과였다. 한국에서는 양공주가 그 역할을 떠맡았다. 사람들은 마을에 아무 일이 없을 때에는 양공주에게 언어폭력을 행사하지만, 무슨 일이 생기면 물리적 폭력을 구사하는 것도 망설이지 않았다. 그녀에게 덮어씌워진 죄목은 순혈을 더럽힌 죄였다. 사람들은 만장일치로 그녀를 징치함으로써 마을의 정체성을 공유하며, 공동체

---

12) 최균희, 「양지원 아이들」, 『동전 한 닢의 편지』, 47쪽.

를 위협하는 위험요소를 척결하는 셈이다. 사람들이 양공주를 끌어들여 치르는 희생제의는 르네 지라르가 말한 "공동체 전체를 그들의 폭력으로부터 보호하는 것이며, 폭력의 방향을 공동체 전체로부터 돌려서 외부의 희생물에게로 향하게 한다"(『폭력과 성스러움』)는 지적에 부합한다. 그녀는 희생제의에 소용되는 파르마코스이기에 마을의 어귀나 동구 밖에 살아야 한다.

이에 관한 적절한 예로 김제에서 성장하여 전주사범학교를 졸업한 하근찬의 가작 「왕릉과 주둔군」(1963)이 있다. 금례가 데리고 온 자식의 겉모습을 보고 경악하는 박 첨지의 표정이 노골적으로 묘사되어 충격을 선사한 작품이다. 혼혈아를 처음 본 인상은 어른보다 아이들이 더 놀랄 것이다. 최균희의 동화에 나오는 그들이 해리를 보고 엄마의 신분에 궁금증을 자아내거나, 해리의 정체성을 시비하는 것만 보아도 문화적 충격의 정도를 짐작할 수 있다. 그렇지만 아이들의 행동은 박 첨지와 달리 제지되고 만다. 작가가 동화의 특성을 고려하여 해리의 엄마로 하여금 양공주라는 신분에도 불구하고 여느 아이들과 어울려 살기를 바란 탓이다. 하지만 그녀의 시도는 금례만큼이나 다수로부터 용납될리 없다. 그녀가 집단의 중심부로 진입하기 위해서는 사전에 여러 가지 정지작업이 필요하다. 특히 그녀 모자를 둘러싸고 있는 굴레야말로 다수의 동의가 없이는 실현될 수 없다. 그제야 그녀는 자신들과 고아들이 비슷한 신분인 줄 깨닫게 된다. 말하자면 다수로서의 고아나 소수로서의 모녀가 사실은 사회의 소수에 불과했던 셈이다.

"그래, 며칠 안으로 이웃에 사시는 양지원 원장님을 만나야겠다. 가능하면 저 높은 담장을 무너뜨리고, 양지원과 우리 정원을 한 마당으로 쓸 수 있게 말이다. 그게 다 우리 해리를 밝고 곱게 키울 수 있는 방법이 될 테니까. 그렇지, 해리야?"
　여자 아이와 엄마는 오랫동안 꼬옥 부둥켜안고 서 있었습니다.
　할머니는 그들의 얼굴을 보지 않아도, 이미 눈가에 맺혀 있을 맑은 이슬방울을 생각하면서 열려진 커튼을 사르르 잡아당기었습니다.13)

　엄마는 수영장이 딸린 집에서 살 정도로 물질적 부를 축적했다. 그녀가 '담장 너머로 얼굴을 내밀었던 동네 아이들의 모습'과 그것을 보고 '우스워서 저 혼자 피식 웃었'던 해리를 '한 마당'으로 초대한 것이야말로 작가의 주제의식을 노골적으로 드러낸 것이다. 그런데 최균희의 의사는 "덕이란 인심을 베푸는 데서 나온다"(「누가 그랬을까」)는 할머니의 교훈이 불러온 결심을 문자화한 것에 불과하다. 그녀의 작품 속에 숱하게 나오는 할머니는 아이들을 건사한 것은 물론, 동정을 베풀기를 그치지 않는다. 그녀는 '눈가에 맺혀 있을 맑은 이슬방울'까지 예견할 정도로 특출난 능력의 소지자이다. 이 점에서 할머니는 작가의 대리인인 동시에, 선대와 후대를 이어주려는 작가가 빚어낸 인물형이라고 보아도 무방하다. 더욱이 할머니가 함의하고 있는 무조건적인 넉넉함은 한국인이라면 누구나 수긍하는 보편적 자질이어서 독자들의 이해를 고양하는 데도 일조한다.
　최균희는 이 작품에서 양공주라는 한국 사회의 부끄러운 속살을 동화화하였다. 양공주는 한국 사회의 왜곡된 질서를 고스란히 증명하는 역사의 주체이다. 그녀들의 몸에 각인된 개인사는 현대사로 다시 쓰여야 한다. 그녀들이 낳은 자식의 것도 동일한 의미를 갖는다. 그러므로 양공주나 튀기를 한국 사회의 파르마코스로 받아들이지 않으면 제대로 된 글쓰기가 될 수 없다. 이런 측면에서 최균희의 노력은 선구적이고

---

13) 최균희, 「양지원 아이들」, 『동전 한 닢의 편지』, 50-51쪽.

가상하다. 그녀가 동화의 장르적 한계를 의식하고 파르마코스가 함의하는 정치적 의미를 드러내는 데까지 나아가지 못한 것은 부인할 수 없다. 그렇지만 당시의 형편을 감안한다면, 그녀가 기울인 노력은 충분히 동화사적으로도 의미있는 것이었다고 평가될 만하다.

3. 고아, 가족 해체의 희생자

최균희의 동화에 등장하는 고아는 두 가지로 나뉜다. 하나는 사고무친한 천애고아이고, 다른 하나는 갑작스러운 사고로 고아가 된 부류이다. 둘 다 고아인 것은 다르지 않으나, 세상 사람들은 전자보다는 후자에 동정을 아끼지 않는다. 그것은 사고가 지닌 우발성에 힘입은 것일 텐데, 따지고 보면 자신에게 유사한 일이 벌어지기를 바라지 않는 사람들에게 내장된 은밀한 욕망의 발현일 터이다. 사실 전자는 세월이 흘러 굳어진 후자이고, 후자는 전자로 가기 전의 모습에 지나지 않는다. 한편으로 생각하면 부모란 늙어 죽을 수밖에 없는 존재이므로, 세상의 모든 이는 고아가 되기 전의 위험한 상태에 놓여 있다. 그렇다면 사람들이 고아를 차별할 이유가 전혀 없다. 단지 사람들은 이기심에 의탁하여 자신은 부모가 구존하고 형제를 구유한 완전체라고 믿을 뿐이다. 그의 어리석음은 고아를 외롭게 만들뿐더러, 나중에는 자신의 내면마저 궁핍하게 만든다.

최균희의 동화 「사랑의 구름다리」는 예전에 한국의 농촌에서 벌어졌던 슬픈 가족사를 모티브로 삼고 있다. 1970년대는 산업 발전에 온 국민이 힘을 쏟던 시기였다. 산업이 발전할수록 그것에 소요되는 인력의 수급이 뒷받침되어야 하기에 청년인력의 대규모 이동을 필요로 하게 된다. 그러나 작가의 고향, 특히 주인공이 살았던 '서해안의 농촌'은 산업 발전의 혜택을 전혀 입지 못한 소외지역이었다. 그곳 사람들은 농사나 지으면서 명맥을 유지하거나, 그렇지 않으면 산업 현장을 찾아 동으로 북으로 떠나지 않으면 안 되었다. 당시에 정부는 국토의 균형 발전이나 전국민의 고루 잘살기는 안중에도 두지 않은 채, 서쪽 지역은 산업의 기반이 되는 공장의 배치에 어울리지 않는 조건을 가졌다며 의도적으로 외면하였다. 마치 조선 왕조가 500년 동안 서부 지역을 나라의 곳간 역할로 용도 제한한 것처럼, 쿠테타 세력은 제 고향의 발전을 경제성장이라고 포장한 채 서부 지역을 외면하였다. 정부의 비상식적인 경제정책 때문에, 그 지역 주민들은 먹고 살기 위해서 정든 고향으로부터 탈출하지 않으면 안 되었다. 그 여파는 시일이 흐르면서 산업뿐 아니라, 지역의 공동화와 인구 비례에 기초한 예산 배정의 소외 그리고 산업자본의 미축적 등으로 이어지며 인구소멸지역으로 분류될 만큼 지금까지 낙후지역으로 낙인찍히게 되었다.

이 작품은 그 당시에 고향을 떠나서 이산가족이 되어야 했던 가슴아픈 남매의 사연을 동화한 것이다. 그런 일이 항사인 양 동네마다 일어났던 곳에서 태어나 자란 작가이기에, 작품의 행간마다 아로새겨진 눈물이 지면을 적신다. 승진이와 승원이는 원래 '젊어서 혼자되신 할아버지를 모시고 아버지, 어머니 그리고 우리 두 남매 이렇게 다섯 식구가 오순도순 정답게 살아가고 있었'다. 그러던 중에 농업협동조합장이던 할아버지의 일이 꼬이며 부모가 횡사하고, 그로 인해 졸지에 고아로 전락하게 된 남매의 슬픈 미래가 시작된다. 남매는 이모할머니네로 위탁되어 생활하게 되나, 둘은 부당한 이유로 구박을 받는 천덕꾸러기로 전락하고 만다. 마침내 고모가 승진이를 서울의 김 사장댁으로 입양시키는 통에 남매는 생이별을 하게 된다.

그로부터 누나 승원이는 이모네 집에 남아서 가정부처럼 집안일을 거들다가, 중학교 1학년 때에 무작정 상경하여 고모네집에서 잔심부름을 하며 지낸다. 고모가 승진이의 거주지를 알려주지 않자 승원이는 고모네집을 나와 지갑공장에 취직하여 기숙사 생활을 시작한다. 낮에는 '공순이'로 생활하고, 밤에는 공장에 부설된 야간학교에 다니면서 중학 과정을 공부하여 고입 검정고시에 합격하게 된다. 그러다가 우연히 들른 분식집에서 본 어린이 잡지에서 '어린이 발명왕 고승진!'이라는 제하의 기사를 읽게 되어 동생이 다니는 초등학교를 알게 된다. 바로 남매는 해후하지만, 동생은 자격지심에 누나와의 약속 장소에 나타나지 않는다.

> 나는 아까부터 공원 벤치에 앉아서 실핏줄처럼 얽힌 낙엽의 가는 잎줄기들을 하나, 둘, 셋, 세고 또 세었습니다.
> '오늘도 안 나오려나 보다.'
> 나는 더 이상 기다릴 수가 없었습니다. 6시까지 기숙사에 들어가야 하기 때문입니다.14)

누나는 승진이가 나오지 않자 일요일마다 장충단공원의 벤치에서 기다리겠노라고 편지를 쓴다. 그렇지만 승진이는 누나의 바람을 거스르고 나타나지 않는다. 그러던 어느 날, 승진이의 담임교사가 나와서 저간의 사정을 승원이에게 전해준다. 이북 출신의 정 선생을 매개로 남매는 서로를 그리워하는 동기간의 정을 주고받는다. 정 선생이 '사랑의 구름다리'를 놓아준 셈이다. 표제이자 주제를 암시한 '사랑의 구름다리'는 보고픔과 그리움으로 만들어진 다리라서, '구름'처럼 추상적이고 높이 있어서 사람으로 하여금 우러러보도록 만든다. 하지만 그것은 사람이라면 누구나 지선의 덕목으로 수긍하는 '사랑'을 구성하는 두 가지 요소이다.

---

14) 최균희, 「사랑의 구름다리」, 『동전 한 닢의 편지』, 70쪽.

정 선생은 북녘에 두고 온 가족에 대한 '보고픔'과 '그리움'을 가슴에 안고 사는 이산가족이어서 남매의 그것을 전달하기에 알맞은 인물로 초대되었다.

> 그 후, 일주일이 지났을까. 기숙사로 걸려온 정 선생님의 전화는 너무나 뜻밖이었습니다. 장충단공원 벤치에서 난 그토록 보고 싶었던 내 동생 승진이를 다시 만난 것입니다.
> "승진아!"
> 승진이를 부둥켜안으며 나는 우리가 진정한 핏줄임을 새롭게 느낄 수 있었습니다.
> "누나!"
> 승진이의 가슴도 콩닥콩닥 뛰고 있었습니다.
> 이윽고 정 선생님은 우리들을 진정시키고 말씀하셨습니다.
> "기쁜 소식이다. 난 며칠 전 김 사장님을 만났어. 사장님은 승원이 승진이 이야길 조용히 듣고 나서, 내가 예상한 대로 고마운 대답을 하셨어. 승원이도 집으로 데려가겠다고 하시더구나."
> "네?"
> 우린 휘둥그레진 눈으로 서로를 마주 볼 뿐, 할 말을 잊었습니다.
> "또 하나의 딸을 얻게 되어 무척 기쁘다고 하셨단다."15)

작품의 말미에 해당하는 대목이다. 남매가 다시 한 집에서 모여 살 수 있게 되었으니, 그간 어린 두 사람이 떨어져 살면서 느꼈던 '보고픔'과 '그리움'이 보상받는 듯하다. 일찍이 '어른이 된 다음에라도 꼭 다시 만날 날이 있으리라'고 믿으며 고난의 시절을 참아 냈던 승원이와 '누나와 살고 싶은 마음 간절하다'던 승진이의 서로를 향한 '보고픔'과 '그리움'은 담임교사의 헌신적인 노력으로 결실을 맺게 된다. 그것은 이 작품이 자신의 의사와는 상관없이 고향을 떠나서 갖은 고생을 마다 않던

---

15) 최균희, 「사랑의 구름다리」, 『동전 한 닢의 편지』, 82-83쪽.

고향의 친구들에게 바치는 작가의 헌사이기에 진정스럽다. 다만 김 사장의 음성이 직접 들리지 않은 점은 의붓아비의 성격이나 남매의 밝은 장래를 짐작하고 싶은 독자들의 열망을 충족시키지 못한다. 정 교사의 부산한 움직임과 인정넘치는 알선이 빛나기 위해서라도 김 사장과 남매의 만남이 주선되었더라면 서사의 안정적 결말을 꾀하기 용이했을 터이다.

위와 같이 최균희가 가족들에 각별히 관심을 쏟은 이유는 간명하다. 그녀가 산업화세대라는 점, 그 세대는 이농현상에 따른 공동체의 붕괴 현상을 온몸으로 체험했다는 점이 가족의 소중함을 서술하도록 견인하였다. 작가는 이 나라에서 벌어졌던 왜곡된 경제개발정책의 감추어진 이면을 가족 모티프로 살려낸 것이다. 산업화에 편승하여 식솔들이 고향을 떠나가자 가족공동체는 파괴되었으며, 그와 함께 원시적 질서가 구존하던 마을공동체도 무너지고 말았다. 최균희는 이런 과거를 동화화하기에 적합한 인물로 할머니와 고아를 곧잘 등장시켰다. 특히 작가는 할머니가 마을과 가족의 공동체적 문화를 기억하고 있는 마지막 세대라는 점에 착목하여 원초적 평화의 회복이라는 동화적 신념을 구현하기에 알맞은 역할을 부여하였다. 그녀의 노력은 세상에서 가장 여리고 연약한 동화라는 장르가 감당하고 수행할 수 있는 여지를 발굴했다는 점에도 의미를 매기게 한다.

III. 결론

앞에서 살펴본 바와 같이, 최균희의 동화에는 고아와 할머니가 자주 등장한다. 두 인물은 전래동화에서 쉬 발견할 수 있듯이, 아이들의 성장

과정에서 쉽게 만날 수 있는 친근한 주변 인물들이다. 그들의 출연은 동화가 지닌 생리적 특성, 곧 성장기의 독자들에게 교육적 기능을 수행해야 하는 특수한 조건에 어울린다. 고아는 한 소년이 태어나서 스스로 아비가 되어가는 과정을 증언할 수 있는 인물이다. 여러 동화에서 고아가 수없이 곤란한 국면에 처해지고, 그가 그것을 슬기롭게 극복해 가는 것만 보더라도 고아와 동화의 친연성을 확인할 수 있다. 할머니는 문화적 전승자로서의 역할이 적합하다. 할머니는 부모없이 자라는 아이를 거두어서 어머니 노릇을 대행하기에 충분하고, 유한한 생명 때문에 아이를 고아로 만들기에도 충분한 역을 맡을 수 있다.

　최균희가 고아형 인물을 애호하는 이유는 "작품 속 인물이 겪고 있는 희로애락을 여러분에게 간접적으로 보여줄 뿐 아니라, 여러분 자신이 꿈과 희망과 용기를 가지고 씩씩하고 믿음직스러운 청소년으로 자라나길 원합니다"(「진실한 삶과 사랑의 마음을」)라고 적은 서문에 나타나 있다. 평생 교사로 살아가면서 감당하지 않으면 안 되었던 직업의식이 더해진 그녀의 발언은 다소 효용성에 무게를 두고 있으나, 그 정도의 소망은 작가가 아니라도 가질만한 정도이다. 최균희는 기성세대로서 갖는 책임감을 잊지 않으면서도 동화작가로서의 소임을 수행하기 위해서 접점을 찾느라 마음고생을 앓았다. 그 실증적 문건이 동화인 셈이다.(『전북문단』 제80호, 2016. 12)

원, 공동체적 삶의 세계
―이준섭론

1. 동그란 꿈의 시화

이준섭(李準燮)의 시를 읽노라면 어깨가 들썩거린다. 도회지의 건축에서 흘러나오는 시끄러운 유행가 리듬이 아닌, 전통적인 우리 가락이기에 신명이 배가 된다. 그의 시편들은 거개가 소란하다. 아이들이 웃고 떠드는 소리를 윤색하지 않고 시화한 탓이다. 읽을 적마다 새삼스러워지는 까닭을 굳이 캐묻지 않아도 좋다. 그냥 그의 시집을 곁에 끼고만 있어도 신난다. 그러면 우리 주위는 어느새 '개똥참외 녀석'들로 붐비게 되고, 그 녀석들이 한시도 쉬지 않고 재잘거리는 소리에 우리의 고막은 흥겨운 파동을 만들게 된다. 이 맹랑한 녀석들은 읽는 이를 구경꾼이나 방관자로 혹은 어른으로 가만 놔두질 않는다. 우리의 소매를 끌고, 어깨를 툭툭 치며 손을 잡고는 저희들과 같이 놀자고 조른다. 그 조르는 기세가 전혀 자깝스럽지 아니 하고 어찌나 천진한지, 우리는 여지없이 그들의 꾐에 넘어가게 된다. 이 순간이야말로 읽는 이가 가장 즐거운 시간이다. 녀석들의 풋풋한 유혹은 무시로 원시적이고, 동시의 변함없는 노랫거리라는 조촐한 사실을 확인하는 자리이기도 하다. 근엄한 뉘앙스를 풍기는 시를 신명나는 노래로 흥얼거리며 녀석들과 노는 시간은 우리가 본래의 모습으로 돌아가는 순간이면서, 이준섭이 마련한 언어의 공동체에 전입신고를 하는 찰나이다. 이럴 제 우리는 어김없이 진부한 명제—동심은 우리 모두의 고향이다—를 확인하며, 당산나무 밑에서 할머니를 발견했을 적에 나오는 철없는 웃음이 내를 이루며 철철 흘러가는 소리를 듣게 된다.

이준섭의 시를 읽노라면 어깨를 내리고 눈을 감아버려야 한다. 그의 시에는 소위 현대적인 것이 없다. 죄다 우리의 기억에서 아스라하게 잊혀져 가는 과거의 물상들이 시간의 경계선을 훌쩍 넘어 새말갛게 부활한다. 가장 현대적(post-modern)인 이 즈음에 그는 가장 비현대적(pre-modern)인 질료들을 시의 자장권 안으로 끌어들이는 것이다. 한봉이 양봉에 치이듯, 악화가 양화를 구축하는 비극적인 시대에 일명 개구리참외로도 불리는 개똥참외라는 지극히 한국적인 재래종 화자가 지껄이는 표정은, 인기를 상실당한 곡마단의 묘기마냥 한낱 구경거리에 가깝다. 그렇기에 녀석들이 위치한 자리는 우리 시대의 처연한 좌표로 자리매김할 수 있다. 우리의 슬픔은 예서 비롯된다. 그의 시편들은 인간에게까지 바코드가 붙여지는 이 시대를 애써 거부하여야 하는 이유를 묻는다. 시인이 언젠가 아쉬움 끝에 토로한 바 있듯이, '진실되고 아름다운 할아버지의 이야기'가 온전히 일상사에서 흔적없이 매몰되어야 하는 동시대의 아픔을 그는 시화하기에 바쁘다. 이러한 그의 시적 노력은 문단에 얼굴을 내민 이래, 어리석으리만치 줄기차게 계속되고 있다. 자본주의 사회의 구조적 기류에 편승하여 이쪽저쪽을 함부로 넘나드는 일이 다반사로 자행되고 있는 요즈음의 아동문학계에 한결같은 주제의식을 견지하면서 예스런 싸리울타리를 치고, 나름의 시세계를 구축하는 일은 분명 외롭고 땀내 나는 일이다. 아스라한 기억 속의 혼들을 불러 모아 현대에 재현하는 그의 시간적 공간 여행은 팍팍한 일일진대, 그는 도리어 콧노래를 부르며 흥겨워한다. 중노동이 흥겹다면 그것은 분명 비감 어린 일이다. 이런 힘드는 일을 마다하지 않고 신명을 내며 시화하는 그를 우리는 '이 시대의 무당'이라 별명하여도 무방하리라. 그러면 그의 시는 칼날 위에서 노래를 부르며 덩실거리는 춤사위와 무복을 벗은 무희의 본연의 자세라는 삶의 이중성 안에 놓인다.

1946년 부안에서 태어나 1977년 『월간문학』에 시조가 당선되고, 1980년 『동아일보』 신춘문예에 동시가 당선되어 등단한 이준섭은 문단에 낯을 보인 이래 여태껏 망실되어 가는 우리 것에 짙은 애정을 쏟고 있다. 그의 제1동시집 『대장간 할아버지』(진명출판사, 1986)가 그랬고, 갓 나온 제2동시집 『내 짝꿍 개똥참외 녀석』(글세계, 1991)이 그렇다. 후자는 전자에 비해 주목할 만한 점이 얼른 두 가지가 있다. 하나는 변함없이 첫 시집에서 선보인 '내 친구 개똥참외 녀석'들이 노니는 모습을 죽시 속으로 끌어들이고 있다는 점이고, 다른 하나는 그가 '동그라미'라는 새로운 연작시를 시도하여 그 작업의 일단을 슬쩍 새어 나온 속옷자락 마냥 보여주고 있다는 점이다. 이 두 가지 가운데 특히 뒤엣것은 시인의 새로운 시세계를 전망할 수 있는 전략적 전초기지 역할을 톡톡히 해낼 것으로 보인다.

흔히 시인들은 자기의 창작집을 이름할 때 두 가지의 경향을 보여준다. 하나는 자신이 가장 아끼고 애착하는 작품을 표제로 삼는 경우이고, 다른 하나는 데뷔작을 그렇게 내세우는 경우이다. 그 외의 다른 경우까지 아울러 이런 작명법을 문제삼으려는 것은 아니다. 단지 이준섭의 첫 동시집을 읽으면서 느낀 바는, 이것은 고질적인 읽기상의 습벽이지만,

하필이면 그가 왜 하찮은 「대장간 할아버지」를 전면에 돋아 보이게 하였는가 하는 점이 본고를 쓰게 된 직접적 동기라는 참으로 시시한 애길 말하고 싶을 따름이다. 그런 느낌은 두번째 동시집을 읽으면서 더욱 증폭되었다. 「내 친구 개똥참외 녀석」이라는 희한한, 흔히 산문집에서나 발견하여야 어울릴 법한 표제를 슬며시 붙여놓고 피식 웃었을 시인의 얼굴을 떠올려보았다. 할아버지와 내 친구 사이의 세대차만큼이나 이준섭이 시적 성숙을 꾀하고 있다는 것인가, 그게 아니라면 조손간의 관계를 내건 그의 의도는 무엇일까 궁금하였다. 그 가설적 대답인즉, 그가 '대장간'처럼 잊혀져 가는 물상들을 시화하는 일에 중점을 찍겠다는 의사 표현이란 점, 둘째 점점 무안당하는 '할아버지'의 이야기들이 화석화하는 것을 방지하는 일이 자신에게 짐 지워진 과업으로 파악하고 있는 점, 셋째 할아버지와 손자뻘인 내 친구와의 사이에 만들어진 벽이 더 이상 굳어지지 않게 하려는 점, 넷째 시의 공간을 현대 문명과는 동떨어진 궁벽한 시골로 설정하고 있다는 점, 다섯째 시의 소재들이 모두 한국적인 서정을 형상화하기에 적합하다는 점 등이었다. 그것은 그의 첫 동시집에 묶여 있는 시제들을 일독할 양이면 금세 눈치챌 수 있는 것이다.

이에 본고는 양자를 통하여 이준섭이 그간에 보여주었던 시세계와 새로이 천착하려는 그것의 의미를 구명하고자 한다. 첫째, '내 친구 개똥참외 녀석'들이 노는 떠벌임을 살펴보고자 한다. 소설의 문학사회학은 인물의 유형을 통해서 드러나지만, 시의 그것은 화자를 통하여 돋아 보이게 된다. 따라서 화자의 시적 표정, 즉 '내 친구 개똥참외 녀석'들의 노는 표정을 찬찬하게 살펴보면, 나아가 시인이 쓴 시편들의 문학사회학적 값어치를 획정할 수 있으리라 기대한다. 둘째, '동그라미'가 표상하는 바를 현상학에 도움을 청하여 따라가 보고자 한다. 동그라미가 그려내는 물결 현상은 의식의 현상학적 흐름에 실려 시화한 것이므로, 더불어 흘러가노라면 역시 화자의 의식적 지향을 일견할 수 있으리라 기대한다.

2. 내 친구 개똥참외 녀석—'고향의 향기 혹은 추억의 옷고름'

모두에서 이 글의 의도를 고백할 적에 못다 한 말이지만, 그는 첫 동시집의 제목을 지을 때 숱하게 고민하였을 것이다. 마치 두번째 동시집의 제목이 먼젓번치에 진작 나왔어야 할 정도로 그는 일련의 '개똥참외 녀석'들로 인하여 작명시 주저하였을 거라 짐작한다. 마치 어미젖을 미처 떼지 못한 아이들처럼 치근거리는 그 녀석들 때문에 이준섭은 잠시도 마음 편한 날이 없었을 것이니, 귀갓길의 청과물 가게에 나열된 기세등등한 노란 참외를 보면서 사무치는 그리움에 듣는 눈물을 그어야 했을 것이다. 제 아무리 그것이 달다한들 어릴 적에 먹어본 입맛을 충족시키지 못하는 법이니, 외래종 참외에 길들여진 미뢰를 탓하였는지도 모른다. 그리고 보면 고향은 향기, 이준섭에게는 '개똥참외 냄새'로 기억되는 듯하다. 고향이라는 유년기의 공간적 배경은 온통 구미에 젖은 향기, 그 자체이다. 그렇지 않고서야 노르망디 출신의 여류시인인 뤼시 들라뤼 마르드리스가 감히 "내 고향 냄새는 사과이다"고 쓸 엄두나 냈겠는가. 향기와 결부된 유년 시절에서는 좋은 향기가 날 것이다. 유년기에 덜 익은 후각세포를 간질였던 향기 하나하나는 추억의 방 앞에 내걸린 남포등이며, 아늑한 성채를 형형하게 밝혀주는 귀중한 반딧불이다. 시인이 이러한 고향의 향기를 수호하고자 언어로 반응하는 일은 마땅한 일이다. 그러므로 우리가 읽고자 하는 「내 친구 개똥참외 녀석」 시리즈에서 이준섭의 유년기와 고향의 이미지를 덩달아 엿보는 일은 중 요롭기 그지없다. 그것도 진하디 진한 단내를 풍기는 '개똥참외' 녀석들이 엉기어 뒹구는 외밭을 바라보면서, 시인의 내면세계의 심층부에 굳건하게 또아리 틀고 있는 유년기라는 원형의 시니피앙이 향기에 있다는 사실을 검증하는 작업은 퍽 유의미하리라.

이준섭이 그간에 데리고 논 '내 친구 개똥참외 녀석'은 40명이다. 제1시집에 33편이 실려 있고, 제2시집에 34편부터 40편까지가 게재되어 있다. 물론 동일한 한 사람의 화자를 등장시키고, 그 녀석과 더불어 놀았던 놀이 혹은 그 녀석을 추억하는 장면이 마흔 장면이다. 그럼에도 불구하고 굳이 그렇게 셈하는 이유는 하나의 화자가 장면이나 놀이의 종류가 바뀜에 따라 다르게 출연하고 있다는 걸 두고 이르는 것이 아니다. 그보다는 오히려 첫째, 시인이 물경 사십 편에 달하는 연작시를 쏟아내는 심사는 여타 대상과는 달리 그만한 하중을 싣고 싶다는 창작 심리를 존중하고자 하는 데 있고, 둘째 일련의 연작시를 통하여 그가 추구하고자 하는, 여기서 구경하고자 하는 시의 세계를 구성하는 질료로서의 '놀이'의 중요성을 가리고 싶지 않은 이유에 있다.

이준섭의 연작시 「내 친구 개똥참외 녀석」은 발상법에서 다소 차이가 난다. 1편에서 4편까지는, 앞 연에 녀석을 회상할 수 있는 어떤 계기가 주어지고, 끝 연은 '~싶다' 따위의 바람을 나타내는 어미로 다림질하고 있으며, 그리고 '내 짝궁 개똥참외 녀석이여'라는 호격 조사를 활용한 감탄이 표백된다. 이에 비하여 5편부터 40편까지는 하나같이 일정한 계기가 없어도 그 녀석과 놀던 회억 속의 사실을 떠올리며 시작하여, '~였지'라는 과거 회상 종결형 어미로 각 연을 다리고 있을 뿐, 감탄은 나오지 않는다. 이로써 미루어 짐작할 수 있는 시인의 창작상의 심리적 머뭇거림은 애초에는 단순히 잃어버리는 과거적 사실들에 대한 일련의 시를 묶음으로 발표하고자 기도하였을 것이다. 그러나 몇 편을 써가다 보니 한 편에 하나의 중심 소재를 돋보이게 하는 방법이 효과적일 것이라는 판단이 앞을 가로막았고, 그런 판단이 결과한 바가 5편부터는 부제를 붙이게 한 것이라 여겨진다. 이준섭의 이러한 시작법은 특히 연작시를 지을 경우에 두드러지게 나타난다. 그 명확한 증거로 또 하나의 연작시인「동그라미」를 훑을 양이면, 한 편에 하나의 소재를 집중적으로 형상화하고 있음을 볼 수 있다. 이를 두고 그의 시작 방법이 촌스럽다고 부를 만하겠으나, 예서는 동시라는 갈래상의 특장을 잘 드러나게 하는 전적으로 이준섭스러운 독특한 시작 태도라 이름하기로 한다. 본질적으로 말하여 본디 동시라는 장르는 감정의 발달 단계에 있는 아이들을 잠정적 독자로 삼고 짓는 시잖은가. 그렇다면 한 편의 시에 하나의 글감만 내세워 조리하는 행위는 독자를 향한 충실한 복무, 아니면 적어도 정치한 묘사를 통한 이미지의 출중한 드러냄이지 않겠는가.

  이 연작시의 유별한 점 가운데 하나로 들 수 있는 것은 소재가 온전히 '놀이'에 초점을 겨누고 있다는 점이다. 부제가 없는 4편까지도 그러려니와, 붙여진 시편들 또한 동일하게 그것을 부제로 삼고 있다. 부제의 있음과 없음 사이에는, 전체와 부분 혹은 스케일과 디테일의 대립적 조화가 존재하고 있다. 놀이가 주는 아이스러움은 인간의 원초적 유희욕구에 깊이 뿌리박고 있다. 우리가 흘러가 버린 유년시절을 거론코자 한다면, 특히 바슐라르의 뛰어난 몽상에 기대면, 추억보다는 시에 의해서 실감나게 수작할 수 있다. 이준섭은 우리에게 이야깃거리를 제공하되, 놀이의 변주에 힘을 기울인 것이다. 인간은 본래적으로 '놀이하는 동물'일뿐더러, 그것은 연령의 차이를 불식시켜 대화에 윤활성을 띠게 하는 데 효험있는 메커니즘이다.

1번에서 4번까지에 나오는 '내 친구 개똥참외녀석'들과의 놂 이후의 시편에서 하나하나 시의 소재로 초점화하여 재출현하게 된다. 놀이의 종류에 주목하며 네 편을 읽는다면, 연작시의 구도를 얼마쯤 가늠할 수 있는 여지가 생길 것이다. 1번 시에서는 <참외서리—6번 시>, <깔베기—23번 시>, <닭싸움—24번 시>을 구경할 수 있고, 2번 시에는 <말타기—17번 시>, <땅뺏기—19번 시>, <구슬치기—25번 시>, <비행기살이—26번 시>가 그리고 3번과 4번 시에도 미쳐 시화하지는 않았으나, 독립된 시감으로 충분한 쓸거리가 나온다.

이 네 편은 이 연작시편의 원형적 모티프가 되며, 장래의 시적 노력을 예징하는 조감도라 할 수 있다. 여기서 약간이나마 검토하고 넘어가려는 바는 시인이 조감도를 그린 의도이다. 이것은 두 가지로 나누어 상정할 수 있는데, 하나는 시인이 「내 친구 개똥참외 녀석」이란 제목으로 몇 편의 연작시를 쓰겠다고 적극적으로 기획한 뒤에 시작에 임했다는 가정이다. 이 경우에는 구체적인 시인의 의도적 기미를 엿볼 수 있어야 한다. 가령 마흔 편의 연작시를 쓰겠다고 계획하였다면, 그 편수에 맞게 혹은 비슷하게 '내 친구 개똥참외 녀석'의 놀이가 나와야 한다. 또한 제목을 후원하는 부제가 딸려야 균형스러울 것이다. 이와는 달리 이 연작시의 서두에 해당하는 네 편에서는 그러지 못하고 있다. 그러므로 이 경우에는 시인이 그린 조감도는 자의적 의도에 터한 것이 아니라고 보인다.

다른 하나는 막연하나마 동일한 제목으로 일련의 연작시를 생산해 보자는 시흥으로 시를 쓰게 된 경우이다. 그러나 이때의 시흥이란 일상적인 단순함을 초월하여 시작에 투입된 창작 에너지인 것이다. 시인이 현실적 삶의 이유로 일상사를 시 속에 편입시킬 때, 그것은 이미 범속한 범주를 벗어나 문학적 쓸모에 적합하게 구겨진 것이다. 따라서 시인이 선택한 소재로서의 일상사는 시적 맥락 안에서 해석되어야 한다. 그런 전차로 연작시 「내 친구 개똥참외 녀석」을 쓰게 된 심리적 이면으로는 후자에 무게가 실려도 좋을 성싶다.

무릇 시에서뿐만 아니라 소설을 비롯한 여타 갈래에서도 첫 연은 매우 중요하다. 세상살이의 대인관계에서 첫인사만큼이나 중요한 구석이 처음 연이며 첫 행이다. 이것을 연작시에까지 길게 늘여 생각하면, 첫 편의 중요성은 아무리 강조한다손 결코 지나치지 않을 것이다. 그런 점에서 1번 시는 연작시의 입구에 비견되면서, 당해 시인의 시작 의도를 점검할 수 있는 전략적 준거로 보이므로, 지루하지만 전문을 끌어오기로 한다.

    시골 풀섶길을 거니노라면
    내 짝꿍 개똥참외 녀석이 생각난다.

    달걀 같은 얼굴에
    퉁방울 눈동자만 반짝거리고
    항상 가장 신나기만 했던
    내 짝꿍 개똥참외 녀석.

    풀밭에서
    닭싸움이라도 할 때면
    가장 키 큰 녀석을 쓰러뜨리고도
    통통거리는 풀잎처럼 팔딱팔딱 뛰던
    개똥참외 녀석.

    학교에 오갈 때
    깔베기할 때도
    참외서리할 때도
    논둑길, 밭둑길, 고샅길……

꼭 내 손을 잡고 쏘다니곤 했던
내 짝꿍 개똥참외 녀석이여.

어쩌다 시골 고향길을 거닐 때면
버려진 잡초나 뿌리를 뽑으면서도
항상 가장 신나게 장난치곤 했던
개똥참외 녀석이 몹시도 그리웁다.

위 시를 읽어 보면, 시적 정조가 그리움에 휩싸여 있음을 금방 눈치챌 수 있다. 그렇지만 이 감정은 의도적으로 조작된 것이 아니라, 어떤 계기에 의하여 자연스레 배태된 정감이라야 맞다. 마치 녀석이 치는 장난마냥 저절로 배어 나오는, 포에지를 잃지 않으려고 발버둥치는 것이 결코 아닌 자연스러움이다. 이러한 태도는 시에서, 특히 독자를 동심의 테두리로 삼은 동시에서 매우 중요하다. 연작시 전편이 그러하지만, 그것은 시어의 선택에 전혀 신경을 곤두세우지 않은 것처럼 보이는 시인의 시작법에서 우러난 것이다. 이 말은 시인이 시어 구사에 둔감한 감각의 소유자인 걸 뜻하지는 않는다. 오히려 기층 언어에 시어의 뿌리를 내리고 있는 근원을 짚어내고자 한 말이다. 시가 시인의 모국어 가운데 가장 기본적인 어휘로 무늬 짜인다면, 이는 시인의 사회적 삶의 발디딤이 허술하지 않다는 것을 증거하면서, 아울러 당해 시인의 문채를 담담하게 드러내는 물증이기도 하다. 당도나 수확량에서 크게 밑지는, 이재만을 밝히는 상인의 계산과는 전혀 담을 쌓은 재래종 '개똥참외'와 함께, 시어의 착근이 소박한 민중적 정서에 닿아 있는 점에서도 이 시가 풍기는 냄새는 한국적이다. 이때의 민중적 정서는 단순히 '풀'이 갖는 판에 박힌 은유성에 기댄 것이라기보다, 시어의 공간적 넘나듦과 존재의 편재성 및 놀이에의 집요한 괄목에 중점을 찍는 편이 더 크다.

2연에는 생김새가 궁금한 '내 친구 개똥참외 녀석'의 얼굴 윤곽이 제시되어 있다. 화자가 시골의 풀섶길을 거닐다가 문득 찾아낸 그 녀석의 신체적 특징부터 재미나게 생겼다. 유별난 화상을 가진 녀석이 뒹구는 모습은 역시 구성져 돋아 보이기 마련이다. 화자는 그 녀석과 매우 친밀한 우정을 공유하는 필요충분조건이다. 그 녀석이 노는데 빠져서는 아니 된다는 점에서 필요조건이고, 녀석과 둘만 있어도 재미난 사건이 벌어지므로 충분조건이다. 전자는 이 시의 인적 구성원의 역할을 하여 공동체적 놀이의 상황조건을 결정짓는 인자가 되고, 후자는 이 시의 시간적 상황을 과거로 돌리는 데 유효한 기능을 수행한다.

'풀밭'과 '개똥참외'의 색상의 공통점은 시의 바탕색을 초록색으로 온통 덮으면서, 점차 주위로 확산되어 마침내 거기를 물들이는 듯한 느낌을 준다. 초록빛은 풀밭이라는 부대 상황 속에서 생명의 싱싱한 운동감과 더불어 아이다운 정감을 자아내는데 그만이다. 양자의 어울림은 비단 색조상의 조화에 그치는 것이 아니라, 평화한 시의 분위기를 자아내게 하여 시를 온전한 그리움 속의 가락으로 위치지운다. 초록은 이제 더 이상 약동하는 색이 아니라, 그리움에 젖는 색깔인 것이다. 풀처럼 흔들리는 초록빛 그리움 속에서 시인은 잊어버린 과거를 생각하면서, 세를 잃은 토종 참외를 향한 물질적 그리움과 동일한 별명을 지녔던 각별한 우의를 나눈 소년기의 단짝 동무에 대한 인간적 그리움을 시로 표현하고 있는 것이다.

'풀밭'과 '개똥참외'는 공생관계에 놓인다. 전자가 생명의 모태로서의 기능을 수행한다면, 후자는 거기에 뿌리를 내리고 성장하는 결과이다. 그런 까닭에 전자는 후자가 자라고 장난할 수 있는 공간적 배경이 되어준다. 대지를 대치한 풀밭은 개똥참외 녀석이 더 이상 어린 시절에 같이 놀던 소꿉동무의 별명으로 한정될 수 없게 만든다. 풀밭에서 노는 혹은 놀았던 아이들은 죄다 '내 친구 개똥참외 녀석'이다. 시인도, 그와 어울려 풀밭을 이리저리 뒹굴었던 친구도, 모두 내 친구 '개똥참외' 녀석이다. 지금은 쉽사리 찾을 길 없는, 하지만 빛 바랜 과거의 구미에는 달디 달았던 '개똥참외' 녀석이다. 어두운 기억의 저편에서만 되볼 수 있는 '개똥참외' 녀석은 이즈음에는 맛볼 수 없으므로 흘러간 세대의 유품이 되고 말았다. 이제 그 녀석은 사회적 의미를 남기고 시간의 암막 뒤로 홀연히 자취를 감추었다. 영겁의 물결 속으로 사라져간 그 녀석을 추념하는 일은, 우리가 시의 화자의 입을 빌어 소년 시절로 되돌아가고자 하는 회귀욕구에서 발원한 것이다. 그 녀석은 차라리 시인의 대리자이면서, 동시에 어른이 소년기의 아늑한 기억의 품으로 귀의할 수 있게 하는 계기적 인자이기도 하다. 이런 범주 내에서 풀밭은, 바슐라르의 말마따나 '어린 시절은 행복의 원형'이라 칭한다면, 시인의 상상적 유희공간이면서 돌아봄의 장소이고, 행복의 구경적 공간으로 자리매김할 수 있다. 그러면 어이하여 시적 화자에게 녀석을 상기시켜주는 것이 '시골 풀섶길'이고, 거듭하여 '잡초나 뿌리를 뽑으면서도' '몹시도' 그리운지를 얼추나마 대답할 기력이 솟아난다.

 이준섭이 지금까지 시화한 그 녀석과 함께 놀던 놀이의 수효를 헤아리며 부제에만 초점을 맞춘다손 서른여섯 가지이다. 예컨대 <게잡기—5>, <참외서리—6>, <보릿고개—7>, <병정놀이—8>, <팔씨름—9>, <미역감기-10>, <공차기—11>, <썰매타기—12>, <연날리기—13 >, <불싸움놀이—14>, <팽이치기—15>, <자치기—16>, <말타기 놀이—17>, <콩서리—18>,<땅뺏기놀이—19>, <지게의 노래—20>, <재기차기—21>, <비 오는 날—22>, <깔베기—23>, <닭싸움—24>, <구슬치기—25>, <비행기살이—26>, <감꽃 목걸이—27>, <삐비뽑기—28>, <고기잡이—29>, <이삭줍기—30>, <보리베기—31>, <학질떼기—32>, <눈

온 날—33>, <콩나물 시루—34>, <콩 볶아 먹는 날—35>, <보리밥—36>, <가설극장—37>, <토끼몰이—38>, <윷놀이—39>, <수건차기—40>이 그 면면이다. 혹자는 이 중에서 <보리밥> 따위에서 보듯이 시제만 거례해서는 놀이로 볼 수 없는 것이 있다고 하겠으나, 당해 시편을 일독하면 그것이 으뭉스러운 지적일 뿐이라는 사실을 확인하게 될 것이다.

이것을 보면 마치 시인이 아이들의 놀잇감을 모두 시로 쓸 양인 듯하다. 인간을 규정하고자 할 때, 이성과 공작의 차원 말고 중요 요소가 있으니 '놀이' 기능이라 하였다. 호이징하는 인류에게 유희인(Homo Ludens) 개념을 더하여야 할 것이라고 권유하면서, 이것을 공작인 다음이고 이성인과는 같은 차원의 것이라 하였다. 그로부터 인간에게는 또 하나의 속성을 부여되었으니, 새삼 놀이의 중요성은 언급치 않아도 될 것이다. 이 놀이는 시인이 소년기의 동무와 놀았던 유희 종목이면서, 시적 대리자인 화자가 그 녀석을 회상하는 데 필수적인 매개항이다. 이 매개항은 어른인 시인이 시적 시간인 유년 시절에 귀의하기 위해서는 필수적으로 건너야 하는 오작교의 역할을 수행한다.

3. 원의 현상학—'참하고 둥글게 살아오신 할머니 얘기'

헝가리의 부르주아 비평가인 루카치는 헤겔과 함께 현대를 자리매김하기를 호머 시대에 대비되는 '산문의 시대'라 이름붙인 바 있다. 그 반대 켠에 존재하는 시적 세계 상황의 특징은 자연과 정신, 도덕과 법률, 개인과 공동체 따위의 내면세계와 외면 세계가 미분화한 형이상학적 '원의 세계'이고, 인간의 의식은 자기반성의 필요없이 수동적으로 외부 세계에 순응되는 것이며, 개인은 세계와 자신 속에 놓인 삶의 의미를 스스로 찾아다닐 필요성이 상실당한 시대이다. 이 '원의 세계'는 총체성이 지배하던 시대이다. 그 원을 잃어버린 현대는 호머적인 전체성이 지배하던 세계에 대한 동경과 향수라는 심리기제가 충만한 시대이다. 원이라는 신성을 되찾을 길 없는 현대인의 고뇌를 대체하는 것이 문학이며, 그 번뇌로 인하여 버거워하는 문제아가 곧 작가이다. 그런 측면에서 원은 원시적이고, 동시스럽고, 문학적 구원의 표상이 된다. 이 '원의 세계'를 시화하는 시인은 바로 그 옛적으로 귀의하려는, 전체성이 매몰된 동시대의 비원을 복구하고자 몸부림하는 예외적 개인이다. 이준섭에게 그것은, 첫 동시집을 내는 말미에 아쉬워하며 토로한 바 있듯이, '진실되고 아름다운 할아버지의 이야기'를 간단없이 시화해내는 문건으로 제시된다.

원은 기하학적으로 우주적 공간을 형상화한 모양이다. 원은 닫힘을 통하여 안과 밖을 이분하면서, 그 속에 내밀한 몽상을 좀체 보여주지 않는다. 모서리와 각의 마모 끝에 생성되는 원은, 차라리 하나의 우주적 몽상의 궁극이라 할만하다. 종교적으로는 일원상으로 표상되기도 하는 원의 진리성은 우주적 질서의 추상적 축도인 태극을 비롯하여 도처에서 목도할 수 있다. 이렇듯 쉬 산견되는 보기에서 찾을 수 있듯이, 둥긂의 이미지는 우주적 진리를 형상화하거나, 인간의 존재론적 실체를 구형화한 것에 가깝다. 인간의 실존적 삶이나 형이상학적 꿈이 우주적 질서를 닮고자 하는 것이라면, 둥긂의 이미지는 우리들의 궁극적 지향이라고 하여도 그리 분에 넘치는 언사는 아닐 것이다.

일찍이 실존주의 철학자인 야스퍼스는, 따분하기 그지없는 『진리에 관하여』에 적어놓기를 "모든 현존재는 그 자체에 있어서 둥근 듯이 보인다"고 하였다. 이때 '그 자체'에 있어서 '둥글다'의 어의는 인간의 본질적 실존의 모습이 그러하다는 말의 우회적 표현에 지나지 않는다. 세계를 하나의 존재물이 아니라 순전한 현상일 뿐이라고 받아들이는 현상학의 시각을 수용하고자 한다면, 야스퍼스의 단언은 "현존재는 둥글다"고 좀 더 명확하게 재정의될 필요가 있다. '그 자체'는 인간의 원초적 속성이 기우는 바가 원 같은 또는 원만한 것에 기울어졌거나 그쪽으로 선회하려는 경향을 가리키는 것이리라. 여기서 '의식의 지향성'이 도출된다. 즉, 의식이란 대상에 대한 의식적 지향이며, 그 속에서 주체는 지향하며 객체는 지향되는 것이다. 따라서 시인이 시화하는 대상이 원이라면, 이 또한 그의 의식적 지향과 성향을 언어에 의탁하여 노출시킨 것에 다름아니다. 원을 향한 시인의 지향성은 얼마간의 성급하고 성긴 예비적 판단임을 다소 수긍하더라도, 시인의 세계 인식이 점차 현상학적 안목에 경도되어 가고 있다는 것을 나타내면서, 동양적 정신주의의 세계에 관심을 갖기 시작했다는 하나의 징후로 진단하여도 괜찮을 것이다. 그 괜찮음이 끄덕거릴 만한 곳에, 비로소 이준섭의 또 하나의 연작시편인 「동그라미」를 그릴 수 있는 힘이 생긴다.

이준섭의 「동그라미」는 우선 제2 동시집에 묶인 것만 통틀어 12편이 씌어졌다. 부제는 달리 시인이 붙이질 아니 하였거니와, 이전의 시집과 달라진 점을 얼른 꼽는다면 한국어의 소리결에 중점을 두기 시작하였다는 점이 눈에 띈다. 이를테면, 동어반복적인 어휘 구사라든가, 의성어와 의태어를 동원하여 시읽기의 맛을 돋우도록 고려하고 있다. 또 하나 들 수 있는 것으로는 앞에서 살펴본 연작시 「내 친구 개똥참외 녀석」이 칭호부터 개구쟁이답게 어렸을 적에 즐겼던 다양한 '놀이'의 진열을 통한 대상의 개별화에 주목하였다면, 예서 그려보고자 하는 「동그라미」는 제목부터 대상의 개괄화에 하중을 싣고 있다는 점이 다르다.

개별화와 개괄화는 문학 작품의 형상성, 즉 리얼리티를 담보해주는 속성이거니와, 두 연작시편을 따로 떼어서 전혀 유별하게 읽는 태도를 나무란다. 앞의 연작시편들이 '놀이'로 수렴되는 데 비하여, 「동그라미」는 역으로 발산되고 있다. 그것은 시인의 세계 인식이 점차 모나지 않은 원만함 혹은 둥긂을 지향하고 있다는 가장 확실한 증거가 된다. 그는 수렴과 발산이라는 대칭관계를 이질적인 두 연작시편을 통하여 화해에 이르게 하고 있는 것이다. 이것은 그의 장인적 시재가 일층 고수의 경지로 들어서고 있다는 물증이기도 하다. 그가 보여주는 세계 인식은 순환 논리에 단단하게 서 있어서 튼튼하기도 하다. 마치 동양적 원-형-리-정의 가치관을 연상시키는 이준섭의 세계관은 「동그라미 2」에서 뚜렷이 구경할 수 있다.

    비 오는 날
    추녀 밑에 떨어지는
    빗방울은 동그라미

    동그라미
    동그라미들이 모여가다
    동그란 호수가 되고
    호수가 되어 출렁거리다가
    동그란 하늘이 물장치며 노는
    푸른 바다가 된다.
      ―「동그라미 2」 1, 2연

  위의 시에서 눈여겨볼 만한 대목은 역시 뒤의 2연이다. 시를 따라서 정황을 구성하다 보면, 낙수가 직하하며 그려내는 동그란 파동성이 확산되어 호수를 이루고, 바다가 되는 수순을 밟게 된다. 일명 '빗방울의 여행'쯤으로 이름해도 무방할 성싶은 이 시는 '비―호수―바다―(하늘)'이라는 여행지의 공간적 확대가 튼튼한 순환성을 기초로 하여 물리적 시간의 운동성을 잠재태로 보여주고 있다. 베르그송적 운동 개념처럼, 빗방울의 삶을 통하여 시인은 자신의 삶을 말하고 싶었는지도 모른다. 또 그는 '소년—청년—중년'이라는 인생의 변화적 삶으로 인하여 상실한 어린 시절을 향한 몽상에 의탁하려고 했는지도 모른다. 그 몽상이 꿈처럼 도식화한 계기가 아니라, 빗방울이라는 다소 이런 짐작이 그렇게 헛된 것만은 아니란 사실을 말해주는 연은 잇따라 나오는 3연과 4연이다. 어렸을 적에 바라보았던 전라도 부안의 바다를 시로 끌어들이면서, 그는 '바다'라는 원초적이고 낭만적인 이미지가 주었던 무한한 동경 속으로 뛰어드는 것이다.

> 수없는 동그라미들이 모여
> 출렁거리는 바다 위에 떠
> 얼마만큼 헤엄쳐 가보면 바다는
> 얼마나 큰 동그라미인 줄 알게 될까.
>
> 나도 한 동그란 물방울 되어
> 이 세상 끝 어디 만큼 흘러가면
> 꿈 속에서 본 꿈나라가 있을까.
> ―「동그라미 2」 제3, 4연

여기까지 읽으면, 이준섭이 이 시에서 말하는 '동그라미'는 다름아닌 사람이 아닐까 하는 상념에 잠겨도 좋다. 사람들이 모여 마을을 이루고, 도회지를 형성하는 우리네 인생세간의 자연스러움을, 빗방울이 거쳐 가는 경유지의 바뀜을 통하여 드러내고 있는 것이다. 4연에 다다르면, 우리가 앞서 상정하였던 유년기를 향한 몽상이라는 추측의 기반을 보는 듯하다. 이런 측면에서 이 작품은 시인의 가슴 깊숙한 곳에 똬리를 틀고 앉아서 밖으로 나갈 기회만 엿보던 어렸을 적의 추억이 때를 만나 외부로 돌출한 것이라고 봐도 그럴싸하다. 어쩌면 시인은 그것을 노리고 연작 속에 슬쩍 끼워 넣었을 공산이 크다.

「동그라미」 연작은 이준섭이 그려보고 싶은 시적 궁극인 듯하다. 이 연작시에 나오는 시적 화자의 발언을 한데 모아 줄을 맞추어보면 그런 기대가 구체화되어 드러난다. 그 「동그라미」의 세계에서는 '참하고 둥글게 살아오신 할머니 얘기'(4)가 진리로 통한다. 그곳에서는 지구가 하나의 동그라미이듯, 엄마도 동그라미이기 때문에 아기의 커다란 머리도 눈도 코도 입도 귀도 마음까지도 엄마의 동그라미를 닮는다. 닮음의 지속적인 확장 속에서 지구 안의 모든 직선은 외로움에 못 견디고 동그라미가 되려고 한다. '악하고 나쁜 것은 직선'인데 그조차 모난 속성을, 같이 어울리지 못하도록 막고 있는 외로움을 닳게 하여 동그라지려 한다. 동그라미가 아닌 직선으로 이루어진 도형들, 예컨대 삼각형이나 사각형 따위들이 동그라미와 어울리기 위해서는 자신의 모난 성격을 마멸시켜야 한다는 것은 참으로 소박한 진리의 시적 발언이다.

구성원의 성격 개조 방법, 즉 각을 닳아지게 하는 방법은 두 가지로 나타나고 있다. 하나는 서로가 서로를 닮아가는 것이고, 또 하나는 그러고자 '하얀 눈물방울로 닦으며 씻으며' 고치는 것이다. 후자는 지극히 한국스러운 방법론인데, 자신의 허물을 안으로 안으로만 삭이고 삭이는 것을 두고 혹자는 심리적 자학이니 퇴행이라고 칭할 수도 있겠지만, 그것은 비단 그 수준에서 머물고 그칠 때를 이르는 말이어야 하고, 더 나아가면 전자에서 말하였던 닮음을 위한 자아가 행하는 각고의 몸부림으로 해석되어야 더욱 그럴듯하다. 여기서 한의 적극적인 의미가 드러나게 되는 바, 한은 둥글게 살아가려는 하나의 삶의 철학이라 이름할 만한 기운이 솟는다. 이러한 한은 다음처럼 역설적인 시적 상황을 빚어낸다. 어쩌면 이것은 이준섭이 애초부터 겨냥한 속셈일지 모른다.

가난 속에서도 가난을 모르던 도타운 인정이 꽃피고, 슬픔 속에서도 서러움을 숨기던 '박꽃 같은 할머니의 미소'가 꽃피는 곳. 가장 소망스러운 '원의 세계'에서는 '동그란 지구 속을/떠돌아다니는 사람들도/모두 모두 어울어져/하늘같은 동그라미가 되고 싶'어 한다. 따라서 그들이 모여 한판 흐드러지는 놀이터도 '한 개의 커다란 동그라미'이고 '한 개의 커다란 하늘나라'이다. 고래로 전해오는 모든 놀이에 '대동'이라는 말이 따라다니는 이유에서 알 수 있듯이, 우리 겨레는 놀이를 공동체적 삶의 한마당으로 인식하였다. 그를 통하여 유대를 다지고 서로를 감싸안아서 한덩어리가 되고자 하였다. 이때 공유하게 되는 일체감이란 다름 아닌 '닮음'의 신명나는 확인이다. 서로의 닮음비가 만들어내는 거리를 좁히다 보면, 어느덧 자신의 모난 각을 떨어뜨리고 나면, 비로소 '나도 한 개 동그라미'가 되고, '이 세상도 한 개 동그라미'가 된다.

이준섭의 「동그라미」 연작이 함의한 바, 곧 지구라는 커다란 별에서는 아기도 엄마도 할머니도 동그라미가 된다는 '원의 현상학'은 서로가 갖고 있는 모난 각의 마멸을 통해서만 이 세상은 순수해질 수 있다는, 한국적인 한의 논리가 상기도 하나의 인생론으로 잠복하고 있다는 시적 검증이라고 말할 수 있다. 이런 측면에서 이준섭의 시도는 여느 시인과 비교되며, 산업화시대의 동시가 천착해야 할 과제를 전례로 실연했다고 평할만하다. 이 연작은 앞의 「내 친구 개똥참외 녀석」 연작을 잇고 있으므로 상호 견주며 읽어야 한다.

4. 남는 말

위에서 거칠게나마 읽어냈듯이, '내 친구 개똥참외 녀석'들은 공동체적 삶을 표상하는 '동그라미' 속에서 놀고 있다. 그런 점에서 양자는 시적 일관성을 띤다. 이준섭이 새로 찾아가고자 하는 '원의 세계'는 이미 그가 이전부터 써내고 있는 「내 친구 개똥참외 녀석」에서 시화한 어린 시절의 공간적 혹은 사변적 심화와 확대에 다름아니다. 그가 최근에 선보이고 있는 「동그라미」 또한 한국적인 서정의 속편이다. 잃어버린 공동체적 삶의 세계를 자아의 권역 안으로 끌어들이려는, 누구든 듣기도 꺼려하는 '아름답고 진실했던' 할아버지, 할머니 세대의 늙은 내 나는 이야기를 쉼없이 문물로 타작하려는 이준섭의 시작 태도는 동시대의 모순이 제거되지 않는 한 줄기차게 전개될 전망이다. 그런 선상에서 두 시리즈는 과거와 현재의 화해스런 만남이면서 밝은 미래를 향한 시인의 힘찬 발디딤이라 볼 수 있다. 앞으로 그가 내딛는 발자국의 방향을 예의 주시하여야 할 당위성이 여기에 있다.

두 연작시 간에서 획득한 시적 성과로는, 「내 친구 개똥참외 녀석」에서는 등장인물에 대한 집중화가 화자보다는 대상에 쏠려 있고, 화자는 상대에 비하여 비주체적으로 행위하고 있다. 그런데 「동그라미」에 이르러서는 장유노소를 막론하고 하나의 동그라미 속으로 모여들어 화해하고 있다. 점차 성숙되어 가는 시인의 의식상의 지평은, 온전한 둥긂의 이미지가 빚어낸 동그라미적인 질서는 '원의 세계'로 별칭되는 공동체적 삶의 세계를 모색하는 시인의 시적 궁극이라 할 만하다. 이럴 제 독자는 서정시의 본령을 되보는 듯하며, 시가 세계의 자아화라는 문학적 규정을 떠올리게 된다.(『아동문학연구』 제10집, 아동문학연구소, 1991, 가을호)

부안문학론

인쇄 2025년 10월 20일
발행 2025년 10월 26일

지은이 최명표
발행인 서정환
발행처 신아출판사
주　소 전주시 완산구 공북1길 16(태평동)
전　화 (063) 275-4000
팩　스 (063) 274-3131
이메일 sina321@hanmail.net
출판등록 제465-1984-000004호
인쇄·제본 신아출판사

저작권자 ⓒ 2025, 최명표
이 책의 저작권은 저자에게 있습니다. 서면에 의한 저자의 허락없이 내용의 일부를 인용하거나 발췌하는 것을 금합니다.
COPYRIGHT ⓒ 2025, by Choi Myeongpyo
All rights reserved including the rights of reproduction in whole or in part in any form.
저자와 협의, 인지는 생략합니다.
잘못된 책은 바꿔 드립니다.

ISBN 979-11-24068-18-2　(03810)

값 30,000원

Printed in Korea
•이 평론집은 (재)전북특별자치도문화관광재단 '2025 문화예술육성지원사업'에 선정되어 보조금을 지원받아 제작되었습니다.